Johannes Gaitanides
Griechenland ohne Säulen

JOHANNES GAITANIDES

GRIECHENLAND OHNE SÄULEN

LIST BIBLIOTHEK

Umschlaggestaltung: Gabriele Feigl, München
unter Verwendung eines Fotos von Klaus D. Francke

Bildquellennachweis
Umschlagfoto: Klaus D. Francke
32 Bildtafeln, davon 13 farbig und 12 s/w
von Klaus D. Francke, 3 farbig und 4 s/w
von Susanna Worm

Überarbeitet und ergänzt
von Stefan Gaitanides

ISBN 3-471-77656-7

Überarbeitete und ergänzte Neuausgabe
1990 Paul List Verlag in der Südwest GmbH Co KG München
© 1978 Paul List Verlag KG, München
Alle Rechte vorbehalten: Printed in Germany
Druck und Bindung: May + Co., Darmstadt

INHALT

VORWORT

Nach dem Tode meines Vaters im Dezember 1988 habe ich die Überarbeitung der Neuauflage seines 1978 zum letzten Mal überarbeiteten Buches übernommen. Ich habe die neuere ökonomische und politische Entwicklung in die entsprechenden Kapitel eingearbeitet. Die Passagen S. 72–83, 97–98, 99–124, 302–304, 308–321 habe ich völlig neu geschrieben bzw. ergänzt. An einigen wenigen Stellen mußte ich wegen des Gesamtumfanges des Buches Kürzungen vornehmen, an sehr vielen habe ich vor allem das statistische Material auf den neuesten Stand gebracht. Da der sehr eigenwillige Stil meines Vaters kaum nachgeahmt werden kann und ich meine eigene Sprache auch nicht verändern möchte, werden dem Leser Brüche im Sprachduktus, der grammatischen Struktur und im Vokabular auffallen. Auch in der Kommentierung der griechischen Zeitgeschichte trete ich nicht immer in »die Fußstapfen« meines Vaters, sondern artikuliere meine eigene Sicht der Dinge.

Stefan Gaitanides
Frankfurt, Oktober 1989

MEINE FREUNDE -IDES UND -OPOULOS

Emsiger Konsument von Kriminalfilmen und »Illustrierten«-Romanen, erfahre ich verdächtig oft: Droht der asthmatischen Handlung der Atem auszugehen, so pflegt die Autorenweisheit meist eine neue Figur zur Wiederbelebung zu bemühen, und zwar mit Vorliebe eine eindeutig zweideutige Finanzexistenz, deren Namensende sich der griechischen Silben »-opoulos« oder »-ides« erfreut. Das erinnert mich stets an das Kompliment, das mir jede zweite Bekanntschaft in der Verlegenheitspause nach der Vorstellung serviert, an jenen alten Spruch, demzufolge ein Jude drei unschuldige mitteleuropäische Christen, ein Grieche drei Juden, ein Armenier drei Griechen übers Ohr zu hauen vermöge. Schmeichler machen aus der Drei eine Zehn. Was meine Person betrifft, so verweisen mich freilich die Leute in die beschämende Rolle der Ausnahme von der Regel, sobald sie erfahren, daß ich mir mit Schreiben mein täglich Brot verdiene. Ich revanchiere mich dann gern mit der Geschichte von meinem Landsmann, der als Tabakhändler in der Levante groß geworden war; nachdem seine Geschäfte europäische Dimensionen angenommen hatten, ging er nach Holland und bekräftigte dort seinen ersten bedeutenden Abschluß, der heimatlichen Sitte getreu, mit einem Händedruck anstatt mit einem schriftlichen Vertrag. Mit dem Ergebnis: die ob ihrer Solidität berüchtigten, mit glänzend weißen Kaufmannswesten angetanen holländischen Partner erinnerten sich später des Händedrucks nicht mehr. Ihr schlechtes Gedächtnis traf Herrn X-opoulos empfindlich, sein Selbstbewußtsein nicht weniger als sein Bankkonto. Doch erwies er sich des teuren Lehrgeldes würdig und stellte seine und die nationale Ehre wieder her, indem er den erlittenen Verlust bald reichlich hereinbrachte. Diese Geschichte verfehlt meist nicht ihren Eindruck auf meine deutschen Bekannten, zumal ich ihnen verheimliche, daß die Holländer in Wahrheit – Deutsche waren.

Sie haben es wirklich nicht leicht, meine Freunde: mein Schuhputzer Dionysios, der seinen Stand in Athen am Omonia hat (am Platz der »Eintracht«, dem traditionellen Startpunkt der traditionellen Revolutiönchen früherer Jahrzehnte); der Baumwollmillionär Sokrates, dem niemand die prunkvolle Parkvilla im Athener Vorort Kiphissia neidet (nicht nur, weil er wie viele Reiche des Landes sein Vermögen in der Fremde erarbeitet hat – in Kairo oder Kalkutta, in Sydney oder Kapstadt, in New York oder Buenos Aires –, sondern auch weil in Griechenland das große Vermögen, sei es noch so undurchsichtig und ohne Schweiß erworben, ein Anlaß des Respektes und des Nacheiferns ist, nicht des sozialen Ressentiments); der Wirt Sophokles, der seine gut gehende Taverne in der Plaka (dem Schwabing Athens, dem Nordhang der Akropolis zu Füßen) schließt, wenn ihm das Faß mit dem guten Wein ausgeht, so lange schließt, bis er wieder einen ebenbürtigen Tropfen aufreibt; der Fischer Demosthenes mit der verstümmelten Rechten, die er als Denkmal an jenen Tag mit sich herumträgt, da es ihm beim verbotenen Fischen mit der Dynamitpatrone einmal schiefgegangen war; der »Unternehmer« Platon, der mit flinker Zunge und dem hochgeschraubten Pathos eines ersten Tenors seine Krawatten aus dem Pappkarton auf der Straße feilbietet (sofern ihn nicht gerade ein politischer Disput im Kaffeehaus festhält), oder schließlich der Bauer Aristoteles, der ein halbes Jahr vergebens auf ein paar Regentropfen für sein durstiges Steinäckerchen wartet – welche Vergleiche fordern schon ihre Namen heraus! Mehr als anderswo ist ja hier der Fremde verführt, den Zollstock der Geschichte aus seinem Bildungstornister zu zücken und das heutige Griechenland an der vertrauteren Einmaligkeit seines größeren Gestern kritisch zu messen. Kein Wunder, wenn bei diesem Verfahren meine Freunde Dionysios, Sokrates, Sophokles, Demosthenes, Platon und Aristoteles den Vorstellungen der humanistischen Schulkonvention alles schuldig zu bleiben scheinen. In der Tat: die griechische Gegenwart hat es schwer, vor ihrer Vergangenheit zu bestehen, die noch in so gewaltigen Zeugen bestürzende Anwesenheit hat. Dies Schicksal teilt sie jedoch mit sämtlichen anderen Nationen, nur – vergibt man es der hellenischen schwerer (als der eigenen). – Was freilich Aristophanes angeht: aus dem Hades ins heutige Hellas zurückbeordert, würde er in meinen Athener Freunden ohne Zögern die Figuren seiner attischen Komödien wiedererkennen. Und unverändert sähe Plutarch seine Erfahrung aus dem ersten Jahrhundert v. Chr. bestätigt: »Es scheint aber wahr zu sein, daß Athen Männer erzeugt, die, wenn sie Tugend besitzen, ganz besonders tüchtig sind, wenn sie aber Schlechtigkeit in sich haben, ganz besonders gemein sind, wie denn auch ihr Land den schönsten Honig und den verderblichsten Schierling hervorbringt.« Auch sonst ermangelt der Grieche nicht des Talents, Mißverständnisse und Vorurteile zu erzeugen. Das Klischee vom ausschweifenden, moralisch und finanziell nicht eben verläßlichen, von Skrupeln kaum geplagten, mit Fleiß und Ordnung wenig sympathisierenden Hellenen geistert in vielerlei Abzügen umher. Es orientiert sich etwa an Onassis, dem größten Privatreeder der Welt, an dem Filmgewaltigen Konstantin Skouras, dem die Fama seinerzeit das höchste Jahreseinkommen Amerikas unterstellte, oder an dem zwielichtigen Sir Basil Zaharoff, dem mächtigen Rüstungsmagnaten vor und im Ersten Weltkrieg – sie alle waren Finanzsterne erster Ordnung, aus der Nacht der dunkelsten Armut aufgestiegen.

Wer dem Deutschen einen faustischen Mantel anhängt, kann im Griechen einen odysseeischen Komplex entdecken – in der Erinnerung, daß der Mythos dem Mann aus Ithaka die Herkunft aus den Lenden des Sisyphus zuschreibt.

Der Autobus windet sich, den steilen Wänden des Pindos entlang, durch endlose Steinöden den Metsowo-Paß hinauf. Plötzlich wächst mitten auf der Straße ein Mann aus dem Boden: ein Hirte, denn ihm hängt der dreiviertellange ärmellose Mantel aus schwarzem Lammfell von den Schultern, die Linke gestützt auf dem brusthohen Stock, dessen Knauf nach dem jahrtausendealten Schnabelmuster geschnitzt ist. Einer von denen, die mit ihren Schafherden wochenlang die mageren Berghänge abstreifen, ohne einer Menschenseele zu begegnen. Sein gradgeschnittenes bärtiges Gesicht hätte sich ein Phidias als Zeusmodell nicht entgehen lassen. So steht er, in der Rechten einen Geldschein heftig schwenkend. Unser Fahrer wittert einen Passagier und bremst. Doch seine Erwartung trügt. Zwar reißt der Hirte die Wagentür auf – statt einzusteigen aber fragt er höflich und in wohlgesetzter Rede, ob ihm einer der Herren Reisenden eine Schachtel Zigaretten verkaufen könne, eine Ewigkeit schon sei er »ohne Rauch«. »Verkaufen«, betont er und schwingt seinen Geldschein wie eine Klingel. Wer sich aber auf die lange Bergfahrt begibt, bereitet sich nicht auf einen Zigarettenhandel unterwegs vor. Und so geht die Rechnung des Hirten auf: keiner der schmunzelnden Reisenden, der sie nicht durchschaut, doch jeder trägt aus dem eigenen Vorrat sein Scherflein bei – ohne auf das Bezahlungspalaver einzugehen, versteht sich. Er bekommt seine volle Schachtel, behält sein Geld – und sein »Gesicht«, hat er doch nicht gebettelt. Nicht weniger als er freuen sich die Passagiere; auf der Weiterfahrt sezieren sie noch eine gute Stunde lang die Feinheit und Treffsicherheit seiner List.

Auf dem großen Marktplatz von Athen. Ein Mann preist pralle Tomaten an. Nach zähem Feilschen drücke ich den Preis um ein Viertel, und damit er mir keine schlechten Stücke hineinmanipuliert, übe ich das Recht des griechischen Käufers und prüfe tastend jede Frucht, ehe ich sie ihm zum Einfüllen reiche. Zu Hause aber, beim Auspacken, zeigt es sich – hat mir doch der Kerl zwei angefaulte hineingeschwindelt, die über keine andere Tugend mehr verfügten als über Gewicht; sie waren an der Spitze der aus losem Zeitungspapier gedrehten Tüte versteckt, und zweifellos ruhten sie schon dort in der verbergenden Faust des Händlers, bevor ich in sein Blickfeld geraten war. – Mein Ehrgeiz ist gestachelt. Am nächsten Morgen suche ich wieder seinen Stand auf: »Freund, deine Tomaten waren eine Wonne, gib mir wieder ein Kilo.« Wie ein Luchs passe ich auf, ich verlange, daß er die Tüte vor meinen Augen wickelt, und abermals reiche ich ihm die gute Ware. Sie ist auch noch gut, als ich sie daheim auspacke – aber, zum Teufel, ich hatte doch mehr gekauft! Gründlich, wie ich nun einmal bin, auch im Mißtrauen, wiege ich nach: es fehlt tatsächlich ein viertel Pfund! Hat doch der Bursche, offenbar im Augenblick der Übergabe, aus dem unteren Ende der nur locker gedrehten Tüte eine Tomate mit seinen geschickten Fingern herausgezaubert, ohne daß ich's in meinem vorschnellen Siegeswahn bemerkt hatte! – Beim dritten Male blinzeln wir uns verständnisinnig zu, und nun klappt es. Auch in Zukunft, ohne daß es noch der geringsten Kontrolle bedurfte.

Ein Tropf, wer über diese Geschichte das Motto »Betrug« setzt. Zuallererst geht es dabei um einen Test, der des Nächsten Intelligenz aufs Korn nimmt. Und ist Dummheit nicht etwa strafwürdig, diese Strafe aber die einzige Therapie? Ja, die List ist in den Augen des Griechen geradezu eine Tugend, der zuverlässige Gradmesser der Intelligenz. Ihr natürliches Feld ist der Handel. Ist er in anderen Ländern ein Beruf, eine

Methode des Gelderwerbes, hier gehört er zum Leben wie das Atmen. Und was der Normaleuropäer im Sport abreagiert, leitet Herr X-ides in den Handel hinein. Gewiß hegt er keinerlei Antipathie gegen Geld, das Profitstreben ist ihm nicht fremd. Aber mehr noch als Mittel des Unterhaltes ist ihm das Handeln Unterhaltung, ein intellektuelles Vergnügen, ja eine aus tieferer Schicht kommende Leidenschaft. Denn sein merkantiler Sinn ist angetrieben vom alten Agon, von der Lust am spielerischen Sichmessen, an der Selbstbestätigung und Selbstdarstellung im Wettbewerb. Der »Fuchs« zählt zu den begehrtesten Titeln, die der Grieche zu vergeben und zu empfangen hat. Nichts falscher, als ihn der Skrupellosigkeit zu zeihen; er untersteht strengen Regeln – Regeln freilich mehr sportlich artistischen als juristischen Charakters. Der Handschlag des Griechen aber kommt der notariellen Unterschrift gleich. Und in keinem Lande Europas dürften Diebstahl und Raub so selten sein wie in Griechenland – bezeugen sie doch die Dummheit dessen, der sich nicht mit der List, und d. h. der Intelligenz, zu helfen weiß. Ein Mann, der auf sich hält (und welcher Grieche tut das nicht), stellt sich nicht solches Armutszeugnis aus. Denn ist nicht die Brutalität ein Indiz der Idiotie!

Nicht sonderlich ehrenrührig daher, sucht man gleich dem arbeitslosen Athanasios Zaphiropoulos zu Geld zu kommen. Er hatte dem bekannten Popsänger Spiros Seremetis angedroht, ihm während der Vorstellung einen Topf Joghurt ins Gesicht zu schleudern, falls er ihm nicht eine »Schutzgebühr« zahle. Besorgt ob seines Image (das in Griechenland nur mit Großbuchstaben geschrieben wird – nichts fürchtet man dort mehr als Lächerlichkeit), gab der Star der Erpressung nach, im Lauf der Zeit mit 200 000 Drachmen (im Deliktsjahr 1977 gleich 13 000 DM); erst als das Spiel nach zweijähriger Laufzeit keinem Ende zusteuerte, lief er zum Kadi.

Kein Einwand auch gegen den Schüler Marinos; allzu freizeitbeschäftigt, war er nicht zu seinem Hausaufsatz gekommen. In der Klasse sollte er ihn vorlesen. In Ermangelung der schriftlichen Vorlage improvisierte er nun in vollendeter Schauspielerei eine »Notlesung«, so kunstgerecht, daß sie der Lehrer unbeanstandet, ja lobend hinnahm, obschon er das Täuschungsmanöver durchschaute. Einige Zeit später wechselte der Junge an das Deutsche Gymnasium in Athen über. Alsbald geriet er dort in die gleiche Verlegenheit und suchte sie, eingedenk des ersten Gelingens, auf die gleiche Weise zu meistern. Doch die teutonische Lehrerin, nicht minder scharfsichtig als ihr griechischer Kollege, bezeugte seiner bravourösen Stegreifleistung keinerlei Verständnis; sie zitierte die Mutter des Delinquenten herbei und beschwerte sich im Brustton der moralischen Entrüstung über den »Betrug« ihres Sohnes. Marinos verstand die Welt nicht mehr.

Keinen Spaß auch bereitet der zu leicht erzielte Gewinn, der nicht aus der eigenen Tüchtigkeit hervorging, sondern aus der gegnerischen Unfähigkeit. Der Taxichauffeur ist mißgestimmt und dankt es dir nicht, wenn du für die Landfahrt auf seine erste, natürlich überhöhte Forderung eingehst, deine vorzeitige Kapitulation prellt ihn um das Vergnügen, sein händlerisches und oratorisches Talent voll auszuspielen; außerdem hast du nun auch seine Achtung verscherzt. Hingegen genießt der Hereingefallene noch die List, der er zum Opfer fiel, sofern sie im Einfall originell erfunden, in der Form witzig, liebenswürdig, höflich, also kunstvoll durchgespielt war. Mit einem scherzhaften Dreh, einem feingesponnenen Trick oder eleganten Manöver kommt man beim Griechen am weitesten.

Einmal wenigstens widerfuhr auch mir die Ehre, den »Füchsen« zugeordnet zu werden. Auf einem kleinen Dampfer wollte ich durch die Ägäis kreuzen. Rechtzeitig traf ich in Piräus ein und doch zu spät. Ich hatte nicht bedacht, daß gerade dieser 15. August der Wallfahrt zur heiligen Mutter der Insel Tinos (dem Lourdes der griechischen Orthodoxie) vorbehalten war. So war das Schiff lange vor der Abfahrt schon wegen Überfüllung gesperrt. Unten am Kai wogte noch eine dichte Menge im heftigen und nicht eben frommen Protest – es half nichts, Polizisten und Matrosen verteidigten eisern die Hecktreppe. In meiner mitteleuropäischen Dickköpfigkeit wollte ich jedoch dem Schicksal trotzen und bestand auf der Durchführung meines Vorhabens. Wie aber? Der Kaimauer entlangschreitend, fand ich die Lösung: einen kleinen Kahn und den dazugehörigen Hafenarbeiter. Schnell wurden wir handelseinig, dann ruderte er mich durch das Gewirr der kleinen und großen Boote zum Vordeck meines Schiffes, dorthin, wo ich ein Tau erspäht hatte – von der Reling hing es fast bis zum Wasserspiegel herab. Ein paar Klimmzüge, ein schneller Schwung, und ich setzte über das Bordgeländer. Doch ich komme nicht dazu, mich meiner Freude zu freuen. Denn kaum richte ich mich aus dem Aufsprung hoch, da finde ich mich vor einem grimmigen uniformierten Riesen, unverkennbar dem Kapitän in höchsteigener Person. An Flucht ist auf dem verstopften Deck nicht zu denken. Doch mein Gelüst, in den Boden zu versinken, macht ein neuer Szenenwechsel hinfällig: die finster drohende Amtsmiene des Kapitäns weicht einem breiten Grinsen, und dann kollert ein erschütterndes Gelächter aus seinem mächtigen Leib. »Bravo«, brüllte er und hieb mir auf die Schulter, daß ich zusammenknickte, »bravo! Das hast du gut gemacht!« Er packte mich unterm Arm und schleppte mich aufs Deck der ersten Klasse – nicht als Gefangenen, sondern als gehätschelten Fahrgast honoris causa, dem es strikt verwehrt blieb, für die Reise zu zahlen.

So lasse man sich nicht täuschen und unterstelle nicht der griechischen Freude an der List und am Handel die mammonistische Dominante. Das Geschick des Griechen, Geld zu machen, wird noch übertroffen von seinem Talent, Geld auszugeben. Ist der Gewinn erstritten im heißen Gefecht, das unter Mißachtung jeglichen Zeitwertes alle bekannten und unbekannten Finessen des Feilschens durchzelebrierte – derselbe Mann, der sich soeben mit verzweifelter Entschiedenheit auf Bruchteile eines Pfennigs versteifte, als ginge es ihm um Kopf und Kragen, kann dich einen Augenblick später in der Hochstimmung seines Triumphes mit einem Geschenk überraschen, dessen Wert jenen Vorteil vielfach über steigt, den er dir eben erst abgeluchst. Wie denn außerhalb des »Geschäftes« die griechische Freigebigkeit ohne Grenze ist. Kaum ein anderes Volk dürfte für Spenden und Stiftungen so offene Taschen haben. Da versteht es sich nicht nur von selbst, daß die zu Geld gekommenen Auslandsgriechen den Familienangehörigen in der Heimat regelmäßig unter die Arme greifen (womit sie zur Abdeckung der chronisch passiven Zahlungsbilanz des Landes beitragen) – der Katalog ihrer Leistungen für ihre Gemeinden, aber auch für die Nation ist unversieglich; er enthält Kranken- und Waisenhäuser, Parkanlagen, Brunnen, Brücken, Straßen, Schulen, Sportplätze, Stipendien, Museen, Bibliotheken, wissenschaftliche Institute, aber auch Flugzeuge fehlen nicht, und einer spendete sogar ein Kriegsschiff, derselbe das schöne Athener Stadion, das die erste neuzeitliche Olympiade (1896) sah. Wo immer man in Griechenland auf eine gute gemeinnützige Anlage stößt, sie hat meist nicht den Staat, sondern einen opferfreudigen Privatmann zum Vater. Und da der Grieche über eine beachtliche Unfähigkeit zum schlechten Gewissen verfügt, dient diese Großzügigkeit nicht etwa – wie bei manchem amerikanischen Millionär – dem nachträglichen Geradebügeln einer nicht eben geraden Karriere. Mag die Eitelkeit mitsprechen – wesentlich ist sie Ausdruck der Heimatliebe, der Zugehörigkeit, und die Freude, die sie dem Spender spendet, ist die des Freudemachens. Der Grieche kennt keine größere Freude. So ist denn diese Freigebigkeit auch keineswegs das Privileg der Reichen, sie ist exzessiver noch in der Mitte und »unten« zu Hause. Auf der Insel Kephallonia übernachtete ich einmal bei einem Bauern; ich lobte den kredenzten Wein. Das war leichtfertig. Denn am nächsten Morgen, beim Abschied, gab er mir einen schweren Flaschenkorb mit, der seine zehn Liter fassen mochte. Es war ebenso unmöglich, ihn dafür zu bezahlen, wie das Geschenk abzulehnen. – Allen Schichten ist die »getrennte Kasse« unbekannt (was unseren Touristen nicht erschrecken muß, denn inzwischen pflegen Athener Kellner die Fremden zu fragen, ob sie »sto germaniko tropo«, auf »deutsche Weise«, jeder für sich, bezahlen wollen). Was immer man zu mehreren unternimmt – und wie selten ist der Grieche allein –, einen Tavernen-, Kino- oder Theaterbesuch, und sei's auch nur eine Tramfahrt, stets zahlt einer für alle. Natürlich geht im Laufe eines kostspieligeren Abends die Rolle des Zahlers reihum; keiner will sich lumpen lassen, immer wieder entbrennen hitzige Gefechte um die Ehre des Zahlendürfens, ohne Rücksicht auf die finanzielle Leistungsfähigkeit des einzelnen. Kein Laster aber gilt verächtlicher als der Geiz, und das schmerzendste aller Schimpfwörter heißt »tzigunis – Geizhals«.

Eine Grenze hat diese Gebefreude: wo sie Berechnung, wo sie ausnützerische Absicht spürt. Überholt dich unterwegs in den Bergen ein Bauer auf einem Esel, ersuche ihn nicht, deinen Rucksack seinem Tiere auflegen zu dürfen. Er würde dir einen Wucherpreis nennen, zumal wenn kein andrer Esel in Sicht ist. Verwickelst du aber den Mann in ein Gespräch, das von seinen Kindern, von der Ernte, von Bush und Gorbatschow handelt, aber nur nicht vom Esel, wischst du dir dann ein paarmal nicht allzu ostentativ den Schweiß von der Stirn, unter der Hitze eben vernehmbar seufzend, so wird er dir bei der ersten politischen Meinungsverschiedenheit schon – die Verschiedenheit ist wichtig! – sein Tier zum Reiten anbieten, kostenlos versteht sich und gegebenenfalls noch über sein eigenes Ziel hinaus. Geben? Ja – stets und überall, doch nur aus eigener Initiative, die dem unausgesprochenen Wunsch zuvorkommt. Am beglückendsten äußert sich diese Einstellung in der Gastfreundschaft des Griechen, deren Gewalttätigkeit zu zügeln gelernt sein will. Sie erwächst aus seiner durch und durch geselligen Natur und dient der Ehre des Landes. Er überschüttet den Fremden mit Einladungen reicht ihn von einem zum anderen; im Autobus und in der Eisenbahn räumen die Mitreisenden dem Fremden den günstigsten Fensterplatz ein und überbieten sich, ihre Vorräte mit ihm zu teilen. In der Taverne läßt dir irgendein Gast auf seine Rechnung Wein auftischen – oft kannst du ihn nicht einmal namhaft machen. Und immer hat der Grieche Zeit für dich; den verlockendsten Handel läßt er im Stich, wenn er dir seine Stadt zeigen oder irgendwie behilflich sein kann. Gerät der Fremde in ein entlegenes Dorf, das kein Gasthaus hat, dann zerreißen sich die Honoratioren im Streit, wer ihn denn zur Nacht – kostenlos – bei sich aufzunehmen die Ehre habe; sicher wird er im komfortabelsten Haus der Gemeinde landen.

Das war in Sparta, ausgerechnet in Sparta. Auf dem Markt erstand ich mir Trauben. Ins Kauen versunken, nahm ich kaum wahr, wie ein Mann auf mich zutrat, bis er plötzlich wortlos eine Beere aus meiner Tüte zupfte; er kostete sie, aufmerksam prüfend, spuckte Kern und Schale aus, drehte sich wortlos um und verschwand im nächsten Haus. Ich war doch ein wenig verwundert. Während ich aber, dem seltsamen Manne nachgrübelnd, mich von neuem in meine Trauben vertiefte, erschien dieser abermals, in der Hand eine riesige Dolde mit prallen goldgelben Beeren. In stummer Bestimmtheit riß er mir meine Tüte samt den Trauben aus der Hand, warf sie mit der Gebärde des Abscheus in die Gosse und reichte mir statt ihrer seine Früchte. Eine artige Verbeugung, und wiederum entschwand er, gemessenen Schrittes. Verdutzt begann ich von des Mannes Beeren zu kosten – und da begriff ich: nie zuvor hatte ich köstlichere Trauben geschmeckt. Für den Fremden ist das Beste gerade gut genug.

Gewiß, solche Gastfreundschaft findet sich nicht überall mehr in Griechenland, kaum in den großen Städten noch an den Plätzen des konventionellen Fremdenverkehrs. Aber im Unterschied zu anderen Ländern des klassischen Tourismus braucht sich der Fremde doch nicht dauernd in die Verteidigungsstellung gegen die Attacken der Fremdenindustrie zu verschanzen, auch wenn er bei allerlei Anlaß um das Handeln nicht herumkommt – gleich dem Einheimischen. So empfiehlt es sich, den Preis einer längeren Taxi- oder Bootsfahrt vorher zu vereinbaren. Dabei kann der Fremde wohl einmal überfordert werden. Denn dieser Mentalität liegt der »feste Preis« nicht; sie neigt vielmehr dazu, dem Preis nicht den Sachwert der Ware oder des Dienstes zugrunde zu legen, sondern ihn individuell zu differenzieren, und zwar nach der vermeintlichen Kaufkraft des jeweiligen Kunden. Ein reicher Grieche, der sich beispielsweise in Santorin einen Barkaris für die Überfahrt auf den Vulkan mietet, würde es unter seiner Würde finden, dafür denselben Preis zu entrichten wie etwa ein kleiner Schlucker von einem Angestellten. Der Fremde sollte diesem Rechensystem etwas Verständnis abgewinnen. Denn der Grieche ergeht sich in dem Vorurteil, daß alle Ausländer »reich« seien; womit er, der sich selbst zum Maß nimmt, gar nicht einmal so unrecht hat. Ehre, wem Ehre gebührt – auch auf der Rechnung. Oft genug wird ihm, selbst in den großen Städten, die Erfahrung zuteil, daß das Griechische wohl als einzige lebende Sprache nur *ein* Wort hat für den »Fremden« und für den »Gast« – »xenos«. Und daß die Ehe dieser beiden Begriffe aus einer Liebesheirat hervorging; sie sind nicht nur philologisch, sie sind realiter synonym. Nicht zufällig war in alter Zeit auch ein »Zeus xenios« unter dessen vielen Kultgestalten vertreten.

Mit dem Mammonismus allein läßt sich also die griechische Lust am Handeln, an der List nicht begreifen. Sie ist eine zur Tugend gewandelte Not, bei deren Mutation die Geschichte Pate stand. Die fatale Drehscheibenlage zwischen Europa, Asien und Afrika machte dies Land die Jahrtausende hindurch zum begehrten Objekt aller imperialen Mächte, die ihre Hände nach dem Mittelmeer ausstreckten. Die eigene Volkskraft reichte nicht aus, das Land gegen die zahllosen Völkerfluten der Römer, Germanen, Slawen, Venezianer und Franken, Albaner und Türken abzudämmen. Seit den großen Makedonen waren so den Griechen immer nur kurze Intervalle der Freiheit zwischen den langen Perioden der Fremdherrschaft beschieden; auch die im frühen neunzehnten Jahrhundert endlich der vierhundertjährigen Türkenherrschaft abgetrotzte nationale Souveränität blieb bis zum heutigen Tag der permanenten Gefährdung durch die »große Politik« ausgesetzt, zwischen deren Mühlsteinen dies kleine Volk ständig zerrieben zu werden droht. Das Wunder seiner ungebrochenen Selbsterhaltung, über die ein nicht abzutötender Wille zum Freisein, zum Leben nach der eigenen Façon wacht, wäre mit Tapferkeit und Zähigkeit allein nicht zustande gekommen. Da ihm die Waffe der Macht fehlte, war der Grieche – als einzelner und als Volk – zu seiner Selbstbehauptung auf die List verwiesen. Als Schild und Versteck war sie das notwendige Ergebnis einer geschichtlichen Anpassung, der Kompensation des auf der Kraftseite gegebenen Minus, das die äußerste Kultivierung des »corriger la fortune« anbefahl. Die Notwendigkeit wurde Gewohnheit, diese zur Eigenschaftskonstante, deren Preisgabe auch die Gegenwart keineswegs empfiehlt. Schon gar nicht in prekären Zeiten was den Philhellenen Lord Byron vor 160 Jahren zu dem mißverständlichen Kompliment inspirierte: »Ich mag die Griechen, sie sind annehmbare Schurken.«

Aber auch die Geographie Griechenlands ist eine einzige Provokation zum Händlertum. Die Fruchtbarkeit seiner Böden bleibt hinter der seiner Frauen weit zurück. Gebirge und Stein, das ist das Land, darin die fruchttragenden Felder eingesprenkelt liegen als winzige Oasen, deren

Ernten nie ausreichen. Was es zur Schließung seiner Nahrungslücke brauchte, konnte es nur draußen finden, im Handel über See. Und das Meer bot ihm alle Gunst, die ihm die Erde vorenthielt. Die Hafenfülle seiner Küsten, die vorteilhafte Gliederung ihres horizontalen und vertikalen Reliefs, die dichte Inselflur, die Freundlichkeit der Witterung – sie schraubten das technische Risiko der Schiffahrt auf ein Minimum herab: das Wasser wurde die Erde des griechischen Kaufmanns, auf dem seine Ernten reiften.

Die Lage tat das Ihre. Die ägäische Zone ist ein Knotengeflecht, darin sich eine so dichte Vielfalt von Verkehrsfäden verknüpft wie kaum an einer Erdenstelle sonst, einmalig zugleich als interkontinentale und intermarine Drehscheibe. Drei Festländer und drei Meere treffen sich hier, wo sich ihre kürzesten Verbindungslinien schneiden, denen entlang erstmals durch Phöniker und Griechen der orbis terrarum in den Horizont der Erfahrung trat. Alle Fernen bewegen sich hier aufeinander zu.

Griechenlands einzigartige Lage, gepaart mit der Armut seiner Böden und der maritimen Verkehrsgunst, bestimmt sein Volk zur Brückenexistenz, zum Vermitteln und Austauschen der materiellen (und kulturellen) Güter. Griechenland ist das natürliche Kommunikationsfeld zwischen Orient und Okzident. Dies ist – um mit Toynbee zu reden – die Antwort heischende Herausforderung, die das Schicksal seinem Volke stellt.

In die reale Sachsphäre übersetzt, fordert sie: Kaufmann sein. Kaufmann mit den Fähigkeiten der List und Schläue, da ihm doch die kontinentalen Partner in Ost und West im materiellen Potential weit überlegen sind – dies Minus war nur durch ein Plus an Beweglichkeit, Geschmeidigkeit und Raffinement, an Phantasie, Initiative und Risikofreude wettzumachen. Ohne diese Eigenschaften hätte sich das griechische Volk kaum zu erhalten vermocht.

Ein anderes Motiv fördert noch die griechische Vorliebe für das Handelsgewerbe: von sämtlichen Berufen bietet es, bei geringster Vorbildung, der persönlichen Freiheit den weitesten Spielraum der Entfaltung. Der Unabhängigkeit zuliebe zieht der Grieche oft eine noch so unrentable Tätigkeit in selbständiger Regie der besser entlohnten Stellung im untergeordneten Arbeitsverhältnis vor. Als eigener Herr zu jeder Tagesstunde über sein Tun und Lassen befinden zu können, danach steht sein Sinn – und sei's nur als Bauchladenunternehmer oder Straßenhändler. Aus dem gleichen Verlangen heraus hält er es auch nicht mit den komfortableren Wohnungen in den großen Mietskasernen. Sein Herz hängt am eigenen Haus, mag es sich auch mit einem einzigen Raum begnügen – draußen am Stadtrand, mit einem kleinen Fleck Grün, darauf er ein paar Blumen pflegen und ein paar Hühner halten kann. Dieser Neigung danken die griechischen Städte ihre unangemessen weite Ausdehnung.

Aber dies Verhalten speist sich doch wohl aus noch tieferen Quellen. Sicher nicht zufällig war Odysseus ein Leitbild der homerischen Antike, und das ist er dem Griechen, kaum bewußt, alle unhomerischen Zeitläufte hindurch geblieben. Auf die Gefahr hin, von meinen Landsleuten gesteinigt zu werden, behaupte ich: was dem nordischen Menschen die Disziplin, ist dem Griechen die List – die List auch im Umgang mit sich selber: als Methode der Selbststeuerung und Selbstverwirklichung, als taktische Waffe in der Auseinandersetzung gegensätzlicher Kräfte im einzelnen selber wie zwischen den vielen. Diese List hemmt und staut nicht, sie gebraucht nicht Kraft noch Gewalt, sie sucht vielmehr – dem Umweg und dem Seitensprung Raum lassend – recht eigentlich durch Zauberei die Schwäche in Stärke zu verwandeln und den Teufel zu Engelsdiensten zu verführen. Auch der Grieche will Form, Gestalt, Bestimmtheit, aber nicht unter Preisgabe der Weite, der Vielfalt und der Fremde. Sein unbändiges Freiheitsverlangen duldet auch den Selbstzwang nicht. Durch Selbstüberlistung – anstatt durch Wille und Kraft, durch Zwang und Verzicht – sich zu verwirklichen, das ist sein Weg. Es sei dahingestellt, ob der Grieche mit diesem Verfahren weiter oder auch nur ebenso weit gelangt wie der Deutsche etwa mit dem seinen. Jedenfalls dünkt es ihm amüsanter und hygienischer. Hygienischer, denn es vergewaltigt und verdrängt kein Lebensverlangen; und amüsanter, weil er so seiner leidenschaftlichsten Lust frönen kann, in der er seinen ganzen Ernst zu sammeln vermag: dem Spiel, und zwar dem Spiel in der letztmöglichen Steigerung, dem Spiel mit sich selber. Gleich Odysseus, der, von der tödlichen Unwiderstehlichkeit der Sirenen wohl unterrichtet, sich nicht etwa – wie es ein blonder Recke getan hätte – durch den Willensakt einer Kursänderung ihrer verführerischen Gewalt entzog; das wäre ihm zu billig, seiner unbezähmbaren Neugier und schamlosen Reizlust unverzeihlich erschienen. Statt dessen verstopfte er seinen Gefährten die Ohren mit Wachs und ließ sich von ihnen an den Schiffsmast fesseln: so hörte er denn als einziger der Menschen die Gesänge der Sirenen und ging doch nicht an ihnen zugrunde.

Auf die Gefahr hin, von meinen deutschen Lesern gesteinigt zu werden, behaupte ich: nur ein Volk, das zum Nichtstun unfähig ist, kann die Arbeit auf den Thron der höchsten Lebenswerte erheben. Der Grieche aber gebietet über ein ausschweifendes Talent zur Muße (zisalpine Blindlinge nennen es »Faulheit«), das ihn die Arbeit als notwendiges Übel entschuldigen heißt. Zu leben, um zu arbeiten – das ist ihm eine unverständliche Parole. Er stellt vielmehr den Haushalt seiner Existenz unter die Formel: mit einem Minimum an Arbeitsaufwand einen maximalen Nutzeffekt erzielen. Nebenbei: seltsamerweise enthält sie auch das Gesetz, nach dem die abendländische Technik angetreten ist. Auch sie gebietet, alle Möglichkeiten und Spielarten der »List« auszuschöpfen (die also, wie man sieht, in der griechischen Praxis weit über ihren deutschen Sprachgebrauch hinausreicht). Und schließlich, nicht wahr: die Arbeit, diese schlecht entlohnte, sie stiehlt einem auch noch die Zeit zum Geldverdienen.

Nach dem Süden sollte nicht fahren, wer an Termine, Pünktlichkeit und Arbeitshexerei glaubt – er kommt dort aus der Verzweiflung nicht heraus. Eine kurze Lehrzeit schon vermittelt die Erfahrung: Gott Kronos hat in Griechenland nichts mit Chronos zu tun. Der Gewitzigte stellt sich also eine halbe Stunde später als verabredet zum Rendezvous ein; im Glücksfall muß er dann nur noch dreißig Minuten warten – sofern der Partner zu kommen geruht. In den großen Städten halten heute die Züge, Autobusse und Dampfer die Fahrpläne ungefähr ein – auch so eine Degenerationserscheinung der Nachkriegszeit. Auf dem Lande aber läßt sich der Bauer im Cafenion an der Haltestelle häuslich nieder und wartet, wartet Stunden, ohne ein böses Wort zu verlieren. Irgendwann einmal *muß* ja der Bus kommen – was bleibt ihm schon anderes übrig?! Verspätungen empfindet er nicht als Verlust an Zeit, sondern als Gewinn an Gegenwart. Unsinnig auch, nach der Länge des Weges zu fragen: jede Antwort lautet anders. Mal übertreibt sie, da Neugier und Gastfreundschaft den Fremden vom Weitergehen ab- und am Orte festhalten wollen; dann wieder bleibt die Auskunft hinter der Wirklichkeit zurück, wenn die Höflichkeit fordert, den müden Wanderer nicht noch durch den Hinweis auf die Weite des Weges zu betrüben. Doch davon abgesehen, der Antwortende mag die Strecke ungezählte Male zurückgelegt haben, auf ihre Länge zu achten, kam ihm nie in den Sinn – seine Unkenntnis aber einzugestehen, das wäre wider seine Ehre (in allen Fällen übrigens).

Griechenland ist der Triumph der Gegenwärtigkeit. Die griechische Zeit hat eine andere Anatomie. Sie scheidet nicht die Perioden der Vergangenheit, Gegenwart und Zukunft, sondern läßt ihre Grenzen übergangslos verfließen. Es ist, als ob die Gegenwart alles Vorher und Nachher in sich verschluckt habe. »Gestern« – das kann Jahre zurückliegen; und »awrio – morgen« ist manchmal morgen, es kann aber auch eine Woche oder einen Monat später sein, die Zukunft schlechthin, die höfliche Umschreibung des »Vielleicht irgendwann« oder auch des »Niemals«.

So ist es in allem. Leicht vermeidbares Warten und Anstehen, unnötige Geduld- und Kraftverschwendung bei der Abwicklung von Geschäften, die ewige Vertröstung auf jenes »awrio« gehören in dieses Kapitel. Und wo der Deutsche den Ärger über eine Verzögerung mit »einen Augenblick« oder »eine Sekunde« beschwichtigt, hält der Grieche die Tröstung »dhio lepta – zwei Minuten« bereit. Zwei Minuten aber können Stunden, können Tage sein. Doch hat man eine Sache schon fast aufgegeben, dann kann sie plötzlich, so ganz im Vorbeigehen, doch noch zum gewünschten Ende gelangen. Erfahrungsgemäß gibt es im Süden kaum eine noch so verfahrene Situation, in der zu guter Letzt nicht doch irgendein Deus ex machina rettend eingriffe. Unter einer Bedingung: man schlage nicht mit der Faust auf den Tisch – das lieben die griechischen Götter nicht.

Im Autobus machen sie dem Fremden den Platz vorn neben dem Chauffeur frei. Das ist ein zwiespältiges Vergnügen für nördliche Nerven. Mit jäher Wendung rast der griechische Fahrer in die Kurve, er schneidet sie scharf, weicht blitzschnell aus, bremst hart. Verliebt in die Überraschung, ins Unvorhergesehene, sucht er die Situation, die ihm die äußerste Geistesgegenwart abfordert. Er kann es sich leisten, denn seine

Stärke – und seine Grenze – ist die Schnelligkeit der Rezeption und Reaktion. Zu jeder Sekunde Meister des Augenblicks, ist er immer da, wo er ist, in vollendeter Gegenwart. Das aber ist auch die Art, in welcher der Grieche seine Fahrt durch das Leben steuert.

Wie in seiner Lebensbahn, so schafft er sich auch auf der Straße keine detaillierte Verkehrsordnung, die alle möglichen Fälle und Unfälle regelnd vorwegnähme. Es soll Länder geben, wo in den Verkehrsschlachten Ares, der Gott des Krieges, gebietet. In Griechenland aber sitzt Hermes am Steuer, der Patron der Diebe (unter anderen). Und statt mit Kraft und Disziplin regiert er mit List. Ehrensache, die Verbotstafeln zu mißachten; rechts zu überholen, einzubiegen beim Gegenverkehr, die Kurve zu schneiden auch bei mangelnder Sicht – das erst macht das Autofahren zum Spaß. Und der Verkehrspolizist ist nicht wie anderswo ein Feldwebel, er ist ein General, der mit souveräner Gebärde den höllischen Heerscharen der Räder befiehlt. Gern drückt er ein Auge zu, zwei sogar, wenn eine Dame am Steuer sitzt – solange nichts passiert. Wehe aber, wenn doch. Dann trifft den Fahrer die härteste Strafe. Seinetwegen braucht daher der Fußgänger keine Lebensversicherung einzugehen, denn die Autos, die nicht in sturer Roboterhaftigkeit das Straßenband mit dem Recht des Stärkeren abspulen, die Autos ziehen den Hut vor ihm, vor Seiner Majestät dem Menschen. So erscheint denn hier die Technik – nicht nur auf der Straße – menschlicher. Es ist, als hätten die Autos Gelenke, als wären sie nur verlängerte Organe des Fahrers, so schlüpfen sie in seinen Rhythmus hinein. Oder richtiger, der Grieche gebraucht sein Fahrzeug wie ein Reittier: er behandelt die Maschine wie seinen Esel, als Herr, ein Stück Zucker in der Linken, den Stock in der Rechten. Nicht an ihm ist es, für die Maschine zu sorgen, sondern an ihr, ihm zu dienen. Der faule Sklave wird mit Tritten traktiert, wenn das Zureden nicht hilft; streikt der Motor, so wird er notfalls mit Gewalt gezwungen, sich in Bewegung zur setzen oder – draufzugehen. Seltsam: meist nimmt er dann doch Vernunft an – der Klügere gibt eben nach. Nur ungern läßt sich der Grieche zu einer gründlichen Reparatur herab. Meist begnügt er sich mit der fixen, oft genial improvisierten Notlösung – er ist, nicht allein in der Technik, der geborene Meister des Auswegs. Wie er auch ungemein findig ist, aus einem Nichts an Altmaterial die unwahrscheinlichsten Dinge hervorzuzaubern. Weniger liegt ihm die langfristige Aufgabe, die sorgfältig durchgeplant und im langwierigen Schritt-für-Schritt-Verfahren ausgeführt sein will. Darunter leidet oft die Lebensdauer der Sache. Aber Dauer ist einem Menschen kein Problem, dessen einziges Gut – Zeit ist. Es gibt, scheint mir, schlechtere Reichtümer.

So wenig wie von der Zeit läßt sich der Grieche von der Sache vergewaltigen. Es lohnt sich, bei Kalambaka in Thessalien die Meteoraklöster aufzusuchen. Im dreizehnten Jahrhundert haben sie die Mönche, auf der Suche nach Einsamkeit und Sicherheit, in und auf die glattgefeilten Sandsteinwände gebaut, die wie riesige Elefantenstoßzähne bis vierhundert Meter hoch senkrecht als Vorwellen des Pindos aus der Ebene aufschießen – Zeugnisse nicht der Bezwingung, sondern der Überlistung der Materie durch den Menschengeist. Neuerdings sind die Klöster auch den Autokentauren auf Asphaltserpentinen zugänglich. Früher aber mußte man sich in großen Körben an Drahtseilen hinaufwinden lassen – eine schwankende und beunruhigende Prozedur. Ein mutiger Besucher, der sie überstanden hatte, warf oben zufällig einen Blick auf die Winde. Nicht ohne nachträglich zu erblassen: das Drahtseil, angerissen und vom Rost angenagt, hatte die Pensionsreife schon sichtlich überschritten. »Wann erneuert ihr denn das Seil?« fragte er den Mönch, der ihn hinaufgezogen hatte. »Oh«, erwiderte dieser gelassen, »wenn es gerissen ist.«

Und wenn das Seil risse, der Grieche – Spezialist des Glücks im Unglück – fiele auf die Füße. Wie (im übertragenen Sinne) der Landbriefträger Achilles Samaras, der vom makedonischen Grevenna aus die Bergdörfer des Pindos abklappert. Auf einem winterlichen Botengang waren ihm plötzlich hungrige Wölfe auf den Fersen. Immer näher rückten sie dem Waffenlosen. Fast besinnungslos vor Angst, griff er in seiner Verzweiflung zum Posthorn. Glücklicherweise hatte er es mit unmusikalischen Tieren zu tun, denn das geschmetterte Solo des Postillions schlug die Angreifer augenblicks in die Flucht.

Graf Keyserling sprach im »Spektrum Europas« den Griechen das schmeichelhafte Urteil, sie seien das begabteste Volk Europas, unerreicht in der Fähigkeit, aus einem Maximum an Anlage ein Minimum von Verwirklichung herauszuholen. Dies danken sie ihrer Abneigung gegen das geplante Leben. Genauer: der Grieche ist gegen die Planung, weil er für die Pläne ist, weil er zu jeder Sekunde Orgien der Pläneschmiederei feiert. Er ist der geborene Spekulant – nicht nur an der Börse, im Handel, im Glücksspiel und in der Liebe. Nicht umsonst bedeutet »zero« (Null) im Griechischen auch die »reine Vision«. Jede Idee wird schwungvoll aufgegriffen und wie ein Ball nach allen Seiten hin und her geworfen. Noch im Augenblick der Konzeption wird aber das Projekt zu Ende und oft schon zu Tode gedacht. Ist es dann an der Zeit, von der Planung zur Ausführung hinüberzuwechseln, hat sich nicht selten schon das Interesse im Spiel der Phantasie erschöpft und verzehrt; nur allzu leicht wird darüber die Realisierung vergessen, hat doch inzwischen längst ein neuer Einfall das Bewußtsein beschlagnahmt. Das geschieht nicht aus Gegenwartsflucht, sondern aus Gegenwartssucht, der sich das bloß Vorgestellte schon in Wirklichkeit verwandelt. Das Nichtgelingen ist ihm daher nicht notwendig eine Enttäuschung; er nimmt es leicht und schwingt sich von Luftschloß zu Luftschloß gewandt über alle Abgründe, ohne je den Boden unter den Füßen zu verlieren. Solche Sprunghaftigkeit hat dem Griechen den Ruf der Unzuverlässigkeit eingetragen, die so oft als Unehrlichkeit mißverstanden wird. Am Griechen wirkt manches falsch, was echt ist. Seine Planlüsternheit macht ihn zum chronischen Jasager bzw. zum miserablen Neinsager, der es nicht über sich bringt, aus der Nähe weh zu tun, von Angesicht zu Angesicht. Die Entfernung aber nimmt dem Nein den bitteren Stachel; mit dem räumlichen und zeitlichen Abstand entleeren sich ihm die Menschen und Dinge an Wirklichkeit, und dann vergißt er leicht, sind doch Herz und Kopf inzwischen von etwas Neuerem und gerade Näherem belegt. Auch der Adressat sieht es lieber, wenn ihm das Nein stillschweigend angetan anstatt ins Gesicht geschleudert wird; sein Selbstgefühl verdaut die verweigernde Tat eher als das ablehnende Wort, das ihm einen »Gesichtsverlust« zufügen würde. Wo also da Ja schwindelt, tut es dies nicht in berechneter Täuschung, ja kaum in bewußter Absicht, sondern aus Freundlichkeit, als Verbeugung vor dem Selbstbewußtsein des Empfängers. So häufig Wort und Tat des Griechen auseinanderfallen, sie sind nicht geschieden wie Schein und Wirklichkeit. Hat doch das Wort für ihn eine eigene, eine hohe psychische Realität, die zu achten und zu beachten ist.

An seiner Sprunghaftigkeit scheitert auch der Vorsatz, das Ziel auf schnurgerad kürzestem Wege anzusteuern, lohnt doch fast alles, dem er unterwegs begegnet, einen verweilenden Seitensprung. Reagibel auf jeden Reizanruf, mit allen seinen Poren dem Außen geöffnet, kann er nicht den geraden Weg zwischen Absicht und Ziel einhalten. Das Ziel läuft ja nicht davon, es steht und wartet. Aber jenes Gesicht da, dieses Ereignis dort, die der große herrliche Strom des Geschehens an die Bordwand seines Ichs spült, sie ziehen vorüber, sie wären unwiederbringlich dahin, griffe er nicht gleich zu. Mag der Grieche also mit noch so fest bestimmtem Vorsatz die Reise durch den Tag antreten, sie zickzackt, seine leichte Verführbarkeit läßt ihn an den unvorhergesehensten Stellen abspringen – und am Ende landet er irgendwo, nur nicht an seinem Bestimmungsort. Schließlich wohnt doch auch den Dingen eine gewisse Eigenbewegung inne, die sie schon von selber vorantreibt. Der Prozeß einer Sache interessiert ihn mehr als sein Ergebnis.

Auf einer früheren Winterolympiade in Norwegen illustrierte Herr Alexander Voukinos einem internationalen Publikum die griechische Fahrweise. Auf eigene Rechnung, ohne von einem Verband nominiert zu sein, hatte er sich zum Abfahrtslauf gemeldet – eine Disziplin, für die sein Land damals nur wenig Trainingsmöglichkeit bot. Der Lauf führte über eine mörderische Strecke, die mit heimtückischen Bodenwellen, vereisten Engpässen und jähen Steilhängen nur so gepflastert war. So rasten denn die Skikanonen im Schnellzugstempo dahin, Bündel der Konzentration, Nerven und Muskeln gespannt bis zum Zerreißen. Viele der Prominenten stürzten und gaben das Rennen auf. Nicht Alexander Voukinos, der – wie eine Zeitung aus Oslo berichtete – »ohne Sturz über die Strecke kam, mit einem Lächeln das Ziel passierte und viel Beifall erhielt«. Er hatte freilich, wo es ihm geraten schien, ruhig abgeschwungen, die gefährlichsten Kehren im sanften Bogen umfahren, und so brauchte er schließlich sechs Minuten, während die ersten anderthalb Minuten herausholten. Aber – er hatte das Seine lächelnd zum guten Ende gebracht, in seiner Art auch er ein Sieger.

Sie bekommt dem Griechen, diese Lebensweise, wenn auch weniger seinen Zielen. Die Verausgabung in kleiner Münze bewährt sich als Selbsthygiene, die der Gefühls- und Triebstauung, der Verdrängung und

Verkrampfung vorbeugt. Daher stimmt es nicht, das Gerede vom »südlichen Temperament«. Archimedes war gewiß kein Grieche – eher schon ein Deutscher, dem es gegeben ist, im völligen Vergessen seiner selbst und der Welt sich lange Zeit an die Sache seines Sinnens oder Tuns zu verlieren. Unterdessen deponiert er seine triebhaften Wünsche, die ihn von seinem Willensziele ablenken könnten, in eine dunkle Kellerecke; dort mästen sie sich in der Untätigkeit, bis sie endlich platzen, ihre doch nicht aus unüberwindlichem Material gebaute Zelle sprengen und sich nun blind im Freien austoben. Der Mensch des Südens ist zu derartigen Exzessen weder in der Arbeit noch in der Lust fähig. Der Grieche singt bei der Arbeit, unterbricht sie zu einem Disput, mit einem Spielchen oder auch mal einem Schläfchen, und so lädt er sich nicht zur Hochspannung auf, zum explosiven Überdruck, weshalb er denn auch nicht der schweren Gegengewichte bedarf. Er kommt nicht zum Kochen, seine vielen Ventile entlassen vorzeitig den sich aufspeichernden Dampf. So lebt er in einem mittleren Klima, in dem sich Ernst und Lust, Arbeit und Freude, Schaffen und Muße dauernd begegnen, durchdringen und ausgleichen. Auch trennt er nicht fein säuberlich Gedanken und Gefühl, Wirklichkeit und Vorstellung, Behauptung und Beweis, Arbeit und Vergnügen, Person und Sache. Den Menschen vom Geschäft zu scheiden, geht ihm nicht ein; ein Handel, welcher der freundschaftlichen oder gesellschaftlichen Fundierung ermangelt, steht auf unsicherem Grund. Ferner vermag sich der Grieche nicht – wie etwa der Deutsche – mit solcher Selbstpreisgabe in die Sache seines Tuns zu versenken, daß sie von ihm Besitz ergreift und in seine Physiognomie schlüpft. Vergebens sucht man vom Gesicht des Griechen den Beruf abzulesen; er kann sich nicht »versachlichen«, der Beruf wächst nicht seiner Haut zu, er ist ein Hemd, das er je nach Umstand, Laune und Bedarf wechselt. Auch die Uniform verwandelt ihn nicht. er ist immer zuerst Demosthenes, Sokrates, Aristoteles, Platon, der eifersüchtig seine Freiheit hütet, Zeit zu haben – Zeit für sich. Ist aber Freiheit etwas anderes, als – Zeit haben? – Die Kehrseite: er schießt leicht daneben, wo es gilt, die Kräfte zu dosieren oder einen erforderten Aufwand von Zeit und Energie im voraus genau zu kalkulieren – seine Sprunghaftigkeit rennt die Planung und Organisation häufig über den Haufen. Doch machen seine Improvisationskünste den Mangel an rationeller Konzentration oft weitgehend wett.

Was ihm an gradliniger Energie in der Verfolgung seiner Ziele fehlt, das steht ihm an passiver Beharrlichkeit überreich zu Gebote. Geduld und Genügsamkeit, Anspruchslosigkeit und Anpassung sind ihm geradezu im lasterhaften Ausmaß eigen. Ihnen dankt er das Glück, in einem Nichts an Ding und Aufwand die ganze Wonne des Daseins auszuschöpfen; er bedarf keiner großen Mittlerapparatur zur Freude und zur Lust, der kleinste Anlaß schon löst die höchste Empfindung aus, und der geringste Reiz setzt ihn in Bewegung. Derart im Augenblick zu Haus, vermögen auch Schmerz und Verzweiflung nicht lange Gast in ihm zu sein, so heftig sie im Moment des Anfalls in ihm toben. Er weiß: Gottesfinsternisse gehen vorüber wie Sonnenfinsternisse (wenngleich jene häufiger sind und länger dauern). So nimmt er denn die schwersten Leiden auf sich und wir ihrer Herr, indem er nur länger aushält als sie: so lange aushält, bis schließlich das Leiden, dem – wie allem Irdischen – ja auch Maß und Grenze gesetzt sind, sich in sich selbst erschöpft, bis es, einem Lebendigen gleich, abstirbt in der Zeit. Der Grieche ist ein Korken – nach jedem Sturm schwimmt er wieder oben. Das hat ihn immer wieder gerettet, die Jahrtausende hindurch, die ihm kein Körnchen aus der Büchse der Pandora ersparten. Diese Fähigkeit auch macht ihn groß im Vergessen: in seinem Herzen schlagen Rache und Ressentiment nicht Wurzel. Um es bayerisch zu sagen: er schnappt ebenso schnell aus wie ein. Feindschaft zu pflegen, widerspricht seiner versöhnlichen Natur, die nichts nachtragen kann. Die Gegenwart ist schwer genug – wozu sie noch mit den Hypotheken der Vergangenheit belasten!

Ist also der Südländer wirklich temperamentvoller?

Dies Fragezeichen – ein Sakrileg an der üblichen Schablone – hat es nicht leicht vorm Augenschein. Wie im Zeitraffer spult sich das städtische Leben im Süden ab: Menschen und Autos hasten dahin, als liefen ihre Motoren ununterbrochen auf Hochtouren. Keine Errungenschaft der modernen Technik zur äußersten Geräuscherzeugung bleibt ungenutzt. Die Straßen ertrinken im Lärm, tief in der Nacht noch dröhnt aus den Häusern das Radio mit entfesselter Lautstärke, Kino und Theater werden von der Tonkulisse Publikum überblendet. Ungehemmter äußern sich Freude und Schmerz, die Stimmen sind dröhnender, die Bewegungen bewegter, das Wort vervielfacht sich im Akkord, den Mimik und Gestik anschlagen. Die Sprache liebt den kräftigen Akzent, die grelle Farbe und die Jagd der Bilder. Die harmlose Unterhaltung erscheint dem Fremden als leidenschaftlicher Streit. Nichts an ihnen, was nicht Sprache wäre, und wenn einer – selten genug – schweigt, lärmt noch sein Blick. Das nüchternste Alltagsereignis kleidet sich in ausschweifende Dramatik oder provoziert ein bodenloses Gelächter, kein Anlaß ist zu gering zur Rechtfertigung eines turbulenten Festes. – Nach einem alten Bonmot bereiten zwei Völker den Spionen aller Couleur die meisten Kopfschmerzen: die Japaner, weil alle schweigen, die Griechen, weil alle reden.

Eines ist gewiß: dies Treiben entspringt der Unfähigkeit zur Einsamkeit, zum Alleinsein; es ist aber nicht die Flucht eines mit sich selber zerfallenen Ichs. Im Gegenteil. Der Südländer ist durch und durch gesellig. Seine Existenz ist nach außen gekehrt, er erwacht zu sich selber erst in der Begegnung, in der Mitteilung. Und dieser Drang führt ihn nicht zum anderen einzelnen – sein Element ist nicht das Duett, sondern der Chor, das Zusammenstimmen vieler, in das sich der Grieche zu verlieren liebt wie ein Deutscher etwa vor einem Buch oder einer Landschaft.

Und doch: nirgends ist die Tugend des Maßhaltens so zu Hause wie im Süden. Verhalten und abgeneigt allem Extrem ist die Lebensweise des Griechen. Der ausschweifende Südländer ist eine Legende, ein optisches Mißverständnis, das den Ausdruck zu Unrecht dem Antrieb gleichsetzt.

Torkelt dir in einer Stadt Griechenlands ein Betrunkener über den Weg – du kannst Gift darauf nehmen, seine Wiege stand nördlich der Alpen. Und wenn des Abends, in Athen, Griechen mit deutschen Freunden in die Taverne ziehen, um dem Retsina, dem mit Harz versetzten Landwein, zu huldigen, dann nimmt er mit verdächtigem Regelmaß diesen Verlauf: Anfangs legen die Einheimischen ein scharfes Tempo vor, dem die Deutschen zunächst nur zaghaft folgen; denn der beizende Geschmack des Retsina, der zunächst an verflüssigte Zelluloidpüppchen denken läßt, fordert vom Fremden, sei er noch so trainiert, doch jedesmal von neuem eine Phase der Gewöhnung. Fühlt sich nun der Grieche an dem kritischen Punkt angelangt, da das schon etwas gehobene Tagesbewußtsein von einem schwankenderen abgelöst zu werden droht, so macht er ohne sonderlichen Energieaufwand halt – endgültig und unwiderruflich! Das Anziehen der griechischen Bremse fällt nun meist auf *den* Augenblick, da der Deutsche, erst richtig in Fahrt gekommen, auf den vierten Gang umzuschalten pflegt – um zu guter Letzt vom Griechen in brüderlicher Umarmung durch die nächtlichen Gassen Athens nach Hause geleitet zu werden. Niemand verübelt es ihm. Was der Grieche sich selber versagt, gesteht er dem Fremden zu.

Ach, auch in der Liebe ist es nicht anders. Die ideale Frau zeichnet das Lied der Mädchen von Suli, eines der beliebtesten Volkslieder, dem eine wahre Begebenheit aus den Befreiungskämpfen gegen die Türken zugrunde liegt: Die Moslems waren auf Frauenraub ausgezogen; vergebens hatten sich ihnen die Männer des Dorfes entgegengestellt, der überlegene Feind metzelte sie alle nieder. Da flohen die Mädchen von Suli auf das hohe Felsplateau, das steil zum Meere abstürzt. Dort oben sangen und tanzten sie den alten Reigen, der eine nach der anderen an die Spitze rückt. Während sonst aber die Vortänzerin nach ihrem Solo in den Kreis zurückkehrt, endete nun eine jede ihre letzte Figur mit dem Sprung in die Tiefe – keine fiel lebend in die Hände der Türken.

Haben auch Krieg, Besetzung, Industrialisierung, Fremdenverkehr und Gastarbeitererfahrung die Sitten gelockert, so zählen voreheliche Beziehungen doch zu den Privilegien der Großstadt. Noch immer kann der Mann die Braut zurückschicken, die die Probe der Jungfräulichkeit nicht bestand. Und brüstet sich der junge Bursche vor dem Freunde mit einer Eroberung, so lautet dessen erste Frage: »Hat sie einen Bruder?« Denn der Bruder ist der strenge Wächter über die Reinheit der Schwester. In seltenen Fällen geschieht es auch heute noch – vor allem auf Kreta –, daß der Bruder die Schwester tötet, die auf Abwege geriet, oder auch ihren Liebhaber, der sich dem ehelichen Happy-End entzog. Diese Tat geschieht aus Ehre, nicht aus Leidenschaft. Kehrt der Täter nach einigen Jahren Gefängnishaft in den Schoß der Seinen zurück, dann ist kein Makel auf ihm – er hat das »Gesicht« der Familie, er hat die verletzte Ordnung der Gesellschaft wiederhergestellt.

Die Mädchen im Dorf, sie haben es wahrlich nicht leicht, die Irini und Eleni, die wie Königinnen schreiten und doch nur Gefangene im mehr oder minder goldenen Käfig des Elternhauses sind. Tausend mißtrauische Augen folgen jedem ihrer Schritte, und gefährlich locker sitzen die Zungen der sittenstrengen Matronen. Ein Lichtblick ist die kurze Abendstunde, die den Gemeindeplatz der Jugend freigibt. Da flanieren sie in zwei Strömen aneinander vorbei, hin und zurück, die Mädchen zu langen Reihen untergehakt, flüsternd und kichernd, ihnen entgegen die jungen Burschen, wetteifernd, den vorbeigleitenden Schönen Schmeicheleien und Scherze zuzuwerfen; die antworten ihnen – nicht minder beredt – in der Sprache der Augen. Die Spannung knistert in diesem frohen Wogen, im Hin und Her von Wort und Blick, von Aufforderung und Verheißung – ein Spiel voll hintergründigen Ernstes, und um so erregender, als es seine geheimen Fäden im Scheinwerferlicht der Öffentlichkeit knüpft, unter den scharfsichtigen Augen der Väter, die in den Cafés rund um den Platz die Wache bezogen haben.

Keine Heirat ohne Mitgift! »Ein Mädchen ohne Mitgift ist tot geboren«, heißt es. Diese »prika« (mindestens ein Haus) ist das Kreuz des griechischen Mädchens, das nicht minder auf ihrer Familie lastet. Der Verdienst des Vaters und der Brüder geht für sie drauf, und reicht er nicht, muß der Verkauf von Grund und Boden für das Fehlende herhalten – Ursache auch für die außerordentliche Zersplitterung des Landbesitzes. Die Regierung Papandreou hat den selbstmörderischen Brauch mit gesetzlichen Mitteln abzuschaffen versucht – mit bescheidenem Erfolg, die Sitte erweist sich stärker als das Gesetz! Doch in der äußersten Not bietet sich ein Hintertürchen: die Entführung – die einzige Art, in der die arme Tassoula unter die Haube kommen kann. Sie offeriert sich in drei Varianten. Zunächst mag es sein, daß Tassoula die Liebe des Bewerbers nicht erwidert. »Er« raubt sie dann, assistiert von einigen Freunden, und nach der Vollziehung des »fait accompli« kann sie, kann ihre Familie die nachträgliche Zustimmung nicht versagen. Häufiger freilich geschieht der Raub mit ihrem Einverständnis – und führt dann zum gleichen legitimen Ergebnis. Manchmal aber auch stecken Vater und Tochter unter einer Decke und verführen den Nikos zur Entführung, ohne daß er sich dessen bewußt würde, versteht sich; so kommt das Mädchen zu einem Mann, dessen »Ehre« einen freiwilligen Verzicht auf die Mitgift nicht zuließe. Besser haben es ihre Schwestern in der großen Stadt. Heute verdienen sie ihr Brot meist selber, in den Büros und Fabriken, längst schon sind sie in den Hörsälen der Hochschulen zu Hause, und seit 1953 erfreuen sie sich des Wahlrechtes. Sie haben das alte Problem auf ihre Weise gelöst: sie arbeiten auch nach der Heirat weiter, und der Lohn, den sie noch jahrelang heimbringen, wiegt die nicht aufgebrachte Mitgift mit der Zeit auf.

Die dem Mädchen abverlangte Keuschheit bliebe wohl leeres Postulat, würde sie auch dem Manne zugemutet, dessen Verlangen man – wie überall in den Städten rund um das Mittelmeer – als »Naturgewalt« hinnimmt. Dafür gibt es gewisse Häuser. Die Öffentlichkeit drückt vor dieser Praxis des kleineren Übels die Augen zu, erscheint sie ihr doch als der unvermeidliche Preis, der nun einmal zur Erhaltung der Gesellschaftsordnung zu zahlen ist – auf Kosten freilich einer Minderheit von

Frauen. Aber das Leben läßt sich nicht um seine Probleme prellen. Dies Vorleben des jungen Städters ist nicht gerade die geeignete Vorschule für die Ehe. Um so weniger, als das junge Mädchen, das rein in die Ehe eintritt, häufig gar nicht selber die Wahl ihres Partners treffen kann; hat sie diese Freiheit doch, dann greift sie in ihrer Unerfahrenheit leicht daneben, in der nervösen Hast auch, nur recht schnell und bei der erstbesten Gelegenheit dem elterlichen Käfig zu entfliehen. Aus solcher Konstellation ergeben sich nicht selten Schwierigkeiten für die städtische Ehe. Die auf dem Lande ist unantastbar. Auf sie zumindest trifft immer noch zu, was Demosthenes von den Helleninnen seiner Zeit berichtet: »Wir besitzen Hetären für unser Vergnügen, Sklavinnen zur Bedienung (diese doch nicht mehr) und eine Gemahlin, die uns Kinder gebärt und in ergebener Treue das Haus hütet.«

Eifersüchtig wacht der Grieche über seine Ehre, über die seiner Familie und seines Landes. Wer nicht mit ihr rechnet, hat kein Auskommen mit ihm, mit diesem ehrsüchtigen Volk, dessen Stolz die Geschichte so oft peitschte und mit einer unerreichbaren Vergangenheit belud. Von sensibler Labilität, höchst wachsam sein »Gesicht« hütend, aber auch von selbstverschenkender Dankbarkeit, wo ihm Achtung begegnet, verschließt sich sein empfindsames Selbstgefühl hinter der Fassade der Höflichkeit und Freundlichkeit, die sich nicht so leicht, auch nicht im Augenblick der tiefsten Verwundung, in ihr Inneres blicken läßt. Zwar kommt seine Herzlichkeit aus dem Herzen, sie ist spontan und ursprünglich; zugleich aber ist sie gesellschaftliche Form. In dieser Variante kann sie der Fremde gelegentlich mißverstehen: wenn er sie gar zu wörtlich nimmt, wo sie Mimikry ist, Maske eines immer wieder bedrückten und unterdrückten Menschentums, das die Geschichte gelehrt hat, sein wahres Gesicht zu verbergen. So hat seine glatte und gefällige Oberfläche manche Abgründe; wenn überhaupt, dann loten sie nur Freundschaft, Achtung und Vertrauen aus.

Damit ist das eine der beiden Schlüsselworte genannt, die allein, bei gleichzeitiger Betätigung, den Safe der Griechenseele zu öffnen vermögen: to philotimo (mit Stolz, Ansehen, Prestige, Image nur vage verdeutscht) – die Ehrsucht ohne Grenzen, die den agonistischen Motor nicht zur Ruhe kommen läßt und das Dasein zum Wettstreit auf Lebenszeit macht. Sie verbietet es dem Griechen geradezu, mit anderen übereinzustimmen, er bedarf der Opposition wie der Efeu der Wand, um sich hochzuranken – erst im Widerspruch verwirklicht er sich. Das macht ihn unfähig zur Zusammenarbeit, zur Einfügung in kollektive Institutionen; daran kranken nicht allein seine Fußballteams (kein Zufall, daß im alten Olympia nur Einzelkämpfe, nicht Mannschaftsspiele stattfanden), sondern auch seine Gewerkschaften und Parteien, von Gemeinde und Staat ganz zu schweigen. Er kann nur allein operieren – oder gar nicht, was ein kluger Brite auf die zutreffende Formel brachte: »Zwei Griechen machen schlecht, was einer gut tut.« Daher denn auch Griechenlands größte und tüchtigste Businessmen ihre Geschäfte ausschließlich als einsame Haie betreiben, die Onassis, Niarchos, Livanos, Andreadis, Bodossakis, Pappas. Die meisten Aktiengesellschaften sind und bleiben Familienunternehmen, die ihren Kapitalbedarf nicht durch Ausgabe von Anteilen an der Börse decken, sondern mittels Bankkrediten, selbst wenn sie ihnen weit teurer zu stehen kommen – lieber solchen Schaden in Kauf nehmen, als auch nur einen Millimeter der eigenen Bewegungsfreiheit an Fremde abtreten!

Der Ausländer, der Landessprache nicht mächtig, glaubt als Ohrenzeuge einer Diskussion unter Griechen einem Orkan der entfesselten Leidenschaft beizuwohnen – Frage von Sekunden, so scheint es, und sie greifen zum Messer. Weit gefehlt! Sie schreien nur alle gleichzeitig aus letzter Leibeskraft, weil jeder von ihnen, des Zuhörens unfähig, fürchtet, nicht gehört zu werden. Eine hellenische Debatte ist also eine wirre Diaphonie von Monologen, das Konzert eines Orchesters, in das jeder Part seine eigene Partitur einbringt, unbekümmert um die Töne, welche die anderen Instrumente von sich geben – einig nur in der Entschlossenheit, keinen Dirigenten über sich zu dulden. Die Ausnahme fehlt nicht, dank ihrer unstillbaren Neugier: wenn sie die Frage nach Neuem kitzelt.

Unsere landläufige Meinung unterstellt der Konkurrenz den leistungssteigernden Effekt. Doch davon abgesehen, daß sie im hellenischen Fall meist mittels persönlicher Beziehungen und psychologischer Überraschungscoups ausgetragen wird, seltener nach den Kriterien der fachlichen Qualifikation und der sachlichen Kompetenz, sie hat ihre Kehrseiten. Die alten Hellenen wußten schon, weshalb sie den Agon, den Geist des edlen, steigernden Wettkampfes, *nicht* zur Gottheit stilisierten, wohl aber seine häßliche Schwester Eris, die Stifterin von Zwist und Hader, die jenen goldenen Apfel mit der Inschrift »der Schönsten« unter Hera, Athene und Aphrodite warf und damit das trojanische Schlamassel samt seiner tragischen Nachgeschichte um Agamemnon und Klytämnestra, um Elektra und Orestes heraufbeschwor. Aus dieser Ecke kommt auch das griechische Wort für den Teufel: diabolos – der Zwietrachterreger.

Dem Philotimo zuliebe nimmt der Grieche das Gefängnis auf sich, notfalls den Tod. Es ist der Selbstkritik unzugänglich (weshalb es auch von Reue und dergleichen verschont wird), und noch weniger toleriert es die Fremdkritik. Schuld haben immer nur die anderen, die Nachbarn, die Regierung, das Schicksal; bei Wahlen und Examina fällt man nie durch eigenes Versagen durch, es ist stets zurückzuführen auf die finsteren Manipulationen der Anderen, der Oberen und Mächtigeren. Und da das Philotimo auch in die Politik hineinprojiziert wird, potenziert sogar, gibt es keine nationale Kalamität, die durch eigene Fehler verursacht wäre, sie ist immer die Ausgeburt fremder Machenschaften, des CIA, des Pentagon, der NATO, des KGB, wie denn die gesamte Weltpolitik reduziert wird auf Kabalen und Konspirationen, für deren Autorenschaft unzweifelhaft die Gewinnsucht und der Machtdurst der »Großen« verantwortlich sind. So bleibt im griechischen »Realismus« wenig Raum für die Analyse wirtschaftlicher, soziologischer, ideologischer Prozesse, Fakten sind Gebilde des Scheins, die nur der Verschleierung der Motive dienen, auf sie allein kommt es an, und natürlich kann ihnen nur mit totaler Skepsis und tiefstem Mißtrauen begegnet werden. Unverändert gilt, was Georgios Skleros vor einem halben Jahrhundert feststellte: »Wir können nicht akzeptieren, daß eine Tat inspiriert sein kann durch selbstlose, ethische Kräfte.« Eine jüngere Bestätigung seiner Diagnose liefert Melina Mercouri in ihrer Autobiographie – über ihren Großvater, der drei Jahrzehnte Athen vorstand: «Der große Spiros war ein unbestechlicher Bürgermeister. Er war es so sehr, daß die Leute manchmal die Geduld mit ihm verloren, wie mit anderen Griechen vor ihm. In Griechenland glaubt man, daß einem Mann nicht zu trauen ist, der zu rechtschaffen ist. Es wird als unmenschlich angesehen, allen Versuchungen zu widerstehen.« Vielleicht noch bedrückender: Seine Integrität belastet auch das eigene Philotimo (es besagt übrigens in wörtlicher Übersetzung »Freund der Ehre«).

Mit dem Philotimo ist das kausale Scharnier zu seiner anderen Schattenseite lokalisiert – der Neid. Keineswegs der Klassenneid auf Geld und Besitz, der Neid vielmehr auf Ruf, Rang und Ruhm, die das eigene kleinere Dasein zu verdunkeln drohen. Denn das individualistische Philotimo führt in seiner Konsequenz zum gesellschaftlichen Egalitarismus, der es nicht zuläßt, daß einer auf Dauer die anderen im Status überrage; daher auch aus der griechischen Gesellschaft nie eine Adelsschicht, eine Aristokratie hervorging. Verdienste hin oder her, wer zu lange zu mächtig ist, muß gefällt werden. So steht die althellenische Tradition des »Ostrakismos«, der Abstimmung mittels Tonscherben, der einst Miltiades, Aristides, Themistokles zum Opfer fielen, noch heute, nach zweiundhalb Jahrtausenden, in ungebrochener Blüte – selbst zwei so bedeutende Politiker wie Venizelos und Karamanlis blieben von ihm nicht verschont. Auch wenn es ihnen gar nicht so sehr um das Herrschen geht, eher trifft auf sie das Wort des großen Georgios Papandreou zu: »Macht langweilt mich – mich stimuliert nur der Kampf um die Macht.« Gleichwohl ist ihnen nicht zu trauen, und also macht sich das Volk zum Vollstrecker der Hybris, für die es selber doch so anfällig ist – wenn auch das Erstaunen des britischen Korrespondenten William Miller, »daß ein Land von der Größe der Schweiz den Appetit von Rußland entwickelt«, als unbritisches overstatement, als arge Übertreibung zurückzuweisen ist. Dahinter steht nicht oder nicht nur die Häme des Mobs – er neigt ja im nationalen Elend zur Akzeptanz der starken Führungshand; dahinter steht das stets wache Mißtrauen gegen die Macht, steht das Wissen, daß individuelle Freiheit nicht ohne ein Minimum von Gleichheit zu haben ist. – Übrigens trägt der Ostrakismos auch eine Gegentendenz in sich: Das Scherbengericht erst ist das notarielle Siegel für Größe. Einmal verbannt gewesen zu sein, kann der künftigen Karriere von Politikern durchaus von großem Nutzen sein.

Woran aber orientiert sich das Philotimo? Maßstab des allgemeinen Verhaltens ist »o kosmos«, ist die »Welt« der öffentlichen Meinung, deren Augen der Grieche ständig auf sich gerichtet fühlt. Ihr unterwirft man sich, vor ihr besteht kein Anspruch auf moralische Eigenbestimmung. Nicht in das persönliche Gewissen wird das sittliche Richteramt verlegt – das Land hat es zu keiner Form des Protestantismus gebracht –, sondern in den guten Ruf, in das Urteil der Gesellschaft, die auf dem Land zumindest noch über einen kaum angenagten ungeschriebenen Kodex verbindlicher Werte und Normen gebietet. Die Angst vor der Schande, vor der gesellschaftlichen Ächtung, Ausstoßung und Isolierung, das Bestreben, nur ja nicht ins öffentliche Gerede zu kommen – dies sind die sittlichen Bewegungsregulatoren des persönlichen Handelns. Gewiß gibt die extreme Außenbestimmung des moralischen Habitus, gibt die Despotie des guten Rufes manchen Anstoß zum Mäntelchenmoralismus und Pharisäertum, sie hemmt die Differenzierung in die Weite und Tiefe, sie fördert nicht selten die Herrschaft des Mittelmaßes und begnügt sich allzuoft mit der Wahrung der guten Form und des feinen Scheins, und doch ist das Gesellschaftskorsett locker genug geschnürt, um dem persönlichen Drang, nur nicht uniform zu sein und sich durch Opposition um jeden Preis zu profilieren, hinreichend Spielraum zu lassen. Auch ist sein Nutzen unverkennbar: Der einzelne verdankt ihm die soziale und seelische Geborgenheit in einer klar und fest gefügten Ordnung, die ihn hält und trägt, verdankt ihm den Sinn für das Maß und das Maßhalten. Wer freilich so erpicht ist auf das Maß, der hat es wohl nötig: Einmal aus seiner Ordnung geworfen, ist die Impulsivität des Griechen nicht mehr zu bremsen.

Diese Gesellschaft deckt sich nicht mit der nationalen Gemeinschaft – inhaltlich konkretisiert sich ihr System in der Identifizierung des Ich mit seiner Familie, der Großfamilie wohlverstanden; ihr fällt zu, was ihr Glied an Lorbeeren sammelt, wie auch seine Schande ihre Schande ist. Ihr Netz erstreckt sich auch noch auf die Freunde, auf den Koumbaros vor allem, den Trauzeugen und Taufpaten, dessen Philotimo mit der Erfüllung seiner weitreichenden und lebenslänglichen Verpflichtung steht und fällt. Die legislative und exekutive Autorität aber kommt dem Vater zu (und hinter den Kulissen auch der Mutter). Sein patriarchalischer Anspruch setzt sich jedoch nur durch, wo er als Ganztagsvater in sichtbarer Selbständigkeit gegenwärtig ist, in der Zeit-Raum-Einheit von Haus, Arbeit und Einkommen; er wird ihm versagt, wenn er fern vom heimischen Herd das tägliche Brot in untergeordneter, unselbständiger Stellung verdient, zum Schatten seiner selbst verblaßt etwa am Fließband in der Fabrik. Die anhaltende rapide Landflucht, die fortschreitende Verstädterung, Industrialisierung und Gastarbeiterei haben daher eine progressive Demoralisierung in ihrem Gefolge: den Zusammenbruch der überlieferten Familienstruktur, das Steigen der Scheidungsrate, die Überantwortung des Dorfes an die Alten, die den Anforderungen der modernen Agrarwirtschaft nicht mehr gewachsen sind. Das Abstreifen der gesellschaftlichen Bindungen aber wird im großstädtischen Milieu keineswegs kompensiert von einem Zuwachs moralischer Selbstbestimmung. So bleibt für viele die individuelle Emanzipation, Produkt eher der Flucht vor der Not als innere Entwicklung, mehr oder minder leere Hülse, die allenfalls noch dem Nachecho der Heimatgemeinde einige Resonanz bietet – den Kontakt zu ihr pflegt der Stadtgrieche bei jeder passenden Gelegenheit.

Doch verweilen wir noch einen Augenblick im Dorf. An einem Festtag. Drei Wandermusikanten haben sich eingefunden, mit Klarinette, Geige und Laute. Die Bauern sind da und die Hirten, der Gendarm und natürlich auch der bärtige Pappas – zu Ehren des frohen Tages hat er die schwarze Soutane ausgeklopft. Kein Stuhl ist mehr zu haben in den kleinen Cafés, die den Platz ringsum säumen und mit ihren Hockern und Tischen die Gehsteige überfluten. Die Frauen und Töchter haben die alten farbenfrohen Trachten hervorgeholt und den reichen Silberschmuck angelegt, die Halsketten aus Münzen, die sich über die Brüste spannen, und feinziselierte Armbänder. Ihr Platz ist nicht neben den Männern; sie stehen und drängen sich in den Ecken, die Kleinsten hängen ihnen an den Röcken, während die Halbwüchsigen lärmend über die Straße jagen. Vor der Taverne prasselt auf freiem Boden ein offenes Feuer, ein Hammel wird darüber andächtig langsam am Spieß gedreht; braun und saftig glänzt sein Fleisch, ab und zu macht ein fallender Fetttropfen die Glut aufzischen. Die mageren Musikanten können die Augen nicht lassen von diesem knusprigen Bild; das Warten zu kürzen, greifen sie wieder zu den Instrumenten.

Im Hintergrund stauen sich die Bergwände, grau, gefleckt mit Rot und Gelb; nur talwärts treten die Felsen auseinander und öffnen sich dem Meer zur weitgeschwungenen Bucht. Das Dorf aber blieb oben, festgekrallt im steilen Hang. Die Quelle, die kostbare Quelle hat es so gewollt, aber auch die Angst früherer Jahrhunderte vor den türkischen Besatzern, die auf Raub auszogen nach Ernten, Jungfrauen und Knaben für den Kriegsdienst aushoben, die Angst noch mehr vor dem schlimmeren Feind, der Malariamücke, Todesherrin über die Küstenebenen, bis ihr nach dem Zweiten Weltkrieg die Zauberwaffe DDT den Garaus machte.

In jähen Sprüngen staffeln sich die Häuser – einstöckige Rechtecke aus rohen Hausteinen; mit Holz ist gegeizt – es ist teuer in dem waldarmen Land. Das Haus ist häufig nur ein Raum. Der vielköpfigen Familie dient er in einem zum Wohnen, Arbeiten und Schlafen. Der Wohlhabende leistet sich ein zweites Stockwerk, zu dem die Stiege an der Außenwand hinaufklettert. Innen? Ein Tisch, Stühle, Lammdecken, ein offener Steinherd, kupfernes Kochgeschirr, ein paar eiserne Bettgestelle, darüber die Ikonen, die strengen Heiligenbilder mit dem stets brennenden Öllämpchen; in der Ecke Fässer mit Schafskäse, mit Olivenöl. Auf dem Fensterbord: aus dickem Bauch zu schmalem Hals sich verjüngend der Tonkrug mit frischem Wasser, darauf ein Reisigstöpsel zur Kühlhaltung. Vom Deckenbalken hängen Ketten von Knoblauchzwiebeln, Kränze von Quitten und Granatäpfeln, auch wohlriechende Kräuter: Salbei und Minze, Rosmarin und Pfefferkraut. Das ist alles. Alles, was der Mensch braucht zum Leben. Wozu auch mehr? Was zählt, neben dem Essen, Schlafen, Zeugen, Gebären, geschieht »draußen«, rund um den Brunnen auf dem Dorfplatz, in den Magasia, in denen Kaffeehaus und Kramladen die Ehe eingegangen sind. Dort sitzen sie, die würdigen Hausherren, einen guten Teil des lieben langen Tages, bei heftigen Debatten und

Brettspielen, sich vielleicht einen Uso genehmigend, den Anisschnaps, dem man Wasser beimischt, daß er milchig aufzischt; häufiger langt es nur zu einem Cafédaki, einem Täßchen Mokka – der Bestellende hat die Wahl nur zwischen sechzig Zubereitungsarten. Sie haben Zeit, denn als selbständige und oft unterbeschäftigte Bauern, Handwerker, Händler können sie »frei« über sie verfügen.

Die Felder, die grüne Tropfen sind auf dem heißen Stein Griechenland, das die Armut zur Schwester hat, seit dies Land seinen großen Traum austräumte, vor fast zweiundeinhalb Jahrtausenden. Die Trauer darüber vertraut der Grieche allein seiner Musik an; nur manchmal auch, wenn er sich unbeobachtet glaubt, entdeckt man sie in seinem Auge. Offener bekennt er sie in seinem Lied, das meist nur von wilder Klage zu verhaltener Wehmut wechselt; allein das von Kreta, Rhodos und den Ionischen Inseln sprudelt von Witz und Fröhlichkeit. Von den anderen aber sagt der griechische Dichter Nikos Kazantzakis: »Die Melodie ist bald wild, daß du daran ersticken könntest, weil du plötzlich merkst, wie fade und erbärmlich bisher dein Leben war. Bald ist sie traurig, und du spürst das Leben zwischen den Fingern wie Sand zerrinnen, und es gibt keine Rettung mehr. Mein Herz benimmt sich wie ein Weberschiffchen und saust von einem Ende der Brust zum andern, hin und her«... wie ein Weberschiffchen hin und her, von einer Not zur anderen. Doch das Lied ist den Griechen mehr noch – Waffe. Im Befreiungskrieg 1821–1830, unter der deutsch-italienischen Besetzung 1941–1943 war es die Flamme, die den Widerstand entzündete, und der Obristendiktatur 1967–1974 machten die rebellischen Volkssongs mehr zu schaffen als die Bomben. Nicht anders im August 1976, als die griechischen und türkischen Armeen sich beiderseits des Grenzflusses Evros in die Startlöcher bege-

▶ *Nur eine »Kolonna« steht noch vom säulenwaldigen Hera-Heiligtum am Westrand der Küstenebene der einstigen Hauptstadt Pithagorion von Samos, das dem Geburtskult der Zeus-Gemahlin diente (eine Ehre, die der Insel freilich das peloponnesische Argos streitig machte). Den Ruf eines »Weltwunders« verdankte der Tempel seinen gewaltigen Ausmaßen, den größten auf griechischen Boden. Offenbar war sein Stifter, der »glückliche« Polykrates (532–522 v. Chr.), gleich allen Tyrannen vom Drang besessen, sich durch die Sprengung der überkommenen Größenordnungen denkmalhaft zu verewigen, angeregt wohl auch vom monumentalen Bausinn der orientalischen Nachbarn.*

▶ ▶ *Gerade dem Mutterleib des Marmorbruchs scheint der 10,45 m lange Dionysos (7. Jh. v. Chr.) entrissen, unweit des Dorfes Apollonas an der Nordküste von Naxos. Bruchstellen im Stein gaben den Anlaß, ihn an seiner Geburtsstätte halbfertig ruhen zu lassen. In der sanften Neigung des Geländes liegend, schweift sein Blick frei über die See nach dem heiligen Delos, dem er bestimmt war – gleich vielen anderen Werken aus naxiotischen Bildhauerhänden, die der hellenischen Großplastik den Anstoß gaben.*

ben hatten und jeden Augenblick die Kriegsfurie loszubrechen drohte: des Nachts ließen die Türken ihre Panzermotoren in höchster Tourenzahl aufheulen – die griechischen Soldaten beantworteten die gegnerische Drohgeste, die Lautstärke ihrer Radioapparate zur äußersten Phonstärke entfesselnd, mit Bouzouki-Musik von Mikis Theodorakis.

Doch nichts davon jetzt, beim Fest im Dorf. Das Feuer verglimmt, der Hammel ist den Weg allen Fleisches gegangen. Leicht ist er den Leuten hinuntergegangen, denn sie sind nicht verwöhnt – der Alltag beschert ihnen oft nur einen Laib Brot, ein Stück Schafskäse, eine Handvoll Oliven. Doch an Wein fehlt es nicht, und heute haben sie ihm reichlicher zugesprochen. Schon sind die Gesten ausladender, die Augen glänzender, die Stimmen lauter – einer überlärmt sie alle mit dem Ruf: »Der Tod soll sterben!«

Das ist das Zeichen zum Tanz. Die Musiker stimmen eine schnellere Weise an. Die Männer springen auf, sie ordnen sich zum Halbkreis, die Hände der Nachbarn fassen einander in Schulterhöhe, hinter ihnen formieren sich die Frauen zum zweiten Ring – und nun geraten die Tänzerketten in Bewegung: zwei Doppelschritte seitwärts nach rechts, einer nach links zurück, so flicht sich dies Figurenornament gleichförmig weiter, stundenlang im Kreis herum – zwei Schritte rechts, einer nach links. Der Rhythmus wechselt mit den Weisen, jede hat ihr Muster, das alle bindet; nur der Vortänzer, der die Kette zur Rechten anführt, hat das Recht und die Pflicht, die Schrittmuster frei abzuwandeln, wie es ihm Phantasie und Temperament eingeben. Keine Schranke beengt die Willkür seiner Erfindung. So verausgabt er sich ganz im Spiel der Bewegung und kostet die Freiheit bis zum letzten Tropfen; aber er verliert sich darin nicht, denn er bleibt in der Bindung des gemeinsamen Rhythmus, und die Hand des Nebenmannes hält ihn als Glied in der Kette. Hat er sich

◄ ◄ *Im levantinischen Gemenge von Rhodos legieren sich griechisches und römisches Altertum, byzantinisches und katholisches Christentum, der Islam und »moderne« Zementorgien; in ihm dominiert immer noch die französische Gotik, importiert von den Johannitern, Herren über die Insel von 1309 bis 1522. Entlang der »Ritterstraße« im Burggelände reihen sich ihre hoheitlichen Trutzpaläste, beredter und bleibender Ausdruck ihres letztlich doch vergeblichen Wehrwillens gegen die morgenländische Heidenflut.*

◄ *Das klare Licht und die reine Luft, einst der Ruhm von Athen, gehören längst der Vergangenheit an, hat sich doch der hauptstädtische Riesenpolyp fast über das gesamte Attika ausgestreckt und sich ein Drittel der Landesbevölkerung einverleibt: Ballungskern der nationalen Industrie und des Schiffsverkehrs (im angewachsenen Piräus), mit »europäischer« Autodichte gesegnet, nimmt es seine Umweltverpestung mit jeder Konkurrenz auf, auch sein Betongebirge, aus dessen Gipfelketten und Straßenschluchten die schwer angeschlagene Akropolis als verlorene Insel herausragt.*

erschöpft, so löst er sich von der Spitze und vertauscht sie mit dem Ende des Ringes. An seinem bisherigen Nachbarn ist es nun, die Reihe als Vortänzer zu führen. So geht es weiter, und jeder wird einmal der erste und also er selber.

Das ist ein Tanz um des Tanzes willen. Mann und Frau treffen sich in ihm nicht, sie bleiben getrennt. Es ist der Tanz einer Gemeinschaft, die nicht zur Masse absinkt, denn ihre Bindung läßt dem einzelnen das eigene Gesicht. Und doch ist dieser Tanz vor allem: Zucht, Maß, Ordnung.

Die Kernzelle dieser Ordnung ist die Familie. Sie bestimmt noch weithin die Wahl des Berufes, des Gatten oder der Gattin. Sie bindet auch die Verwandten zweiten oder dritten Grades – das macht die Großfamilie zum sozialen Schutzverband. In der Not verläßt sie sich mehr auf die wechselseitige Selbsthilfe als auf den Staat oder die Versicherung. Der Neffe hat in der Stadt seinen Arbeitsplatz verloren; der Onkel auf dem Dorf weist ihm nicht die Tür. Der Bruder wartet mit der Heirat, bis die Schwestern unter die Haube gebracht sind – das treibt ihn auch an, für ihre Mitgift zu sorgen. War den Eltern ein Sohn versagt, nun, der Schwiegersohn kommt für ihr Alter auf, ohne mit der Wimper zu zucken. Die Zeiten mögen noch so schlimm sein, irgendeiner in der Verwandtschaft ist immer da, an den man sich halten kann, steigt einem das Wasser zum Hals.

Das Netz endet nicht mit der Familie, es faßt auch nach den Freunden und den Freunden der Freunde. Es gibt einen Universalschlüssel für sämtliche Türen Griechenlands: die Beziehung. Sie entscheidet im Beruf, im Geschäft, in der Politik. Ohne ihr Netz ist im Meer des griechischen Lebens nichts zu fischen, weder Erfolg noch Rang und Ansehen. Wo aber flicht man dieses Netz? Nicht im Rathaus, nicht in den Ämtern und Büros – der Nabel der griechischen Welt ist, wie vor drei Jahrtausenden, die Agora, der Marktplatz, genauer: sind die Cafés, die rings die Agora einkreisen. Sie sind die Fischgründe, in die der Grieche seine Angel auswirft.

Du suchst den Bürgermeister, den Advokaten? Erspar es dir, jenen im Amt zu erfragen oder diesen im Büro – wozu auch? Du triffst ihn mit Sicherheit im Cafeneion. Du brauchst eine Auskunft? Geh ins Cafeneion, geh hin, wenn du etwas kaufen oder verkaufen willst. Auch in der Stadt. Vergebens suchst du am Nachmittag den Handwerker in seiner Werkstatt. Jeder Stand, jeder Beruf hat »sein« Café, die Schreiner und Schlosser, die Maurer und Maler, die Schauspieler und Musiker. Das Cafeneion ist in einem Arbeits- und Geschäftsbörse, Gewerkschaft, Berufsverband und Büro. Du mußt nur wissen, in welchem Café zu welcher Stunde der gesuchte Partner zu finden ist – die Lage seiner Geschäftsräume ist ein schwer erforschliches Geheimnis, und hat man es ergründet, so ist es purer Glücksfall, ihn dort anzutreffen. Nicht Akten, Schreibmaschinen und sonstige Büroutensilien umrahmen die geschäftliche Verhandlung, sondern Mokkatassen und Usoschnäpse. Und die Abmachungen werden nicht der Sekretärin ins Stenogramm diktiert, man notiert sie zunächst einmal auf die weißen Rückendeckel der Zigarettenschachteln, diesen Gedächtnistresors der Griechen.

Keine Tätigkeit, die im Café nicht ihren Ort hat, angefangen vom Meditieren, während das Komboloi – ein profaner Rosenkranz aus Kunststeinkugeln – durch die Finger gleitet, die es nicht mit der Ruhe haben; sie sagen, das selbstvergessene Spiel mit dem Komboloi lenke vom Rauchen ab (was ich leider nicht bestätigen kann) – in Wahrheit ist er das Klavier, auf dem der Träumer das Ballett seiner Gedanken begleitet, ein Notbehelf, bis die Freunde die Reihen füllen. Und dann geht es los: da werden private und öffentliche Neuigkeiten mit Windeseile kolportiert, Gerüchte geboren, geprüft und zu Grabe getragen, da werden Geschäfte verhandelt, Kredite vereinbart, Ehen gestiftet, Zwiste geschlichtet, Stellen vergeben, die Wahlen gemacht, die Gemeindesorgen beraten, wird die Weltpolitik durchleuchtet, da werden Arzt und Pappas, Lehrer und Rechtsanwalt konsultiert. Da wird geschlafen, geträumt, gelesen, gespielt, geklatscht, gefeilscht, gedacht, geredet, geredet und nochmals geredet, kurz »gearbeitet« und »gelebt«. Nur eines nicht: geflirtet. Denn die Frau ist (außer in der Stadt), wie vor drei Jahrtausenden, aus diesem Lebenskreis ausgeschlossen; häufig nimmt ihr der Mann sogar die Einkäufe ab, da sie ja ins Haus gehört (dort freilich ist sie de facto nicht selten in Personalunion Ministerpräsident, Innen- und Finanzminister). Den Sohn aber macht erst die Aufnahme ins Cafeneion mündig. So bleibt das Café ein Männerhaus. Es ist das Scharnier zwischen dem einzelnen und der Gemeinschaft, der geometrische Ort für »das« Griechische, an dem das private in das gesellschaftliche Leben eingeht und die Öffentlichkeit sich in die Intimität des Privaten umsetzt. – Du suchst den Mittelpunkt Griechenlands? Hier ist er, im Cafeneion auf der Agora.

So fest diese Gesellschaftsordnung auf dem Land noch ist – da sie nach innen und außen offenbleibt und den Kreislauf der Gedanken, des Geldes und der Generationen ungehindert pulsieren läßt, droht ihr nicht die Versteinerung. Wie unter den Deutschen der Bayer etwa, ist der Grieche völlig unbefangen im Umgang mit dem gesellschaftlich oder wirtschaftlich Höhergestellten. Wenn er auch vertikale Stufen respektiert, im letzten ist ihm das Gleichsein im Menschlichen die entscheidende Gewißheit, und sie bestimmt sein gesellschaftliches Verhalten. Wer etwas tut, hat einen Bereich unter sich, über den er Herr ist, und also ist er Herr. Und wer nichts tut, ist erst recht ein Herr. So ist sich mein Schuhputzer Dionysios seiner Einzigartigkeit nicht minder bewußt als der Baumwollmillionär Sokrates; daher auch gestattet es ihm sein Selbstgefühl nicht, den Mann mit dem dicken Bankkonto zu beneiden.

Diese Aufgeschlossenheit bekommt auch der Ausländer recht lebhaft zu spüren. Ohne Umschweife rücken ihm die Frager auf den Leib – nichts, was sie nicht von ihm zu wissen begehrten: woher des Wegs und wohin und warum, wie hoch sein Einkommen und sein Vermögen, welchen Berufs er sei und wie alt, ob er Kinder habe – hat er Söhne, wünscht man ihm na sissun (»sie mögen leben«) –, die Antwort unterbleibt, so er nur Töchter vorweisen kann; wie es ausschaue in seiner Heimat, was das Ei dort koste und zu welchem Lohn es der Arbeiter bringe und so fort, Stunden hindurch. Die zugemutete Antwortwilligkeit bringt aber auch der Grieche selber dem Fremden entgegen, ja, er erwartet dessen Gegenfrage. Ohne Zeitaufwand und mit direktem Zugriff derart eine Nähe herbeizuziehen, die der Mitteleuropäer nur als Frucht des langerprobten Zusammenlebens zu ernten und zu dulden gewohnt ist, wertet die griechische Sitte keineswegs als Mangel an Takt. Die Unterlassung der Frage vielmehr wäre Unhöflichkeit, wäre Herz- und Interesselosigkeit. Sein Fragen ist auch nicht simple Neugier. Unersättlich ist des Griechen Hunger, so viel »Welt« wie nur möglich zu konsumieren, keine Speise ist ihm begehrter als das »Andere«, das Fremde. Diese Sucht, das Fremde seiner Fremdheit zu entkleiden und sich einzuverleiben, das Trennende und Gegensätzliche wegzuschmelzen im unmittelbaren menschlichen Teilnehmen und Teilgeben – ich habe dafür nur das pathetische Wort »Weltliebe«, die alles sich und sich allem zugehörig machen will. Wie der Schwamm das Wasser, saugt der Grieche das Fremde in sich auf; als guter Schwimmer kann er es sich leisten – er ertrinkt darin nicht. Der Kosmopolit steht in ihm dem Patrioten nicht im Wege. Nicht nur der Hunger nach Brot, auch der nach dem Fremden, nach »der« Welt hat dafür gesorgt, daß heute rund drei Millionen Griechen über alle Kontinente verstreut sind – bei einer Heimatbevölkerung von zehn Millionen.

Wo die Pole Realismus und Weltoffenheit so nahe zusammenrücken, da muß die Politik Funken schlagen. In der Tat: was die Politik angeht, scheint seit des Aristides und Demosthenes Tagen Hellas stehengeblieben zu sein. Kein »garstig Lied« ist dem griechischen Ohr das »politisch Lied«, es klingt ihm sogar lieblicher noch als die Musik des Geschäftefeilschens. Nie erforschte ich, durch welche Kanäle die frischesten Nachrichten mit drahtloser Geschwindigkeit in die entlegensten Dörfer gelangen. Wo immer der Fremde landet, er sieht sich unerbittlich über die ausgefallensten Details seines Landes ausgepreßt. Der ärmste Bauer noch, manchmal Analphabet, hat ein selbständiges, solid fundiertes und erstaunlich treffsicheres Urteil. Alle Schichten und Altersstufen nehmen mit vehement kritischer Wachsamkeit am »politikos kosmos« teil, und mit dem politischen Niveau des hellenischen Cafeneion kann sich der mitteleuropäische Stammtisch nicht im entferntesten messen. Die Neugier, die sich anderswo mit dem Privatleben der Tennis- und Filmstars beschäftigt, gilt hier dem Politiker; sein – sehr häufiger – Übergang von einer Partei zur anderen erregt das allgemeine Interesse wie in anderen Ländern etwa der Vereinswechsel eines Fußballspielers oder das Bäumchenwechseln der Joan Collins.

An diesem kritischen Sinn mag der Fremde zweifeln, der in eine politische Versammlung gerät. Er konstatiert Symptome des Fiebers. Die Rede fließt über von Pathos, das in unbekümmerter Willkür der Schwerkraft der Tatsachen ein Schnippchen nach dem andern schlägt und mit ihnen brillant spielt wie der Jongleur mit den Bällen. Der Sprecher selber

– Mimik und Gestik erübrigen fast das Wort – erliegt der Faszination seines Feuerwerks nicht minder als das mitgerissene Publikum, das zu *einem* Gesicht zusammengeflossen scheint, in dem sich die emotionellen Kaskaden getreulich spiegeln. Doch diese griechische »Masse« hat nichts gemein mit den kollektiven Ungeheuern nördlich der Alpen. Denn der Grieche geht nur für die Dauer der oratorischen Suggestion in sie ein; kaum ist die Suda beendet, taucht er sofort aus der Anonymität empor und in *sein* Gesicht zurück – das Wort nivelliert die Menschen nicht. Eben noch hat der überzeugte Kommunist dem »monarchofaschistischen Reaktionär« Beifall geklatscht, in der nächsten Sekunde ist er wieder der unerschütterliche Genosse. Dennoch war sein Beifall ehrlich. Er schlürft die Rede wie – Wein; aber der Rausch erreicht nur seinen ästhetischen Sinn, nicht seinen Kopf und schon gar nicht sein Herz. Den ganzen Vorgang erlebt er auf der Seite des Spiels, des Theaters; er ist für ihn, was für den europäischen Großstädter das Fußballspiel. Mit dem Schlußpfiff kehrt der nüchterne Alltag wieder. Nicht so leicht verwechselt er beider Spielregeln.

So leidenschaftlich der Grieche der Politik zugetan ist, so abgeneigt ist er dem Staat (was vor allem der Fiskus zu spüren bekommt, der mit seinen direkten Steuern wenig Glück hat und sich daher zum Schaden des kleinen Mannes vorwiegend mit der indirekten Verbrauchsbesteuerung behelfen muß). Schon sein extremer, manchmal anarchischer Individualismus macht ihn zum unwilligen Staatsbürger. Dazu erzog ihn aber auch die Geschichte, die das Land über weite Zeitstrecken hinweg der Fremdherrschaft unterstellte. Und nach der Befreiung (1830) war Griechenland bis in unsere Tage hinein ein Spielball der angelsächsischen, russischen, französischen und deutschen Interessen, die über die rivalisierenden Landesparteien auch in die Innenpolitik eingriffen. So empfindet denn der kleine Mann »den« Staat nicht selten als Fremdkörper; das gilt besonders für die kleinasiatischen Flüchtlinge, die ja seit Jahrtausenden in der Opposition der nationalen Minderheit standen. Denn das Überleben unter den fremden Mächten erforderte, die von ihnen auferlegten Gemeinschaftspflichten zu unterlaufen und das Familieninteresse zum Maß allen Handelns zu nehmen. Der gleichen geschichtlichen Erfahrung dankt er aber auch die Einsicht in die Machtlosigkeit aller Macht vor der Zeit.

Auch die Justiz, obschon sie vortreffliche Arbeit leistet, hat unter seinem Anti-Etatismus zu leiden. Mächtiger als der Spruch des beamteten Richters ist das ungeschriebene Gesetz der Sitte. Den Maschen des Gesetzes zu entschlüpfen, tut der Ehre weniger Abbruch; die Gebote von Kirche und Gesellschaft zu verletzen und von ihnen ausgestoßen zu werden, das ist dem Griechen unerträglich. Im Konfliktfall unterliegt das staatliche dem gesellschaftlichen Gesetz.

Der neugriechische Staat hat bisher wenig zur Entkräftung dieses alteingesessenen Vorurteils getan. In allzu getreuer Nachfolge der althellenischen Tradition rollt seine Geschichte im kurzatmigen Wechsel von Parlaments- und Regierungskrisen ab, von Putschen, Revolten, Revolutionen und Diktaturen; sogar Monarchie und Republik lösten mehrmals einander ab – keine Staatsform, die seit dem Ersten Weltkrieg nicht bis zum Exzeß durchexerziert wurde: In den 160 Jahren seiner neuen Historie hat Griechenland an die 170 Kabinette konsumiert (oder richtiger: ist es von ihnen konsumiert worden). Jeder Regierungssturz reißt aber meist auch die Beamtenschaft mit sich, deren ständiges Fluktuieren die Ausformung eines unparteiischen, soliden und sachlich qualifizierten Verwaltungskörpers verhinderte.

Allzusehr verzehren sich die politischen Energien im Kampf um die Macht. Die rivalisierenden Gruppen sind mit dem westlichen Begriff »Partei« nur unscharf umrissen. Denn sie sind kaum auf gesellschaftliche Vorstellungen, soziale Schichten, wirtschaftliche Interessen oder weltanschauliche Ideen festgenagelt; Statut und Organisation gedeihen nicht über den embryonalen Zustand hinaus, die Zahl ihrer Mitglieder bleibt jeder Partei ein unenträtselbares Geheimnis, und da ihre Geschäfte der Chef und seine engsten Freunde besorgen, bedarf der Prozeß der Willensbildung nicht des unökonomischen Wechselverkehrs zwischen Basis und Spitze noch der Abstimmung in Führungsgremien. Was die Parteien bindet und trennt, ist – wie seit Jahrtausenden – die Landschaft, die Familie, das Erbe, die Freundschaft, die Beziehung, kurz, das persönliche und nicht das sachliche, soziologische oder ideologische Argument, ist Sitte und Tradition, nicht das Programm noch die Klasse.

Kein Land in West und Ost, in dessen Politik die persönliche Beziehung nicht ihre Hand im Spiel hätte, doch allein in Griechenland erfreut sie sich des exklusiven Monopols. Ja sie hat sich dort zu einem System mit strengen Spielregeln konsolidiert, das in seinen Grundfesten erdbebensicher zu sein scheint. Es trägt sogar einen Namen: Rousfeti. In ihm finden wir den zweiten Schlüssel zum Verständnis Griechenlands.

Die politische Kultur Griechenlands ist trotz der Reformansätze Papandreous noch immer bestimmt durch das Klientelsystem, auch wenn die Akteure nunmehr eher Parteiinteressen oder das Machtinteresse von Parteifraktionen vertreten als nur persönliche Ambitionen haben. Ja man könnte sagen, nicht trotz der Reformansätze der Sozialisten sondern wegen der überkommenen politischen Mentalität der Reformer ist die Reform gescheitert. Der autokratische Regierungsstil des Parteipatriarchen Papandreou und die nicht abreißende Serie von Skandalen, die seine Regierungszeit begleiteten und ihn dann selbst eingeholt haben, sprechen für eine solche Diagnose.

Das traditionelle griechische Klientelsystem hatte sich als Ergänzung zu einer übermächtigen, zentralistisch ausgerichteten Staats- und Verwaltungsbürokratie herausgebildet, deren Vertreter dem »kleinen Mann«, respektive dem »Bäuerlein« aus der Provinz mit Arroganz und Gleichgültigkeit begegneten, die obendrein äußerst schwerfällig und inkompetent arbeitete. Und da dieses System, sei's unter fremder oder eigener Flagge, seit Menschengedenken auf dem Lande lastete, lernten die Griechen im Laufe der Zeiten den Umgang mit ihm: durch das Knüpfen von Beziehungsfäden, das Ausspielen der verwandtschaftlichen und regionalen Loyalitäten, die Durchlöcherung der Obrigkeitsmauern mittels des Schmierens der eingerosteten Verwaltungsmaschinerien. Dies recht subtile Grabensystem ließe sich im Deutschen (neuerdings nicht ohne Vorsicht) mit »Nepotismus« und »Korruption« wiedergeben, wären diese Begriffe nicht so moralisch überfrachtet, was in südlichen Ohren ganz unangebracht klingt. Schließlich ist das Bakschisch der nun einmal zu zahlende Preis, um das Monstrum Staat mit dem menschlichen Bazillus zu infizieren, um zwischen jenen und dem Bürger bzw. seinen Interessen einen modus vivendi herbeizuführen. Und im Staat gar eine ethische Qualität zu erkennen, gegen solchen Wahn der Nordlinge ist der Grieche gefeit, der ihn immer nur als Erbfeind erlitten hat. Zumal dieser Einschätzung Politiker und Beamte reichlich Nahrung geben, die ihre Positionen als persönliche Besitztümer, als Pfründen für sich, ihre Clans, ihre Klienten und Parteifreunde in Anspruch nehmen und infolge ihrer dürftigen Entlohnung nicht immer gefeit sind gegen die Versuchung des gelegentlichen Nebenverdienstes.

Gleichwohl – kein Privatmann oder Politiker, der nicht Rousfeti in Grund und Boden verdammte, keine Partei, die nicht *vor* dem Urnengang dessen Abschaffung verhieß, um dann doch auf den traditionellen Pfaden des Rousfeti zu wandeln, sobald sie an die Macht gekommen war. Auch Andreas Papandreou mit seiner Funktionärs-Nomenklatura vergaß mit der Übernahme der Macht seine heiligen Schwüre. Er war angetreten, um das System der »tzakia« (Kamine), der Machtintrigen und Bereicherungspraktiken der traditionellen politischen Führungsschicht endgültig zu beseitigen. Es ist trotz des schwebenden Verfahrens inzwischen wohl kaum daran zu zweifeln, daß er und seine Günstlinge der Protektion der »eigenen« Leute und dem Rousfeti ausschweifender huldigten als die Chronik es über die vorhergehenden Zeiten vermeldet.

Der über die Anhäufung von Skandalen gestolperte Papandreou wurde mit dem Ruf nach »katharsis« (Reinigung) abgelöst von einer konservativen Opposition, deren ältere Repräsentanten – einschließlich ihres Vorsitzenden Mitzotakis – geradezu als die Verkörperung des Klientelsystems bezeichnet werden können. Vielleicht wird der evtl. Juniorpartner zukünftiger Regierungskoalitionen, die Linksallianz, die mit dem politischen und ökonomischen Machtapparat weniger verfilzt ist, in Zukunft als Korrektiv wirken. Die Griechen sind jedoch vorerst skeptisch und wenden sich enttäuscht von der Politik ab, weil sie es »den Griechen« – und damit sich selbst – nicht zutrauen, jemals eine politische Kultur zu entwickeln, in der die politischen Positionsinhaber zwischen persönlichem Interesse und Verantwortung für das Gemeinwesen zu unterscheiden wissen. Aber in welchem anderen Land der Welt wäre dieses Postulat bereits politischer Alltag? In den »moderneren« Staaten setzt sich das partikulare Interesse nur versteckter und subtiler durch und die spektakulären Skandale der letzten Jahre zeigen, daß in dieser oder jener Form die beschriebenen »griechischen Zustände« überall herrschen, was allerdings nichts und niemanden entschuldigt.

Das Wort Rousfeti hat eine arabische Wurzel, eine türkische Geschichte und griechische Gegenwart – man geht nicht fehl, in ihm das konstituierende Basiselement der Levante, der levantinischen Politik und Staatlichkeit zu erkennen, wengleich es sich im ostmittelmeerischen Spektrum zu ethnisch unterschiedlichen Färbungen bricht. Dennoch ist es in seiner griechischen Variante nicht einfach als orientalische Dauerinfektion zu diagnostizieren, war doch das Rousfeti schon den Veteranen der hellenischen Antike durchaus vertraut; und zum anderen ist es – wengleich geringer dosiert – auch in Italien und Spanien heimisch, obwohl diese von seinen arabisch-osmanischen Bazillenstämmen nicht oder doch weniger befallen waren. So muß man wohl dem Rousfeti gesamtmediterrane Gültigkeit zuerkennen – nur kultivieren es eben die Griechen (wie alles, was sie in die Hand nehmen) zum Exzeß. Bei näherem Zusehen entpuppt sich das Rousfeti als die Verlängerung des Philotimo vom Privaten in die Politik hinein, als Verallgemeinerung des zivilen Patriarchalismus zum öffentlichen Patronat – womit denn der griechische Staat seine Gesellschaft widerspiegelt: das bürgerliche geht naht- und bruchlos in das öffentliche Leben über, es ist keine Mauer zwischen ihnen, und ihre Schaltstelle ist (wie wir bereits sahen) das Cafeneion.

Man muß schon etwas sein, um etwas werden zu können: in der Gemeinde dem Kreis der Notabeln angehören, und d.h. einer angesehenen Familie. Aus ihr also wachse man zur Vaterfigur von lokaler, dann von regionaler Reichweite heran. Dazu empfiehlt sich einige Alterswürde und -weisheit, inklusive etwas Welt- und Fremderfahrung. Ferner stelle man sich als »Herr« dar (im Sinne des bürgerlichen, doch volksnahen Gentleman) – beileibe nicht mit elitären Manieren, würden sie ihn doch dem Verdacht aussetzen, er erhebe sich über seine Wähler. Mißtrauen weckt desgleichen allzu großer Reichtum, doch gut bei Kasse muß der Kandidat für die Wahlen schon sein. Wichtiger sein Beruf – dem akademischen Titel werden blind Fähigkeiten unterstellt. Am meisten Chancen hat er als Jurist, dann als Mediziner und schließlich noch als pensionierter Offizier, d.h. aus einer Position heraus, die ihm Gelegenheit gibt, den Umworbenen bei ihren persönlichen Problemen mit Rat und Tat zur Seite zu stehen. Aus diesen Kreisen vor allem rekrutieren sich die griechischen Politiker seit 1830: das Parlament 1974/77 zählte unter seinen 300 Abgeordneten 152 Advokaten, 38 Ärzte, 17 Ingenieure, 13 Offiziere a.D., 11 Hochschulprofessoren und 10 Journalisten – ein Drittel von ihnen hatte bereits den 60. Geburtstag hinter sich, eine Handvoll nur den 40. vor sich. Heute hat ein gewisser Wandel stattgefunden durch die New-Comer der PASOK, die auch häufiger Sozialwissenschaften studiert haben.

Die Crux des griechischen Politikers, ob Abgeordneter oder Minister: die ständige und intensive Kontaktpflege zu seiner Klientel läßt ihm kaum Zeit zur Politik. Laufen die Frauen mit ihren Sorgen und Wünschen zum zuständigen Heiligen in die Kirche, der Mann trägt seine Probleme zu »seinem« Politiker. Dessen Büro steht daher unter permanentem Belagerungszustand, es quillt ständig über von Bittstellern – der Abgeordnete wäre schlecht beraten, wenn er sie alle durch seinen Sekretär abspeisen ließe. Nichts, was man von ihm nicht begehrte: Er muß Gesuche seines »Kunden« in persönlicher Intervention an die Ministerien weitergeben, ihm die Ämter öffnen, er soll dem Sohn eine Anstellung beschaffen, ein gutes Wort für ihn bei den harten Zulassungsprüfungen zu den Hochschulen einlegen (von 81 000 Bewerbern bestanden sie 1982 lediglich 15 000), er hat Spezialisten für ausgefallene Leiden und Betten in den stets überfüllten Krankenhäusern zu besorgen, Kredite zu vermitteln, und ist er Rechtsanwalt oder Arzt, erwartet man von ihm seine fachliche Hilfe, gratis versteht sich. Natürlich muß er am laufenden Band für die Angehörigen seiner aktiveren Anhänger als »Koumbaros« fungieren, als Trauzeuge und Taufpate in Hunderten von Fällen, was nicht allein Zeit, sondern auch eine Menge Drachmen für die jeweils fälligen Geschenke kostet, die seiner würdig zu sein haben. Wehe ihm, vergißt er, telegrafische Ostergrüße an seine wichtigeren Anhänger zu senden – ihrer Tausende. Wenn auch eine großzügige Diätenregelung (freie Porti, Telegramm und Telefon inbegriffen, freie Fahrt auf Bahn, Schiff und im binnenländischen Flugverkehr), die außerordentliche Belastung lindert, der Abgeordnete muß schon in eine tiefe Tasche greifen können – mammonistische Vorteile bringt ihm sein Mandat kaum ein. Im Gegenteil, die politische Laufbahn tut sich schwer ohne reichlichen finanziellen Treibsatz. Zwangsläufig bekommen solches Handikap die »Linken« schmerzhafter zu spüren als die Konservativen.

Das Funktionsdefizit dieses »Systems« liegt auf der Hand. Es nötigt die griechischen Parlamentarier und solche, die es werden wollen, noch dringlicher als ihre westeuropäischen Kollegen, den Wählern den Himmel auf Erden zu verheißen. Naturgemäß vermögen sie nur einen Bruchteil ihrer Versprechungen einzulösen, und um wenigstens diesen nachzukommen, müssen sie nach der Erringung der Regierungsmehrheit die bisherigen Amtsträger in den Ministerien und der Verwaltung von ihren Sesseln stoßen, um den Stellungshunger »ihrer« Leute zu stillen. Die ständig wiederholten Operationen bewirken nicht nur eine fatale Parteienpolitisierung der Administration, sie gehen auf Kosten ihrer Kontinuität und Effizienz. Außer zum Nepotismus nötigt das Rousfeti auch noch den Abgeordneten, im Konfliktsfall das gesamtnationale Interesse auf dem Altar des Regionalinteresses zu opfern, sofern er Wert auf seine Wiederwahl legt; und da es sich auf die bestehenden Machtpositionen stützt, die auf die Behauptung ihrer Privilegien fixiert sind, erschwert es die Lösung sozialer Probleme, so überfällig sie sein mag. Gleichwohl fällt die Bilanz in den Augen der Wähler immer negativ aus: die Summe der erfüllten bleibt hinter den enttäuschten Erwartungen weit zurück, und mit diesen wandeln sich die Freunde von gestern zu Gegnern von heute, die bei der nächsten Gelegenheit der Opposition zum Wahlsieg verhelfen. So ist letztlich dem Rousfeti die Schuld an der chronischen Labilität Griechenlands anzukreiden. Es pflanzt dem Sieg schon in der Stunde des Triumphes den Keim der Niederlage ein. Kein Grieche, der das Rousfeti theoretisch nicht in Grund und Boden verdammte, und doch macht jeder von ihm schrankenlos Gebrauch.

Doch sollte die Kritik nicht seine Vorzüge übersehen. Durch Beziehungen setzt sich der Einzelne auch zur Wehr gegen den starren und schwerfälligen Zentralismus der griechischen Verwaltung. Ohne Rousfeti wäre der hellenische Bürger, der »bürokratisch meist geplagte Europäer«, gegenüber seiner Administration restlos verloren.

Die Frage der Zweckmäßigkeit beiseite gelassen, spricht für das Rousfeti nicht zuletzt, daß es dem griechischen Volk auf den Leib bzw. die Seele zugeschnitten ist. Alles Abstrakte ist ihm fremd, unfaßbar und unzugänglich – es verlebendigt sich dem Hellenen erst und allein durch seine konkreten Mittlerpersonen. Und wie mit seinem Gott nur durch die Heiligen vermag er mit seinem Staat nur durch »seine« Politiker zu kommunizieren, wird ihm erst jener durch diesen gegenständlich und »wirklich«.

So hat das Rousfeti auch seine Tugenden. Das Maß an spontaner Lebendigkeit, an Volksnähe, das der griechischen Politik bunte und vibrierende Vitalität gibt; das Maß an Spielraum, das sie dem einzelnen einräumt, ist in einem gestrafften Ordnungsstaat kaum denkbar.

Unproblematischer des Griechen Naturverhältnis. Wir waren auf einem Inselchen – wie eine Schildkröte buckelt es sich aus der Ägäis zwischen Ägina und dem Peloponnes. Auf dem schmalen Bergpfad kam uns ein kleiner Bub auf einem Eselchen entgegengeritten; rechts und links klapperten ein paar Benzinkanister am Holzsattel. Was er da drin habe, fragte ich. Wasser, war die Antwort. »Wozu?« Um seinen Zitronenbaum zu gießen. Wo der denn sei? Dort am Kap; eine Stunde sei's noch hin. Das mache er, im Sommer, jeden zweiten Tag.

So ist Griechenland: Stunden, um einem Baum Wasser zu bringen. Aus der Armut des Bodens mag der gärtnerische Sinn des Griechen wachsen, seine Liebe zu allem, was da grünt; denn nur durch die Liebe zum einzelnen Gewächs läßt sich dieser Erde Frucht abgewinnen.

Sie leuchtet überall, diese Liebe. Die kleinen Häuser in den städtischen Vororten wetteifern im Blättergerinnsel der Rankengewächse, und die Tavernen locken die Gäste nicht nur mit der Güte ihres Weines, sondern auch mit der Fülle schattenspendenden Laubes. In den wenigen Frühlingswochen ziehen Esel, beladen mit riesigen Blütenkörben, durch die Straßen; doch das ganze Jahr hindurch ist der Blumenhandel, so arm die Leute sind, ein überaus blühender Geschäftszweig. Und die Sorge der kleinstädtischen Gemeindeväter gehört fast mehr noch den Grünanlagen um den Hauptplatz als etwa der Kanalisation – so knapp das Wasser ist, für Baum, Blume, Strauch reicht es noch immer. Der Athener aber ist fast ebenso stolz auf die tropisch wuchernde Pracht seines »Königlichen Gartens« wie auf die Akropolis.

Dieser Naturliebe des Griechen haftet etwas Junges, Ursprüngliches an, sie ist durch und durch naiv (im Schillerschen Sinn) – nicht »sentimentalisch« wie in Mitteleuropa: er empfindet natürlich, wo der Westliche das Natürliche mehr oder minder bewußt empfindet (wie der Kranke die verlorene Gesundheit). Der Grieche begehrt die Natur nicht in ihrer großen Ungebärdigkeit, in ihrer unnahbaren Gewalt oder wilden Einsamkeit, er sucht sie nicht in ihrer Unberührtheit und Unbezähmbarkeit, nicht dort, wo er sich klein fühlt vor ihr und herausgefordert, seine Kraft an der ihren zu messen. Ist er zu jung – oder zu alt, um den Fels gerade seiner unzulänglichen Schroffheit, das Meer seiner unberechenbaren Dämonie wegen erleben zu wollen? Dies alles meidet er. Er lebt *in* den Elementen, und so verlangt es ihn nicht nach dem Kampf *gegen* die Elemente. Wo sie freundlich ist, intim, sanft, füllig, freigebig, »schön«, wo sie »human« ist und nicht »dämonisch«, da zieht sie ihn an. Wie ein Kind seine Umgebung, so nimmt er die Natur zugleich unbewußt und rationalistisch hin; unbewußt, indem er mit spielerisch gedankenloser Selbstverständlichkeit an ihr teilnimmt, verliebt in einen Baum, entzückt über eine Blume – rationalistisch, da er gleich dem Kinde mit dem Gedanken umgeht, wie er nun jenen natürlichen Gegenstand zu seinem Nutzen oder als Schmuck verwenden könne. So sieht er denn nicht »die« Natur als des Menschen Gegenpol, noch empfindet er sich von ihr ausgestoßen oder ihr entgegengestellt; sie bleibt ihm Haus, ihm gegeben zur Wohnung.

Der Grieche flüchtet nicht in die »unmenschliche Natur«, da ihn kein »Unbehagen an der Kultur« aus seiner zivilisatorischen Umwelt vertreibt. Die Liebe zum Leben durchtränkt auch seine Geistigkeit. So leidenschaftlich sie sich in politischen, rechtlichen, philosophischen Gedankengefechten ergeht, »das« Leben ist ihnen das schlechthin Selbstverständliche: »das« Leben *hat* Probleme, es *ist* nicht Problem.

Der Fremde empfindet die Vitalität des Balkanmenschen oft als ungeistig. Zu Unrecht. Wohl ist er mehr ein Handelnder als ein Betrachtender (und noch im Betrachten handelt er – im Traum und Spiel der Phantasie), die induktive Synthese liegt ihm näher als die deduktive Analyse, und »Geist« als Intellektualismus bleibt ihm weithin fremd. Gesunder Menschenverstand, Mutterwitz, intuitive Einfühlung – geistige Potenzen also, die im Gefühl wurzeln, und persönliche Erfahrung, das sind die Kräfte, die ihn bewegen. Daher auch geschieht sein Denken explosiv, es ist voller Pathos und prall gefüllt mit elementarer Unmittelbarkeit, in seinem frischen Ansturm dem Dogma abhold, es liebt die Reihung der Bilder und die scharf pointierende Definition, während ihm die abstrahierende Begrifflichkeit fern liegt. Die vorwiegend extravertierte Einstellung seines Denkens lenkt sein Interesse vor allem auf die Fragen des menschlichen Zusammenlebens, auf Recht, Politik, Wirtschaft und Gesellschaft. Ungemein frisch und erfrischend sind die Aufnahmewilligkeit, die Aufgeschlossenheit und Begeisterungsfähigkeit, mit denen der junge Grieche an seine geistige Arbeit herangeht. Er lernt erstaunlich schnell, leicht und begierig, doch mangelt es ihm an intellektueller Kontrolle und sachlicher Disziplin. Aber der gleich wachen Intelligenz, der kühnen Assoziations- und blitzgeschwinden Kombinationsmotorik, der mühelosen Auffassung, dem zähen Fleiß und weiträumigen Gedächtnis entsprechen nicht mehr die künstlerische Formkraft, die metaphysische Tiefe und die ethische Schöpferenergie, die das antike Hellenentum auszeichneten. Utilitaristische und pragmatische Orientierungen – sie waren der Antike nicht fremd – herrschen heute vor; sie sind nicht zuletzt diktiert von den praktischen Bedürfnissen einer Nation, die aus einem fernen Zeitalter sprunghaft in die Moderne versetzt wurde.

Verbinden sich realistischer Blick und flinker Geist mit einer unerschütterlichen Lebensliebe, dann geht aus ihrer Legierung das scharfschneidende, glänzende Metall der Ironie hervor. Wer nicht im Luftballon der Illusion über die Armseligkeit und Bosheit des Daseins dahinzuschweben vermag, wer sich ihrer Unausrottbarkeit gewiß ist, der geht an ihnen zugrunde oder gewinnt ihnen ein befreiendes Lächeln ab. Die griechische Existenz ist resignierende Bejahung. Doch ist die Ironie des Griechen, die in Gehalt und Form die Vaterschaft des »attischen Salzes« nicht verleugnet, weder bitter noch kalt, noch zynisch, sondern vom Gefühl gesteuert und von der Liebe gefiltert, und so klingt sie stets in einer versöhnlichen Pointe aus, in einem konzilianten Wissen, das sich des Richtens über die menschliche Schwäche enthält und am Maß des »Leben und Lebenlassens« orientiert. Dem Menschen gegenüber die personifizierte Toleranz, ist der Grieche von radikaler Unduldsamkeit gegen die Ideologien (nicht gegen die Ideen!), da sie die Todsünde begehen, dies vielquellige Leben in *ein* Flußbett zwängen zu wollen.

Ganz obenan in der griechischen Werteskala aber steht die »Bildung«. Ein angesehener Professor steht im gesellschaftlichen Rang kaum hinter dem Minister zurück. Und wenn der amerikanische Geldmann einen Schwiegersohn aus altem europäischem Adel zu ergattern sucht, so richtet sich der analoge Ehrgeiz seines griechischen Kollegen auf einen berühmten Gelehrten. Verirrt sich ein Akademiker ins Dorf, so wird die ihm unterstellte Weisheit für sämtliche Lebensbereiche beansprucht. Da kann es einem armen Philologen passieren, daß die Leute mir ihren medizinischen, juristischen und politischen Sorgen zu ihm kommen, von ihm Ratschläge erbitten, die Gemeindewahlen, Erziehungsnöte, Steuern, Agrarfragen oder gar Heiratsprojekte betreffen – kein Rätsel, dessen Lösung man ihm nicht zumutet. »Bildung« gilt also noch als eine die Lebensgesamtheit durchdringende und erfassende Macht, die ihren Träger auf eine höhere Menschenstufe stellt. Die sie bewegende Lern- und Erkenntnisbegier wirkt sich in einem Überandrang zur Hochschule aus. Er ist doppelt fatal: weil er, die nationalen Bedürfnisse weit übersteigend, in den Hochschulstädten Athen und Saloniki ein arbeitsloses Akademikerproletariat anwachsen läßt, während die dem Dorf entfremdeten Akademiker sich vielfach der Rückkehr auf das Land widersetzen, das sie so bitter nötig hätte (vor allem die Mediziner). Obwohl also die Zukunftsaussichten für die griechischen Akademiker wenig rosig sind, opfern arme Bauern noch ihr Letztes, um dem Sohn das Studium zu ermöglichen.

Schon Platon hatte diesen Trieb nach Bildung als eine Eigenart des Hellenentums beschrieben. Eine andere Wesenskonstante, die aller

Geschichte zu trotzen scheint, ist der griechische horror mortis, die Scheu vor dem Tode und das Sichverschließen gegen die Transzendenz. Dem Griechen ist diese Welt durch das Nichts begrenzt, und also ist ihm der Tod kein erhöhtes, gesteigertes Leben, sondern ein Schattendasein – unwirklich wie alles, dem seine Vorstellung nicht Form abgewinnen kann. Daher verdrängt er den Tod aus dem Tagesbewußtsein und enthält sich des Erinnerungskultes mit den Verstorbenen, selbst wenn sie zu Lebzeiten das Geliebteste waren. Schon das Begräbnis ist oft ein hastiges Zeremoniell, das kaum das Verlangen nach seiner schnellen Beendigung verdeckt. Zwar überläßt sich der Zurückbleibende in der spontanen Verzweiflung hemmungslosen Schmerzensausbrüchen – sie können ihn an den Rand des Selbstmordes treiben; übersteht er aber die Krise, dann verebbt bald die Leidenschaftlichkeit der Bewegung. Die Gräber sind ungepflegt, die Friedhöfe vernachlässigt; die Wohnstätte meidet ihre Nachbarschaft. Das ist weder Untreue noch Gefühlskälte. Darin spricht sich vielmehr die heiße Lebensliebe des Griechen aus, die den Tod verdrängt. Wenn er schon unvermeidlich ist, dann warte er, bis die Reihe an ihn kommt. Und so wehrt man ihm, die Hand allzu weit ins Leben hineinzustrecken. Was des Todes, ist des Todes, was des Lebens, ist des Lebens – nicht scharf genug kann die Grenze zwischen ihnen gezogen werden, nicht kurz genug ihre Berührung dauern. Auch darin stehen die Griechen heute in der ungebrochenen Tradition ihrer großen Vorfahren, die Gott Hades fast gar keine Verehrung erwiesen, in der Meinung, da doch seine Rechtsprechung auf die Toten beschränkt wäre, sei er an den Lebenden und ihren kultischen Bezeugungen nicht interessiert. Und was ihnen damals die Unterwelt am meisten vergällte, das völlige Fehlen der Geselligkeit, das könnte auch den Griechen unsrer Tage die Hölle unerträglich machen: kein Cafeneion gibt – die schlimmste aller Strafen.

Irgend etwas mag nach dem Tode sein – es entzieht sich dem griechischen Vorstellungsvermögen, das mit dem faßbar Realen endet. Das hindert den Griechen nicht, seinen Gott – den er im Schicksal ständig anwesend weiß – mit derselben Frömmigkeit zu ehren wie ein anderer, dem sich der Sinn der irdischen Existenz vom Jenseitigen her erschließt. Die tiefe Trauer um die Vergänglichkeit bleibt dem Griechen nicht erspart; sie verdichtet sich vielmehr zu einer herben Melancholie, der sich nicht die Tröstungen anbieten, die dem Jenseitserfüllten bereitstehen.

Wo aber das Leben nicht auf den Tod bezogen erscheint, da entsteht auch nicht jene persönliche Religiosität im protestantischen oder mystischen Sinne. Wozu Erlösung oder Unsterblichkeit, wenn doch dies Leben das liebenswerteste Gut ist! Wozu Gnade, wenn hier zu sein die höchste aller Gnaden ist! Und dies Leben wird nicht entwertet durch seine Dürftigkeit und Vergänglichkeit, durch seine Verstrickung in das Leid, in das Böse und Unvollkommene – im Gegenteil, da nun einmal außerhalb des Lebens ein wirkliches Sein nicht denkbar und also ungewiß ist, bezeugen selbst seine Mängel noch seine einzige Kostbarkeit. So erübrigt sich denn die Notwendigkeit der Theodizee: wie auch könnte Gott der Schöpfer einer in der Wurzel sündigen Welt sein! Und menschliches Handeln aus metaphysischer Verschuldung zu begreifen, daran hindert ihn sein Schicksalsbewußtsein. Dies macht ihn aber auch unzugänglich für die modische »Lebensangst«, welche die europäischen Gemüter so emsig kultivieren.

Seine tiefe Schicksalsgläubigkeit ist die Brücke, über die er mit dem Jenseits kommuniziert. Sie ist nicht dem orientalischen Fatalismus gleichzusetzen. Zwar macht er vom Worte »Schicksal« zum Trost und zur entschuldigenden Erklärung überreichen Gebrauch, und sein häufiges, »dhen birazi – es macht nichts« – ist in seiner Nuancierung nicht gar zu weit entfernt vom russischen »nitschewo«. Tatsächlich fühlt er sich dem Schicksal unterworfen, und die alten Wesenheiten der Moira, der Ananke, der Tyche und der Erinnyen geistern in ihm fort, auch wenn er nicht mehr so subtil über sie reflektiert wie seine Ahnen. Was ihn mit ihnen versöhnt: er vertraut der letzten Richtigkeit und Rechtmäßigkeit allen Geschehens, und dem dankt er seine schmiegsame Elastizität im Erdulden und Ertragen. Im Unterschied aber zum östlichen Fatalismus wird der seine von einer unversieglichen Unternehmungslust, einer startschnellen Initiative und zähen Willensresistenz immer wieder durchbrochen; er nimmt das Schicksal als Rohstoff, nicht als Fertigdukt. Schließlich nährt sich seine ungehemmte Spiel- und Wettleidenschaft nicht aus einer masochistischen Passivität, aus der Sucht, sich dem Schicksal auszuliefern – sie ist vielmehr angetrieben von seiner Lust am Agon, am Wettstreit des Ichs mit dem Schicksal: es ist ein Genuß, sich ihm zu stellen, es auf die Probe zu stellen. Eine Niederlage wird deshalb nicht stillschweigend geschluckt, sondern mit einer neuen Herausforderung beantwortet. Freilich empfiehlt es sich, das Schicksal nur an den kleinen Nebenfronten zu attackieren. Wo es seine Faust fallen läßt, schlägt man nicht zurück – man verschanzt sich in einem Gehäuse der Bescheidung und Geduld und erwartet still den Augenblick, da die vielgesichtige Fortuna sich eines Besseren besinnt und wieder ihr Lächeln hervorholt. Dann freilich schlüpft der Grieche aus seinem Schutzpanzer wie der Schmetterling aus dem Kokon, flattert durch die Lüfte über alle Hindernisse hinweg und läßt kein Tröpfchen Nektar ungekostet – die Chance wird bis zum letzten Zipfel ausgepreßt.

In solcher Nutzung des glückhaften Augenblicks, der stets lauernde Wachsamkeit und blitzschnelles Zupacken erfordert, sind die Griechen von Geburt und Training her wahrhafte Meister im Erfassen jedweder günstigen »Gelegenheit«, diesem Zufallsangebot des Schicksals, die in unkalkulierbarer Launenhaftigkeit so überraschend aus dem Nichts aufzutauchen geruht wie sie wieder zu entschwinden pflegt und daher im »richtigen« Augenblick, keine Sekunde zu früh, keine zu spät, umarmt sein will. So rechnet denn der Grieche in ständiger Zugriffsbereitschaft mit einer unberechenbaren Geschenkofferte der Götter oder der Heiligen, des Schicksals oder Zufalls, der Zeit oder der Dummheit seiner Mitmenschen – nicht anders wie seine Ahnen, welche die stets flüchtige Gunst der Fügung im »Kairos« begrifflich formulierten und sogar personifizierten. Zur kultischen Verehrung brachte es der Kairos freilich allein in Olympia, wohl weil sich die Wettkämpfer besonders auf ihn angewiesen wußten. Sogar eine Statue wurde ihm dort im vierten Jahrhundert geweiht, die oft kopierte, verlorengegangene des Lysipp aus Sikyon: die Füße beflügelt, die Erde gerade mit den Zehen streifend, eilt der Gott der Gelegenheit dahin, das Haar fällt ihm voll in die Stirn, der Hinterkopf aber ist kahl. Fiktiv befragt, gibt über seine Erscheinung ein Epigramm (aus dem 3. Jahrhundert) Auskunft: »Sag, warum stehst du auf Zehen? – Immer lauf' ich! – Und warum hast du Flügel am Fuß? – Windschnell flieg' ich dahin! – Doch das Haar in der Stirn? – Beim Zeus! Daß, wer mir begegnet, rasch mich ergreife! – Wozu bist du am Hinterkopf kahl? – Bin ich einmal vorübergeeilt auf beflügelten Füßen, keiner mehr, wie er's auch wünscht, hält mich am Hinterkopf fest!«

So geschickt im Umgang mit dem Kairos, gegen sein negatives Kontrastprinzip, gegen die Hybris, die Übersteigerung des Wünschens und Wollens im Aufwind, ist er nicht gefeit. Zwar weiß er um ihre Gefährlichkeit, doch sein kritisches Mißtrauen gegen die Glückssträhne, gegen das zweifelhafte Vermögen der Macht und die Beständigkeit der Größe macht ihn nicht immun gegen deren Verführungen, weshalb er immer wieder der Versuchung erliegt, seine Karten zu überreizen, über ihren Trumpfwert hinaus zu pokern und zu bluffen, um sich dann stets in der Nachfolge des Sisyphus und der Danaiden wiederzufinden. Wenn er nicht häufiger in solche Verlegenheit gerät, dann aufgrund der Dürftigkeit seiner Landesressourcen. In der Regel aber behauptet er sich in der Auseinandersetzung mit dem Schicksal als Guerillakämpfer, der sich den Falten des Geländes geschickt anzuschmiegen und es im Wechsel von Defensive und Offensive voll zu nutzen versteht.

Kein Wunder, wenn der Grieche, stets auf der Lauer nach dem Kairos, unentwegt Ausschau hält nach Zeichen und Vorzeichen. Seiner Anfälligkeit für den Aberglauben verdanken daher die hellenischen Wahrsager immensen Arbeitsanfall und entsprechende Verdienste. Eine Steuerfahndung der Polizei kam kürzlich (1977) allein in Athen an den 15 000 professionellen und nebenberuflichen Hellsehern, Handlesern, spiritistischen Medien, Astrologen, Kaffeesatzinterpreten, Traumdeutern und Geisterbeschwörern auf die Spur; sie haben nicht nur freundliche Zukunftstendenzen, vor allem finanzieller Art, vorherzusagen, sondern auch Flüche zu verhängen und zu brechen, Liebe zu entzünden oder andere Krankheiten zu bannen, womit sie es auf Tageseinnahmen von 70 bis 240 Mark bringen – unangefochtener Branchenrekord in Europa. – Für den Fremden übrigens wichtig zu wissen: In Hellas ist nicht der Freitag, sondern der Dienstag der Unglückstag vom Dienst. Mit gutem bzw. schlechtem Grund – an einem Dienstag (des Jahres 1453) fiel Konstantinopel in die Hand des türkischen Eroberers. Träumst du aber vom Gendarmen, kannst du beruhigt weiterschlafen, denn in ihm meldet sich der Schutzheilige des Hauses.

Mit dieser Lebenseinstellung gerät der Grieche in einen von ihm nicht wahrgenommenen und verdrängten Widerspruch zu seiner Kirche. Die Orthodoxie ist ja von allen christlichen Konfessionen am einseitigsten und radikalsten jenseitsbezogen. Wie Gott Mensch wurde, das christologische Mysterium, das ist die dauernde Beunruhigung, die Zentralfrage der Orthodoxie, während die Hauptthemen der westlichen Religiosität – Willensfreiheit, Erlösung, Gnade – nur am Rande ihres Denkens stehen. So entwickelte sie auch nicht eine eigentliche Moraltheologie, noch sah sie es als ihren Auftrag an, der Gesellschaft die sittliche Ordnung und der Politik einen religiösen Standort anzuweisen. Auch zur Kultur verhält sie sich gleichgültig: die Welt ist ihr des Teufels (so sehr, daß einige Athosklöster nicht einmal die Anwesenheit von Hühnern dulden, diesen Inkarnationen des weiblichen, und das heißt des satanischen Prinzips), und so erfüllt sich ihr religiöser Sinn allein durch die totale Askese und in der reinen Kontemplation; ja, das Irdische erscheint ihr derart nebensächlich, daß sie den Sünden der Laien mit äußerster Toleranz begegnen kann. Sie realisiert gleichsam den virtuellen Gegenpol der griechischen Wirklichkeit – sie realisiert alles, was die griechische Existenz aus sich verdrängt. Dem vorbehaltlosen Ja, das der Grieche dem Leben entgegenbringt, setzt seine Kirche das uneingeschränkte Nein gegenüber. Doch führt es sie keineswegs in eine »splendid isolation«. Als Staatskirche fällt ihr ein üppiger Kranz repräsentativer Pflichten zu. Und wenn es die Situation erfordert, bricht sie aus ihrer kontemplativen Existenz aus und mischt sich höchst streitbar in das irdische Getümmel: in den Jahrhunderten der Türkenherrschaft war sie der Kristallisationspunkt des nationalen Bewußtseins, 1821 war es ein Bischof, der das Zeichen zum Freiheitskrieg gab, und nicht minder fest stand die Kirche ihren Mann gegen die Besatzungsmächte im letzten Krieg und gegen die Kommunisten so wie im Kampf um Zypern. Da aber Irren auch manchmal kirchlich ist, blieb auch ihr der Fehltritt nicht erspart: erblindet im starren Konservativismus, stolperte sie 1967, aus Angst vor dem kommunistischen Gespenst, in die offenen Arme der Obristendiktatur und ließ sich als ihr Werkzeug mißbrauchen.

Hingegen fällt es dem Griechen schwer, jenè zentralen Werte des Christentums zu realisieren, die von ihm die Annahme des Widersinns, der Paradoxie und Irrationalität der Menschenexistenz verlangen. Er leugnet sie nicht, aber er schiebt sie aus seinem Bewußtsein. Entschlossen, das Leben in der rationalen Sicht zu halten, ist er doch einsichtig und bescheiden genug, deren Grenzen zu achten. Was aber hinter diesen Grenzen liegt – dieser Frage weicht er aus. Er hört mit dem Denken auf, wo die Ratio endet. Was an Rätsel und Geheimnis sich ihrem Zugriff entzieht, das nimmt er hin, wie er die Natur und das Schicksal hinnimmt; wo es keine Antwort gibt, meidet er die Frage. Im übrigen unterwirft er sich widerspruchslos der Autorität seiner Kirche, die ihr Recht und ihre Wahrheit durch ihre Unvergänglichkeit die Jahrhunderte und Jahrtausende hindurch erwiesen hat. Denn wie könnte Bestand haben, was nicht wahr ist?

So weit gehen, wie das Wissen reicht! Was dahinter liegt, ist des Glaubens, der ohne Einschränkung und Vorbehalt dem Bibelwort gehorcht: »Glaube und forsche nicht!« Auch die moralischen Postulate

der Kirche anerkennt der Grieche und unterstellt sich ihrem gesellschaftlichen Richteramte (Heirat und Scheidung – letztere ist bis zum dritten
Male zulässig – fielen bisher in ihre Zuständigkeit; erst neuerdings muß
sie diese, auf Betreiben der Regierung Papandreou, mit dem Staat teilen).
Und was er ihrem transzendenten Anruf schuldig bleibt, das macht er
wett durch seinen intensiven Heiligenkult und durch die freudige Teilhabe an der Liturgie. Andrerseits verweist er – wenn auch nur stillschweigend und de facto – den Glauben in seine Schranken und entzieht
sich seinem Anspruch auf die Totalität des Lebens. Statt dessen hält er
sich an eine säuberliche Arbeitsteilung von Glauben und Wissen. Daß
sich ihre Aussagen überschneiden, widersprechen und widerlegen, will
sich das griechische Gewissen nicht eingestehen. Es balanciert ihr
Neben- und Gegeneinander in sich aus und duldet nicht, daß sie sich
wechselseitig mischen oder Gewalt antun. Eben deshalb konnte das
griechische Christentum »orthodox« bleiben, das heißt, die dogmatische
Tradition »rein« erhalten, wie sie die Konzilien der frühchristlichen
Jahrhunderte geschaffen hatten – das letzte von ihr anerkannte Konzil ist
das des Jahres 787; seither blieb das Dogma unangetastet. Und aus dem
gleichen Grunde entwickelte auch die Orthodoxie keine »Theologie« im
westeuropäischen Sinne. Nicht die Identität von Glauben und Wissen,
die der Katholizismus dekretiert und der Protestantismus immer wieder
vergeblich ersehnt (in der Verzweiflung dem Wissen oft absagend), ist
das Ziel des griechischen Denkens, sondern beider Beschränkung auf
ihre Gültigkeitsfelder. So fährt der Grieche auf zwei Gleisen: auf den
Gleisen, welche Antike und Christentum gelegt haben. Und ihm scheint:
sie führen nicht auseinander.

DIE MACHT DER LANDSCHAFT

Wer also mit unbefangenem Auge kommt, der findet die alten Quellen unversiegt, auch wenn sie nur noch als schmale Rinnsale sickern, wo sie einst, im großen Damals, mit mächtigem Gefälle dahinströmten. Der findet wieder die erfinderische Gastfreundschaft und die intime Kultur des Herzens, das liebevolle Haften am eignen Boden und die unersättliche Gier nach dem Neuen, Fernen und Fremden, die Unfähigkeit zum Ressentiment und die tolerante Achtung des anderen, die Nichtachtung der Zeit und die schöpferische Muße; der findet wieder den Ehrgeiz nach dem persönlichen Leben und die strenge Fügung in die Gesellschaft, das zähe Freiheitsverlangen und die flinke Beweglichkeit des Geistes, die Kunst, Gegensätze einzuschmelzen und Widersprüche auszubalancieren, die Lust an der List und am Abenteuer, am Spiel und am Agon auf allen Feldern des Lebens, den Drang zur starken Geste und zum hohen Wort, die ironische und skeptische Sehweise, den Sinn für »Schicksal« und die Scheu vor der Hybris, den »horror mortis« und die Abstinenz vom Jenseitigen, die Hingabe an das Gegenwärtige – dies alles findet er wieder, in seinen Gegensätzen, Widersprüchen und Spannungen, von Säulentrümmern verdeckt, in die Tücher der Armut gehüllt und doch geborgen in der Zuversicht der Zeitlosigkeit.

Drei Jahre gebe ich dem Fremden, der seinen Fuß auf griechischen Boden gesetzt hat: reißt er sich dann nicht los, so ist er diesem Land hoffnungslos verfallen und hat keine Rückkehr mehr. Mit seinem Licht, mit seiner Luft dringt es ihm durch die Poren unter die Haut, dringt über die Blutbahnen zu seinem Herzen und zeugt in ihm einen neuen Menschen. Überall in Griechenland kann man ihnen begegnen, den Deutschen, Engländern, Franzosen, welche die Sehnsucht nach dem Verlorenen nach Griechenland wehte, der blinde Zufall des Berufes oder auch der willkürliche Befehl des Krieges, und nun hält es sie fest. Nicht so sehr in der menschlichen oder materiellen Bindung. Etwas anderes zwingt sie, das – wie ihnen, den einzelnen – auch den zahlreichen Völkerstämmen widerfuhr, den Franken, Normannen und Katalanen, den Albanern, Serben und Bulgaren, die als Eroberer kamen und als Griechen blieben, wenngleich in diesem Land, das »die Armut zur Schwester hat«, keine Beute lockte. Man hat diese Kraft des Festhaltens und Anverwandelns einer besonderen Stärke des griechischen Blutes zuschreiben wollen; da aber schon der Fremde der ersten Generation ihrem Zauber erliegt, genügt diese Erklärung nicht. Es ist vielmehr die Macht der griechischen Landschaft, die solche Wirkung ausübt und die auch schon der Reisende spürt, der sich nur für Wochen ihrer Magie aussetzt. »Heimatkraft« hat sie Erhart Kästner genannt.

Was nun macht die Eigenart der griechischen Landschaft aus? Wie enträtselt sich ihr Geheimnis?

Wo immer Griechenland, ist es in einem Berg, Ebene und Meer (auch Meer, denn kein Punkt, von dem aus es nicht binnen eines Tagesmarsches in die Sichtweite fiele); ist es eine Feststätte der Begegnung *aller* Landschaftselemente – ein Tanzplatz von Land und See, von Gebirge und Ebene, von Höhe und Tiefe, von Nähe und Ferne, von Intimität und Distanz. Sie mögen in anderen Erdgegenden je für sich grandiosere Gestalt haben, ihr Zusammen- und Ineinssein gewinnt hier eine einmalige Vollendung. Es fehlt der griechischen Landschaft nichts: auf überschaubarer Basis stellt sie sich als ein festumrissenes Erdganzes dar, als geschlossener Mikrokosmos, der sämtliche Grundformen der Erde in sich birgt. Ebene und Gebirge trennen sich nicht, sie sind ständig aufeinander bezogen und spielen sich wechselseitig ihren Sinn zu, wie Bild und Rahmen: die Ebene, Inhalt des Gefäßes, füllt aus, die Bergzüge schließen ein, grenzen ab, halten zusammen; ihre Höhenlinie streicht in langer Horizontale und rafft sich kaum je zu spitzer Gipfelung auf. Ihr Abschluß gibt sich endgültig, keine Vertikale verführt das Auge, sich über die Erde zu erheben. Die See aber durchfurcht in tiefreichenden Vorstößen das Land, das mit seinen weit vorspringenden Schenkeln das Meer in seinen Schoß zu ziehen scheint. Derart entstanden jene autarken, nach innen voll durchartikulierten, nach außen fest abgeschlossenen Gebilde, die der Antike den Grundriß zu den zahlreichen Kleinstaaten vorzeichneten und dem Griechen den individualistischen und partikularistischen Charakter einprägten. Überall stößt der Blick auf Grenzen, und da sie Weite haben und irgendwo ein Tor offenlassen, lernt er sie bejahen und zum Maßstab des eigenen Tuns nehmen.

Wir »sehen« die griechische Landschaft erst, wenn wir von ihr etwa auf die deutsche Landschaft zurückblenden. Ist der griechischen Ebene durch den treuen Begleiter Berg der Ausbruch ins Unendliche verwehrt, so trennen sich in Deutschland Gebirge und Fläche zu isolierter Selbstherrlichkeit – zu grenzenlosen Ebenen im Norden, in seinem Süden zu maßlos getürmten Gipfeln. Die nebeneinander stehenden (nicht – wie in Griechenland – liegenden) Berge, aus schmalen, in sich abgekapselten Sockeln emporschießend, erfüllen nicht die Funktion der Begrenzung noch des Rahmens. Statt dessen, sich zu immer feinerer Spitze verjüngend, zerlösen sie die Zusammenhänge; sie schließen nicht ab »gegen« den Himmel, das Hier vom Dort reinlich scheidend, sondern ragen »in« ihn hinein, im ehrgeizigen Vorstoß ins Unendliche. Das Unendliche auch, in der Horizontalen, bemächtigt sich der deutschen Ebene. Randlos, scheint ihr keine Schranke, kein Ende gesetzt, immer läßt sie noch ein unfaßbares Dahinter ahnen. Und so setzt es sich ins Meer hinein fort. In der Nordsee verfließt das Meer meist stufenlos in den Himmel hinein. Grau mischt sich in Grau, und es bleibt offen, wo jenes ende und dieser beginne – eine Leiter ins Unendliche. Das griechische Meer aber wird nie Himmel, der starke Farbenkontrast schneidet es im messerscharf gezogenen Horizont von ihm ab; und die Inselreihen, schwimmende Korken eines weit ausgeworfenen Netzes, binden das Meer ans Land: sie sind einander nicht das schlechthin andere, sie bedingen sich wie das Ein- und Ausatmen.

So sei die Formel gestattet: wenn die deutsche Landschaft eine Frage ist, so gibt die griechische Landschaft eine Antwort. Ist der griechische

Raum in seiner allseitigen Bezogenheit und klaren Umgrenzung vollendete »Erde«, fest an die Kette des Diesseits gelegt, so transzendiert die deutsche Landschaft zur »Welt« – ohne Grenze zwischen dem Hier und Dort verfließt sie ins Unendliche.

Die Gegensätze beider Landschaften kehren im Gesicht und in der Geschichte ihrer Völker wieder. Zu schärfster Anschauung im gotischen Dom und im hellenischen Tempel. Im Verlangen des deutschen Geistes nach dem »Alles oder nichts«, nach dem »Ding an sich«, in seiner gefürchteten Maßlosigkeit, die das Ungenügen am Real-Gegebenen antreibt (und sich in der Philosophie fortsetzt, in seiner Vorliebe für die Metaphysik), dort aber, in Griechenland, in der Unterordnung unter das Maß, in der Scheu vor der Hybris und in der Bescheidung in die Grenze.

Müßig die Frage, ob dieser Raum die deutsche Seele, jener den griechischen Geist geprägt habe, oder ob sie, bei entgegengesetzter Kausalität, in ihren Landschaften jeweils *die* Heimat fanden, nach der sie suchten als dem angemessenen Ausdruck ihrer selbst. Wie dem auch sei – beider Land und Leben ist zu widerspruchsloser Deckung gelangt. Nicht minder müßig auch, sie aneinander zu messen. Denn sie sind nach verschiedenen Gesetzen angetreten – nach denen der Erlösung und der Erfüllung. Kein Wunder daher, wenn Griechenland gerade den ruhelos Umhergetriebenen verführt, an seinen Küsten vor Anker zu gehen. In Griechenland findet die Sehnsucht ihren Hafen.

Die Sehnsucht findet in Griechenland ihren Hafen, denn es läßt kein Begehren ungestillt. In dichtester Nachbarschaft begegnen sich der nackte Stein, die wuchernde Erde, die klare See, das Hart-Feste berührt das Weich-Flüssige, die herbe Kargheit lagert sich neben subtropischer Fülle, das Wild-Ungebärdige neben dem Sanften und Zarten, und über all dem breitet sich in den feinsten Abtönungen die ganze Skala des Farbenspektrums, vom tiefen Meeresblau über das grelle Weiß und das helle Grün bis zum satten Rot; das Erhabene trifft sich mit dem Intimen – kein Gegensatzpaar, das sich in Griechenland nicht ein Rendezvous gäbe, in subtiler Durchgliederung und wechselseitiger Zügelung. Welche Laune immer das Herz befällt, hier findet sie ihr Genügen. Nichts fehlt in Griechenland.

Selbst die Zeit ist seinem Raum untertan. Nicht nur in dem trivialen Sinne, daß dem Griechen »time« keineswegs »money« ist, da er, im Gegensatz zu diesem, über jene im Überfluß gebietet. Aber wie in der Landschaft Griechenlands sämtliche Elementarformen der Erdgestalt zusammenkommen, so ist in seiner Gegenwart das gesamte Nacheinander der Zeiten gleichsam ins Nebeneinander umgesetzt, zu einer Gleichzeitigkeit, vor der alle Geschichte und Vergangenheit kapituliert. Dies freilich entgeht dem fremden Bildungsphilister, der mit dem Metermaß seines Schulwissens die griechische Gegenwart an den großen Ruinenzeugen mißt und ob ihres unglückseligen Abstandes Klagelieder über die Menschenvergänglichkeit anstimmt. Überantwortet er sich aber seinen Sinnen, dann wird er entdecken, daß dies Land der größten Geschichte keine Geschichte hat, weil es in Wahrheit ein Land ohne Zeit ist.

Gewiß bauen die Nachfahren der alten Hellenen keine Tempel mehr, auch stoßen sie nicht mehr am laufenden Band bestürzende Philosophien aus sich heraus, und ihre Stimme ertrinkt im Chor der großen Massenvölker. Sieh aber diese silbergrüne Olive, deren knorriger Stamm sich mehrmals um die eigene Achse schraubt: sie hat zehn Jahrhunderte gesehen! Sieh diese dorische Säule, die als letzte von vielen ihresgleichen steht – sie ist nicht tot: längst schon hat sie ihre Herkunft aus menschlicher Hand vergessen, längst hat sie in ihrem Boden Wurzel geschlagen und ist nun ein Geschöpf nicht mehr der Kultur, sondern der Natur, mehr Pflanze als Stein, ein Steingewächs, ein Steinbaum, der sich von den Säften der Erde nährt und in der Umarmung dieses Lichtes atmet, leuchtet, singt und Frucht treibt das ganze Jahr über – aus der Vergänglichkeit der menschlichen Zeit ist sie hinübergewachsen in die Zeitlosigkeit der griechischen Landschaft, zu einem Stück ihrer selbst.

Dies ist es wohl: Wie die Landschaft, in dem sie sich dem Maß und der Grenze unterwirft und die gegensätzlichen Einzelformen zum versöhnlichen Zusammenklingen bringt, in ihrer Natur selber schon Kultur wird, so erscheint die alte Kunst dieses Landes nicht von Menschenhand »gemacht«, sondern aus der Natur geboren und in ihr geborgen. Die urewige Feindschaft von Natur und Kultur scheint in Griechenland aufgehoben und einer Zwillingsschaft gewichen, in der das Gemeinsame stärker durchscheint als das Unterscheidende; sie sind Äste am selben Stamm.

Doch da ist die moderne Welt mit ihren Maschinen und Motoren – widerlegt sie nicht mit ihrem Hasten und Lärmen eben jene Säule, verweist sie nicht die alten Zeugen in die museale Schattenexistenz geologischer Fossilien? So klar ihre Gegensätzlichkeit zutage tritt, in der Praxis stimmt diese Gedankenrechnung nicht. Denn die Technik ist im griechischen Leben etwas anderes als in ihrer europäischen Heimat. Davon war schon die Rede bei unseren Freunden -ides und -opoulos: Die Technik versachlicht den Griechen nicht, er ordnet sie vielmehr seinem Lebensrhythmus ein und unter, und daher präsentiert sie sich hier menschlicher, vermenschlicht. Ihre Kinder nehmen sich inmitten der ehrwürdigen Ruinen aus drei Jahrtausenden, in Nachbarschaft der Akropolis, gar nicht so fremd und feindselig aus, wie es der Schulhumanist pflichtschuldigst zu erwarten hat. Da so die Technik zum Haustier gezähmt und geradezu ins Kreatürliche einbezogen erscheint und auf der anderen Seite die alte Säule sich in ein Gewächs verwandelt, verringern sich ihr Abstand und Widerspruch: sie tun sich nicht mehr weh, sie tolerieren sich.

Oder sieh dieses brodelnde Ungeheuer Athen, das polypenartig seine Fangarme bis zum Meer, bis zum Hymettos und Pentelis, zum Parnaß und der alten heiligen Gräberstraße entlang über das Kloster Daphni bis Eleusis ausstreckt (1830, bei der Befreiung, bestand es aus dreihundert kleinen Häusern, 1981 zählte es – mit dem Piräus – drei Millionen Bewohner): Dorf und Weltstadt in einem. Asphaltierte Boulevards, überspannt vom rasenden Fließband des Verkehrs, gekreuzt von räudigen Landstraßen, kümmerliche Baracken neben strotzenden Hochhäusern; an den Hügelhängen neben dem riesigen Rollfeld, auf dem sich die internationalen Fluglinien ein pausenloses Rendezvous geben, der Hirt mit seiner Schafherde. Eine Viertelstunde weiter in den Geschäftsstraßen die glanzvollen Auslagen der Cityläden, die alles feilbieten, was sich die moderne Zivilisation an raffiniertem Luxus ausgeklügelt hat; vor ihnen flanierend die weibliche Hautevolee, die Pariser Eleganz aufklingen läßt. Ein paar Schritte weiter aber ist die Vorgeschichte zu Hause.

Besteige nun die Akropolis, und wenn du dem Parthenon und den Koren des Erechtheions die schuldige Reverenz erwiesen hast, dann schau nach Norden auf das hektische Gewimmel der Stadt: zum Piräus hin die dürftigen Siedlungen der kleinasiatischen Flüchtlinge, Schwemmgut der Katastrophe von 1922/23, in denen der nackte Orient gärt; dann das Zentrum mit allen Exzessen des dernier cri und weiter ringsum ausstrahlend die vorstädtischen Idyllen, ein Kranz von Dörfer. Und nun begreifst du diese Stadt: als eine Landschaft, in der die geologischen Schichten der Geschichte nach oben geworfen sind, in die Gleichzeitigkeit der Oberfläche. Mögen sie altersmäßig differenziert sein, vor ihrer gemeinsamen Gegenwart geht es nicht an, die älteren Schichten in die tote Vergangenheit zu verweisen und »die« Wirklichkeit der jüngsten vorzubehalten. In dieser Gegenwart lagern vielmehr alle Phasen neben- und durcheinander: ein ionisches Säulenstück findet sich in einem byzantinischen Klostergemäuer, Zyklopensteine aus der strengsten Zeit Mykenäs bargen das Maschinengewehrnest der deutschen Invasionstruppe, die Schrammen, welche die Granaten, die der Bürgerkrieg auf der Akropolis hinterließ, sind von denen der venezianischen Mörser kaum mehr zu unterscheiden; und jeder Fußbreit Attikas ist ein Grab, das der Bauer zu neuem Leben umpflügt. So mischen hier alle Zeitalter ihre Karten zum Spiel der Gegenwart, und sie alle haben Leben und sind Leben, so dissonierend es zwischen ihnen zugeht. Und lotest du den einzelnen Griechen aus, so findest du auch in ihm sämtliche Schichten und Phasen gegenwärtig, nicht die eine aus der anderen im Nacheinander hervorgehend, sondern im Präsens des Nebeneinander. Nichts ist tot in diesem Lande, nichts vergangen: was einmal lebte, bleibt im Sein. Diese Landschaft negiert die Zeit, negiert die Geschichte.

Sie übt ihre Macht mit einer Strenge, die keine Träumereien, keine Nebel duldet. Es ist die Strenge einer unbarmherzigen Sonne, der nichts widersteht; gnadenlos brennt sie im Sommer die Erde aus, ihre Helle durchdringt selbst noch das Gestein der Berge, das unter ihrer scharfen Glut zu schmelzen, zu schweben und sich schließlich zu verflüssigen scheint. Der Akzent des »Festen« wechselt hinüber auf die See – reglos unter der Last der Hitze ist sie wie zu einem ungeheuren Stahlblock zusammengepreßt, am Horizont messerscharf abgehauen vom lichteren Seidenblau, das der Himmel darüberspannt. In diesem Lichte beginnt das Auge sich selber zu entdecken, als erwache es erst an ihm zum Sehen. Zu einem Sehen, das die Ferne ins Vertrauen rückt, die geringste Einzelheit zur schärfsten Deutlichkeit profilierend, während es das Nächste zugleich in den einordnenden Abstand der Überschaubarkeit schiebt und es durchsichtig macht.

O dieses Licht! Dies Licht, das auf den Inseln liegt oder auf der Ebene von Itea, die dem Berghang von Delphi zu Füßen liegt – ist es nicht der Geist, der sich zum Stoff verdichtet, in Energie umgesetzt hat, die selbst noch das Tote zum Leben entzündet? Es dringt in alles ein und durchdringt es, fegt das Dunkel aus seinen geheimsten Löchern, legt rücksichtslos die verborgensten Wahrheitsfalten bloß und duldet keine Lüge, nicht einmal mehr den Schatten einer Lüge. Und das schmerzhafte Wunder geschieht, daß Wahrheit und Wirklichkeit zusammenfallen.

Als wollten sie keine Möglichkeit unversucht lassen, so verschlingen sich Gebirge, Ebene und Meer zu immer neuen Abenteuern der Gestalt, die nur eine Regel meiden: die der Einförmigkeit und Wiederholung. Steht man in Mittelgriechenland, im Peloponnes auf einem Paß, einem Gipfel, dann schaut man in ein aufgeklapptes Haus mit einer Unzahl höchst verschiedenartig ausgestatteter Kammern. So ausschweifend dabei die Phantasie des Architekten jeweils am Werk war, so anspruchsvoll jeder Raum auf seine Eigenart pocht (da er jenen Dreiklang von Meer, Ebene und Berg immer wieder neu, frei und autonom abwandelt), die Wohnungen sind durch Grundriß und Außenmauern doch zu *einem* Haus zusammengehalten. Was sich so bequem und nichtssagend als »hellenische Harmonie« ausspricht, das ist das spannungsdichte Gleichgewicht von Einheit und Vielfalt in dieser Landschaft, das die Masse, die eintönige Nivellierung ebenso ausschließt wie die Selbstherrlichkeit des Teils – ein ausgewogener Chor disziplinierter Solisten.

In diesem chorischen Wechselgesang von Land und Meer, von Ebene und Gebirge verlagert sich von Nord nach Süd die Stimmführung gleichsam von den Bässen zu den Sopranen: die griechische Landmasse, im Norden kompakt und geschlossen, südwärts sich zusammendrängend und in dieser Pressung den breiten Rumpf verengend und aufreißend, wird in der Mitte vom Korinthischen Golf tief eingeschnürt, um sich dann von den Rändern her zu zerfasern und, nach Südosten abbiegend, in den Inselketten zu zerstäuben.

Auf diesem Weg gleitet das Land von kontinentaler Geschlossenheit zu maritimer Öffnung. Je nachdem, ob man sich ihm vom Norden oder vom Süden nähert, erfährt man es im Prozeß der Auflösung oder der Verdichtung.

Ringsum aber ist das Land vom Meer eingefaßt, überall umklammern und verflechten sie sich; ungezählt sind die Häfen, die Gunst der Witterung lockt – wie sollte da der Grieche, den sein Boden nicht ernährt, dem Ruf des Meeres widerstehen, das ihm nicht nur durch Schiffahrt, Handel und Fischfang zu seinem Brot verhilft, dem auch seine Liebe gehört. So besingt es Nikos Kazantzakis:

»Viele Freuden bietet diese Welt – Frauen, Früchte, große Ideen. Doch gibt es, glaube ich, keine Freude, die das menschliche Herz so bewegt, so tief in das Paradies versenken kann, als wenn man, den Namen jeder einzelnen Insel flüsternd, auf einem hellenischen Schiff die Wogen dieses Meeres durchfurcht … Die Grenzen verschwimmen zwischen Wirklichkeit und Traum, und die Masten des altersschwachsten Schiffes treiben Knospen und Weintrauben. Man glaubt, hier in Griechenland ist das Wunder die Blüte der Notwendigkeit.«

Diese Umarmung von Land und Meer, bald feindlich, bald liebend, zeugt das Schicksal Griechenlands, seine Natur, seine Geschichte, seine Menschen. Dieser Doppelklang, einst Sparta und Athen geheißen, durchtönt unverändert, wenngleich wechselnd in der Höhenlage, als das tragende Leitmotiv die griechischen Jahrtausende. In Griechenland, in jedem einzelnen Griechen vermählten sich Balkan und Mittelmeer, durchdringen sich der Bauer und der Seemann. Der Bauer: dem Alten verhaftet, gefaßt und verhalten, Wächter des Maßes, Glied in der Kette der Gesellschaft – der Gefahr ausgesetzt, eng, starr, autoritär zu werden. Der Seemann aber: abenteuerlich schweifend und ausschweifend, unersättlich in seinem Hunger nach Ferne und Fremde, Spekulant und Spieler noch mit sich selber, unruhig, elastisch, auf das Neue erpicht und unermüdlicher Jäger der glückhaften Chance – ständig bedroht, die Grenzen zu vergessen und sich in den Orgien seiner planlüsternen Phantasie zu verlieren. So begegnen sich der Bauer und der Seemann im Wettstreit um die Seele Griechenlands, im Wettstreit ohne Entscheidung, ohne Ende.

Viele Kräfte formen die Gesichter und die Geschicke der Völker: das Blut und das Erbe, Geschichte, Klima, Nahrung, nicht zuletzt der Mensch des technischen Zeitalters, der vom »fabricator mundi« (Leonardo da Vinci) zu ihrem »deformator« degenerierte. In Griechenland aber herrscht über sie alle die Landschaft. Wenn ihre Macht das griechische Leben dem Maß und der Grenze unterwirft, so ist dort diese Macht allein ohne Maß und ohne Grenze.

FATALE GEOGRAPHIE

Als Gott die Erde schuf, berichtet eine alte Geschichte, schüttete er die gute Krume durch ein Sieb, sie mal hier, mal dort ausstreuend, die ausgelesenen Steinbrocken aber warf er über seine Schulter nach hinten; aus ihnen erstand Griechenland.

Schon seine Lage ist eine einzige Fatalität: Schnittpunkt aller Bewegungen zwischen Orient und Okzident, ist Griechenland Balkan und Mittelmeer, ist Adria und Ägäis – und liegt unmittelbar an der Zündschnur Gibraltar-Suez. Europas Sprungbrett zum Nahen Osten, ist es den westwärts flutenden Völkerströmen Asiens das natürliche Einfallstor. Dem alten Rom, den fränkischen Kreuzfahrern, den Normannen und Venezianern dient es als wichtigste Etappe auf ihrem morgenländischen Wege, auf dem Araber und Türken, Serben und Bulgaren zurückstoßen. Ehe Hitler nach Rußland marschierte, mußte er sich dieser Südflanke, des »weichen Unterleibes Europas« versichern; sollte die Sowjetunion nach Westeuropa greifen, sie unterstünde demselben strategischen Gebot. Schließlich ist Athen den internationalen Fluglinien die unentbehrliche Zwischenstation nach Asien und Afrika. Nicht nach, sondern über Athen führen alle Wege. Dies ist das Schicksal Griechenlands.

Kein gutes Schicksal für ein kleines Land, Brücke dreier Kontinente zu sein, Knotenpunkt der Verbindungsstränge zwischen Europa und Asien und dem östlichen Nordafrika. So wird Griechenland in alle Grenzbewegungen zwischen den drei Erdteilen hineingezogen – ob es will oder nicht. Denn Herr über den Vorderen Orient ist, wer Griechenland in der Hand hat, und jede imperiale Macht greift nach ihm, die nach dem Mittelmeer greift. Um seiner selbst Herr zu sein, müßte es also die Macht über die ganze Ägäis haben. Doch dieser an Byzanz sich entzündende Traum von der »Wiederherstellung Großgriechenlands« ist im kleinasiatischen Feldzug 1919/22, der den Versuch der Verwirklichung wagte, gescheitert; ist endgültig gescheitert, da die physische Kraft Griechenlands diesem Traum nicht gewachsen ist. Wird doch sein ganzes »Potential« – seit 1821 – erst von der Erlangung, dann von der Erhaltung seiner Souveränität absorbiert. Denn sie ist ständig in Frage gestellt, dank der Güte dieser »Brücke«, die das Land auf der Seeseite so ungemein verletzbar macht.

Die Inseln (3054, davon 167 bewohnt), die Kettung der Buchten, Golfe und Inseln mit einer Küstenlänge von 15 021 km (die des fast zweieinhalbmal größeren langgestiefelten Italien erstreckt sich über 8700 km) – sie sind nicht alle und nie gleichzeitig militärisch zu sichern. Um so weniger, als die vielfältige Gebirgsschachtelung die Landverbindungen und damit die Beweglichkeit der Defensive behindert. Dazu kommt die wirtschaftliche Strukturschwäche des Landes, das sich nicht aus dem eigenen Boden zu ernähren vermag und für seine Industrien auf die Seezufuhr der meisten Roh- und Betriebsstoffe angewiesen ist. Diese

Blockadeempfindlichkeit treibt Griechenland im Kriegsfall stets auf die Seite der maritimen Mächte.

Überaus verwundbar ist aber auch die gebirgige Landgrenze. Schon durch ihre Länge: sie teilt 246,7 km mit Albanien, 245,8 km mit Jugoslawien, 474,7 km mit Bulgrien und 203,0 km mit der Türkei. Von insgesamt 1170,4 km Landesgrenze lehnt sich nur ein Fünftel, beziehungsweise 241,8 km (15,4 km mit Albanien, 18,1 km mit Jugoslawien, 16,0 km mit Bulgarien und 192,3 km mit der Türkei), an Gewässer an, die jedoch die Verteidigung kaum begünstigen. Die verbleibenden 928,4 km im meist nordsüdlich streichenden Gebirgsgelände begünstigen eher die Offensive als die Defensive, die auch noch durch die weite Entfernung der nördlichen Grenzgebiete von den Aufmarschbasen sowie durch die geringe Dichte des Straßen- und Eisenbahnnetzes beeinträchtigt wird.

Die geopolitische Situation Griechenlands läßt also an Problematik zu wünschen nichts übrig: sie reizt zum Angriff und erleichtert ihn, sie erschwert die Verteidigung – zur See mehr als zu Lande. In beiden Weltkriegen suchte daher Griechenland zunächst einen neutralen Kurs zu steuern. Beide Male scheiterte diese Bemühung an der Schlüsselposition des Landes, das jede den kriegführenden Parteien als strategisches Entscheidungsfeld erster Ordnung ansah. Aus diesen Erfahrungen leitete die heutige griechische Politik eine vorbeugende Entscheidung ab: da das Land nicht stark genug ist, sich in der Neutralität zu halten, fügte es sich der NATO ein (mit Abstrichen seit 1974).

Die Labilität der Lage Griechenlands spiegelt sich auch in seiner territorialen Ausdehnung, die sich seit der Errichtung des neuen Staates in dauernder Bewegung befindet. Das zweite Londoner Protokoll von 1831, welches das Fazit des Befreiungskrieges zog, legte die Nordgrenze des wiederauferstandenen Griechenland auf die Linie Volos-Arta fest; sie schloß ein Territorium von 47 517 qkm ein. 1864 traten die Engländer die Ionischen Inseln ab, die den griechischen Gebietsstand auf 50 211 qkm vergrößerten. Im Anschluß an den Berliner Kongreß erwirkte Griechenland den Einbezug der fruchtbaren thessalischen Ebenen, durch die sein Staatsgebiet 1881 auf 63 606 qkm anwuchs. Fast mit dessen Verdoppelung, und zwar auf 121 794 qkm, endeten die Balkankriege 1913, die ihm Kreta, den Epirus, Makedonien, Westthrakien und die großen östlichen Inseln einbrachten. Schließlich schien der Erste Weltkrieg die großgriechische Idee einer Wiederherstellung des Byzantinischen Reiches in Griffnähe zu rücken: der Vertrag von Sèvres 1920 ließ die Staatsfläche – auf Kosten des vermeintlich »kranken Mannes am Bosporus« – auf 149 150 qkm anschwellen. Damit hatte die griechische Entwicklung ihren Höhepunkt erreicht, von dem ab das Pendel zurückschlug. Kemal Atatürk bereitete dem kleinasiatischen Abenteuer der Griechen ein furchtbares Debakel, welches das griechische Gebiet – im Vertrag von Lausanne 1923 – auf 128 197 qkm reduzierte. Die deutschitalienische Invasion im Zweiten Weltkrieg drohte dann mit einem noch schwereren Schlag: Hitler wollte die thrakischen und ostmakedonischen Provinzen den Bulgaren überlassen, während sich Mussolini die Ionischen Inseln für sein Imperium und den Epirus für sein albanisches Protektorat als Beute ausbedungen hatte. Eine derartige Operation hätte Griechenland zu einem lebensunfähigen Rumpf ohne Glieder gemacht. Doch der Sieg der Westmächte verhinderte diese tödlichen Amputationen. Darüber hinaus verhalf er Griechenland zu der langersehnten Einverleibung des rein griechisch besiedelten Dodekanes (mit 2721 qkm), den die Italiener 1911 der Türkei abgenommen hatten. So umfaßt Griechenland heute ein Gebiet von 131990 qkm (wovon ein Fünftel, beziehungsweise 25084 qkm, auf die Inseln entfällt). In ihm sind die griechischen Staats- und Volksgrenzen nahezu zur Deckung gekommen. Nahezu, denn zu ihrer völligen Identität bedürfte es noch der Eingliederung der britischen Kronkolonie Zypern (von deren 650000 Bewohnern 525000 als Griechen registriert sind) und Südalbaniens, das auf griechischen Landkarten als »Nordepirus« figuriert. Schließlich verzeichnet noch Istanbul eine griechische Minderheit (4000), die jedoch die islamische Minorität in Griechisch-Thrakien (120000) längst nicht mehr aufwiegt.

Wenn Griechenland dem Balkan den Rücken zukehrt (er ist ihm nur durch vier Durchgangsstraßen und zwei Bahngleise verbunden), so ist es ihm in der terrestrischen Struktur doch eng verflochten. Denn in Griechenland verfeinert sich noch die kleinräumige, kammerartige Gliederung, die den Balkan von den anderen Landschaftsgestalten Europas unterscheidet. So eilig wechseln die Hoch- und Tiefzonen, daß keiner Einzelform Raum zur weit ausholenden Entfaltung belassen ist. Und dichter noch als im nördlichen Balkan preßt sich in seinem griechischen Ausläufer das tektonische Geschehen auf engstem Raum; daher stauen sich auch hier die Gebirge höher (am höchsten im Olymp zu 2917 m) – insgesamt zählt Griechenland 61 Gipfel über 1500 m und 28 über 2000 m, während nur drei seiner Ebenen sich über 1000 qkm ausdehnen. Allein der vielgegipfelte Pindos erstreckt sich nach Alpenmuster als durchgehender Gebirgszug von Nord nach Süd über das gesamte Festlandshellas, indessen sich fast alle übrigen Berge zu Blöcken und Schwellen isoliert aus den Flächen aufbäumen, Individualisten auch sie. Die gedrängte Bewegtheit in der Horizontalen (Land–Meer) und in der Vertikalen (Ebene–Berg) macht Griechenland zu einer der differenziertesten Landschaften Europas.

Die intensive Gliederung resultiert aus dem Zusammenprall zweier mächtiger Erdverschiebungen im Spättertiär und Altdiluvium, die im rechten Winkel aufeinanderstießen: im Osten zerbrach damals das Kykladenmassiv, das sich bis weit in die Libysche Wüste erstreckt hatte, versank unters Meer, bis auf die alten Gipfel, die nun als Inseln aus der Ägäis herausragen, während seine östlichen (Westküste Kleinasiens) und westlichen (Ostküste des griechischen Festlandes) Plattenränder weniger in Mitleidenschaft gezogen wurden – tiefe lokale Einbrüche und Senken, weit in das Land einschießende Buchten und Golfe zeugen in dieser Randzone von jenem Vorgang. Zu gleicher Zeit nun, da im Osten Griechenlands alte Gebirge in die Tiefe sanken, stauten sich in seinem

Westen neue Bergewellen auf. In Fortsetzung der dinarischen Züge falten sich über dem alten thrakischen Urgesteinsmassiv die Kalkketten der Helleniden und des Pindos in nordsüdlicher Richtung; nachdem sie den Peloponnes (dem sich im Norden ein westöstlicher Gebirgsstock vorlagert) in drei Parallelkämmen durcheilt haben (im Taygetos zu 2407 m aufsteigend), biegen sie ostwärts ab, um über mehrfache Inselbänder – zuletzt über Kreta (Ida 2456 m), Kasos, Karpathos und Dodekanes – nach Kleinasien hinüberzuschwingen. In dieses System betten sich mehrere Beckenebenen, wie die von Thessalien, von Jannina im rauhen Epirus, die phokische mit dem trockengelegten Kopaissee, die stymphalische und tegäische in Arkadien – gleich Inseln schwimmen sie in diesem steilbewegten Felsenmeer: achtzig Prozent der Oberfläche Griechenlands sind Bergland.

Die tektonische Bewegung geht weiter, denn noch immer nicht hat sich diese geologische Bruchzone auf ein statisches Gleichgewicht eingespielt. Die anhaltenden Spannungen in der Erdkruste aktivieren sich in dichter Folge zu unterirdischen Verschiebungen, nicht selten im Katastrophenausmaß, wie 1928 bei der Zerstörung Korinths; 1953 traf es die Ionischen Inseln und 1956 Santorin. Das Athener Observatorium verzeichnet im Monatsdurchschnitt 600 Erdstöße, das sind täglich 20! Auch die vulkanische Tätigkeit in der Ägäis (Santorin), die zahlreichen heißen und mineralischen Quellen in vielen Teilen Griechenlands zeugen von dieser fortdauernden Labilität.

Von der vulkanischen und tektonischen Aktivität weniger betroffen ist der Norden des Landes. Wie denn auch Thrakien und Makedonien, die auf älterem Gestein ruhen, sanfter geschwungen sind: von den weich gekurvten Kuppen, die sich aus Gneis, Glimmerschiefer und kristallinischen Kalken schichten, entströmen zwischen flachgeneigten Hängen in gleichmäßigerem Gefälle die Flüsse des Balkans – der Hebros, Nestos, Strymon, Axios. Zwischen reichgeäderten, satten Deltabauten schieben sie sich dem Meere zu, aus ihren Ablagerungen zu Füßen des Balkans ein saftiges grünes Band breitend, das sich in drei Becken vorbuchtet – dem größten, wassergesättigten von Saloniki, dem von Drama und der »goldenen Ebene« von Serres. Ihre Böden vor allem halten das Land am Leben.

Dem Süden zu verringern sich Zahl und Wasserführung der Flüsse. Das ist nicht allein hydrographisch begründet. Die im Norden noch eingeengte Kalkdecke dehnt sich im Süden ostwärts aus, um schließlich die Halbinsel in ihrer ganzen Breite zu überlagern. Der poröse Karstboden läßt die ohnehin geringen Niederschläge in seinen Becken und Dolinen versickern; so bahnt sich das Wasser, hie und da in kleinen Mulden wieder zutage tretend, meist unterirdisch seinen Weg zum Meer. Nur der nördliche Aliakmon (mit 297 km der längste), der Pinios (205 km) im thessalischen Tempetal und der Achelos (220 km) im Epirus bewahren Flußcharakter das ganze Jahr über; die anderen versiegen meist in der Trockenzeit, um dann aber in den Regenmonaten zu gewaltigen und oft verheerenden Sturzströmen anzuschwellen. – Die ungleichmäßige Wasserführung schränkt auch die Nutzbarkeit der Flüsse zur Elektrizitätserzeugung ein. Trotz seiner zweiundzwanzig Flüsse mit 2400 Gesamtlänge gibt es in Griechenland nahezu keine Flußschiffahrt.

Der Individualismus der griechischen Landschaftsgestalt setzt sich in die Klimastruktur hinein fort. Die schnelle Bewegung der Höhenlinie, die enge Nachbarschaft von Bergblöcken und Kesselbecken, die scharfe Abstufung von bewaldetem Hochland und entholzten Tälern, das vielgezackte Küstenprofil, die als Wetterscheide sich betätigenden Bergketten – dieses überreich gegliederte Relief sucht und findet in seinen Einzellandschaften jeweils einen individuellen Ausgleich mit der Klimakonstante des nahen Meeres; so läßt sich die bunte Vielfalt der klimatischen Lokalformen kaum auf einen gemeinsamen Nenner bringen. Allein die Ionischen Inseln und die festländische Westküste sowie die Kykladen greifen das Thema des mediterranen Klimas in seinem reinen Charakter auf.

Jedoch ordnet sich die Willkür dieser Variabilität einer gewissen Gesetzmäßigkeit unter: der Temperaturunterschied von Tag und Nacht sowie der Jahreszeiten wächst von der Meereszone zum Festland; hingegen nimmt die jährliche Niederschlagsmenge von West nach Ost ab, sie konzentriert sich im Osten und Süden auf wenige Regenmonate, während sie sich im Westen gleichmäßiger über das Jahr verteilt. Diese Grundstruktur wird durch Bodenrelief und Höhenlage lokal abgewandelt, die besonders Menge und Verteilung der Niederschläge beeinflussen – während die Winterregen in Florida nur 15 % der jährlichen Niederschläge ausmachen, steigern sie sich in Jannina und Volos auf 35, in Athen und Mytilene auf 50 und in Santorin auf 70 %. Allen Gebieten sind gemeinsam: hohe Sommertemperaturen, geringe Sommerregen, klare, trockene Sommerluft, drei bis vier Sommermonate fast völlige Wolkenlosigkeit und reine, durchsichtige Atmosphäre.

Wie die vielfältige Bodengliederung Griechenlands sich auf den Zusammenprall zweier großer Erdbewegungen zurückführt, so leitet sich auch die Variationsbreite seines Klimas aus dem Zusammenstoß zweier Großzonen ab: der balkanfestländische und der mittelmeerische Klimatypus tragen hier ihre Fehde aus. Die Entscheidung fällt nicht durchgängig und auch nicht einheitlich für ganz Griechenland; ihre Grenzen bleiben flüssig, sie wechseln sowohl mit den Jahreszeiten als auch von Jahr zu Jahr, das Mischungsverhältnis schwankt von einer Teilregion zur anderen. Dabei kommt dem Bodenrelief jeweils ein gewichtiges Wort zu – es hat ja in Mischgebieten stets mehr zu sagen als in einförmigen Großräumen.

Aber letztlich behält doch das Mittelmeer die Oberhand, denn die Flora Griechenlands kleidet sich in das unverkennbar mediterrane Gewand. Der gleiche Rhythmus des Werdens und Vergehens herrscht über sämtliche Landschaften: im Herbst, wenn nach der trockenheißen Sommerdürre die ersten Regen fallen, sprießt in wenigen Tagen eine Fülle von Gräsern, Kräutern und Stauden aus dem Boden, die einen

frischgrünen Schimmer über das Land legen. Die Mispeln und Mandel-
bäume öffnen ihre Blüten, das Getreide wird ausgesät. Nur langsam
treibt es in den Wintermonaten auf. Dann aber, im April und Mai, schießt
es in wildem Wachstum aus der Erde. Doch kurz ist dieser Frühling,
allzuschnell verschwendet er sich in einer Orgie buntleuchtender Blüten
und betäubender Düfte. Schon im Juni wird das Getreide geerntet, kurz
darauf das Steinobst. Und wieder legt die Sonne ihre sengende Hand auf
das Land, dörrt es aus und überzieht es mit stumpfen Aschenfarben,
daneben sie nur wenig Grün duldet – das mattdunkle der anspruchslosen
Kiefern und Macchia-Gewächse, das helle des Weinlaubs und das silbrig-
graue der Olive. Fast schon ein Tod scheint dieser Sommerschlaf zu sein,
den die Pflanzenwelt in verstaubter Erwartung der Herbstregen ver-
bringt, die sie zu neuem Leben erwecken.

An der Küste begint es mit dem Rohr, mit Sand- und Salzpflanzen.
Dichtauf folgt ihnen die immergrüne Macchia, die sich als dichtmaschi-
ger Schleier dem Fels anschmiegt, oft zum niedrigen Buschwald verdickt,
wo sich Myrte und Asphodill, Lorbeer und Erdbeerbaum wild verfilzen;
dazwischen auch einmal eine Kermeseiche oder eine Pistazie. Üppiger
geht es längs den Bachläufen zu, die sich von Oleander und Tamarisken,
von Pappeln und Platanen begleiten lassen. Und da und dort die nacht-
dunklen Kerzenflammen der Zypressen. Etwas höher schon, wo der
weggespülte Humus den Stein freigelegt hat, im wasserdurchlässigen
Karst vor allem, fristen gerade noch der halbverholzte Ginster und Erika,
Thymian und Lavendel ihr spitziges Dasein, kleine kugelbüschige Sträu-
cher und Kräuter – die Igel unter den Pflanzen, so starrt diese dünnge-
streute niedrige Phryganaformation vor Stacheln und Dornen; es fehlt
nicht an fremder Konkurrenz unter ihnen, Kaktee und Agave, Einwanderer aus der »neuen« Welt, die jedoch in dieser alten längst heimisch
geworden sind. Wo aber die Erde ein wenig Ankergrund verspricht,
lassen sich Koniferen nieder, Schwarzkiefern und Pinien, sie alle ohne
Unterholz, in weiten Abständen voneinander, da der magere Boden und
die geringe Feuchtigkeit keine dichte Nachbarschaft dulden; die schönste
unter ihnen ist die gedrungene Aleppokiefer mit flachrund ausladender
Krone – ein eigenwilliger Einzelgänger, der die Waldgesellschaft meidet.
Noch ein Stockwerk höher haben sich in regenbegünstigter Lage Gäste
aus nördlicheren Breiten niedergelassen, nicht nur Wacholder, Eibe und
Tanne, sondern auch – manchmal in geschlossenen Verbänden – die
laubwechselnde Kastanie, Buche und Eiche. Aber viel zu rar machen sie
sich: Heute sind nur mehr 20 % des griechischen Bodens waldbestanden.
Um die Jahrhundertwende war Griechenland noch zur Hälfte bewaldet.

Darunter leidet nicht nur der Kreislauf der Feuchtigkeit. Ungehindert
tragen Stürme und Sturzregen die Krume von den Berghängen ins Tal,
der Fels bleibt nackt zurück. In den Tälern aber führt der Mensch einen
unablässigen Kampf, um den Nutzboden zu sichern gegen den Geröll-
schutt, den die wilden Regenbäche anschleppen, gegen die drohende
Versumpfung, wo den jäh sich stauenden Gewässern der natürliche
Abzug versperrt ist. So ist die Arbeit des Bauern hier noch härter als

anderswo: die kostbare Erde muß er zusammenkratzen und mit der Hand die Steine aus dem lockeren Boden lesen, er muß kleine Schutzmauern errichten, um den Humus vorm Abschwemmen durch die winterlichen Sturzregen zu schützen, muß Terrassen in die Berghänge schlagen und liebevoll ausgedachte kleine Kanalisierungsbauten anlegen, um das karge Gewässer in mehrfacher Nutzung gerecht zu verteilen. Doch nur selten lohnt die Ernte solche Mühe, meist genügt sie nur dem Eigenbedarf der vielköpfigen Bauernfamilie.

Wo aber die Erde haftet und mit Wasser gesättigt ist, da quillt es gleich über von grüner Fülle: in den Wein- und Tabakfeldern, in den Gärten mit Orangen und Zitronen, mit Feigen und Mandeln, in den Hainen der Olive und auf den großen Schwemmebenen des Nordens, die Weizen und Mais, Reis und Baumwolle tragen.

Doch darüber steht: zu wenig. Nur ein knappes Viertel des gesamten Bodens taugt für den Menschen. So ist die Geographie Griechenlands eine einzige Fatalität, die den griechischen Charakter und die griechische Geschichte wesentlich mitformt – im Guten wie im Bösen.

ARMUT IN MARMOR GEFASST

Im bewegten Auf und Ab der griechischen Landschaft waltet eine erstaunliche Ausgewogenheit. Die Geographen, die es genau wissen wollten, rückten ihr mit dem Rechenstift auf den Leib: 33 % ihrer Oberfläche bewegen sich zwischen 0 und 200, 26 % zwischen 200 und 500 m, 41 % erheben sich über 500 m-Meereshöhe. Dem Bauern beschert diese gleichgewichtige Höhenstufung keinen »goldenen Schnitt«. Nur 26 % der Staatsfläche kann er für den Anbau nutzen, als Acker, Reb- und Gartenland, und rund 40 % als kurzfristige Weide. In der Gesellschaft der armen Nationen ist also Griechenland besonders stiefmütterlich bedacht. Kaum anderswo in Europa macht es die Natur dem Menschen so schwer, zu seinem Brot zu kommen. Ihr geringes Angebot korrigiert auch nicht die geringe Bevölkerungsdichte von 75,5 Einwohnern auf einem Quadratkilometer (1986). In Europa hat nur Irland eine geringere Bevölkerungsdichte (50/1 km²) und nur Spanien ist ähnlich dünn besiedelt (76). Die Bundesrepublik ist dreimal so dicht besiedelt (247/1 km² – 1983). Die ganze Dürftigkeit erschließt jedoch erst der Bezug der Gesamtbevölkerung auf die verfügbare Nutzfläche: in Griechenland muß 1 qkm Ackerland 278 Menschen ernähren (1984).

Aber damit ist der Geiz der griechischen Erde noch nicht hinreichend charakterisiert; die dünne Humusdecke, die Niederschlagsarmut und der karstige, d. h. durchlässige Untergrund setzen der intensiven Nutzung enge Grenzen – nur 27 % (1981) der Anbaufläche wird regelmäßig bewässert. Der Grundwasserspiegel liegt meist sehr tief, und wird er in Küstennähe durch die Pumpe zu eifrig angezapft, verbrackt er leicht, durch den Ansog des Meereswassers; auf vielen Inseln der Ägäis ist das Grundwasser überhaupt nicht faßbar – sie sind ausschließlich auf die Speicherung des seltenen Regenwassers angewiesen. Schließlich ist die Zersplitterung des Grundbesitzes der Produktivität der griechischen

▶ *Nicht nur das Wort liegt dem Griechen im Blut, alles an ihm ist Sprache, Blick, Mimik und Gestik, vor allem aber der Tanz, in dem er seine volle Identität findet.*

▶ ▶ *Die Männer zumindest sind fast mehr im Cafenion zu Hause als zu Hause, ist es doch der Umschlagplatz des Privaten ins Öffentliche und vice versa. Nicht nur, weil der Grieche den geselligen Austausch groß-schreibt: stets das Nützliche mit dem Angenehmen verbindet, das Geschäftliche mit dem Persönlichen, füllt man im Cafenion die Zeit im Gespräch mit den Freunden und Fremden, beredet und berät, was in der kleinen und großen Welt vor sich geht, schließt einen Handel, konsultiert den Arzt, den Rechtsanwalt, den Lehrer, den Pappas – kurz, das Cafenion ist der geometrische Ort Griechenlands; auch von Potamia, das den schönsten Sandstrand von Thasos hat.*

Agrarwirtschaft außerordentlich abträglich, die zudem noch unter infrastrukturellen Mängeln leidet.

Doch auch die Armut macht noch Unterschiede. Relativ am besten schneidet noch Thessalien ab, das die Funktion der Kornkammer, die es schon im Altertum innehatte, auch in der Neuzeit wahrt. Doch ist es im Rang der absoluten Mengenleistung von den größeren Nordprovinzen Makedonien und Thrakien überflügelt worden, die ihre Fruchtbarkeit den mächtigen Balkanflüssen und deren Schwemmland verdanken, vor allem beim Getreide sowie in der einträglichen Erzeugung von Baumwolle und Tabak. Die Ionischen Inseln, allen voran Korfu, sind der Garten Griechenlands; ihre hohe Siedlungsdichte ist aber auch auf ihre regionale Geschichte zurückzuführen, die ihnen allein die entwicklungshemmende Türkenherrschaft ersparte – statt dessen profitierten sie während mehrerer Jahrhunderte von den pfleglicheren Händen der Venezianer und sechs Jahrzehnte von den Engländern. Im Anbauanteil bevorzugt, liegen der Peloponnes und Kreta in der Wohndichte dennoch unter dem Landesdurchschnitt; sie kultivieren vor allem die Olive und den Weinbau, die viel Fläche beanspruchen und nicht sonderlich rentabel sind, aber auch Obst und Gemüse. Zur relativ hohen Besiedlungsquote der ostägäischen Inseln, die ihrem Nutzflächenanteil davonläuft, tragen die zusätzlichen Erträge aus Fischerei, Seefahrt und der Tourismus bei. Die zweithöchste Bevölkerungsdichte weist Mittelgriechenland auf, obwohl seine Böden in der Güteskala nur den drittletzten Rang besetzen; es rückt jedoch an die letzte Stelle, klammert man die Metropole Athen-Piräus aus, die als Zentrale der Verwaltung und Industrie, des Handels, der Seefahrt und Fischerei über drei Millionen Menschen zusammenballt. Als Schlußlicht fehlt es dem Epirus nicht am Wein, wohl aber am Becher: von allen Landesteilen ist er zwar am üppigsten mit Wasser gesegnet (die westlichen Regenwinde schlagen sich an seinen hohen Bergwänden nieder), doch wissen seine sterilen Böden wenig damit anzufangen. Noch schlechter dran sind die wasserlosen Karstinseln der mittleren Ägäis. Aber es ist nur eine Stufe der Armut, die Thessalien vom Epirus trennt.

◀ ◀ *Wenn es »kalt« wird, d.h. das Thermometer plus 20° unterschreitet, bezieht der Maroniröster seinen Platz an der Straßenecke. Bessere Geschäfte machen die Losverkäufer, obwohl sie, Glück und Niete am Stab aufgereiht, im Armeenstärke die Straßen, Cafenia und Tavernen Athens überfluten, auf die griechische Sucht nach dem Spiel, nach der Herausforderung des Schicksals spekulierend – Beschäftigung für den Rentner, der sich zu seiner schmalen Pension ein Zubrot verdienen möchte.*

◀ *Nichts zeichnet schärfer das Gesicht als Gebirge oder See, und wo beide ihre Prägekraft zusammenlegen, wie auf Kreta, läßt sich in ihm das ganze Alphabet des Lebens nieder. Der alte Bauer aus Grigorio meint, den Leuten unten auf der fetten Ebene wüchse keine Seele zu.*

Die klassische Mücke und das Zaubermittel

Wir stellen die Sümpfe, die in den nördlichen Flußdeltas, an den Ufern der halbausgetrockneten Binnenseen und in den Küstenniederungen zu finden sind, nicht ohne Bedacht an den Anfang unserer Betrachtung über die Bodenreformen. Als Nahrungs- und Wohnstätte der Anophelesmücke, der bösesten Herrscherin über das Land seit Menschengedenken, haben sie – im negativen Sinn – nicht wenig mit der Erzeugung zu tun: sie *hatten* mit ihr zu tun, obschon sie nur 8,5 % der Oberfläche bedecken.

Die Klassizität Griechenlands erwächst nicht allein aus seiner Landschaft, seinem Licht und seinen antiken Zeugen – auch die Malaria hat an ihr teil. Seit Jahrtausenden stand dies Land in ununterbrochener Folge – bis 1947 – an der Spitze der Malariazonen Europas. Noch in der Vorkriegszeit waren Jahr für Jahr ein bis zwei Millionen Menschen (15 bis 30 % der Gesamtbevölkerung) von dieser Seuche befallen, obwohl die Brutplätze der krankheitserregenden Anopheles schon in der Zwischenkriegszeit durch die großen Trockenlegungsarbeiten in Nordgriechenland, ihrem Hauptverbreitungsgebiet, erheblich eingedämmt worden waren. Auch die griechische Wirtschaft war davon schwer betroffen, verursachte doch jeder Krankheitsfall durchschnittlich einen Ausfall von zwanzig Arbeitstagen. Erschreckend hoch war vor allem die Todesrate von 73,7 auf jedes Hunderttausend der Bevölkerung (1931/36); in Italien – in der Malariahäufigkeit an zweiter Stelle in Europa – betrug die Vergleichsziffer 5,5 im gleichen Zeitraum. Und unter den Todesursachen nahm die Malaria in Griechenland den neunten, bei den Kindern sogar den zweiten Rang ein.

Nicht selten bezeugte sich in der griechischen Geschichte die Malaria mächtiger als der äußere Feind. So in den Balkankriegen und unheilvoller noch während des Ersten Weltkrieges, als die Briten und Franzosen 1917 von Saloniki aus die deutsche Balkanfront aufrollten; nicht weniger als 65 000 Mann erkrankten damals an Malaria – fast ein Drittel der dort stationierten alliierten Streitkräfte. Gleich unbarmherzig wütete sie unter den 600 000 Flüchtlingsgriechen, die nach der kleinasiatischen Katastrophe in Makedonien und Thrakien, den meistmalariaverseuchten Provinzen, angesiedelt wurden. Lange Zeit begnügte sich der Staat mit der kostenlosen Verteilung von Chinin. Doch damit faßte er das Übel nicht an der Wurzel. Erst 1930 entwickelte das Gesundheitsministerium nach dem Vorbild anderer Länder, unterstützt von der Rockefeller-Stiftung, energischere Bekämpfungsmethoden, unter anderem durch die zwangsweise Abschirmung der Häuser mit engmaschigen Fenstergittern in den Malariagegenden und durch die Larvenbekämpfung mit Pariser Grün in den potentiellen Brutstätten; die noch umfassendere Kampagne unter der Diktatur des Generals Metaxas konnte dann die Zahl der Erkrankungen auf die Hälfte, die der Todesfälle sogar auf ein Zehntel herabdrücken.

Doch vor Beendigung dieses Feldzuges brach der Zweite Weltkrieg aus. In der sonst so sorgfältig durchgeplanten deutschen Strategie war die Malaria nicht gebührend eingeplant; zudem zeigten sich die italienischen und bulgarischen Besatzungstruppen, die den größten Teil des Landes kontrollierten, den lokalen Problemen in keiner Weise gewachsen. Die systematische Larvenbekämpfung wurde nicht im erforderlichen Umfang weitergeführt; die jahrelange Unterernährung des Volkes, die unzureichende Bekleidung, die Massenbewegungen der Bevölkerung, der Partisanen und der Besatzungstruppen taten das ihre, der Malaria das Feld freizugeben; sprunghaft kletterte die Erkrankungsziffer auf die frühere Höhe, und 1942 erreichte sie mit fast drei Millionen den höchsten Stand in der jüngsten Geschichte Griechenlands.

Inzwischen aber war die Zauberwaffe DDT entwickelt worden. Und nach der Befreiung unternahmen mit ihrer Hilfe erst die Engländer, dann noch energischer die Amerikaner mit der griechischen Regierung und den zuständigen Organen der Vereinten Nationen einen umfassenden Feldzug. Das war der Anfang vom Ende der griechischen Malaria. Die Kampagne dauerte fünf Jahre; 1951 wurden nur noch hunderteinundfünfzig Malariaerkrankungen und sieben Todesfälle gezählt.

Dieser alle Erwartungen übertreffende Erfolg, dem in der Geschichte der Seuchenbekämpfung nicht viele Beispiele an die Seite zu stellen sind, war das Werk von dreizehn kleinen Flugzeugen, die sonst Lehrzwecken dienten. Fünf Jahre hindurch räucherten sie während der Brutsaison (von April bis Oktober) in 14tägigen Bestäubungsflügen die potentiellen Nistplätze der Moskitolarve regelmäßig aus, die sich über 360000 Hektar Sumpf-, See-, Lagunen- und Deltaflächen erstreckten. Fünf Jahre hindurch wurden die Häuser von 5000 Siedlungen (von insgesamt 10000) mit DDT desinfiziert, desgleichen die Umgebungen der »verdächtigen« Ortschaften. So ist Griechenland heute praktisch malariafrei. Gewiß gibt es im Kampf gegen die Anopheles keinen endgültigen Sieg: sie immunisiert sich im Anpassungsprozeß an das Bekämpfungsmittel, und die Ausbreitung des Reisanbaus hat ihr neue Nistplätze geschaffen. So bedarf es ständiger Kontrolle und Prophylaxe.

Die DDT-Kampagne erschöpfte sich nicht in der Ausrottung der Anopheles – ihr erlagen, im wörtlichen Sinne, mehrere Fliegen mit einem Schlag. In ihrem Verlauf mußte auch der Typhusüberträger dran glauben, so daß auch diese Krankheit – die während der Besatzungszeit epidemisch anschwoll – nahezu völlig verschwunden ist. Eine ähnliche Tendenz trat bei der Bekämpfung der Tuberkulose zutage (die unter den Todesursachen die zweite Stelle einnahm); für sie waren früher die malariageschwächten Menschen besonders anfällig. So hat denn DDT erheblich zur Festigung der griechischen Volksgesundheit beigetragen – woran freilich noch andere Faktoren mitwirkten. Die Sterblichkeit, die im Durchschnitt der Jahre 1921–1935 auf 1000 Einwohner 16,6 betrug, 1939 noch 13,9, war 1986 auf 9,2 gesenkt worden. Noch günstiger nimmt sich der Vergleich der Kindersterblichkeit (im ersten Lebensjahr) aus – sie fiel von 122 (bei 1000 Geborenen im Durchschnitt der Jahre 1931/35) auf 12 (1986).

Nicht zuletzt ist diese positive Entwicklung auf den rapiden Ausbau des griechischen Gesundheitswesens zurückzuführen, das den Vergleich mit den Industriegesellschaften nicht mehr zu scheuen braucht: Mit einer Arzt/Einwohnerreaktion von 1:327 (1986) liegt Griechenland in der europäischen Spitzengruppe.

Der geplagte Wald

Griechenland ist ein Schulexempel für die verheerenden Wirkungen der Entwaldung. Jahrhunderte, ja Jahrtausende haben gegen den Wald gesündigt, und das Land büßt es heute mit einer weit fortgeschrittenen Erosion, mit exzessivem Niederschlags- und Wassermangel und daher auch mit allzu niedrigen Erträgen seiner Landwirtschaft. Erst nach dem Ersten Weltkrieg nahm sich der Staat der Aufforstung an – wegen seines chronischen Kapitalmangels jedoch nur im bescheidensten Umfang. Der Zweite Weltkrieg brachte diese mageren Anstrengungen nicht allein zum Stillstand, er machte sie zunichte und fraß sich darüber hinaus auch noch in die dünnen Altbestände ein. Die Bevölkerung des damals ungenügend elektrifizierten Landes, in Ermangelung heimischer Kohlelager für ihren Brennstoffbedarf auf das Ausland angewiesen, sah sich in der Besatzungszeit von jeglicher Einfuhr abgeschnitten. So holte sie sich denn aus den umliegenden Wäldern, was sie zur Feuerung der Herde und zur Abwehr der grimmigsten Winterkälte brauchte – unter dem Gebot der nackten Selbsterhaltung; selbst die Industrie griff zu, und noch weniger Hemmung auferlegten sich die drei Besatzungsmächte. Dieser Raubbau kostete den Forsten im Raum Athen–Megara, mit damals 1,8 Millionen Bewohnern der dichtest besiedelte Landesteil, allein 45 000 ha – das waren 68 % ihrer Vorkriegsbestände! Damit fand aber das Leiden des griechischen Waldes noch nicht sein Ende. Denn kaum war für Griechenland der Krieg vorbei, da entbrannte der Bürgerkrieg in den bewaldeten Bergregionen. Im ganzen kostete Griechenland dieses Jahrzehnt an die 500 000 ha Wald bzw. ein Fünftel seines Vorkriegsbestandes. Da von 1945 bis 1985 nur 190 000 ha – zwischen 1975 und 1985 lediglich 45 000 ha – wieder aufgeforstet wurden, sind diese Lücken noch längst nicht geschlossen. Die Walddecke Griechenlands ist heute mit rund 20 Prozent seiner Gesamtfläche zu veranschlagen.

Die schrittweise Ausdehnung Griechenlands seit der Befreiung 1830 brachte es mit sich, daß der Staat nach den jeweiligen Territorialgewinnen seine Hand auf die extürkischen Ländereien einschließlich ihrer Forste legte. So sind sie noch heute zu 62 % in seinem Besitz, während nur 22 % der Wälder auf das Privateigentum entfallen – und auch dies oft nur im Klein- und Kleinstbesitz; in den verbleibenden Rest teilen sich die Gemeinden mit 6, die Klöster und bäuerlichen Genossenschaften mit je 5 %. Diese Besitzverteilung ist dem griechischen Wald nicht immer bekömmlich; beispielsweise hat das Landwirtschaftsministerium, der Verwalter der Staatswälder, in den Nachkriegsjahren zwei Drittel der Einnahmen aus der Forstwirtschaft nicht wieder in diese investiert, sondern anderen Zweigen seines Dienstes zugeführt.

Entgegen der landläufigen Vorstellung ist der griechische Wald fast zur Hälfte Laubwald. Von den 2,6 Millionen Hektar sind knapp die Hälfte mit Buchen, Eichen und anderen Laubbäumen bestanden; und nur zu etwa einem Fünftel von Tannen, Fichten und Kiefern. Die Berglage und schlechte Wegverhältnisse behindern zwar ihre wirtschaftliche Nutzung, dennoch hat der Wiederaufbau der zerstörten Dörfer und Städte den Einschlag an Nutzholz gegenüber der Vorkriegszeit auf 820000 cbm jährlich verfünffacht (1983/86), der jedoch den heimischen Bedarf nur zu 60% deckt – zu 40% ist er auf die Einfuhr angewiesen. Noch darüber liegt der Abbau an Brennholz, vor allem zur Gewinnung von Holzkohle, auf welche viele Berggemeinden angewiesen sind – auch schätzt sie der Grieche, der das Brot, das Fleisch und den Kaffee besonders schmackhaft zubereiten will; den Bauern steht das Recht zu, sich abgabenfrei aus den nahgelegenen Staatsforsten selber zu versorgen. Nennenswert ist ferner die Harzgewinnung aus verschiedenen Kiefernarten – es wird dem Landwein zugesetzt (um ihn haltbarer und bekömmlicher zu machen) und erscheint auch, zu Kolophonium und Terpentin verarbeitet, auf der Ausfuhrliste. Nicht zu vergessen die unfreiwilligen und unzweckmäßigen Dienste, welche die Wälder den Hirten leisten; mangels anderer Weiden durchstreifen sie die einsamen Bergzonen mit ihren Schafen und Ziegen, deren Unersättlichkeit dem Laub des Jungforstes mit besonderer Vorliebe zugetan ist.

Der schlimmste Feind des Waldes aber ist das Feuer. In den letzten besonders trockenen und heißen Jahren haben die Waldbrände überall im Mittelmeergebiet, so auch in Griechenland, ein verheerendes Ausmaß angenommen. Bis Mitte der siebziger Jahre verbrannten jährlich im Schnitt 10000 ha Wald und Kulturland. In den Achtzigern verdreifachte sich die verbrannte Fläche und erreichte 1988 mit 110000 ha einen traurigen Rekord. Auf Thasos verbrannte 1985 ein Drittel und 1986 ein Viertel der Fläche. Und auch 1989 hat es diese Insel wieder arg getroffen. Im August verbrannten 7000 ha Pinienwälder. Im selben Monat verbrannten auch 2000 ha des Waldes und Kulturlandes des Parnaß, der »grünen Lunge« Athens, eines beliebten Naherholungsgebietes.

Zur Erklärung der epidemischen Ausbreitung von Bränden haben die Griechen wieder einmal ihrer Neigung zur Entwicklung von Verschwörungsphantasien freien Lauf gelassen. Die Nachhut der abgehalfterten Obristen, türkische Saboteure, italienische Neofaschisten in Zusammenarbeit mit der Mafia, der CIA, alle möglichen Provokateure wurden verdächtigt, Unruhe und Panik zu verbreiten, um das »sozialistische« Regime ins Wanken zu bringen. Eine Untersuchung des Landwirtschaftsministeriums, das die Brandursachen über einen Zeitraum von zwanzig Jahren recherchierte, kam auf trivialere – wenngleich teilweise nicht weniger verbrecherische – Brandursachen. Der größte Teil geht auf Fahrlässigkeit zurück – achtlos weggeworfene Zigarettenkippen, ungenügend gelöschtes Grillfeuer, Zündelei von Kindern usw. Auch Selbstentzündung ist ein häufiger Grund. Da kann schon eine Glasscherbe genügen, die die Sonnenstrahlen bündelt und trockenes Gras oder

Macchia entzündet. Bei einem von vier Fällen handelt es sich aber um Brandstiftung – von Hirten, die ihre Weiden ausdehnen wollen oder von Bodenspekulanten, die den Wald abbrennen, um das Land baureif zu machen. In Griechenland gilt nach wie vor das unsinnige Gesetz, daß in Waldgebieten nicht gebaut werden darf, ohne – wie neuerdings gefordert wird – die Erweiterung des Bauverbotes für abgebrannten Wald. Auf den illegal gerodeten Flächen werden dann ohne Genehmigung in Nacht- und Nebelaktionen Ferienhäuser errichtet, in der durch frühere Erfahrung berechtigten Hoffnung, daß vor anstehenden Wahlen wieder einmal alle bis zu einem bestimmten Stichtag gemeldeten Schwarzbauten nachträglich genehmigt werden.

Brandstifter haben leichtes Spiel, da es kein flächendeckendes Netz von Forsthütern gibt. Die Regierung hat zwar Besserung versprochen, aber die Mittel für die aufgestockten Stellen nicht bereitgestellt. Inzwischen haben Bürgerinitiativen zur Selbsthilfe gegriffen und ein ehrenamtliches Wächterheer rekrutiert. Im Sommer 1989 patrouillierten 3500 freiwillige Helfer in den Wäldern des Parnaß, um Brände auszumachen und sie der Feuerwehr sofort über Funk zu melden. Dieses für griechische Verhältnisse bemerkenswerte Engagement für ein ökologisches Problem läßt hoffen, daß die griechischen Bürger ihre Politiker in Zukunft auch mit dem Stimmzettel zwingen werden, die sich zuspitzenden Umweltprobleme konsequenter anzugehen.

KAUM AUSSICHT AUF EMBONPOINT –
DIE LANDWIRTSCHAFT

So schmal der Boden für den Pflug, auf dem Land und von ihm leben, trotz der massiven Flucht in die Stadt und ins Ausland, immer noch knapp drei Millionen Menschen (1981) – nicht viel weniger als 1920. Damals freilich zählte die Gesamtbevölkerung fünf, heute beträgt sie knapp zehn Millionen. Entsprechend sank der Anteil der in der Landwirtschaft Beschäftigten von drei Fünftel auf 29 % (1985). Mit diesem Anteil liegt Griechenland aber immer noch weit an der Spitze aller EG-Staaten, deren Erwerbsbevölkerung lediglich zu 7,4 % (1985) in der Landwirtschaft tätig ist. Selbst die strukturschwachen neuen Mitglieder Spanien und Portugal weisen niedrigere Quoten auf (17 % bzw. 24 %). Nur 17 % trägt die Landwirtschaft zur volkswirtschaftlichen Wertschöpfung bei (EG 4 %) – eine Folge nicht nur der gewöhnlich höheren Produktivität des Industrie- und Dienstleistungssektors sondern auch der außergewöhnlich niedrigen Produktivität der griechischen Landwirtschaft. Obwohl die Produktivität in den letzten 25 Jahren erheblich gesteigert werden konnte, bleibt doch der Abstand zum westeuropäischen Agro-Business bestehen. Auf einigen Gebieten erweiterte sich sogar der Unterschied. So erreichten die griechischen Weizenanbauer 1976 noch 60 % des durchschnittlichen EG-Produktivitätsniveaus (2240 t : 3740 t) und waren trotz erheblich gesteigerter Hektarerträge 1984 auf 47 % der europäischen Durchschnittsniveaus zurückgefallen (2630 t : 5620 t). Bei anderen Produkten wie z.B. Kartoffeln ergab sich eine gegenläufige Tendenz. Hier konnte der Produktivitätsunterschied von 50 % 1971 auf 37 % 1984 verringert werden. Für das Produktivitätsniveau ist der Ertrag pro Beschäftigtem ein Gradmesser. 10,2 % der im Europa der Zwölf in der Landwirtschaft Erwerbstätigen waren 1985 Griechen, aber nur 4,4 % der landwirtschaftlichen Erträge wurden in Griechenland erwirtschaftet.

Der Rückstand der griechischen Landwirtschaft geht nur zu einem Teil zurück auf die Kargheit der Böden, die schwierige Bearbeitbarkeit des steinigen und bergigen Geländes und die Wasserarmut. Sie resultiert auch aus der Zersplitterung des landwirtschaftlichen Besitzes. Seit der Enteignung der durch die Kollaboration mit den Türken kompromittierten Großgrundbesitzer (kotsabasides) 1871 und im Gefolge der Landverteilung an die kleinasiatischen Flüchtlinge, die nach 1922 auf die kargen griechischen Bergregionen verteilt wurden, aber auch wegen der Erbteilungs- und Mitgiftgepflogenheiten hat sich der Landbesitz außerordentlich zersplittert. Die Durchschnittsfläche beträgt 3,6 ha (1981) – gerade ein Viertel der EG-Durchschnittsfläche. Von der landwirtschaftlichen Nutzungsfläche wird nur knapp ein Drittel als Ackerland genutzt (EG 51 % – 1985). 79 % der ca. 1 Mio. Betriebe haben eine Fläche von weniger als 5 ha. Lediglich 6 % überschreiten die Größe von 10 ha, die die OECD als groben Richtwert für die Rentabilitätsgrenze angibt. Zur geringen

Gesamtfläche kommt noch die Aufsplitterung in z. T. weit auseinanderliegende Parzellen. In durchschnittlich sechs Parzellen ist der schmale Besitz aufgeteilt. Das Durchschnittsfeld erreicht eine Größe von 0,6 ha. Die Flurbereinigung scheitert in Griechenland an dem extremen individualistischen Starrsinn der Bauern. Jeder glaubt bei der Zusammenlegung der Felder übervorteilt zu werden. Da beißen selbst die engagiertesten staatlichen Agronomen auf Granit. Es bedarf kaum der Erwähnung, daß auf diesen kleinen Flächen und bei so vielen Wegen an einen rentablen und rationellen Maschineneinsatz nicht zu denken ist.

Die Rentabilitätsgrenzen, die dem Bauern mit seinen schmalen und zerstückelten Streifen Land gesetzt sind, lassen ihn nach zusätzlichen Verdienstquellen Ausschau halten. Beim Bau, im Tourismusgewerbe oder durch sonstige Gelegenheitsarbeiten – meist schwarz verrichtet – lassen sich eher zusätzliche Drachmen verdienen als durch Investitionen, für die man Kredite abstottern muß und die sich letztendlich wegen des geringen Umsatzes nicht lohnen.

Ein weiterer Umstand trägt nicht unwesentlich zur Produktivitätsminderung bei. Das Land ist »ausgeblutet« von den Jungen. Das niedrige Lebensniveau auf dem Land, die geringen Zusatzverdienstmöglichkeiten im Nahbereich und die jämmerliche infrastrukturelle Ausstattung der Provinz – sicher auch die Eintönigkeit des Lebens und der Starrsinn der Alten – haben in der Vergangenheit die Jungen aus dem Dorf getrieben in die Wachstumsregionen Athens und Salonikis oder gar ins Ausland. Allein zwischen 1961 und 1970 hat das Land knapp 1 Mio. Menschen durch Abwanderung verloren. Davon war etwa die Hälfte ins Ausland gegangen. Diejenigen, die bleiben, steigen aus der Landwirtschaft aus und arbeiten zumeist als Selbständige im Baugewerbe, das auf dem Land einen großen Aufschwung genommen hat. Diese Entwicklung geht weniger auf den Nachholbedarf des Landes an zeitgemäßem Wohnen zurück als auf die Bautätigkeit der »Landflüchtlinge«. Sie wollen sich nicht vollständig von ihrem Heimatort abnabeln und nutzen ihre dort neu errichteten Häuser in den Ferien bzw. in Zeiten der Beschäftigungslosigkeit. Dies gilt auch in einem besonderen Maße für die griechischen Emigrantenfamilien. Die Folge dieses Aderlasses, der auch ein qualitativer ist – sind es doch häufig die Unternehmungsfreudigsten und Qualifiziertesten, die ein »besseres Leben« in der Fremde suchen –, ist eine Überalterung der Bauernschaft. Der Anteil der 45jährigen und älteren Bauern stieg zwischen 1961 und 1981 von 40 % auf 60 % (Gesamterwerbsbevölkerung: 38,2 %). Hinzu kommt die im Vergleich zu Europa weit überdurchschnittliche Beteiligung der Frauen an der Landwirtschaft. 44,5 % der in der griechischen Landwirtschaft Aktiven waren 1985 Frauen (EG 36 %) – die meisten mithelfende Familienangehörige. Es gibt aber auch eine erstaunlich hohe Anzahl von Frauen, die den landwirtschaftlichen Betrieben vorstehen (22 % aller Betriebe werden von Frauen geleitet – EG 16 %). Vermutlich handelt es sich hier größtenteils um die von Migranten oder Fernpendlern zurückgelassenen Frauen. Es liegt auf der Hand, daß Frauen bei ihrer Doppelbelastung und den hohen körperlichen Anforderungen einer wenig technisierten Landwirtschaft nicht so produktiv sein können wie Männer.

Die Fortschritte, die die griechische Landwirtschaft trotz widriger natürlicher, ökonomischer und sozialstruktureller Umstände erzielen konnte, sollen nicht verschwiegen werden. Die Mechanisierung ist rasch vorangeschritten. 1952 gab es erst 6100 Traktoren. 1966 war ihre Zahl auf 66000 gestiegen, 1984 auf 273000. Die Zahl der Mähdrescher verdreifachte sich innerhalb 20 Jahren (1964: 2025, 1984: 6500). Große Fortschritte hat die künstliche Bewässerung gemacht. Die bewässerte Fläche konnte zwischen 1967 und 1981 um 52 % vergrößert werden. Abzulesen ist dies auch an der Zunahme von Pumpen (1964: 115000, 1984: 281000). 1984 gab es bereits 140000 Sprinkleranlagen (1963: 8000). Auch setzen sich langsam, aber stetig großflächigere, plantagenmäßig betriebene Einheiten durch. Die Betriebe über 20 ha konnten zwischen 1961 und 1981 ihre Fläche verdoppeln (6,6 % der Gesamtfläche bzw. 13,2 %) und die Betriebe mit 10 ha und mehr bearbeiteten 1981 immerhin schon 30 % der gesamten landwirtschaftlichen Nutzfläche (1961: 20 %). Die Großbauern und Plantagen-Betriebe konzentrieren sich auf die fruchtbaren Ebenen Thessaliens, des Peloponnes und Kretas. Dort erreichen sie ein Produktivitätsniveau, das an die durchschnittlichen EG-Hektarerträge angenähert ist. So werden beispielsweise in der thessalischen Ebene bei Weizen weit überdurchschnittliche Ergebnisse erzielt (griechischer Durchschnitt: 2160 kg, Thessalien 3–4000 kg). Kreta-Urlaubern ein Greuel, dem Bauern zum ökonomischen Vorteil breiten sich in den fruchtbaren Ebenen Kretas die thermokypia, die Gewächshäuser aus, die unter Einsatz aller Raffinesse der modernen Agro-Technik dem Boden bis zu drei Tomaten- und Gurkenernten im Jahr entlocken. In Thessalien und auf dem Peloponnes sind die eintönigen weitläufigen Citrus-Frucht- und Obstplantagen zu besichtigen, die – dies wiederum der Wermutstropfen für den alten »Griechenlandhasen« – sich immer tiefer in die Landschaft hineinfressen und den eigentümlichen Reiz der griechischen Landschaft, der auch auf der Kleinteiligkeit und organischen Abgrenzung der traditionellen Kulturen beruht, allmählich zerstören.

Der griechische Großbauer muß natürlich auch alle Umweltsünden der modernen Landwirtschaft nachvollziehen. Wer könnte es ihm vorwerfen?! Das weitmaschige Beratungsnetz des Landwirtschaftsministeriums, die mangelhafte Qualifikation der griechischen Bauern – bis heute gibt es keine professionalisierte Berufsausbildung – und die leichtfertige, an den schnellen Gewinn und nicht an das Morgen denkende Mentalität begünstigen den exzessiven Einsatz von Düngemitteln und Pestiziden sowie die bedenkenlose Ausbreitung von Monokulturen.

Trotz langsamen, durch die Ausbreitung der Siedlungen bedingten Rückgangs landwirtschaftlicher Nutzfläche konnten die Erträge durch die angeführten Strukturveränderungen erheblich gesteigert werden. Besonders deutlich wird das Produktivitätswachstum, wenn man die Vorkriegsergebnisse zum Vergleich heranzieht. So stiegen die Hektarerträge von 1935/38 bis 1985 beim Reis von 2 t auf 6 t, bei der Baumwolle von 0,6 t auf 2,3 t, beim Tabak von 0,6 t auf 1,5 t, bei Kartoffeln von 6,9 t auf 18 t und bei Tomaten von 9,5 t auf 45,7 t (!) und beim Weizen von 0,9 t auf 2,2 t.

Die Ertragsstruktur der griechischen Landwirtschaft krankt auch an dem geringen Anteil der tierischen Produktion, die eine höhere Rendite abwirft und weniger konjunkturanfällig ist. Die tierischen Erzeugnisse machen nur 31 % des Umsatzes der griechischen Bauern aus. Damit bilden sie mit großem Abstand das Schlußlicht der EG (Durchschnitt: 54 %). Wegen der mangelnden Wettbewerbsfähigkeit der mageren und meistens noch im Freien gehaltenen griechischen Rinder ist der Rinderbestand seit 1971 stark zurückgegangen. 1975 gab es noch 1,2 Mio. Rinder, 1985 nur mehr 722000. Die griechische Kuh erbringt nicht einmal die Hälfte der Milchleistung der EG-Durchschnittskuh (1806 Liter Jahresleistung gegenüber 4032 l – 1976/80). Gewaltige Einfuhrmengen von Milch (1,7 Mio. t – 1987) und Milchprodukten müssen diesen Mangel ausgleichen. Dabei liegt der Milchverbrauch der Griechen weit unter dem europäischen Durchschnitt. Ist doch der Grieche ein »Morgenmuffel«, der in der Früh kaum – und schon gar nicht gesunde – Nahrung zu sich nimmt und sich mit einem Kafedaki und einem Koulouri (Hörnchen) begnügt.

Stark gesteigert werden konnte dagegen der Schweinebestand. Er verdoppelte sich zwischen 1971 und 1985. Mit 1 Mio. Schweinen liegen die Griechen aber immer noch um ein Vielfaches hinter der Schweinedichte des EG-Durchschnitts (1 Schwein auf 3,8 Einwohner – Gr 1:10). Gerade bei Rindern, Schweinen und bei Milchkühen konnten in der zurückliegenden Periode die größten Produktivitätsfortschritte erzielt werden. Ausgerechnet die Tierarten, bei denen sich Griechenland in der Menge hervortut – Ziegen und Schafe –, sind seit 1980 in ihrer Produktivität – gemessen an der Fleischmenge pro Tier – zurückgefallen. Griechenland hat die größte Schaf- und Ziegendichte in Europa. Und die Zahl der Schafe und Ziegen ist zwischen 1970 und 1985 sogar noch um 12 %, auf 13,3 Mio., angewachsen (8,3 Mio. Schafe und 4,9 Mio. Ziegen). – Eine Katastrophe übrigens für die Aufforstung, die durch die verheerenden Brände der letzten Jahre ökologisch immer notwendiger geworden ist. Die frei weidenden Herden vernichten die Jungpflanzen. Die Produktion von Schafen und Ziegen deckt in erster Linie den einheimischen Bedarf ab. Trotz Erweiterung seines Küchenzettels um erhebliche Mengen von Rind- und Schweinefleisch hält der Grieche an seinen traditionellen Eßgewohnheiten fest. Ostern oder bei anderen festlichen Anlässen bleibt das gebackene oder gegrillte Lamm ein »Muß«. Für den Export taugt die griechische Schaf- und Ziegenzucht weniger – obwohl die EG bei der Schaf- und Ziegenfleischproduktion einen dringenden Nachholbedarf hätte. Die EG-Länder führen 25 % dieser Fleischsorte – hauptsächlich aus Australien und Neuseeland – ein. Die kleinen griechischen Herden, die auf steinigem Boden grasen, können sich an diesen Spitzenprodukten nicht messen. Griechenland selbst führt neuseeländisches Lammfleisch ein.

Während Griechenland bei den pflanzlichen Produkten gegenüber der Vergangenheit einen größeren Selbstversorgungsgrad erreicht hat, müssen Fleisch – insbesondere Rindfleisch – und tierische Produkte größtenteils eingeführt werden. Diese Importe belasten die griechische Handelsbilanz außerordentlich und importieren die Inflation. Die Berater des griechischen Landwirtschaftsministeriums und die staatlichen Kreditgebner versuchen deshalb, die griechischen Bauern zu einem Ausbau der Viehwirtschaft zu motivieren. Gefördert wird vor allem der Anbau von Futterpflanzen. So konnte beispielsweise die Maisanbaufläche von 1971–87 fast versechsfacht werden. Und mengenmäßig steht der Mais mit 2,2 Mio. t Jahresproduktion (1987) nach dem Weizen und der Gerste an dritter Stelle der Landwirtschaftserzeugnisse. Ähnlich wurde die Produktion von Soja, Alfalfa und anderen Futterpflanzen wesentlich gesteigert – wenn diese auch quantitativ nicht so ins Gewicht fielen.

Trotz der vielleicht kurz- und mittelfristigen monetären Vorteile für die griechische Landwirtschaft sollte doch kritisch vermerkt werden, daß die Umstellung auf Tiererzeugnisse und parallel dazu die übermäßige Zunahme des Fleischkonsums für die Gesundheit und die Sparsamkeit im Umgang mit knappen Ressourcen nicht nur von Vorteil sind.

Die Selbstversorgung mit Fisch ist im Lauf der Jahre immer mehr zurückgegangen. Einstmals Volksnahrungsmittel – vor allem in den Küstenregionen und auf den Inseln –, ist Frischfisch zu einem Luxusartikel geworden. Die Fischereibranche hat zwar in den 15 Jahren zwischen 1971 und 1986 ihren Materialeinsatz verdreifacht – und ihr Personal um 60 % aufgestockt. Heute leben 14 000 Personen vom Fischfang auf 6400 Schiffen mit einer Motorkapazität von 62 000 PS. Trotz dieses Mehraufwandes konnte aber nur 30 % mehr Fisch (112 700 t insgesamt 1986) angelandet werden. Die Nachfrage wuchs jedoch im selben Zeitraum noch stärker, so daß jährlich ca. 20 000 t eingeführt werden müssen. Die Steigerung der Fangergebnisse geht indes auf Kosten der Substanz. Die rücksichtslose Jagd mit dem Grundschleppnetz und dem (verbotenen) Dynamit vernichtet nicht nur die Brut, sondern auch das Biotop und hat die griechische See ausgepowert. Auf den Inseln ist daher der gute Fisch – vor allem die begehrte Rotbarbe (barbuni), von der 1986 nur mehr 2600 t gefangen werden konnten – nur selten zu haben und wenn, dann zu unerschwinglichem Preis. Das Gros der begehrten Fische wandert in die Küchen der Athener Luxusrestaurants und -hotels. Seit einigen Jahren kommt ein neues Ärgernis hinzu. Die für ihre Jagdleidenschaft berüchtigten italienischen Hobbyfischer – und nicht nur die – klappern mit ihren Motorjachten die griechischen Küsten ab und holen mit hochentwickeltem technischen Gerät noch die letzten Felsenfische aus der Tiefe. Häufig verkaufen sie ihren Fang dann obendrein zu Schleuderpreisen und machen den einheimischen Fischern Konkurrenz.

Die von den Fachleuten der EG und dem griechischen Landwirtschaftsministerium propagierte Fischzucht in Meeresbuchten steht noch ganz am Anfang.

Auftrieb erhielt die griechische Landwirtschaft vor allem durch die Wahrnehmung verbesserter Marktchancen im kaufkräftigen EG-Europa im Zuge der Assoziation an die Gemeinschaft (1962) und schließlich durch die Vollmitgliedschaft (1981). Durch den Abbau von Zollschranken konnten Wettbewerbshindernisse beseitigt werden. Zwar haben die Griechen Transportkostennachteile gegenüber den Italienern und Franzosen. Die werden aber überkompensiert durch das vergleichsweise niedrigere Einkommensniveau der griechischen Bauern. Der europäische Absatzmarkt erweiterte sich nicht nur wegen der ständig wachsenden zahlungskräftigen Nachfrage. Die West- und Mitteleuropäer stellten auch ihre Ernährungsgewohnheiten um. Sie begannen allmählich Frühkartoffeln, Gurken, Tomaten und anderes Frischgemüse außerhalb des üblichen Jahreszeitenrhythmus nachzufragen. Nur die wärmeren Länder konnten diese Nachfrage – vor allem nach Freilandware – befriedigen. Der Obst- und Südfrüchtekonsum stieg ebenfalls kräftig an sowie das Bedürfnis nach Abwechslung. Zu dem traditionellen Südfrüchteangebot (Orangen, Zitronen und Trauben) gesellten sich auf den Obstständen der wohlhabenden europäischen Länder Pampelmusen, Melonen, Avocados, alle möglichen Traubensorten, Frühkirschen und Früherdbeeren aus dem Mittelmeerraum und vieles mehr. So konnten die Fruchtbaumkulturen und der Gemüsebau stark expandieren und gute Devisen im Export erbringen.

Der Export an Zitrusfrüchten konnte von 1972 bis 1986 von 174 000 t auf 354 000 t erhöht werden, der von Tafeltrauben stieg im gleichen Zeitraum von 26 000 t auf 107 000 t, und Frischgemüse wurde 1986 in einem Umfang von 131 000 t ausgeführt. Allerdings sind gerade diese Exportprodukte extremen Nachfrageschwankungen ausgesetzt. Griechenland hat außerdem mit den Folgen des EG-Beitritts Spaniens zu kämpfen. Hierfür könnte der spektakuläre Rückgang des Zitrus-Früchte-Exportes 1987 (−33,3 % gegenüber 1986) ein Indiz sein. Die Spanier überschwemmen den europäischen Markt mit preisgünstigen und qualitativ hochwertigen Orangen. Der Export von Frischgemüse ging von 1984 bis 1987 sogar um 50 % zurück, nachdem er bis dahin rasch gewachsen war.

Angesichts zunehmend gesättigter EG-Märkte empfiehlt Brüssel als Exportalternative den Ausbau der gut absetzbaren Baumwollproduktion, die Entwicklung einer exportfähigen Schafzucht oder aber auch die teilweise Umstellung auf den expandierenden Markt für biologische Anbauprodukte und den Anbau von Gewürzen und Heilkräutern, für die es ebenfalls einen expandierenden Markt gibt.

Der griechische Bauer hat nicht nur seine Produktion steigern können, er hat auch seinen Einkommensabstand zur Stadtbevölkerung – einer der wichtigsten Gründe der Landflucht – verringern können, während global in der EG die Schere der Einkommen der Bauern und der sonstigen Erwerbstätigen immer weiter auseinandergeht. Die landwirtschaftlichen Erzeugerpreise wuchsen schneller als die Konsumentenpreise und die landwirtschaftlichen Verbrauchskosten. Nur die Investitionskosten für Maschinen stiegen etwas stärker an als die Erzeugerpreise, so daß unter dem Strich die landwirtschaftlichen Realeinkommen in den achtziger Jahren nachweislich gestiegen sind. – Ganz im Unterschied zu der Realeinkommensentwicklung der abhängig Beschäftigten, die nach den spektakulären Lohnanhebungen zu Beginn der Papandreou-Ära spätestens seit 1983 und verstärkt seit der Einführung des rigorosen Sparprogramms vom Herbst 1985 Realeinkommensverluste hinnehmen mußten. Der Schwund der Reallöhne wurde von Fachleuten auf 10–15 % geschätzt (1985–88). Belief sich das für den Konsum verfügbare Geldeinkommen eines bäuerlichen Haushaltes in den fünfziger Jahren nach Schätzungen auf lediglich 30–40 Prozent der durchschnittlichen Budgets großstädtischer Haushalte, so hat sich der Abstand inzwischen auf 30 % reduziert (1981/82). Stellt man in Rechnung, daß die bäuerlichen Familien sich z.T. selbst versorgen, und daß ihre Wohnkosten wesentlich niedriger sind, so stellen die ländlichen Haushalte sich kaum schlechter als die städtischen – mit Ausnahme natürlich der besonders armen Gegenden. Außerdem leidet der Landbewohner nicht unter den sich ständig verschärfenden Umweltproblemen der griechischen Ballungszentren. Da nimmt es nicht Wunder, wenn die Landflucht abnimmt und die Beschäftigung in der Landwirtschaft weniger rasch zurückgeht als in den fünfziger und sechziger Jahren. Während in dieser Zeitspanne in Griechenland weit überdurchschnittlich viele Bauern die Landwirtschaft aufgaben, haben seit 1970 relativ weniger griechische Bauernbetriebe aufgegeben als im Durchschnitt der EG (Gr –9 %, EG –15 %, 1970–85).

Das Einkommen der Bauern ist nicht allein marktvermittelt. Ohne die Segnungen der staatlichen bzw. europäischen Agrarpolitik wäre es weit niedriger. Vor EG-Eintritt zahlte der Staat Garantiepreise für Tabak und Getreide. Heute springt die EG in die Bresche und subventioniert beispielsweise die Sultaninenanbauer bzw. treibt die Preise durch Außenzölle über Weltmarktniveau. Die Bauern zahlen keine Steuern und Sozialabgaben, haben aber dennoch Anspruch auf alle staatlichen Leistungen, Kranken- und Altersversorgung. Gleich nach seinem Amtsantritt hat Papandreou die äußerst niedrigen Mindestrenten der Bauern verdoppelt und Renten auch für die mithelfenden Familienangehörigen, also die Bäuerinnen, eingeführt. Die Agrarbank gibt Kredite zu Vorzugszinsen, und bisher haben immer wieder Regierungen die angesammelten bäuerlichen Schulden erlassen – alles Maßnahmen, die sich nicht wesentlich von denen anderer europäischer Regierungen unterscheiden. Überall in Europa wird der Bauernstand subventioniert.

Gleichzeitig hat sich auf dem Lande die Versorgung mit öffentlichen Gütern – also Verkehrsanbindung, Elektrizitäts- und Telefonanschluß, Wasserleitungen, Arztstationen usw. – sichtlich verbessert. Die Militärjunta 1967–74 hatte hierzu den Startschuß gegeben, da sie sich bei den Bauern als Stütze ihres rückwärtsgewandten Systems beliebt machen wollte. Der zweite Versorgungsschub setzte mit dem Amtsantritt Papandreous ein, der die Politik der Dezentralisierung auf seine Fahnen geschrieben hatte und der »vergessenen« Provinz besondere Aufmerksamkeit zu schenken versprach. Der forcierte Ausbau der Infrastruktur wurde auch möglich durch die reichlichen EG-Zuschüsse, die seit 1981 zu fließen begannen. Von 1981 bis 1988 erhielt Griechenland aus der EG-Kasse netto, d.h. die eigenen Zahlungen an die EG schon eingerechnet, 8,1 Mrd. Dollar. Der jährliche Nettotransfer stieg stetig an von 148 Mio. 1981 auf 1,9 Mrd. 1988. Darin sind allerdings auch zinsgünstige Kredite enthalten. Die Zuschußlage ist unübersichtlich. In den EG-Transferleistungen sind einmalige Ausgleichszahlungen für Wetterschäden enthalten, Stützkäufe z.B. von Sultaninen, die nicht mehr auf dem Markt abgesetzt werden können, Lagerprämien, Investitionsbeihilfen für die Umstellung auf marktgängigere Produkte, Förderung von Infrastrukturmaßnahmen für besonders unterentwickelte Gebiete, Zuschüsse für den Aufbau eines fachlichen Beratungsnetzes und vieles mehr. In der Periode 1987−92 werden die Mittel aus dem Strukturfond, einem Fond, der Maßnahmen zur strukturellen Anpassung fördern soll, verdoppelt. Griechenland hatte diese Mittel in der entscheidenden Schlußrunde der Beitrittsverhandlungen von Spanien und Portugal erstritten, indem Papandreou mit dem griechischen Veto gedroht hatte. Die Presse hat sich damals über das erpresserische Verhalten Papandreous mokiert. Die Kritik an dem politischen Stil Papandreous machte die überaus gerechtfertigten Argumente der griechischen Verhandlungspartner vergessen: Der Preis für den Beitritt Spaniens sei sehr hoch. Spanien habe eine entwickeltere Landwirtschaft und biete dieselben Produkte wie Griechenland an. Auch auf dem Gebiet der Leichtindustrie (Nahrungsmittel- und Bekleidungsindustrie) würde sich die Wettbewerbssituation für Griechenland verschärfen. Die strukturelle Anpassung an die veränderte Marktlage könne Griechenland nicht aus eigener Kraft leisten. Deshalb fordere Griechenland die Erhöhung der Mittel zur Verbesserung der Wirtschaftsstruktur. Die sich seit 1987 abzeichnenden Absatzschwierigkeiten für griechische Südfrüchte und Gemüse erhärten diese Argumente nachträglich. Ob freilich die gewährten Zuschüsse zweckentsprechend eingesetzt wurden, steht auf einem anderen Blatt. Ein nach der Abwahl Papandreous ins Leben gerufener Untersuchungsausschuß wird auch den Vorwurf des betrügerischen Umgangs mit EG-Subventionen zu prüfen haben. Auch haben die Brüsseler Bürokraten die Erfahrung gemacht, daß Griechenland bereits gewährte Mittel nicht abgerufen hat, weil zu wenig seriöse Projekte vorgelegt werden konnten. Hier rächt sich einmal mehr die auch unter Papandreou gepflegte Ämterpatronage, die die Inkompetenz zu einem Synonym für Bürokratie macht. Delegiert die Verwaltung die Konzeptualisierung von Projekten an Außenstehende, so sind es mit Sicherheit wieder Günstlinge der Regierungspartei. Und die sind nicht immer die Qualifiziertesten.

Das Programm der Dezentralisierung hatte nicht nur die bessere Versorgung des Landes mit materieller Infrastruktur zum Inhalt, die Provinz sollte auch mehr eigenständigen Handlungsspielraum erhalten durch die Abgabe von Kompetenzen der Zentralregierung an die Bezirke und Gemeinden. Einiges davon ist Wirklichkeit geworden, viel noch auf dem Papier. Der Provinzbewohner muß heute nicht mehr wegen jeder geringfügigen Angelegenheit für mehrere Tage nach Athen reisen – wie das früher üblich war –, um die Ochsentour durch die schwerfällige Zentralbehörde zu machen. Dies kann er heute unbürokratischer in der nahegelegenen Kreisstadt erledigen. Und die Wahlkreisabgeordneten lassen sich nicht mehr nur in der Vorwahlzeit blicken. Sie sind – schon wegen der verschärften Konkurrenz um die Stimmen der Bauern – weitaus präsenter.

Zur Aktivierung des Gemeinsinns der Landbevölkerung und zur Überwindung der ökonomischen Misere der Kleinwirtschafterei hat die PASOK die Wiederbelebung des Genossenschaftsgedanken schon vor der Übernahme der Regierungsverantwortung propagiert. Die griechischen Genossenschaften beschränkten sich bis dato im wesentlichen auf die Kreditbeschaffung. In ihnen hatten die unter dem Einfluß des Zwischenhandels stehenden Großbauern das Sagen. Für die Masse der Bauern waren sie nicht attraktiv. Die PASOK versuchte nun die Kompetenzen der Genossenschaften wesentlich zu erweitern (gemeinsamer Maschinenpark, Großeinkauf von Saatgut, Dünger und Pestiziden, gemeinsame Lagerung) und entwarf Strategien zur gemeinsamen Weiterverarbeitung und Vermarktung der landwirtschaftlichen Produkte (Agro-industrielles Programm). Gleichzeitig wurden die Satzungen der Genossenschaften stärker formalisiert und demokratisiert, wodurch die Akzeptanz bei der Masse der Bauern verbessert werden konnte. Freilich konnte das Reformprogramm nur ansatzweise realisiert werden – die Wirtschaftskrise machte einen Strich durch die Rechnung. Die Agrarbank konnte nach der Verkündung des Sparprogrammes von 1985 ihr Füllhorn nicht mehr über die Bauern im allgemeinen und die Genossenschaften im besonderen ausschütten (großzügig gewährte Kredite zu Vorzugszinsen) und die für die PASOK-Ära genauso wie für die vorangegangenen Regierungen so charakteristische parteipolitische Instrumentalisierung der öffentlichen Institutionen und Interssenverbände griff auch auf die Genossenschaften über. Dadurch wurde das alte Ressentiment der Bauern gegen Gemeinschaftsunternehmungen bestärkt, hinter denen jeweils partikulare Machtinteressen vermutet werden. Der in Jahrhunderten gewachsene bäuerliche Individualismus unterminiert im übrigen – unabhängig von der jeweiligen politischen Praxis – jeglichen staatlichen Reformversuch. Wenngleich unstrittig ist, daß sich durch den Geist der »Bewegung« – als solche verstand sich die PASOK in ihren Anfängen – die Mentalität insbesondere der jüngeren Landbevölkerung gewandelt hat. Die Reformeuphorie und die Dezentralisierungsparolen der Regierungspartei haben den Jungen zum ersten Mal in der Geschichte der Provinz Mut zum Bleiben gemacht. Die PASOK hat die Landbevölkerung – freilich aus nicht nur uneigennützigen Motiven – politisiert, sie zum ersten Mal mit politischen und ökonomischen Konzepten konfrontiert und nicht nur mit Gefälligkeitsversprechen abgespeist – wie das im traditionellen Klientelsystem die

Regel war. Es entstanden seit 1981 überall Erwachsenenbildungseinrichtungen (laika panepistimia), Jugendclubs und Bauernvereine, in denen Aufklärungsarbeit geleistet wird und die staatlich initiierten Programme heiß diskutiert werden. Es bleibt abzuwarten, ob sich die Reformgesinnung der jüngeren Bauerngeneration auf die Dauer erhält und auf breiter Basis durchschlägt. Die mit der Demontage des Reform-Images der PASOK einhergehende Desillusionierung, die Abkehr des Zeitgeistes von sozialen Reform-Projekten und die leere Staatskasse sprechen eher dafür, daß die von der PASOK geleistete reformerische Bewußtseinsarbeit in einen privat-wirtschaftlichen Modernismus umschlägt und eine Generation von dynamischen Bauern und Landwirtschaftsunternehmern heranwächst, die die Kapitalisierung der Landwirtschaft vorantreiben. Dadurch dürfte zwar die Produktivität und damit die internationale Wettbewerbsfähigkeit der griechischen Landwirtschaft gestärkt werden. Andererseits würde die Verbreitung des landwirtschaftlichen Unternehmertypus eine neue Welle des »Bauernlegens« mit sich bringen, ohne daß die Städte die freigesetzte Landbevölkerung beschäftigen könnten. Die Entfesselung der »freien Marktwirtschaft« wäre also auch nicht die Quadratur des Rückständigkeitszirkels der griechischen Landwirtschaft.

Der ewige Baum

Mit großer Hartnäckigkeit hat der Olivenbaum seine Stellung in der griechischen Landwirtschaft und – trotz zeitweiliger Absatzkrisen auf dem internationalen Markt – auch im Export behaupten können. Oliven sind über die wechselhaften Konjunkturen hinweg die mengen- und flächenmäßig wichtigste Baumkultur geblieben. Als Tafelolive, grün-unreif oder schwarz/braun-reif, begleitet sie die Mahlzeit oder den Uso, den Anisschnaps, beim Umtrunk; das Altertum nutzte sie ferner als Hauptquelle der künstlichen Beleuchtung, und den Ringkämpfern diente sie zur Schmeidigung des Leibes. Nicht wenig nimmt für sie auch ihr ehrwürdiges Alter ein: sie bringt es auf vier bis sechs Jahrhunderte, und von manchem Veteranen geht die Sage, daß er auf tausend Jahre zurückblicke. Hat man nun noch ein Auge für seine immer individuell abgewandelte Schönheit, für die Gediegenheit seines rund ausladenden, in sich ausgewogenen Wuchses, für den um seine Achse sich aufwärts windenden Stamm, der sich zu knorrigen Strähnen zerfasert, für sein silbergrünes Blättergerinnsel schließlich, das die scharf einfallenden Sonnenstrahlen zu matter Milde splittert – die pflanzliche Personifikation des Friedens in seiner Bedürfnislosigkeit, in seiner Lebensdauer und unerschöpflichen Geduld, dann läßt sich den Alten die Zustimmung nicht versagen, die ihn heilig achteten und der Obhut der Göttin Athena unterstellten, durch Solon dem Schutz des Gesetzes anbefohlen und seine Verletzung als verbrecherisches Sakrileg ahndeten.

Zu diesen Tugenden reiht nun der Ölbaum auch noch die der Bescheidenheit, die in diesem Land besonders zählt: er braucht nur wenig

Wasser. Um so mehr verlangt er nach Wärme, vor allem in der »kalten« Jahreszeit, weshalb er nicht gern die 600-m-Höhengrenze überschreitet. Auch scheut er die enge Nachbarschaft; der Hektar gibt im Mittel nur 120 Bäumen Platz, doch dulden sie in jungen Jahren unter sich die Aussaat niedrig wachsender Pflanzen. Insgesamt sind der Olive in Griechenland 651500 ha eingeräumt, die 106 Millionen Bäume in kompakten Pflanzungen tragen (1984), und dazu noch 22 Millionen im vereinzelten Streuwuchs – 13 Bäume also für jeden Griechen! Ihre Vorliebe gilt dem Peloponnes, Kreta sowie den Inseln in der Ägäis und im Ionischen Meer, doch sind sie überall zu Hause, wo Griechenland ist. Und wo das Mittelmeer ist, an dessen Küsten ringsum sich der Ölbaum niederließ, seit er sich um 3500 v.Chr. von Kleinasien aus auf die Wanderschaft über Kreta nach dem Westen begab. Heute nimmt Griechenland mit einem mittleren Ertrag von 312000 Tonnen Öl in den Jahren 1983/86 (1935/38: 125000t) nach Spanien und Italien den dritten Rang in der Weltproduktion ein.

Doch in der illustren Gesellschaft der Olivenländer schneidet der griechische Ölbaum schlecht ab: ausgiebiger als anderswo pausiert er jedes zweite Jahr. Man hat seine Launenhaftigkeit auf den dacus olei zurückführen wollen, doch meidet dieser Schädling keineswegs die Konkurrenzländer; auch fehlt er nicht in den guten Jahren. Vielleicht aber stapaziert der griechische Bauer seinen Baum in diesen guten Jahren gar zu heftig (durch das Herunterschlagen der reifen Oliven mittels langer Stöcke, wobei auch die jungen Triebe vorzeitig ihr Leben lassen) – in Erwartung des folgenden schlechten, das er damit erst recht heraufbeschwört. Jedenfalls harrt hier der griechischen Wissenschaft noch eine Aufgabe. Bis zu deren Lösung bleibt der Olivenanbau für den griechischen Bauern ein unsicheres Geschäft, weil er sich jeder Erntekalkulation entzieht. Ein gutes Geschäft aber ist er gerade deshalb für die Händler, die gern en baisse spekulierend die guten Ernten horten, um sie in den Mangeljahren mit hohem Gewinn auf den Markt zu bringen. Gegen ihre Praktiken hat sich die Regierung bisher mit zeitweiligen Exportverboten nur unzulänglich zur Wehr gesetzt.

Der Olivenölexport ging in den siebziger Jahren stark zurück. Das in seiner Herstellung teure Öl war der zunehmenden Konkurrenz weit billigerer Fettträger nicht mehr gewachsen. Es wurde von Pflanzenölen (Erdnuß-, Palmen-, Sonnenblumen-, Sesamöl usf.), aber auch durch den Vormarsch synthetischer Fette vom Weltmarkt verdrängt. Seit Beginn der achtziger Jahre hat das Olivenöl – trotz des nach wie vor hohen Preises – ein glorioses Comeback auf den internationalen Märkten erlebt. Nachdem der Export von 35000t 1968 auf 6000t im Schnitt der Jahre 1970/75 gesunken war, konnte 1982 erstmals das Niveau von 1968 wiederhergestellt werden und dann im Durchschnitt der Periode 1983/87 auf 103000t gesteigert werden. Die zwischenzeitliche internationale Absatzkrise tat dem inländischen Absatz keinen Abbruch. Das Olivenöl blieb genauso unverzichtbare Speisezutat wie das Brot und das Glas Wasser – wohl nicht nur als eine überkommene Ernährungsgewohnheit.

Die spezifischen Qualitäten des Olivenöls scheinen dem Stoffwechsel besonders unter den klimatischen Bedingungen Griechenlands zu bekommen. Auch der zunächst von den Ölmengen geschockte Tourist täte gut daran, sich an dies Öl zu gewöhnen. Die kräftig in Oivenöl zubereiteten Speisen bekommen ihm nur dann nicht, wenn er an den unrechten Wirt gerät, der das Öl allzulange in den Kochtöpfen zu immer neuer Verwendung läßt. Das sieht, riecht und schmeckt man nach einiger Zeit. Man muß nur die richtige Taverne finden – dann wird man die Olive preisen und den weisen Solon und die Götter dazu. Der Herzspezialist Eisenhowers gelangte übrigens nach eingehenden Studien zu der Überzeugung, daß von allen Fettarten das Olivenöl dem Herzen am wenigsten zusetzte.

Die neuerlich gestiegene Exportnachfrage dürfte Folge des sich in den wohlhabenden Ländern ausbreitenden Ernährungsbewußtseins sein. Die Bereitschaft, für hochwertige Nahrung mehr auszugeben, ist sichtlich gewachsen. Und heute füllt eine breite Angebotspalette von Olivenöl nicht mehr nur die Regale der Naturkostläden und Reformhäuser. Auch die Supermärkte ziehen mit. Hinzu kommt die Internationalisierung der Eßgewohnheiten durch die Ausbreitung des Tourismus und der ausländischen Lokale. Vor allem die italienische Küche und deren reichlicher Gebrauch von Olivenöl hat Einzug in die Mittelschichtenhaushalte West- und Mitteleuropas gefunden.

Die Story des Orienttabaks ...

Wer von Griechenland spricht, darf vom *Tabak* nicht schweigen. Denn was man gemeinhin »Orienttabak« nennt, ist zum guten Teil griechischer Herkunft, auch wenn seine Sorten noch von der Osmanenherrschaft her die alten türkischen Namen tragen: Samsun etwa, Caba Kulak (»dickes Ohr«), Saria (»der Gelbe«), Sigir Dili (»Kuhzunge«) oder Tsembeli. Griechisch ist der »türkische« Tabak seit den Balkankriegen 1912/13, die Makedonien und Thrakien, seine bedeutendsten Anbaugebiete, wieder dem Mutterland zuführten; und seit auf ihnen die Flüchtlingsgriechen nach der kleinasiatischen Katastrophe von 1922/23 angesiedelt worden sind, die bis dahin die anatolische Tabakerzeugung beherrscht hatten. Auf 97 000 ha, rund 2,7 % der Nutzfläche, erbrachte er 1986 aus einer Ernte von 161 000 t mit 88 600 t noch 14,7 % des Erlöses aus dem Agrarexport bzw. 8 % der gesamten Ausfuhr, an der er vor und lange nach dem Kriege mit einem Drittel (1966: 33 %) teilhatte; doch verdrängte ihn die Schrumpfung dieser Quote nicht von dem ersten Platz des landwirtschaftlichen Auslandsabsatzes, in der er sich vielmehr über die letzten Dezennien hinweg trotz extremer Schwankungen von Jahr zu Jahr auf relativ konstantem Niveau bewegte – er hielt nur nicht Schritt mit der rapiden Ausweitung des gesamtgriechischen Exportvolumens.

Dies ist die Story des Tabaks: wenige Jahrzehnte nach der Fahrt des Kolumbus war der Tabak von Amerika über Portugal nach Frankreich gelangt. Von dort brachten ihn zwei Franzosen 1574 und 1589 auf verbotenen Wegen nach Saloniki, das ihm die Tore zum Balkan und zur Türkei öffnete – den Osmanen zum Trotz, die gleich den anderen europäischen Staaten seinen Genuß mit grausamen Strafen verfolgten. Doch nirgends ließ sich das Übel aufhalten, und so tröstete sich denn die Obrigkeit später mit seiner fiskalischen Ausbeutung. Solange freilich geruhsamere Zeiten den Tabak kauend oder schnupfend konsumierten, in der Pfeife oder zur Zigarre gerollt, huldigte Europa dem Orienttabak noch nicht. Seine große Stunde schlug erst mit dem Siegeszug der Zigarette. Zwar hatten sie die Spanier schon um 1720 »erfunden«; zu ihrem Triumph, der an der Wende zu unserm Jahrhundert anlief, verhalfen ihr erst die nervenverschleißende Hast des modernen Lebens, das scharfe Klima der mußelosen Anspannung und schließlich die Verstädterung – noch immer haben Pfeife und Zigarre auf dem Lande mehr Freunde als in der Stadt. Doch sind sie hoffnungslos ins Hintertreffen geraten: auf die Zigarette entfallen heute mehr als drei Viertel des Welttabakverbrauches. Und sie ist noch im Vordringen; seit 1930 stieg die Zigarettenherstellung um 140 %, während der Konsum von Rauch- und Schnupftabak, von Zigaretten und Zigarillos um rund 40 % fiel. In jüngster Zeit wuchs der Weltkonsum alljährlich um 4 %; doch 1975 vermeldete die globale Antinikotinkampagne den ersten Einbruch, mit der Reduzierung seines Anstiegs auf 2,8, in den Industriegesellschaften sogar auf 1 %, während die Entwicklungsländer noch 5 % zulegten – jedoch weitgehend mittels der lokalen Selbstversorgung.

Ein Barbar, wer da sagt, Zigarette sei gleich Zigarette. Seit einem halben Jahrhundert bekriegen sich Virginia- und Orientzigarette in einem erbitterten Duell. In ihnen stehen sich zwei Welten gegenüber, Amerika und der Orient – Whiska contra Kognak oder richtiger Schnaps gegen Wein, Baseball gegen Schach. Der Virginiatabak ist ein Catcher: kratzend und aufkratzend, ja aufpeitschend, grob und gewalttätig. Der Orienttabak hingegen streichelt: mild, fein und unaufdringlich, voll verspielten Raffinements, differenzierter in seinem Aroma und edler, den Duft der Jahrhunderte kredenzend und zur Auflockerung, zum besinnlichen Träumen verführend, wo jener die Sinne künstlich aufpulvert und der Ermattung neue Anspannung abtrotzt. Bis zum letzten Krieg waren beide Welten säuberlich getrennt: die Virginiazigarette herrschte über Amerika und England, Europa aber war die unbestrittene Domäne der Orientzigarette. Der Krieg hat auch diese Grenzen eingerissen; mit den amerikanischen Soldaten drang die Virginiazigarette in Europa ein. Doch seit einigen Jahren gewinnt der Orient in seiner Gegenoffensive langsam an Boden zurück. Wird er sich aber auf die Dauer gegen die Welt- und Lebensmacht Amerika behaupten? Auch in diesem Fall steht David nicht im aussichtslosen Kampf gegen Goliath. Denn die Orientzigarette hat nun einen mächtigen Bundesgenossen gefunden: die Wissenschaft ist dahintergekommen, daß die Orientzigarette nur ein drittel bis halb soviel Nikotin enthält wie ihre Virginia-Konkurrenz. Doch inzwischen kann das griechische Handelsgeschick die Karte der Hygiene nicht mehr ausspielen, denn die westliche Industrie war nicht faul und entwickelte Extraktionsverfahren, die den Virginiatabak unter dem Gesichtspunkt der verminderten Schädlichkeit wieder wettbewerbsfähig machten. Die griechische Antwort darauf: dann bauen wir eben auch Virginiasorten an.

Die Marktbehauptung erforderte vom griechischen Tabak eine Korrektur. Seine Erzeugung war (und ist) zu teuer, denn der Tabakarbeiter sind zu viele. Sie haben sich jedoch in ihren Gewerkschaften einen starken Halt geschaffen; diese hatten nicht nur den closed shop durchgesetzt, sondern darüber hinaus das Recht erwirkt, die Hälfte der Arbeiter zu bestimmen, die in den Lagerhäusern das Sortieren, Pressen und Packen besorgen; ferner mußten zur Hälfte Männer eingestellt werden, obschon die Frauen geschickter, schneller, zuverlässiger und billiger sortieren. Auch wachten die Gewerkschaften unbarmherzig darüber, daß der einzelne Arbeiter am Tag nicht mehr als vier Ballen preßt und packt; doch so ließ sich die Saisonarbeit von zwei auf sieben und acht Monate strecken. Diese Praxis verteuerte den griechischen Tabak nicht wenig im Vergleich zur türkischen Konkurrenz, die von derartigen unökonomischen Soziallasten nicht beschwert ist und vorwiegend Frauen beschäftigt. Die Regierung Papagos hat es dann in den fünfziger Jahren erstmals gewagt, den Gewerkschaften diese Privilegien zu entziehen. So gerechtfertigt diese Maßnahme wirtschaftlich war, sie hat ihren sozialen Notstand verschärft. Zwar werden die Tabakarbeiter pro Stunde nicht schlecht entlohnt; doch die lange saisonale Arbeitslosigkeit drückt sie auf die niedrigste Einkommensstufe der griechischen Arbeiter, die ohnehin unter den Arbeitern Europas auf der untersten Lohnskala stehen. Nicht zufällig also ist die kommunistische Partei, bei den Tabakarbeitern besonders gut verankert. Daher förderte die Regierung mit Nachdruck die Landgewinnungsarbeiten entlang den nördlichen Flüssen, die ihnen zu eigenem Grund und Boden verhelfen sollen. In der Tat dürfte eine andere Lösung kaum denkbar sein.

Der Tabak nutzt dem Land in der Konjunktur, in der Depression stürzt er es in tiefes Elend. Als Luxusgut ist er schutzlos den Konjunkturschwankungen des Weltmarktes ausgeliefert. Dennoch läßt sich der griechische Bauer von seinem Optimismus allzusehr zur Monokultur der jeweils florierenden Produkte verleiten, so daß er ihre krisenhaften Entwicklungen dann nicht schnell genug parieren kann. Das widerfuhr ihm nicht nur mit dem Tabak in der Weltwirtschaftskrise der dreißiger Jahre, ähnlich erging es ihm schon vorher – in den Jahrzehnten, da der zeitweilige Ausfall des französischen Weinbaus durch die Phylloxera den griechischen Weinexport zu schwindelnden Höhen hinaufgetrieben hatte, und das gleiche Spiel wiederholte sich mit dem britischen Korinthenmarkt. In Griechenland – so könnte man folgern – gedeiht offenbar das Angenehme, das nicht unbedingt zum Leben Benötigte, besser als das Nützliche und Notwendige (und ein boshafter Kommentator würde hinzufügen: nicht nur in seiner Landwirtschaft). Doch ist der griechische Bauer keineswegs unbelehrbar und auch nicht sein Staat. So müht sich denn das Land seit Kriegsende, die fatale Verstrickung in die Tabakmonokultur abzustreifen und durch eine vielfältigere Agrarstruktur zu ersetzen, die den wechselnden Rhythmus von Angebot und Nachfrage auf den Auslandsmärkten elastischer auszubalancieren vermag. Diese Anstrengung war nicht vergeblich.

... und andere südliche Früchte

Zu den »neuen« Kulturen zählt die *Baumwolle*, wurde sie doch »erst« um 1000 n. Chr. auf griechischem Boden heimisch. Ihre neuzeitliche Renaissance begann vor einem Jahrhundert im damals noch türkischen Makedonien und Thrakien. Fast gleichzeitig pflanzte man sie auch in »Altgriechenland« an, auf Initiative der ersten Faktoreien, die 1860 im Piräus und auf der Insel Syros errichtet wurden. Im großen Maßstab aber dehnte sie sich nach dem Ersten Weltkrieg aus, nicht zuletzt dank der Briten, die ihr im Gebiet des trockengelegten Kopaissees ein neues Zentrum anlegten; es wurde zum Hauptlieferanten des heimischen Textilgewerbes, das rasch zur blühendsten Industriebranche aufstieg. Der wachsende Bedarf verhalf dem Baumwollanbau nach 1945 zu weiterer Expansion: erbrachte er 1938 auf 75000 ha bei einem Hektarertrag von 650 kg 49000 t, so 1960 auf 165000 ha mit 1115 kg pro Hektar 184000 t und 1986 auf 230000 ha mit 2635 kg auf einem Hektar 606000 t. Qualitätsmäßig ist die griechische Baumwolle in den kurzfaserigen Sorten der amerikanischen zumindest ebenbürtig, hat aber mit der langen Faser den ägyptischen Vorsprung noch nicht ganz eingeholt.

Noch rascher entwickelte sich in den nördlichen Provinzen der *Reis*anbau; bedeckte er 1938 erst 2000 ha, so 1987 bereits 20000 ha, während sich im gleichen Zeitraum die Hektarerträge von 2000 auf 6850 kg und die Erntebilanz von 4000 auf 137000 t erhöhten. Damit ist die heimische Nachfrage nahezu gedeckt – auf dem Weltmarkt ist der griechische Reis vom Gestehungspreis her nicht konkurrenzfähig. Immerhin fällt er der schmalen Devisenkasse Griechenlands nicht mehr zur Last; dieser Gewinn zählt um so mehr, als er nicht auf Kosten anderer Kulturen geht. Denn der Reis wird auf bisher steriler Erde angepflanzt, auf trocken gelegten Mooren und Sümpfen, aber auch auf alkalischen Böden, die nun durch künstliche Bewässerung entsalzt und damit auch für andere Anpflanzungen erschlossen werden.

Nicht weniger spektakulär die Entfaltung des *Agrumen*anbaus, der Zitrus- bzw. der sogenannten »Südfrüchte« (Orangen, Zitronen, Mandarinen), vor allem in den Gebieten um Arta, Korinth (einschließlich der Argolis), Sparta und auf Kreta. Ihre Produktion stieg von 55000 t im Jahre 1938 auf 911000 t 1985, geerntet von 24,7 Millionen Bäumen. Sie tragen schneller Frucht als der Ölbaum, nach 3 Jahren schon 5 kg, nach 5 Jahren 20 kg, um es im Alter von 7 bis 10 Jahren bereits auf die Norm von 50 bis 80 kg zu bringen, bei guter Bodenhaltung sogar auf 100 kg; läßt die Ergiebigkeit nach, wird der Baum durch Schneiden verjüngt, so daß er unter der pfleglichen Hand 50–60 Jahre nutzbar ist. Auch ist er nicht auf so weite Distanz zu seinesgleichen bedacht wie der Ölbaum, und so kann ein Hektar 150 bis 180 Stämme verkraften, die zudem in ihrer Jugend Unterkulturen auf ihrem Boden dulden. Ihre »Konjunktur« verdankt die Zitrusfrucht der modernen Kühl- und Transporttechnik sowie dem Ausbau des südosteuropäischen Straßennetzes; sie erst versetzten Griechenland in die Lage, seine Früchte auf den europäischen, vorwiegend den deutschen Märkten anzubieten. Mit dem Ergebnis, daß seine Erlöse aus dem Agrumenexport zwischen 1953 und 1986 von 1 auf über 93 Millionen Dollar stiegen, obwohl es gegen seine fracht- und strukturbegünstigten Konkurrenten Italien und Spanien schwer ankommt.

Offenbar waltet die ausgleichende Gerechtigkeit über den griechischen Regionen: begünstigten Orange und Zitrone die mittleren und südlichen Landschaften, so monopolisiert der Norden den Pfirsich (in Makedonien um Naoussa und Verria, in Thessalien um Katerini und Larissa), der es in jüngster Zeit im Rekordtempo zum zweiten Rang (nach den Zitrusfrüchten) im griechischen Obstexport gebracht hat, mit 14 Millionen Bäumen, die 1986 605 000 t einbrachten (davon 65 000 t für die Ausfuhr).

Auf dem Rückzug im Exportgeschäft hingegen befindet sich die getrocknete *Feige*, deren Vorkriegsproduktion von 30 000 auf 19 500 t 1985 absank. Über der gedörrten sollte der Fremde nicht die schmackhafte frische Feige zu kosten versäumen, möglichst vom Baum. Wegen seiner starken Nährkraft sah die Antike im Feigenbaum, wie in dem der Olive, ein Symbol der Unsterblichkeit. Doch kann sich mit dessen stiller Schönheit seine fahle Dürftigkeit nicht messen. Wohl aber seine Bedürfnislosigkeit, denn er stellt kaum Ansprüche an den Boden, nimmt mit toniger und kalkhaltiger Erde vorlieb und gedeiht selbst in den trockensten Zonen, holt er sich doch mit seinen langen Wurzeln sein Feuchtigkeitsminimum noch aus großer steiniger Tiefe herauf. Da er kaum Pflege verlangt, läßt man ihn halt wachsen und erntet so nebenbei seine Früchte, noch immer an die 48 000 t im Jahr (1985).

Der erste Rang aber unter den menschenfreundlichen Gewächsen gebührt zweifellos der *Rebe*. Nicht nur weil sie ein noch älteres Heimatrecht auf den griechischen Boden besitzt als der Hellene selber, sondern weil ihr vor allen anderen Dankbarkeit zu schulden ist, so mit den Worten von Euripides:

> »Wo aber der Wein fehlt, stirbt der Reiz des Lebens
> und ist des Menschen ganzer Himmel wüst und freudenleer.«

Von ihrer Multi-Nutzfrucht, die ja außer zum Wein und Tresterschnaps auch zur Sultanine, Korinthe und Tafeltraube taugt, profitieren rund ein Drittel der griechischen Bauernfamilien. Trotz starker Einschränkung der Anbaufläche (1972–86 – 23 %, Anbaufläche 1986: 170 000 ha) ist die Rebenproduktion in den Siebzigern und Anfang der achtziger Jahre langsam, aber stetig gewachsen (1972: 786 000 t; 1986: 867 000 t). Die Hektarerträge konnten durch den Einsatz ertragreicherer Sorten, durch effektivere Schädlingsbekämpfungsmittel und durch dichteren Anbau von 1972–86 von 3600 kg auf 5100 kg gesteigert werden. Indes haben sich die Proportionen zwischen den verschiedenen Produktarten – Tafelobst (248 000 t), Weinmost (467 000 t) und getrocknete Trauben (Korinthen 75 000 t/Sultaninen 77 000 t) – in den letzten Jahren verschoben. Zwar werden die Trauben immer noch zu gut der Hälfte zu Wein verarbeitet; seit 1984 geht die Weinmostproduktion jedoch stetig zurück. Gleichzeitig nimmt die Herstellung von Tafelobst zu – allerdings nicht im gleichen Maßstab. Die Schrumpfung der Weinproduktion erklärt sich in erster Linie aus der gesunkenen Inlandsnachfrage. In Griechenland – wie in allen traditionellen Weinländern – scheint der Siegeszug des Bieres unaufhaltsam – seit EG-Beitritt zumal des ausländischen. Importbiere oder in Lizenz hergestellte Biere beherrschen mittlerweile den griechischen Markt und haben die traditionsreichen – teils auf bayerische Einwanderer zurückgehenden – inländischen Marken verdrängt. Gleichzeitig haben die griechischen Weine den europäischen Markt erobert. Von 1983 bis 1985 war die Exportmenge sprungartig von 26000 t auf 120000 t gestiegen, um dann bis 1987 wieder auf 75 000 t abzusinken. Die »Süderweiterung« der EG scheint auch die griechischen Winzer in Bedrängnis zu bringen.

Stets war in diesem Land der *Wein* ein Volksgetränk. Schon in der Antike, die vor allem die Provenienzen der ägäischen Inseln schätzte, den pikanten von Thasos, den goldenen von Chios, die duftigen von Lesbos, Kos, Rhodos, Zypern, Kreta, Santorin, Euböa, aber auch den attischen, der Aristophanes seufzen ließ: »Wenn ich nur etwas von ihm auch im Hades haben könnte.« Um in ihm nicht zu bald zu enden, suchte man im Wein nicht allein das Stimmungsstimulans und den Bewußtseinsschärfer, er diente auch als Medizin zu besserer Verdauung, als Antiseptikum zum Auswaschen der Wunden, und schließlich schrieb man ihm nährende, wärmende, erfrischende und stärkende Wirkung zu. Und wo immer an den Rändern des Mittelmeeres die Griechen kolonisierten, sie nahmen den Wein mit und reichten ihn an ihre neuen Nachbarn weiter. So fand er über Marsilia, dem heutigen Marseille, wo sich die geschäftstüchtigen Phokäer angesiedelt hatten, schon um 550 v. Chr. seinen Weg ins Rhône-Delta und von da über Burgund zum oberen Rhein und Main, und dem Wein folgte die Rebe auf dem Fuß – sie drang also nicht erst im Gefolge der Römer zu unseren Breiten vor.

Im späten Mittelalter erlangte der griechische »Malvasier«, ein Dessertwein, europäischen Ruf; in ihm war die natürliche Traubensüße durch die Unterbrechung des Gärungsablaufes, durch Zusatz von reinem Weinalkohol, erhalten. In den Jahrhunderten unter den Türken, die nicht nur für Mohammed, den Propheten, sondern auch gegen den Alkohol kämpften, wanderte das Verfahren nach Spanien aus, das nun zum Malvasier-Lieferanten der »guten Gesellschaft« Europas wurde. Der alte Name aber blieb ihm. Er geht wohl auf die Festungsstadt Monembasia zurück, die auf einer Halbinsel vor dem südöstlichen Peleponnesfinger liegt; nach anderer Version stammt er vom kretischen Bezirk Malvisiou (zwischen Iraklion und Rethymnon), dessen Weinkultivierung bis ins 7. Jahrhundert v. Chr. zurückreicht. Dort pflegten die Weinbauern ihre Fässer tagsüber in der prallen Sonne auf dem heißen Ufersand zu lagern, um sie nachts ins kühle Meer zu rollen – der krasse Temperaturgegensatz beschleunigte den Alterungsprozeß. Dieses Verfahren griff der Deutsche Gustav Clauss, der Begründer der neugriechischen Weinindustrie, 1860 wieder auf, seine Firma »Achaia Clauss« in Patras praktiziert es noch heute: die Fässer, tags unter der brütenden Sonne, werden – über Jahre hinweg – jeden Abend abgespritzt. Daraus geht der »Mavrodaphne« hervor, der den ausländischen Freunden griechischer Weine wohl vertraut ist. Seine Bezeichnung »schwarzer Lorbeer« verdankt er der verwendeten Rebe: den kleinen Stiel, an dem die einzelne Beere hängt, umrahmt ein schwarzer Kreis – wie bei den Fruchtkernen des Lorbeers.

Kein griechisches Bauernhaus, das nicht etliche Liter Wein aus eigener Ernte für den Alltag, für den Besuch und das Fest bevorratet; gibt ihn das Feld nicht her, weil es zu steinig oder dem ständigen Wind ausgesetzt ist, dann tun's auch ein paar Ranken an der Hauswand und/oder über die schmale Gasse hinweg. Wo er aber doch auf einem Äckerchen Wurzelgrund findet, wuchert er halbwild in abstandhaltenden Büschen zwischen Unkraut. Um den Stock herum hebt der Bauer zum Winteranfang eine kleine Kuhle aus, damit sich in ihr das Wasser sammelt; im Frühling aber füllt er die runde Mulde zu einem Miniaturhügel auf, der die Feuchtigkeit gegen die sommerliche Hitze zu speichern hat. Trotz der dürftigen Fürsorge trägt das knorrige Getriebe pralle Dolden. Wie von alters her gelegentlich noch die primitive Zubereitung: Die Trauben werden mit den nackten Füßen zerstampft. Der Most aber gärt rasch im warmen Klima, das einen hohen Alkoholgehalt erzeugt – bis zu 15 Prozent.

Nach dem Zweiten Weltkrieg sorgten die expandierenden Genossenschaften und die wie Pilze aus dem Boden schießenden Weinfabriken (Jahresproduktion 1985: 114000 t) für »europäische« Methoden, mit Hochzucht und Drahtanlagen und mechanischen Pressen; erst sie machten durch einwandfreie »Bearbeitung« und Normung das griechische Produkt exportabel – und zwar längst nicht mehr nur (wie noch in den zwanziger Jahren) in den süßen Sorten. Heute werden weit mehr herbe Weine erzeugt, und weit mehr weiße als rote.

Was die Eigenart des griechischen Weißweins ausmacht: er bekommt fast zuviel Sonne ab. So ermangelt er der Säure, die den würzigen Erdgeschmack verdecken könnte (der wiederum auch seine Liebhaber hat). Seine edelsten Sorten gedeihen daher in der höheren Berglage, der auch im Sommer ein kühlendes Lüftchen zuweht. Prominente Beispiele dafür auf dem Peloponnes sind die arkadischen Winzerdörfer Demestika und Manesi im Erymanthos-Gebirger, Achladokampos an den Ausläufern des Chelmos, die Hänge des Aenos-Kegels auf der ionischen Insel Kephallonia, die nördlichen Vorläufer der kretischen Bergketten (bei Sitia vor allem), Embonas am Nordabfall des rhodischen Atavyros, auf

Samos die nödlichen Abhänge des Ampelos, der nicht zu Unrecht »Weingarten« heißt, und natürlich das hochgehügelte Thasos, das allein unter den gepriesenen Weininseln der Antike seinen guten Ruf in unsere Zeit hinübergerettet hat (die andere Ausnahme ist Rhodos, auf dem die Johanniterherrschaft – 1309 bis 1522 – für einen kultivierten Tropfen sorgte). Gleichmäßiger ist die Verbreitung des Rotweines, der sich trotz des relativ hohen Gehaltes an Gerbsäure durch seine samtene Weichheit und Vollmundigkeit auszeichnet. In seine großen Provenienzen teilen sich das makedonische Naoussa, das Schloßgut Tatoi am Osthang des Parnes vor den Toren Athens, auf dem Peloponnes Nemea und die Landschaft Achaia um Patras, die ionische Insel Leukas und in der Ägäis abermals Kreta, Rhodos und neuerdings auch wieder Santorin (das einige Zeit der Tomate zuliebe dem Wein untreu geworden war).

So waren alle Voraussetzungen erfüllt, die Griechenland befähigten, ab 1970 für seine Spitzenweine von der Europäischen Gemeinschaft das internationale Adelsprädikat VQPRD (Vins de qualité produits dans des régions determinées) zu erwerben – es erfordert unter andrem, daß in den derart ausgezeichneten Anbaugebieten die Traubenproduktion nicht 10 000 kg pro Hektar überschreiten darf.

Die Kommerzialisierung des Weines hat ihre Schattenseiten. Den Herstellern und Tavernenwirten bringt er mehr »in der Flasche« ein, und so hat man heute im Lande Mühe, ihn »aus dem Faß« aufzutreiben. Sogar den Retsina, den mit Harz versetzten Landwein (meist weiß, gelegentlich Kokkinelli-rosé). Sich mit ihm zu befreunden, kostet den Fremden in der Regel einige Gewöhnung; dann aber kann er nicht mehr von ihm lassen. Der Grad der Retsinierung ist im übrigen stark zurückgegangen, seitdem die EG als Grenze für die Beimengung des Harzes 1000 Gramm auf 100 Liter Wein vorschreibt. Der klassische, bäuerliche Retsina enthielt bis zu sieben Prozent Harz und hatte einen für ungewohnte Gaumen »penetranten« Harzgeschmack.

Zur Retsinierung taugt allein das Harz der Aleppo- oder Strandkiefer, und das beste liefert die attische Mesogia, die Paßebene zwischen den attischen Hymettos und Pentelis, und die Region um Megara. Zur Kugel komprimiert wird es vierzehn Tage dem von der Kelter ins Faß fließenden Most beigegeben und löst sich in ihm durch die Gärungswärme teilweise auf. Früher verpichte man mit ihm die Ziegenfelle und Fässer von innen, um den Wein für den Transport zu stabilisieren und zu konservieren, ansonsten ihn der Essigstich oder die Oxidation heimgesucht hätte (denen man hierzulande durch die grausame Nachschwefelung vorbeugt). Sicher ließe sich dieser Zweck heute auf andere neutrale Weise bewerkstelligen. Doch das Mittel von einst hat sich längst zum geschmacklichen Selbstzweck gemausert; seine Würze will man nicht mehr missen, zumal sie Magen und Darm bekommt und dem Zecher sämtliche postzerebralen Kümmernisse erspart. Allerdings ist seine Haltbarkeit auf ein Jahr begrenzt, und bei der Reise ins Ausland, besonders ins nördliche, verliert er an Charakter.

Nichts in Griechenland, dem nicht eine mythologische Erklärung zuteil würde.

Père Dumas datiert die Harzung ins archaische Zeitalter zurück, mit dem Hinweis auf den Kienapfel am Thyrsusstab des Weingottes Dionysos. Eine andere Deutung begründet sie mit dem Peloponnesischen Krieg: als in Athen die Cholera ausbrach, habe man sie mit harzversetztem Wein zu kurieren gesucht – und da er auch dem Gesunden mundete, blieb man bei ihm. Spitzfindige Sophisten könnten im Dichter Archilochos (um 650 v. Chr.) einen Gewährsmann für seine antike Chronologie erkennen: lange ehe Rom »in vino veritas« fand, entdeckte er die Zwillingschaft von Wahrheit und Wein – wozu ihm wohl der Retsina verhalf, denn nur dieser ist ja so bitter wie die volle Erkenntnis. Pindar freilich läßt sich zum Gegenbeweis zitieren: Wenn er den Wein die Milch der Aphrodite nannte, so assoziierte er sie bestimmt nicht mit seiner retsinierten Variante. Schließlich huldigen die Griechen auch in dieser Frage der Sitte, den Türken die Schuld in die Schuhe zu schieben (in diesem Fall also für ein Gutes): um ihrem Glauben gemäß den unterjochten Griechen das alkoholische Gelüst zu vergällen, hätten sie ihn durch seine Verharzung ungenießbar machen wollen – das Fiasko hätte nicht totaler sein können.

Auch in seiner konzentrierten Form dringt der griechische Wein allmählich in die Internationale vor, als Cognac, Brandy, Wermut, Likör – sein leicht süßliches Aroma erinnert an die spanischen Provenienzen. Als Spezialität des Landes präsentiert sich vor allem der Uso – ein Anisschnaps, dem der Grieche gern ein wenig Wassser zumengt, so daß er milchig aufschäumt. Den Namen hat er übrigens von den Italienern, welche die zum Aperitif reichlich importierten Flaschen mit dem Wort »Brauch« etikettierten. – Seine hervorragendste Qualität liefert Lesbos.

Vor dem Wein hält sich auf der Exportliste immer noch die *Korinthe*, mit rund 53 Millionen Dollar im Jahr (1987). Doch ist sie längst nicht mehr, was sie einmal war in den vergangenen Jahrhunderten. Es stünde noch schlimmer um sie, hielte ihr der britische Konservativismus nicht die Treue – glücklicherweise kann er sich, allen Wirtschaftskrisen zum Trotz, seinen Plumpudding ohne die Korinthe nicht vorstellen. Es waren allerdings auch Engländer, die für ihren Anbau die Hauptverantwortung trugen, durch die Levante Company, die 1581 eigens für den Import von Korinthen (und süßen Weinen) aus dem nordpeloponnesischen Küstenstreifen (von der Stadt Korinth hat sie auch ihren Namen), aus Zakynthos und dem kretischen Kandia (dem heutigen Iraklion) gegründet wurde – an diesen Plätzen wird sie heute noch kultiviert. Ihre Ausfuhr, die zunehmend der Konkurrenz der Commonwealth-Präferenz Australiens unterlag, sank von 74 200 t im Jahre 1938 auf 56 100 t 1987.

Die edle Beere hätte ein besseres Schicksal verdient: sie ist rot oder bläulich, klein, dünnhäutig, kernlos und sehr süß, liebt Tal oder Ebene in Meeresnähe und hohe Bodenfeuchte, dazu ist sie überaus fruchtbar und frühreif – sie wird schon im Juli geerntet (die anderen Trauben erst zwischen August und Oktober). Vor allem aber erfordert sie eine

Unmenge Arbeit; denn sie muß mit der Hand von dem kurzen Stiel gelöst und sortiert werden, um dann einzeln auf der Terrasse ausgebreitet und mit Kies oder Sand (ehedem mit Kuhmist) bedeckt zu werden, schließlich wird sie jeden zweiten Tag gewendet, bis sie völlig ausgedörrt ist – eine Mühe, die bei den gängigen Preisen kaum zu entlohnen ist. Bedenken wegen des Kuhdungs erübrigen sich – mangels Masse kommt er wirklich nicht mehr zur Anwendung.

Den Abstieg der Korinthe kompensierte die grüngelbe Sultanine. Ihr Export erhöhte sich zwischen 1938 und 1975 von 30000 auf 66300 t. In den ersten Jahren nach dem EG-Beitritt kletterte der Export gar bis zu der Rekordhöhe von 117900 t (1984), fiel dann aber rapide ab. Die griechischen Sultaninen-Bauern blieben ganz unerwartet auf ihrer Ware sitzen (Exportrückgang 1984–87 −52 %). Der plötzliche Absturz der Sultanine ist diesmal nicht EG-interner Konkurrenz geschuldet, sondern geht eher auf das Konto der Subventionspolitik der Brüsseler Bürokratie, die sich von den Griechen eine kontraproduktive Sultaninen-Ordnung abhandeln ließ. Im Vertrauen auf den Garantiepreis der EG verfiel die Qualität der Produktion und fehlte der Anreiz zur Rationalisierung. Die internationale Konkurrenz außerhalb der EG blieb indes nicht untätig. Sie bot – trotz Außenzollbelastung – billigere und qualitätvollere Ware an. Währenddessen produziert der griechische Sultaninenhersteller weiter auf Halde, da die EG dafür aufkommt.

Einen ungebrochenen Aufwärtstrend erfuhr die Tafeltraube auf den Exportmärkten. Unter den drei Hauptausfuhrsorten steht an erster Stelle die »Rozaki«-Beere, die groß und länglich ist, von fleischigem Saft in dünner Haut, ohne Kern, beheimatet vor allem im Peloponnes, auf Kreta und um Kavalla; dann die gleichfalls hellgelbliche »Sultanina«-Traube, auch von Kreta und dem Peloponnes, ohne Stein; dank ihrer Frühreife kommt sie am ersten zum Verkauf. Ihre Süße wird noch übertroffen von der blaßrosigen, kernhaltigen »Roditis«. Dankbare Abnehmer finden schließlich noch die roten und schwarzblauen »Fraoula« und »Sideritis«, obwohl sie weniger süß, dickhäutig und kernig sind. – Zunehmend entdeckt Europa die Geschmacksqualität der griechischen Traube: nahm es 1968 27300 t ab, so 1986 106500 t. Das entsprach 43 % der Gesamternte.

Die tüchtigen Leute von Kastoria und Kalymnos

In den Agrarrahmen einzuordnen ist auch die Heimverarbeitung von *Fellen* und *Häuten* (schon weil sie anderswo kaum unterzubringen ist), die sich in Kastoria (am gleichnamigen Bergsee in Westmakedonien) seit Urgroßvaters Zeiten als internationales *Pelzzentrum* behauptet. Sein Name leitet sich vom »Kastro« ab, von der »Festung«, die der oströmische Kaiser Justinian im 6. Jahrhundert an diesem strategisch wichtigen Schnittpunkt der Via Egnatia (des römischen Verbindungsweges vom albanischen Dyrrachion über Saloniki nach Konstantinopel) und der nordsüdlichen Achsenstraße des Balkans gegründet hatte. Ihre Lage machte die Einwohner geradezu unvermeidlich zu Händlern, im engen Kontakt zu Konstantinopel, damals die Weltmetropole auch der Pelzverarbeitung. Die Kastorianer erlernten ihre Techniken, und ihre findigen Griechenköpfe kamen auf den Gedanken, sich die weggeworfenen Abfälle anzueignen, um sie zu Hause zu ganzen Stücken zu vernähen. Allmählich entwickelten sie sich in diesem Handwerk zu wahren Zauberern. Als dann das Reich verfiel und die Türken Konstantinopel zu Istanbul umwandelten, gelang es der Stadt, das byzantinische Pelzgeschäft in Erbpacht zu übernehmen – zunächst in den Grenzen des ottomanischen Imperiums, dann aber, seit dem 18. Jahrhundert, in europäischer Dimension. Überall gründeten sie für ihre Produkte Handelsfaktoreien, in Belgrad, Odessa, Moskau, Petersburg, in Budapest und Wien (die ersten Karajans waren dabei) sowie schließlich in Leipzig, das im 19. Jahrhundert den internationalen Pelzhandel in seine Hände nahm; aber auch nach Brüssel, Paris, London und New York streckten sie ihre Fühler aus, und auch nach Frankfurt, nachdem es in der Folge der deutschen Teilung die zentrale Marktfunktion für diese Branche übernommen hatte.

Nichts, was die Kürschner der abgelegenen Kleinstadt Kastoria nicht verarbeiteten: von Lamm, Ziegenkitz, Kaninchen und Rind über Bergkatzen, Seehund, Fuchs und Bisamratte bis zum Nerz, Chinchilla und Hermelin. Nur ein Bruchteil ihrer Produkte geht an den heimischen Käufer. Inzwischen assistiert auch ein wenig der Nachbarort Siatista, nachdem Kastoria die sich gewaltig ausdehnenden Aufträge nicht mehr allein bewältigen konnte (auch auf dem kaufträchtigen Touristenplatz Rhodos sind inzwischen Kastorianer produzierend und handelnd tätig geworden). An diesem exorbitanten Ausfuhrerlös sind freilich zwei Abstriche vorzunehmen: zum einen werden viele Bestellungen im Kontraktverfahren für ausländische Firmen ausgeführt, und zum anderen fließt ein beträchtlicher Anteil des Devisenerlöses wieder für den Einkauf der Rohfelle und -häute in alle Kontinente ab. Der Verringerung dieses Abflusses dient die Errichtung von Pelztierfarmen (für Nerz, Nutria und Chinchilla vor allem), in Chortiati bei Saloniki, am Südufer des Prespasees, aber auch bei Volos und in Attika.

Wo immer es etwas zu nutzen gibt, ist der Grieche zur Stelle – selbst unter See. Die Gunst, welche die Zeitläufte Kastoria entgegenbringen, bleibt der *Schwamm*fischerei versagt, diesem hellenischen Monopol seit uralters her. Ein hartes Gewerbe, das gefährlichste von allen, das die modernen Taucherausrüstungen nur wenig sicherer machen; den Ertrag freilich pro Taucher und Boot steigern sie – das Risiko wiegt dennoch der mögliche Gewinn nicht im entferntesten auf.

Im April fahren sie aus, von Kalymnos vor allem, aber auch von Kos, Symi, Lemnos, Volos, Kranidhi, Hydra, und nehmen Kurs auf die Küsten des östlichen Mittelmeers und bis Anfang der siebziger Jahre in Richtung Ägypten und Libyen, deren küstennahe Schwammkulturen noch ergiebiger waren als die abgeernteten Bestände der Ost-Ägäis. Die

Vertreibung der griechischen Schwammfischer aus dem ägypischen und libyschen Hoheitsgebiet traf denn auch den Nerv des kalymniotischen Schwammgeschäftes. Andere Unbill kam von der internationalen Konkurrenz, die auf dem Weltmarkt qualitativ weniger gute, aber weit billigere Schwämme anbieten konnte. Vor den Küsten Floridas oder Kubas finden sich noch reiche Bestände in geringen Tiefen, während die Kalymnioten wegen der Überausbeutung der seichteren Fangplätze auf Tiefen zwischen 35 und 60 Metern ausweichen mußten. Ohne modernes Tauchgerät nur mit Schnorchel und Harpune oder Netz ausgerüstet, erbringt diese Fangmethode im tiefen Gewässer natürlich eine niedrigere Ausbeute. Hinzu kommt das erhöhte Risiko der Taucherkrankheit oder des Tiefenkollers. An der auffälligen Verbreitung der Trauerkleidung auf Kalymnos kann man die Lebensgefährlichkeit dieser Art von Schwammtaucherei ermessen.

Der Niedergang der kalymniotischen Schwammfischerei ergab sich aber auch und vor allem durch die Verbreitung des Synthetik-Schwammes in der Industrie, von deren Nachfrage das Schwammgewerbe zu siebzig Prozent lebt. Der Naturschwamm ist allerdings nicht auf allen Gebieten austauschbar, namentlich nicht in der medizinischen, pharmazeutischen und Porzellanfabrikation.

Aufstieg und Fall der griechischen Schwammfischerei und Schwammverarbeitung läßt sich an der Entwicklung der Fangmengen, des Material- und Menscheneinsatzes zeigen. 1959 erbrachten 1 186 Mann auf 105 Schiffen einen Fang von 100000 kg. Die übrigen Kalymnioten lebten zum größten Teil von der Schwammverarbeitung oder dem Schwammhandel. 80 % ging in den Export. In den sechziger Jahren konnte die Nachfrage nur mehr durch Verarbeitung von Schwämmen fremder Herkunft befriedigt werden, und die Taucherflotte beschäftigte immer mehr Türken und Araber. 1975 war die Jahresproduktion bereits auf 47000 kg geschrumpft, die Flotte auf 60 Schiffe mit 350 Mann Besatzung dezimiert. Einen weiteren Rückgang bewirkte der »Verrat« der inländischen Händler, die billige Importware zu ordern begannen und die noch dazu Etikettenschwindel betrieben, indem sie den unwissenden Touristen »original greek sponges« andrehten, die in Wirklichkeit billig aus Florida oder Kuba eingeführt und durch Bleichen dem helleren Mittelmeerschwamm angeglichen wurden. 1985 sank deshalb die Jahresproduktion auf nur mehr 33000 kg. Und nur noch 238 Mann auf 68 Schiffen leben von der Schwammfischerei.

ÜBERSPRUNGENES EISENBAHNZEITALTER – GRIECHENLAND AUF DEM WEG IN DIE INDUSTRIEGESELLSCHAFT

Die Benachteiligung des Spätaufstehers mildern einige Vorgaben: Er kann sich manche Umwege und Sackgassen ersparen, denen die Pioniere kaum je entgehen, und die Erfahrungen der Frühreifen nutzen, ohne Lehrgeld zu bezahlen (was ihn nicht der Freiheit beraubt, neue eigene Fehler zu erfinden). Als Griechenland nach dem Zweiten Weltkrieg, »Europa« weit hinterher hinkend, in das industrielle Zeitalter aufbrach, vermochte es das Prioritätengesetz zu respektieren: erst die infrastrukturellen Fundamente, dann die Fabriken. Dieser »richtigen« Reihenfolge im komplexen Entwicklungsprozeß hat das Land die kaum vergleichbare Rapidität seiner Industrialisierung zu verdanken.

Der einzige Fehltritt, der die schuldige Ausnahme von der Regel liefert, ist mit seiner frühen Datierung vor dem Ersten Weltkrieg zu entschuldigen, im präautomobilen Zeitalter. Doch bei dem Schienennetz von 2479 km (wovon nur 1565 km in Normalspur), das man damals legte, ist es geblieben, und auch bei seiner Eingleisigkeit über die Gesamtlänge – immerhin diente es dem nationalen Selbstbewußtsein als Vollzugssymbol für den Anschluß an Europa. Die Hauptader (in Verlängerung der jugoslawischen Nord-Süd-Achse) verbindet Athen über Saloniki mit dem »Orientexpreß«, der sich dort nach der Türkei gabelt. Von Athen aus führt die Bahn dann schmalspurig südwärts; in Korinth teilt sie sich, den Peloponnes von West und Ost umfassend. Dazu einige Zweigbahnen – das ist alles. Mehr wäre auch des Guten zuviel, zu teuer vor allem, angesichts der Geländeschwierigkeiten im ständigen Wechsel des Berg- und Tal-Profils. Ganz zu schweigen von ihrer extremen Verletzlichkeit, die der deutschen Besatzungsmacht schwer zu schaffen machte; unablässig mit der Überquerung von Bergzügen beschäftigt, führt die Strecke über unzählige Brücken und Viadukte und durch zahllose Tunnels, die gegen Partisanen kaum zu sichern sind: die »Reichswehr« registrierte bis zum Abzug die Zerstörung von 670 km Geleisen, 65 Bahnstationen und 52 Wasserstellen, fast jeder Tunnel, jede Brücke war vernichtet oder beschädigt, und nur 707 Einheiten des Lokomotiv- und Waggonparks überstanden die Sabotageaktionen. Erst 1952 konnte der Betrieb auf allen Strecken wieder aufgenommen werden. Die erzwungenen Neuanschaffungen haben das rollende Material modernisiert; es genügt nun selbst den verwöhnten Ansprüchen der Westler. Es versteht sich, daß der Bahnbetrieb, wie es einem modernen Land gebührt, tief in den roten Zahlen fährt und der Konkurrenz der Straße noch weniger gewachsen ist als anderswo.

Griechenland hat also das Säkulum der Eisenbahn mehr oder minder übersprungen. Der weit größere Teil des Personen- und Güterverkehrs rollt jetzt (1986) über die 38 000 km Straßen (1938 waren es 15 760), deren nicht wenige das Prädikat Schnell- oder gar Autobahn beanspruchen können. Ihr Zustand, ihr engmaschiges Netz und die noch vergleichsweise geringe Verkehrsdichte machen das Land für den Fremden zum Beinahe-Autoparadies, zumal es unterwegs nicht an Tank- und Wartungsstellen mangelt (und Autodiebereien nicht zu den griechischen Sitten zählen). Inzwischen haben es auch die Einheimischen entdeckt, denn sie huldigen den vier Rädern nicht nur mit nachtwandlerischer Sicherheit, sondern auch mit explosiver Passion und natürlich als Statussymbol. So stieg zwischen 1976 und 1986 der Bestand an Kraftfahrzeugen von rund 700000 (1939 waren es 14878) um 2 Mio. Der Bestand an Pkws verdreifachte sich sogar (auf 1,36 Mio.). Die Lastkraftwagen vermehrten sich im gleichen Zeitraum um das Dreifache (630000), die Autobusse nur um 28% (18000). Kein Dorf in Griechenland, das der vielverzweigte Busverkehr von Athen aus nicht in einer Tagesfahrt erreichte. – Seit Jugoslawien die Landzufahrt ausgebaut hat und seit der Aufnahme des Fährdienstes von Ancona, Bari, Brindisi nach Korfu, Igoumenitsa und Patras hat der Autotourismus nach Griechenland gewaltig zugenommen.

Aber die Busfahrt kostet Zeit, und so erfreut sich das Flugzeug im Binnenverkehr immer lebhafteren Zuspruchs, zumal ein Flugticket den Passagier kaum mehr schröpft als das Bahn- oder Schiffsbillett erster Klasse. 37 Lufthäfen kann er anfliegen, darunter 22 Inseln – und dieses Netz breitet sich noch weiter aus. 1985 machten vom Binnendienst der »Olympic Airways« 5,3 Millionen Fluggäste Gebrauch – überwiegend Griechen, denen in diesem flugwetterfreundlichen Land das Flugzeug ebenso selbstverständlich ist wie das Taxi in Athen.

Doch der Luftverkehr bemächtigt sich zunehmend auch des Auslandstourismus. 1985 machten 73300 Maschinen Station in Athen, wegen seiner Schnittpunktlage zwischen den Kontinenten (auch die Amerikaner auf dem Weg nach Fernost und die Australier mit Ziel Europa); das sind 200 pro Tag – kein Wunder, wenn die Akropolis, die zweiundeinhalb Jahrtausende und sogar die Türken überstand, an ihren Giftdünsten und Lufterschütterungen gefährlich erkrankt ist. 70% aller Griechenlandbesucher reisen über den Luftweg an.

Von Odysseus bis Onassis

Doch Eisenbahn, Auto und Flugzeug genügen nicht im entferntesten dem Transportbedarf. Der Löwenanteil fällt dem Schiff zu, das die buchtenreiche Hafengunst der vielzerlappten Küste zum natürlichen Kommunikationsmittel zwischen den sonst so schwer zugänglichen Gliedern des griechischen Gebirgsleibes macht – von West nach Ost ist der Weg übers Meer oft schneller zurückzulegen als über Land. Nicht zufällig auch verdanken fast alle Städte ihre Größe der Hafenlage – von Athen über Volos, Saloniki, Kavalla bis hin zu Korinth, Äghion, Patras, Pylos und Kalamata. 15000 km Küste, hinter ihr ein verschlossenes unwirtliches Land, dazu 3054 Inseln und Inselchen – geradezu zwangsläufig wurden die Griechen die ersten Seefahrer Europas, und durch alle

Wechselfälle der Geschichte hindurch, selbst während der Osmanenherrschaft, wußten sie unter den seefahrenden Völkern einen führenden Rang zu behaupten, weit über den nationalen Verkehrsradius hinaus. – Mag Odysseus noch so viele Schiffbrüche erlitten haben, untergegangen ist er nie, und die Häfen dienten ihm mehr zum Abfahren als zum Ankommen.

Die binnengriechische Schiffahrt beförderte 1985 17 Millionen Passagiere und eine Million Kraftfahrzeuge, die Küstenfähren dazu noch weitere 16 Millionen Passagiere und fast sechs Millionen motorisierte Vehikel; sie fahren nun die Ernten direkt von den Inselfeldern auf den Athener Markt. Mehr noch: von den 23,2 Millionen Tonnen Importgütern kamen 21,1 Millionen auf dem Seeweg nach Griechenland, und über ihn gingen 18,2 Millionen von den 22,2 Millionen Tonnen Waren außer Landes. Doch die Hauptaktivität der griechischen Handelsflotte gilt dritten Kunden, der internationalen Tramp- und Tankerfahrt in sämtlichen Meereswinkeln der Erde.

Vor dem Kriege stand Griechenland mit 589 Dampfern und Motorschiffen von zusammen 1,872 Millionen BRT an achter Stelle unter den seefahrenden Nationen. Dreiviertel davon sanken im Kriege auf den Meeresgrund – von 69 Fahrgastschiffen überlebten nur 17 und von 488 Frachtern lediglich 213. In keiner anderen Branche aber ging nach 1945 der griechische Wiederaufbauwille so rasch ans Werk wie bei der Flotte. 1956 zählte sie wieder 328 Einheiten mit 1,34 Millionen BRT. Doch sie waren nur ein Bruchteil der Schiffe in griechischer Hand. Denn 1955 fuhr nur jedes sechste griechische Schiff unter seiner Heimatflagge (1939 hatten sich ihrer vierzehn von fünfzehn bedient). Insgesamt geboten griechische Reeder damals schon über 11 Millionen Tonnen.

Die amerikanische Zeitschrift »Fortune« analysierte die damalige Emigration der griechischen Flotte: »In Hamburg ist man dabei, den

▶ *Mit drei Fingern greift die Chalkidike nach der Ägäis – von West nach Ost mit den Halbinseln Kassandra, Sithonia und dem »heiligen Berg«. Schießt der Athos in steiler Erhabenheit unmittelbar aus dem Meer zu 2033 m auf, die beiden anderen geben sich gesellig, in sanfter Hügelung und vielgebuchtet. Einst wegen seiner Erze vom euböischen Chalkis kolonisiert, entwickelt sich die Chalkidike in ihren Westausläufern zur gepflegten Idylle des Tourismus, die Kassandra mehr als Sithonia, wo sich noch Einsamkeit findet.*

▶ ▶ *Griechenland ist Berg und Meer, dazwischen selten nur die anbaufähige Ebene. Allerorten, besonders auf den Inseln – wie auf Siphnos – sucht daher der Bauer dem bewegten Gelände durch Terrassierung Nutzflächen abzugewinnen, welche die Krume und den raren Niederschlag halten; die Arbeit von Jahrhunderten braucht zu ihrer Erhaltung ständige Mühe, für die sich wegen der galoppierenden Land- und Inselflucht nicht mehr ausreichend junge Hände finden. So war und ist es angebracht, zu ihrem Schutz auch den lieben Gott zu bemühen – kaum ein größeres Grundstück ohne private Kapelle.*

bisher größten Tanker der Welt von beinahe 46000 t Tragfähigkeit auszurüsten … Von Deutschen gebaut, wurde er durch nordamerikanische Darlehen finanziert und von britischen Gesellschaften versichert. Der Tanker wird unter liberianischer Flagge fahren. Offiziere und Mannschaften stellt aber Griechenland. Als Sitz der Reederei soll Liberia eingetragen werden. Der Einsatz des Tankers soll von Frankreich aus geleitet werden. Bald aber wird man nach Monaco übersiedeln. Der maßgebende Aktionär besitzt die argentinische Staatsangehörigkeit, hat aber Wohnsitze in den Vereinigten Staaten, Uruguay und Frankreich. Jeder alte Seebär würde auf Grund dieser Merkmale vermuten, daß der maßgebende Aktionär ein Grieche sein muß, zumindest von Geburt, wenn auch nicht aus Überzeugung.« Die Diagnose ging nicht fehl: der Besitzer hieß Aristoteles Onassis, der 1922 nach der kleinasiatischen Griechenkatastrophe mit völlig leeren Taschen aus Smyrna nach Buenos Aires geflüchtet war und in wenigen Jahren ein gewaltiges Flottenimperium, neben manchem anderen, auf die Beine stellte. Und wie keine Insel, mochte sie noch so attraktiv mit einer Kalypso oder Kirke bestückt sein, Odysseus zu halten vermochte, so trennte sich Onassis immer wieder von seinen großen Landabenteuern, vom Kasino von Monte Carlo und von der griechischen Luftfahrtgesellschaft – nur seinen Schiffen blieb er treu. Onassis war nicht der einzige »Onassis«, er war nur der erfolgreichste einer langen Reihe von Griechen, der Livanos, Niarchos, Colokoundris, Andreadis, Karras, Goulandris, Vardinojannis, die das gleiche Geschäft auf die gleiche Manier kultivierten. Man kann ihnen »griechischen Kosmopolitismus« zugute halten (der sich freilich auch in anderen

◄ ◄ *Von schöner Häßlichkeit sind die soupiés, oktapódia, kalamarákia (in dieser Folge stuft sich ihre Geschmacksgüte), Meeresgetier aus dem Geschlecht der Kopffüßler und Tintenfische, von abstrakter Geometrik und in allen Größen. Seine Zubereitung kostet etliche Mühe: x-mal ist es auf den Fels zu schlagen, damit das Fleisch mürbe wird, dann wird es kreisend auf dem flachen Stein gerieben, wobei sich eine schleimige Flüssigkeit absondert. Schließlich wird es an der Sonne geräuchert – mit Zitrone angereichert, begleitet es den Schnaps. Aber auch in der Pfanne macht es sich gut.*

◄ *Santorin (zu Ehren der Santa Irene), auch Thera genannt, ist eine faszinierende Naturruine, mehr Hades als Hellas: um 1500 v. Chr. sprengte die gewaltigste Vulkanexplosion den ganzen mittleren Bergkörper in die Luft und riß den Außenrand an drei Stellen ein, so daß das Meer seine Binnenfläche ausfüllte; aus ihrer Mitte wuchsen später mehrere Kleinkrater nach. Orte liegen den stehengebliebenen Rändern wie gebleichte Skelette auf; während jene nach innen senkrecht abstürzen, dachen sie sich rundum nach außen flach ab; bis zu 30 m Dicke von fruchtbarer Vulkanasche zugedeckt, bringen sie reiche Ernten an Trauben, Tomaten und Hülsenfrüchten. Krasser können nicht Tod und Leben, Fluch und Segen aufeinanderprallen.*

Dimensionen zu betätigen weiß). Das Sichabsetzen jener »Tycoons« hatte handfestere Argumente – politische und fiskalische, arbeitsrechtliche und währungspolitische. Der Bürgerkrieg, die politische Labilität, die wirtschaftliche Chaotisierung des Landes in der Nachkriegszeit ließen es den meisten Reedern geraten erscheinen, ihre Tätigkeit in das sichere Ausland zu verlegen. Ihre Fluchttonnage verteilten sie auf dreizehn Länder – vorrangig auf Panama, Liberia, Honduras und Costarica, bei denen mehr als drei Viertel der griechischen Flotte registriert waren, Länder, deren Arbeitsrecht sich in der großzügigsten Dürftigkeit erging, die keine gewerkschaftlichen Verbindlichkeiten anerkannten und die sich durch großzügige Steuergesetze auszeichneten.

Das triste Kapitel der Billigflaggen schlägt weiter Wellen – viele aber seiner griechischen Nutznießer sind aus ihm wieder ausgeschert. Die politische Stabilisierung in der Heimat, die Gesundung der Drachme, die rasante Entwicklungskonjunktur, das Entgegenkommen des griechischen Fiskus, der Köder von lukrativen Investitionschancen auf dem häuslichen Boden (Raffinerien, Weften, Stahlwerke, Erzförderung) hießen viele emigrierte Reeder, sich auf ihr hellenisches Herz zu besinnen. Jede Regierung, ob rechts (wie Karamanlis in seiner ersten Amtszeit) oder links (wie Georgios Papandreou und später auch sein Sohn Andreas), streichelten sie mit Samthandschuhen. Noch fetter die Bissen, die ihnen die Obristen in den Rachen warfen. Und so kehrten sie heim und tun es weiterhin, obwohl nach dem Sturz der Diktatur die wiedererstandene Demokratie ihr Blatt wendete: der starke Mann Karamanlis ließ die Reeder erstmals die Steuerschraube spüren, unterzog die schamlos profitablen Verträge, die sie der Junta abgeluchst hatten, teils einschneidenden Revisionen, teils machte er sie rückgängig. Und dennoch setzen sie nun zunehmend auf die hellenische Karte, auch wenn ihren Flotten nicht (wie der norwegischen und belgischen) staatliche Subventionen winken. Sie wissen warum: Ihr Existenzinteresse verlangt, im Kielwasser Griechenlands in die Europäische Gemeinschaft einzufahren – durch den Selbstausschluß von ihr gingen sie ihrer wichtigsten Kundschaft verlustig.

Während noch 1976 40% aller Schiffe von griechischen Eigentümern unter fremder Flagge fuhren, waren es 1985 nur mehr 16%. Der Einfluß der Reeder auf die griechische Politik hat sich trotz vorübergehender klimatischer Störungen zwischen Regierung und Reederverband auch unter der Ära Papandreou ungebrochen fortgesetzt. Das zeigte sich z.B. an dem gescheiterten Versuch, endlich die – nach Auffassung der Regierung – fälligen Erbschaftssteuern der Onassis-Erbin einzutreiben (es ging um 52 Mio. Dollar). Als daraufhin Christina Onassis den mächtigen Reederverband, bei dem sie auch einen Vorstandsposten bekleidet, mobilisierte und mit dem Desengagement der renommierten Onassisstiftung (Unterstützung von Forschungs- und Kulturförderungsprojekten, Aufbau einer Herzklinik in Athen) drohte, krebste die Regierung zurück. Klein beigeben mußte die Regierung auch in der Frage der Begrenzung der Ausländerbeschäftigung (25%) auf den Schiffen, für deren Einhaltung sich die Seemannsgewerkschaft stark ins Zeug gelegt hatte. Ziel des Reederverbandes ist »die Bemannung der Schiffe durch Griechen auf den Offiziersposten und Ausländer als Besatzungen unter Deck« – so der Sprecher des Reederverbandes. Die Motive der knallhart kalkulierenden Reeder sind klar. Die angeheuerten Asiaten und Afrikaner verdienen häufig nur 50 % der Heuer eines griechischen Seemanns und sie können in Krisenzeiten schneller abgemustert werden. Außerdem gibt es trotz gestiegener Arbeitslosigkeit immer weniger Griechen, die die negativen Konditionen dieser Arbeitsplätze akzeptieren (Trennung von der Familie, Monotonie, Lärm und dicke Luft unter Deck). Die Gewerkschaft lief Sturm gegen dieses »moderne Sklavensystem«, konnte aber nicht verhindern, daß die Regierung schließlich auf die Wettbewerbsargumente der Reeder einging. Diese rechtfertigten nämlich ihre Position mit der Anpassung an den EG-Standard. In England, der BRD und Frankreich seien die Einstellungsbarrieren von Ausländern – auch gegen den erbitterten Widerstand der Gewerkschaften – bereits abgebaut worden.

Die Reeder finanzieren eine Vielzahl von Stiftungen und stecken auch den Parteien gerne Mittel zu, um gut Wetter bei den Politikern und der Bevölkerung zu machen, bei der sie als »vaterlandslose, skrupellose Geschäftemacher« verrufen sind. Die Macht der Reederaristokratrie (10 Familien kontrollieren zwei Drittel der Schiffe), die sich manchmal wie eine »eigene Spezies Mensch« (E. Vlachou) geriet, ist aber in erster Linie in der gesamtwirtschaftlichen Potenz ihres Geschäftszweiges begründet. Je nach Konjunkturlage bieten die Schiffe der griechischen Reeder Arbeitsplätze für 40–50000 Seeleute. Hinzu kommen die Arbeitsplätze in der Werftindustrie, die weitgehend abhängig ist von den Aufträgen griechischer Reeder, und die Schauerleute in den Häfen. 15 Mrd. Dollar an Devisen hat die griechische Handelsschiffahrt innerhalb zehn Jahren eingebracht (1978–88). Die internationalen Transporteinnahmen überstiegen sogar zeitweise die Tourismuseinnahmen. 1987 machten sie immerhin noch 54 % der Tourismuseinnahmen aus, die inzwischen stark zugenommen hatten.

Die griechische Handelsflotte hatte bis zu Beginn der achtziger Jahre stark expandiert. Bis 1981 war die Tonnage der Schiffe unter griechischer Flagge auf 42,4 Mio. Bruttoregistertonnen (BRT) angewachsen. Zusammen mit den Schiffen griechischer Reeder unter Billigflaggen ergab sich eine Summe von 51 Mio. BRT. Damit verfügten die griechischen Reeder über die – nach Liberia – größte Handelsflotte der Welt.

Der spektakuläre Aufstieg der griechischen Handelsschiffahrt seit der Nachkriegszeit erklärt sich großteils aus der extremen Risikobereitschaft der griechischen Reeder. Die Risikobereitschaft ist getragen von der Jagd nach dem schnellen und hohen Gewinn. Dieselbe überlieferte Händlermentalität, die im industriellen Bereich zu Lähmungserscheinungen und Rückschlägen geführt hat, wirkte als Erfolgsrezept auf dem Sektor der Handelsschiffahrt. Die griechischen Reeder waren überall zur Stelle, wo ein hohes Risiko hohen Profit versprach: Im Korea-Krieg, als Nasser den Suez-Kanal schloß, bei der Versorgung Kubas und Rhodesiens während deren Blockaden und – neuestes Beispiel – beim Golfkrieg. Die Reeder Chatzijoannou (6 Mio. BRT) und die Brüder Martinos verdanken ihren kometenhaften Aufstieg der Übernahme von Risikofahrten während des Iran-Irakkonfliktes. Schließlich fuhren die griechischen Reeder ihre hohen Gewinne ein durch die bereits erwähnte Ausbeutung von Dritt-welt-Seeleuten (ca. 50% der niedrigen Ränge), aber auch durch die Überziehung der Abschreibungszeit ihrer Schiffe. Zu Beginn der achtzi-ger Jahre waren 35% der griechischen Schiffe älter als 15 Jahre. Und böse Zungen meinen, der Aufstieg erkläre sich auch durch Versicherungsbe-trügereien. Vor einigen Jahren gingen Berichte durch die Presse von »schwimmenden Särgen«, deren Ladung hochversichert war und die auf mysteriöse Weise verschwunden waren, die – dafür sprechen einige Indizien – versenkt oder einem Identitätswechsel unterzogen wurden. Von den 21 Totalverlusten, die Lloyd 1978 gemeldet wurden, hatten 11 griechische Eigner. Sicherlich kein zwingender Beleg für den Betrugsver-dacht. Die überdurchschnittlichen Verluste können auch mit dem Alter der Schiffe und deren entsprechend geringeren Seetüchtigkeit erklärt werden oder aber mit der mangelhaften Qualifikation des Personals sowie der Verantwortungslosigkeit vieler griechischer Kapitäne, die die Risikomentalität ihrer Arbeitgeber übernommen haben. Wegen der überdurchschnittlichen Schäden verlangt die Londoner Lloyd-Versiche-rung von den griechischen Reedern inzwischen einen Risikoaufschlag auf die Versicherung ihrer über 15 Jahre alten Schiffe.

Mit der Weltwirtschaftskrise zu Beginn der achtziger Jahre erlitt auch die griechische Handelsflotte empfindliche Einbußen. Der Welthandel – insbesondere mit den von der griechischen Handelsflotte besonders stark belieferten Drittweltländern – ging zurück. Die Energieeinsparungen der Industrieländer und die teilweise Substitution des Nahost-Öls bewirkten einen Rückgang des Tankergeschäftes. Immerhin 37% der Gesamtton-nage waren 1981 Tankschiffe. Und verschiedene Regierungen begannen angesichts der Marktbedrohung ihrer Handelsflotten protektionistische Maßnahmen zu ergreifen oder sich – wie die Sowjetunion – Marktanteile durch Dumpingpreise zu erkämpfen. In Zahlen ausgedrückt wirkte sich der Rückgang der Auftragslage in einer Reduktion der eingesetzten Kapazität um 54% bei den Frachtschiffen aus und von 11% bei den Tankern (1981–88). 1982/83 lag knapp ein Drittel der griechischen Handelsflotte vor Piräus still. Die Reeder benutzten, die Flaute, um alte Schiffe zu verschrotten – eine der wichtigsten Rohstoffquellen für Eisen in dem eisenarmen Griechenland im übrigen. Ab 1988 begann sich die verbesserte Weltkonjunktur auch auf die Auftragslage der griechischen Handelsschiffahrt positiv auszuwirken.

Der Sprung in den »Strom«

Unter den infrastrukturellen Voraussetzungen der Industrialisierung rangiert an erster Stelle die Energieversorgung. Zu ihrer Entwicklung mußte Griechenland nach dem Weltkrieg nahezu vom Nullpunkt aus starten. Betrug der Stromverbrauch 1959 erst 1,9 Mrd. kWh pro Jahr, hatte er sich bis 1969 vervierfacht und war bis 1987 auf 26,3 Mrd. Kilowatt-Stunden angewachsen. Noch anschaulicher demonstriert das Elektrifizierungstempo (gleichsam in Lichtgeschwindigkeit) der Pro-Kopf-Verbrauch, der in der gleichen Zeitspanne von 238 auf 2629 kWh anstieg. Trotz dieser enormen Steigerung bleibt Griechenland Im Pro-Kopf-Verbrauch hinter dem Niveau der entwickelteren europäischen Länder zurück. 1984 lag der Elektrizitätsverbrauch der Griechen bei 41 % des Pro-Kopf-Verbrauches der Bundesrepublikaner.

Die Elektrifizierung Griechenlands hatte sich in der Vorkriegszeit u. a. verzögert wegen des totalen Mangels an Steinkohle. Erst die neueren Technologien versetzten das Land in die Lage, seine ansehnlichen Braun-kohlevorräte bei Aliveri (Euböa), Ptolemais (Westmakedonien) und Megalopolis (Peloponnes) für die Stromgewinnung zu nutzen. Auch die Wasserkräfte wurden nun der Produktion zugeführt, der Voda an der jugoslawischen Grenze, der Ladon bei Olympia, der Louros im Süden von Jannina und nun der Achelos in Westmakedonien, der 2. größte Fluß des Landes. Zug um Zug mit dem Ausbau der Kraftwerke wurde das Überlandnetz erweitert, das Verteilersystem verästelt, so daß sich nun auch die Industrie in den Provinzen ansiedeln konnte.

Wenn damit das Problem der nationalen Stromversorgung quantitativ mehr oder minder gelöst erscheint, zwei Schwächen machen sie teuer. Die Erzeugungskapazitäten verteilen sich auf 470 Kraftwerke, auf allzu viele unökonomische Kleineinheiten – auf den Inseln vor allem, die z. T. nicht dem nationalen System eingebunden sind und ihre Elektrizität aher selber mit flüssigem Brennstoff produzieren müssen. Diese Struktur ließ sich so lange vertreten, wie das Erdöl billig war. 1973 trug das Mineralöl zu 41 % zur Stromerzeugung bei – die Braunkohle zu 44 %, die Wasser-kraft zu 15 %. Als Reaktion auf die Ölpreisexplosion veränderten sich die Proportionen. Bis 1985 hatten die griechischen Elektrizitätserzeuger den Anteil der Ölfeuerung auf 28 % gedrosselt und die Lignitquote auf 61 % gesteigert (10 % Wasserkraft).

Aber die mittlerweile geringere Ölimportabhängigkeit der staatlichen Elektrizitätsgesellschaft (DEI) zugunsten der Braunkohleverstromung belastet das Staatssäckel nicht weniger, da die griechische Braunkohle minderer Qualität ist. Ihre Energieausbeute beträgt gut 900 Kilokalorien. Braunkohle entsprechender Qualität wird in der Bundesrepublik wegen des hohen Kostenaufwandes nicht verarbeitet. Griechenland ist wegen seiner Devisenknappheit jedoch auf jede Möglichkeit zur Importsubsti-tution angewiesen. Dies geht nur auf Kosten der Strompreise. Strom – insbesondere Industriestrom – ist deshalb auch kaum irgendwo in Europa so teuer wie in Griechenland. Die spektakuläre Erhöhung der ohnehin schon so hohen staatlichen Strompreise als Teil des 1985 ver-hängten Sparprogrammes traf denn auch die griechischen Verbraucher empfindlich und hat sicherlich auch die anschließende Streikwelle mit-provoziert. Eine weitere negative Folge der hohen Braunkohleverstromungskosten ist die Vernachlässigung von Umweltauflagen. Die Emissionen der griechischen Braunkohlekraftwerke überschreiten die in der Bundesrepublik geltenden Grenzwerte um ein Vielfaches.

Da der Begriff »Energie« mehr umfaßt als »Elektrizität«, auch die ständig gierige Treibstoffschluckerei der Kraftfahrzeugmotoren, der Schiffe, der Wasserpumpen und anderen landwirtschaftlichen Fahrzeuge und Maschinen u. a., wuchs der Bedarf an Mineralöl trotz Verteuerung unaufhörlich an. Ein Viertel der Devisen für Importe mußte 1985 für Öl ausgegeben werden. Das entsprach 58 % der durch Exporte erwirtschafteten Devisen.

Dieses Dilemma erhellt nur ein kleiner Lichtblick. Eine amerikanisch-deutsch-schweizerische Firmengruppe bekam 1970 einen Zipfel jener alten Hypothese zu fassen, derzufolge sich ein riesiges Erdölfeld unter der Ägäis zwischen Rumänien und Libyen erstrecke. Sie wurde vor der Insel Thasos (bei Kavalla) fündig, in 30 m Tiefe und geschütztem Wasser. Da aber jedem Segen auch ein Fluch innewohnt, löste diese Entdeckung den griechisch-türkischen Ägäiskonflikt aus, der die beiden Länder mehrmals an den Rand des Krieges führte. Der anfängliche Optimismus über die ersten Funde (denen inzwischen keine weiteren gefolgt sind) verhieß eine Tagesförderung von 150000 Barrels, die Griechenland nicht nur zur Selbstversorgung, sondern darüber hinaus zum Export befähigt hätten; heute geben sich die »sicheren« Schätzungen bescheidener – zwischen 25000 und 50000 Barrels (à 159 Liter) täglich, womit Griechenland auch schon ganz schön bedient wäre. Die Zurückschraubung der Erwartung könnte freilich auch außenpolitisch motiviert sein, mit der Dämpfung des türkischen Appetits auf die Ägäis. 1985 konnte Griechenland immerhin 10 % des jährlichen Ölverbrauchs aus den Ölquellen bei Thasos speisen.

Kurzfristige Entlastung brachte auch die Verbilligung des Öls. Bis 1987 konnte die Devisenbelastung durch den Sturz des Ölpreises stark reduziert werden (11,5 % der Importe, 23 % des Exportwertes), gleichzeitig stieg aber die Menge des eingeführten Öls. Griechenland scheint keinerlei Anstalten zur Energieeinsparung zu machen – im Unterschied zu den industriell entwickelteren Ländern Europas. Das ungebremste Wachstum des fossilen Energieverbrauchs ist nicht nur aus außenwirtschaftlichen Gründen als fahrlässig zu bezeichnen – eine erneute Ölverteuerung würde das im Ausland hochverschuldete Griechenland an die Grenze der Zahlungsfähigkeit bringen –, auch aus umweltpolitischen Gründen ist es nicht zu vertreten. Halbherzige und ineffiziente Fahrverbote haben bisher nicht verhindern können, daß die Smog-Wolke über Athen (nefos) immer bedrohlichere Ausmaße angenommen hat. Vor radikaleren, unpopuläreren Maßnahmen, wie z.B. der Ausmusterung der älteren Pkw-Jahrgänge mit hohem Energieverbrauch und extremen Emissionen, scheuen die Politiker zurück. Das Auto ist eben auch in Griechenland zum Lieblingskind der Konsumgesellschaft geworden und der Ersatz der im mediterran-trockenen Klima besonders langlebigen Fahrzeuge würde den Devisenhaushalt eines Landes, das über keine inländische Autoproduktion verfügt, extrem belasten bzw. wäre für den griechischen Durchschnittsverbraucher überhaupt nicht finanzierbar.

Atomenergie ist für das erdbebengefährdete Griechenland keine Alternative. Außerdem übersteigen die notwendigen langjährigen Investitionskosten die Wirtschaftskraft des griechischen Staates. Und die Ausbeute der Sonne als Energieträger, von der es in Griechenland wahrlich genug gibt, wartet noch auf wirtschaftliche Lösungen. In Griechenland selbst experimentiert man in Kooperation vor allem mit deutschen Firmen (Siemens, Varta) mit einer Versuchsanlage auf der Insel Kythnos seit 1983. 6% des Inselbedarfs an Strom wird durch die 7500 qm große Anlage produziert. Und in dem Vorort von Athen Lykowrisi gibt es seit 1988 eine Demonstrationsanlage mit 26 Gebäuden und 435 Wohnungen, die mit Sonnenkollektoren neuerer Bauart und Wärmepumpen zur Warmwasserversorgung und Heizung ausgerüstet sind. Die Kosten sind so hoch wie die des Hausbaus – liegen also noch weit über der Grenze, die griechische Haushalte finanzieren könnten.

Die Volkskrankheit »Telefonitis«

Wie stünde es schließlich um die Industrie ohne das raum- und zeitüberwindende Telefon! Nährt sie sich von ihren Rohstoffen, liefert ihr der Strom die Muskelkraft, der Fernsprecher fungiert als ihr Nervensystem. Doch kaum einem anderen Volke liegt es so am Herzen wie den spontanen, kontaktbesessenen, redseligen Griechen. Die kapazitätsstarke Fernmeldeindustrie kann ihren Hunger nur nach langen Wartezeiten stillen, und wenn Griechenland auf der Stufenleiter der Industriegesellschaft erst die unteren Sprossen erklommen hat, im Telefonwesen befindet es sich mit 39 (1986) Hauptanschlüssen je 100 Einwohner schon auf ihrer unteren Mitte, knapp hinter den Niederlanden (42). Im Jahrzehnt zwischen 1965 und 1975 vermehrten sich die Telefonapparate von 508000 auf über 2 Millionen, um bis 1986 auf knapp 4 Millionen anzuwachsen. In ihrem Gebrauch gar bringen sie es zu einem zweiten »Weltrekord«, nach Meinung des Chefs der staatsgriechischen Telefongesellschaft (OTE); er beklagte sich über die »Telefonitis« seiner Landsleute, deren ausdauernde »Geschwätzigkeit« dem Unternehmen allzu hohe Kosten verursache. Der Anrufer erreicht auch kaum je den gewählten Partner auf Anhieb, stets ist dessen Apparat zunächst einmal »besetzt«. Davon abgesehen: da sich auch der telefonische Automationsgrad auf der Höhe der Zeit hält, bleibt das griechische Fernmeldewesen den Kontakt- und Nachrichtenbedürfnissen des Handels und der Industrie nichts schuldig – dafür hat u.a. Siemens gesorgt.

Bodenschätze:
Vergangenheit und Zukunft

Griechenland birgt mehr Schätze unter als auf dem Boden. Um nur die wichtigsten zu nennen: Braunkohle (Lignit), Öl, Bauxit, Magnesit, Chrom, Nickel, Asbest, Marmor, Santorinerde, Kaolin, Bentonit (Ton mit starkem Quellungsvermögen), Pechit und neuerdings auch Uran. Vom Lignit, Erdöl und Bauxit abgesehen, läßt sich den Bodenschätzen Griechenlands die Eigenschaft des »Luxusproduktes« nachsagen: sie zählen nicht so sehr zu den Massengrundstoffen der modernen Industrie, sondern zum »Zusätzlichen«, das freilich mit den technologischen Fortschritten (der verfeinernden und verfestigenden Legierungen) an ökonomischer Bedeutung gewinnt. So verfügt in ihnen das Land über eine seiner besten Karten im Spiel um die Zukunft. In der Vergangenheit hat es sie schon zu nutzen gewußt. Nicht zuletzt verdankte Athen den Silberminen von Laurion seine frühe Vormachtstellung; im Parthenon fanden sie ihre edelste Metamorphose, in der Flotte des Themistokles, welche die Perser zurückschlug, ihre folgenreichste Verwendung. Siphnos und Thassos wucherten nicht mit ihrem Gold, und zu allen Zeiten lieferte Seriphos Eisen. Vor ihnen allen aber verhalf Milos mit seinem Obsidian – als Handwerkszeug – der Steinzeit zur ersten »Kultur«.

Die griechische Gegenwart hat sich dieser seiner Reichtümer erst zum geringeren Teil bemächtigt. Die meist abseitige Fundlage, ihre Verstreuung in kleinen Mengen und der Kapitalmangel stehen ihrer Förderung im Wege. So sind bisher fast nur ihre verkehrsbegünstigten Lagerstätten erschlossen, in Küstennähe und auf den Inseln – Laurion wieder, bei Itea, Delphi zu Füßen, die Chalkidike, Kithnos, Seriphos, Milos, Thassos, Naxos u. a. Doch der dynamische Impuls der Nachkriegszeit hat auch den Bergbau ergriffen: erbrachte der Export seiner Produkte 1960 an die 18 Millionen Dollar – 1989 waren es schon 460 Millionen oder 10 % der Exporte (inkl. Aluminium und Kupfer).

Das nationale Interesse gilt, in diesen Zeiten der Erdölnot mehr denn je, vor allem den Ligniten. Ihre sicheren Vorräte werden, in 22 Lagern, mit 2 Milliarden Tonnen beziffert; bisher erst an drei Stätten in großem Maßstab gefördert, dürften sie noch einige Zeit reichen, denn die Kraftwerke beanspruchen derzeit nur an die 34 Millionen Tonnen im Jahr (1985). Weitere Zukunft versprechen 4 Milliarden Tonnen Torf (meist in Nordgriechenland) – die jüngste technologische Entwicklung hat auch ihn für die Stromerzeugung verwertbar gemacht.

Fast alle übrigen bergbaulichen Aktivitäten aber sind exportorientiert. Wo sie hohen Kapitalaufwand erfordern, nehmen sich ihrer meist »multinationale« Gesellschaften an, manchmal in Kombination mit heimischen Unternehmern oder dem griechischen Staat. Mit weitem Abstand an der Spitze liegt die Bauxitgewinnung an den Süd- und Westhängen des Parnassos (im Umkreis von Delphi); noch kaum genutzt sind die 62 Fundstätten auf der Chalkidike, in Westmakedonien und auf dem Peloponnes, welche die Gesamtreserven auf 100 Millionen »sichere« Tonnen bringen. Derzeit werden etwas über 1,3 Millionen Tonnen exportiert (1985), die es an die erste Stelle der Erzausfuhr plazieren. Sie ist fast noch monopolistisch in der Hand der französischen Péchiney. Die konservative Regierung Karamanlis versuchte dieses Monopol durch die Attraktion anderer ausländischer Bergwerkskonzerne zu durchbrechen. Den Zuschlag bekam die amerikanische Reynolds-Gruppe, die in unmittelbarer Nähe von Delphi, der nach der Akropolis wichtigsten Kulturstätte Griechenlands, ein zweites Aluminiumwerk errichten wollte. Das Projekt scheiterte an dem erfolgreichen Protest der internationalen Initiative »Rettet Dephi«, die der Schweizer Umweltschützer Alfred Weber ins Leben gerufen hatte. Auch die spätere Kultusministerin, Melina Mercouri, appellierte 1978 im Parlament an Karamanlis, »im Namen der gesamten Menschheit den Delphi-Skandal zu verhindern«.

Derselbe Konflikt wurde acht Jahre später neu aufgelegt – nur mit vertauschten Rollen. Diesmal waren die an die Macht gekommenen Sozialisten Zielscheibe einer internationalen Protestwelle und Melina Mercouri hielt sich bedeckt. Die Regierung Papandreou hatte die Sowjetunion für den Aufbau einer Tonerdefabrik gewonnen. – Tonerde ist ein aus Bauxit gewonnenes Zwischenprodukt zur Aluminiumherstellung. Die Sowjetunion hatte sich sogar auf eine zehnjährige Abnahmegarantie eingelassen. Das Werk sollte jährlich 130 Mio. Dollar an Devisen einbringen und 850 Personen beschäftigen. Als Standort war der Ort Efthymia, 11 Kilometer vor Delphi, vorgesehen. Eine Studie der EG beurteilte das Projekt als in wirtschaftlicher und umweltschützerischer Hinsicht absurd. Bei der Herstellung von Tonerde würden durch die Verbrennung von Heizöl täglich rund 70 t Schwefeldioxid in die Luft abgeblasen und in Verbindung mit Wasser – als niedergehender Regen – Schwefelsäure bilden, die den Marmor und Kalkstein der antiken Bauten in wegbröckelnden Gips verwandelt. Delphi würde derselbe Zerfall drohen wie der Akropolis, die mit ungeheurem finanziellen Aufwand restauriert werden muß. Außerdem werden bei der Tonerdeherstellung riesige Mengen von Fluor, Stickoxiden, Ruß und anderen Schadstoffen frei. Auch diesmal wurde wieder die internationale Initiative Webers aktiv. Weber schrieb an Gorbatschow. Der deutsche Reisebüroverband prophezeite dem griechischen Tourismusministerium das Ausbleiben deutscher Touristen und das europäische Parlament entsandte einen Appell an die griechische Regierung. Im Sommer 1987 begann diese von ihren Standortplänen abzurücken und faßte nunmehr Domvrena am Golf von Korinth als Ersatzort ins Auge.

Das Projekt lag auf der Linie der griechischen Tendenz, höhere Erlöse aus seinen Bodenschätzen durch deren Aufbereitung am Fundort zu erzielen. Wie beispielsweise schon mit den Asbestlagern von Konzani, mit Hilfe der amerikanischen Kenecott Copper Corporation. Nennenswert ist ferner die Förderung von Magnesit (auf Euböa), in der Griechenland den sechsten Rang unter den Weltproduzenten einnimmt (mit einem Lagervolumen von 100 Mio. Tonnen), von Nickelerzen sodann bei Domokos und Lamia, die zum Teil unter Assistenz von Krupp in

Larymna aufbereitet werden. Ein beträchtlicher Anteil der Eisenerze wird schließlich von den heimischen Stahlwerken aufgenommen. So reichhaltig sich diese (unvollständige) Liste ausnimmt – mit den genannten Operationen ist die griechische Erde erst angekratzt.

Der Ehre halber sei noch des Marmors gedacht, in dem Griechenland über einen höchst unmodernen Reichtum verfügt – der Zeitgeschmack, an dem klassischen Baustoff desinteressiert, hat ihn durch den Zement verdrängt. Diese Entwertung macht ihn billig, obwohl sein Herausbrechen teuer ist, läßt es sich doch nur mit Handarbeit bewerkstelligen, nicht mit Dynamit. Das Athener Straßenpflaster benutzt ihn vielfach, die Häuser verwenden ihn für Böden und Fassaden. Der Staudamm von Marathon (dessen Speichersee zur Wasserversorgung Athens beiträgt) ist mit ihm eingefaßt, und auch das Athener Stadion, das für die erste neuzeitliche Olympiade (1896) von einem reichen Griechen gestiftet wurde. Dieser weiße Stein, aus dem der Parthenon und die meisten Tempel erbaut sind, kommt aus den Brüchen des Pentelis, auch des Hymettos, die Berge um Laurion liefern ihn, die Inseln Euböa, Skiathos, Skyros, Thasos, Tinos und Naxos. Seine edelste Sorte freilich, die feinstporige, die gefügigste in des Bildhauers Hand, entstammt den Steinbrüchen von Aghios Minas auf Paros, das ihn auch purpurn aufweist. Wie sich denn der Marmor in einem breiten Spektrum der Farben und Maserungen anbietet: auf Andros ist er gelbgefleckt, grün auf Tinos und bei Larissa, bei Dimastika am Taygetos und am Kap Tainaron rot, während er bei Magnesia schwarz ist und der des Nymphenhügels (darauf das Athener Observatorium steht, weshalb er nicht abgebaut werden darf) mahagonifarben und goldgeädert. Armut in Marmor gefaßt – das ist Griechenland. In einem Marmor freilich nicht von »kalter Pracht«, er atmet vielmehr Wärme, mischt Weichheit mit Härte, den sensiblen Lichtreflex mit Dauer und lässige Verspieltheit in stille Monumentalität.

Allmählich aber scheint das zeitgenössische Auge den Marmor neu zu entdecken. Sein Handikap: die Schwergewichtigkeit, die den Transport verteuert. Dennoch läuft sein Export wieder an: hatte er sich 1938 noch mit 934 Kubikmetern beschieden – 1985 waren es 53000 t. Zum Teil allerdings muß er einen Umweg einschlagen, über das italienische Carrara, das ihn, nun mit seinem Markenzeichen, an die westeuropäische Edelkundschaft weiterverhökert.

Schlote contra Säulen

Hatte Deutschland in unserem Säkulum zehn verheerende Kriegsjahre zu durchstehen, so Griechenland zwanzig: die beiden Balkankriege, die sich unmittelbar in den Ersten Weltkrieg fortsetzten, gefolgt vom Blutvergießen in Anatolien (19812–1923), dann Zweiter Weltkrieg, der, noch mörderischer, in den Bürgerkrieg einmündete (1940–1949). Schlimmer auch als Deutschland überflutete Griechenland der Flüchtlingsstrom –

1922/23, nach der kleinasiatischen Katastrophe. Und die Inflationserfahrung lernte es noch gründlicher kennen als die Deutschen. Diese Schlagserie traf Griechenland um so härter, als es, unter der vierhundertjährigen Türkenherrschaft völlig von der europäischen Entwicklung abgenabelt, ihr keine Reservepolster entgegenzuhalten hatte.

Zur Genugtuung der Hellenen geht die Parallele weiter: Wie vom deutschen, läßt sich von einem griechischen »Wirtschaftswunder« sprechen. Und anders als jenes hielt es bis Ende der siebziger Jahre an. Ab 1978 stagnierte das Wachstum. Gewiß von der Ausgangsstufe her auf niedrigerem Niveau – die Null, bei der sie jeweils wieder anzufangen hatten, hauste in unterschiedlichen Stockwerken. Der Abstand zu »Europa« – er bleibt noch weit genug. Das Bruttoinlandsprodukt pro Grieche machte 1987 gerade ein Drittel des Durchschnittseuropäers aus und weniger als ein Viertel des Bundesrepublikaners. Nur das EG-Schlußlicht Portugal liegt noch etwas weiter zurück.

Von 1962 bis 1974, seit der Assoziierung an die Europäische Gemeinschaft, stieg das griechische Bruttoinlandsprodukt um 126 %, das des europäischen Neunerclubs um 62 %; im durchschnittlichen Jahreswachstum erhöhte es sich um 6,7 %, in den neun Partnerländern jedoch nur um 3,8 %. Noch ansehnlicher der griechische Vorsprung im industriellen Produktionsanstieg mit jährlich 9,4 % – gegenüber 3,7 % im europäischen Gemeinschaftsmittel. Dieser Differenz liegt zugrunde, daß im gleichen Zeitraum die Bruttoanlageinvestitionen der EG-Staaten einen Zuwachs von 83 % verzeichneten, die Griechenlands aber um 244 %. Und der Erhöhung des privaten Verbrauchs in der Gemeinschaft um 61 % stand die griechische mit 122 % gegenüber.

Ab 1978 begann dann eine zehn Jahre andauernde Stagnationsperiode. 1982/83 und 1986/87 stellte sich sogar vorübergehendes Minuswachstum ein. Während die führenden Industrienationen bereits ab Mitte der achtziger Jahre ein – wenn auch zunächst mageres Wachstum – zu verzeichnen hatten, erholte sich die griechische Industrie aus ihrem Tief erst 1988 mit einer überdurchschnittlichen Wachstumsrate von 5,7 %.

Der Zuwachs der Industrieproduktion brachte eine Erhöhung des Beitrages der Industrie zum Bruttosozialprodukt von 15,9 % (1960) auf 19,8 % (1986) und des Anteils der in der Industrie Beschäftigten von 12,9 % auf 19,9 % im gleichen Zeitraum. Noch eindrucksvoller war der mit der Industrialisierung einhergehende Wandel der Exportstruktur. 1955 waren lediglich 9 % der Exporte Industrieprodukte. Ihr Anteil stieg bis 1975 auf 66 % und war 1986 bei 72 % angelangt (einschließlich mineralische Rohstoffe der ersten Bearbeitungsstufe).

Nicht minder bedeutsam waren die Umschichtungen innerhalb des Industriesektors. Während in den fünfziger Jahren die Leichtindustrie (Nahrungs- und Genußmittel, Textil und Bekleidung, Möbel) über zwei Drittel der industriellen Produktion bestritt, veränderte sich die Industriestruktur im Verlaufe des anhaltenden Booms der sechziger Jahre zugunsten der Grundstoffindustrie, der Metallverarbeitung, der Maschinen- Elektroindustrie, der Chemie, der Papier-, Zement- und Erdölindustrie (1969: 50,6 %). Überdurchschnittlich gewachsen war in den sechziger Jahren vor allem die Metallerzeugung (Stahl, Aluminium, Kupfer, Nickel). Der Produktionsindex (Basisjahr 1959 = 100 %) war 1970 auf 1075 geklettert. Außerordentliche Wachstumsraten verzeichneten auch die Gummiindustrie und die Hersteller von Plastikartikeln (Index 1970: 765), die chemische Industrie (449) – vor allem Dünger, Waschmittel und Medikamente –, die Elektroindustrie (305) und die Hersteller von Metallwaren (298). Diese Industriestruktur veränderte sich dann aber bis heute nur geringfügig. Ja einiges spricht sogar dafür, daß die Importflut von billigen Industriewaren, die mit Beginn des EG-Beitrittes über Griechenland hereinbrach, das Land wieder stärker der internationalen Arbeitsteilung angepaßt hat: Hier hochentwickelte Industriestaaten, die hochwertige Industrieprodukte exportieren, und dort die weniger entwickelten Länder der europäischen Peripherie, die sich auf die komparativen Kostenvorteile der Landwirtschaft und der arbeitsintensiven Leichtindustrie besinnen, um den harten EG-Wettbewerb einigermaßen durchzustehen. So hat die Nahrungs- und Genußmittelindustrie zwischen 1980 und 1986 ihren Anteil an der gesamten Industrieproduktion steigern können. Und während die Textilindustrie leicht zunahm, ging der Anteil der Grundstoff-, Metallwaren- und Maschinenindustrie nicht nur relativ sondern auch absolut zurück. Die Wettbewerbsschwäche der griechischen Industrie – sofern es sich nicht um Leichtindustrien handelt – läßt sich auch an der Exportstruktur aufzeigen. 1987 waren zwei Drittel aller exportierten Industrieprodukte Erzeugnisse der Leichtindustrie. Die »Hochwertigkeit« der Industrieimporte und die niedrige internationale Bewertung der griechischen Industrieexporte lassen sich an der unterschiedlichen Entwicklung der Wertindices der Industrieimporte und -exporte demonstrieren. Während der Preisindex der industriellen Konsumgüterimporte von 1982–87 auf 207 gestiegen war, befand sich derjenige der korrespondierenden griechischen Exporte bei 174. Noch größer die negative Entwicklung der »Termes of Trade« bei den Maschinen und Ausrüstungen (240:147). Insgesamt entwickelten sich die Exportpreise der landwirtschaftlichen Produkte günstiger als die der industriellen. D. h. die griechische Industrie verliert seit dem EG-Beitritt an Wettbewerbsfähigkeit. Konkurrenzfähig scheinen lediglich die chemische Industrie, die Druck- und Papierindustrie, die Hersteller von Gummi- und Plastikwaren und die petrochemische Industrie. Und dies ist kein Wunder, denn die Betriebsstrukturen dieser Branchen und ihr technisches Niveau sind internationalen Standards noch am ehesten angepaßt. Häufig handelt es sich auch um Niederlassungen ausländischer Firmen, die mit hohem Kapitaleinsatz wirtschaften können.

Einer der wesentlichen Gründe für die mangelhafte Wettbewerbsfähigkeit der griechischen Industrie ist ein ähnlicher wie in der Landwirtschaft. Die Betriebe sind zu klein, um neueste Technologien rentabel einsetzen zu können. 1984 gab es lediglich 667 Betriebe, die mehr als 100 Personen beschäftigten. Nach einer Untersuchung von 1980 arbeiteten nur 30 % der in der Industrie Beschäftigten in Betrieben entsprechender Größenklasse. In den 145 000 Industrie- und Handwerksbetrieben Griechenlands waren 1984 lediglich 684 000 Personen beschäftigt, d. h. durchschnittlich bloß 4,7 Personen. Davon waren etwa ein Fünftel Inhaber und mithelfende Familienangehörige. Da erstaunt es wenig, wenn die durchschnittliche Produktivität der griechischen Industrie Anfang der achtziger Jahre 56 % unter der der EG-Durchschnittsproduktivität lag.

Der Kleinbesitz ist tief in der sozio-ökonomischen Tradition des Landes verwurzelt. Sehr »griechisch« ferner das Bestreben des Unternehmers, das Betriebseigentum in der Familienhand zu halten, um nicht durch die Beteiligung von Fremdkapital seine persönliche Entscheidungsfreiheit zu verengen; auch dann, wenn er sein Unternehmen irgendwelchem Nutzen zuliebe in einen Gesellschaftsmantel kleidet. Muß er Geld aufnehmen, dann zieht er den Bankkredit der Ausgabe von Gesellschaftsanteilen vor. Daher denn an der Athener Börse Aktien nur eines Teils der größten Gesellschaften des Landes frei gehandelt werden. Diese Zwergstruktur – sie bestimmt auch den Handel – spottet dem Grundsatz der modernen Wirtschaft, der den maximalen Umsatz durch möglichst niedrige Arbeitskosten und Gewinnspannen zu erzielen sucht. Die teure Arbeitsweise der Kleinsterzeugung dämmt den Absatz, dessen Dürftigkeit wiederum der Kapitalakkumulation, der technischen Rationalisierung und damit der Wettbewerbsfähigkeit und der Expansion im Wege steht. Das Wort »ungesund« besteht in diesem Zusammenhang jedoch nur im ökonomischen Sinne. Denn sozio- und psychologisch ermangelt das »kleine« System nicht der Vorzüge. Die weitreichende Identität von Kapital und Arbeit stemmt sich der »Entfremdung«, der kollektivierenden Entpersönlichung des Arbeitenden entgegen, sie provoziert Initiative, Fixigkeit und Findigkeit und erleichtert in den »schlechten« Jahren die elastische Anpassung. So ist die Selbstverantwortlichkeit des Griechen ungebrochen, sein Temperament und sein Elan nicht entartet zur Routine und Betriebsamkeit, zu Hast und Hetze, und als sein eigener Chef opfert er auch nicht seinen persönlichen Rhythmus der »Leistung«. Es ist mehr als ein Symbol, mehr als nur eine Geste der Geselligkeit, wenn er seinen »Geschäftsbesuch« als »Besucher« behandelt, ihm vor der Eröffnung des Feilschens zunächst einmal einen Kaffee oder einen Erfrischungstrank offeriert – er signalisiert ihm damit, daß man doch im Geschäftlichen nicht das Persönliche, nicht das Menschliche unter den Verhandlungstisch fallen lassen solle. Indem er sich so als einzelner gegen die Sache, die Maschine behauptet, bleibt er, obwohl ärmer, reicher als sein westlicher Zeitgenosse. Das bezahlt er freilich mit geringerer Arbeitsproduktivität und niedrigerem Lebensstandard.

Nicht minder griechisch das Profitstreben des Unternehmers, der, dem langfristigen Planen abgeneigt, allzu erpicht ist auf den schnellen, überzogenen Gewinn. Ein deutscher Fabrikant, der seinem Kunden in Saloniki die Frage stellte, wieviel Zeit er denn zur Amortisierung der gelieferten Maschine benötige, bekam die (durchaus typische) Antwort:

so in drei Jahren – sein deutscher Kollege hat zehn bis elf Jahre im Auge. Die Differenz der beiden Kalkulationen errechnet sich aus der hohen Gewinnspanne, mit welcher der Grieche – mehr Händler als Unternehmer – zu operieren pflegt.

Die hohen Gewinne erklären sich aber auch durch den »Nationalsport« der Steuerhinterziehung und die Umgehung formeller Arbeitsverhältnisse, durch die Sozialabgaben eingespart werden. Eine 1987 veröffentlichte Studie kommt zu dem Ergebnis, daß das Sozialprodukt bei Einbeziehung der »Schattenwirtschaft« um ca. 30 % erhöht werden müßte. Besonders verbreitet ist die Schwarzarbeit in der Baubranche, in der vermutlich noch einmal soviel umgesetzt wird, wie dem Fiskus gegenüber angegeben. Immer wieder versucht der Staat durch Appelle wie durch die Androhung empfindlicher Strafen die Steuermoral der Griechen zu verbessern. 1979 versuchte Finanzminister Kanellopoulos die Steuerhinterziehung durch die Veröffentlichung unglaubwürdiger Einkommensangaben von Bürgern anzuprangern. Stichproben bei Freiberuflern, die sich in besagtem Nationalsport besonders hervortun, wurden verschärft, ebenso die Kontrolle der Schwarzarbeit am Bau. Die Finanzminister Papandreous verfeinerten das Instrumentarium der Steuerfahndung und statteten sie personell besser aus. Der Erfolg dieser Maßnahmen ist eher gering zu veranschlagen. Sie scheitern u. a. am Rousfeti, an der Bestechlichkeit der Finanzbeamten bzw. der zuständigen Beamten der Sozialversicherung. Auch nützen Appelle wenig angesichts des tiefsitzenden Ressentiments der Griechen gegenüber der staatlichen Obrigkeit, mit der sich zu identifizieren sie die Erinnerung an Jahrhunderte der Fremdherrschaft hindert sowie die neuere Geschichte, in der ihnen der Staat immer wieder als Selbstbedienungsladen der Regierenden vorgeführt wurde.

Die hohe Gewinnspanne bekommt der »abhängig« Beschäftigte doppelt zu spüren, als Konsument und in seiner Lohntüte. Im dritten Quartal 1987 betrug das mittlere Monatsgehalt (brutto) der griechischen Angestellten in Industrie und Handwerk umgerechnet 1317,- DM bei den Männern und 858,- DM bei den Frauen. Männliche Arbeiter verdienten monatlich 970,- DM, weibliche 730,- DM (Stundenlöhne: 5,71 DM/4,42 DM). Während die Realeinkommen in der Zeit des griechischen »Wirtschaftswunders« (1960–78) stetig gestiegen waren und durch die arbeitnehmerfreundliche Einkommenspolitik der ersten beiden Regierungsjahre der PASOK – trotz Stagnation des Wachstums und hoher Inflation – noch bis 1983 leicht angestiegen waren, erlitten die abhängig Beschäftigten in der darauffolgenden Periode der nunmehr restriktiven staatlichen Einkommenspolitik und der sich verschärfenden Wirtschaftskrise empfindliche reale Einkommenseinbußen. Gegen den 1985 verhängten Lohnstopp liefen die Gewerkschaften Sturm. Sie organisierten zwei Generalstreiks und eine nicht abreißende Serie von Arbeitsniederlegungen von Einzelgewerkschaften, um das Sparprogramm der Regierung zu Fall zu bringen. Die Effizienz dieser Streiks litt unter dem Strukturproblem der griechischen Gewerkschaften. Sie sind in eine unübersichtliche Fülle von Branchen- und Berufsgewerkschaften zersplittert. Und der Dachverband (GSEE), früher unter Regierungseinfluß, ist heute durch einseitige parteipolitische Einflußnahme paralysiert. Die Machtposition der Gewerkschaften ist außerdem durch leere Kassen geschwächt. So wurde in Griechenland mehr als anderswo in Europa gestreikt – häufig auch spontan –, aber nur wenige Verbesserungen der Arbeitsbedingungen, sozialen Sicherung und Entlohnung erreicht, deren Standard in Europa nur noch mit dem Schlußlicht Portugal zu vergleichen ist.

Schließlich ist die Macht der Gewerkschaften begrenzt durch den außerordentlich geringen Umfug der Arbeiterschaft. Um im internationalen Wettbewerb zu bestehen, muß Griechenland hochgezüchtete, und das heißt kapitalintensive Technologie importieren, die nur wenig menschliche Arbeitskraft beansprucht. So hat denn auch das Wachstum der Beschäftigung in Griechenland mit dem der industriellen Produktion nicht Schritt gehalten – von 180000 (1930) über 600000 (1973) nur auf 670000 (1985) Arbeitnehmer.

Doch davon abgesehen, ist das »Arbeiterheer« zu schwachgewichtig, um sich gebührend zur Geltung bringen zu können. Denn von den 3589000 Erwerbspersonen (1985) können wir die 529000 tätigen Familienangehörigen der Arbeitgeber nicht den 1770000 Lohn- und Gehaltsempfängern zuschlagen. Letztere machen also nur 49,3 % der Erwerbstätigen aus – gegenüber 82 % im EG-Durchschnitt! Auf der Gegenfront stehen 129000 Arbeitgeber und »Selbständige« bzw. Freiberufler, gleich 36 % aller »Tätigen« – weit über die europäischen Zahlen hinaus (14,5 %) und sie alle sind dem »Mittelstand« zu rubrizieren. Es ist nicht allein der griechische Erzindividualismus, der sie heißt, ihr Berufsleben in eigener Regie zu führen – man macht sich auch selbständig, weil man keine (abhängige) Arbeit findet, oder auch weil ihre Entlohnung zu unattraktiv ist. So hat das arme Land zuviel Eigentum, zu viele Eigentümer, um für das Heil des Kollektivs empfänglich zu sein.

Unter den vielen Nöten Griechenlands scheint die Arbeitslosigkeit nicht an vorderster Stelle zu stehen. Diesen Eindruck erwecken jedenfalls die offiziellen Statistiken. Mit 7,8 % lag die Arbeitslosenquote 1985 unter dem EG-Durchschnitt (10,7 % darunter Spanien: 22 %). Für Teilgruppen des Arbeitsmarktes ist die Arbeitslosigkeit aber ein gravierendes, europäischen Durchschnittswerten angenähertes Problem. So waren 1985 24 % der 14- bis 24jährigen arbeitslos (EG: 23 %) und 12 % der Frauen (EG: 13 %). Hinzu gerechnet werden muß noch die »stille Reserve« der Frauen und Jungen, die man aus der extrem niedrigen Erwerbsquote dieser Gruppen erahnen kann. Während beispielsweise die Erwerbsquote der 20- bis 24jährigen Griechinnen bei 49 % lag, waren 68 % der EG-Frauen dieser Altersgruppe erwerbstätig. Nur 31,6 % der abhängig Beschäftigten waren 1985 Frauen (EG: 39,7 %). Besonders niedrig ist die Erwerbsbeteiligung verheirateter junger Frauen (14- bis 24jährige: 32,4 %, EG: 56,8 %). Die griechische Familie springt in weit höherem Maße noch für die erwerbslosen Angehörigen ein, als das in den europäischen »Wohlfahrtsstaaten« der Fall ist, zumal die Leistungen der griechischen Arbeitslosenversicherung sich am westeuropäischen Standard nicht messen können. Da lohnt die Arbeitslosenmeldung kaum – vor allem nicht für Berufsanfänger. Die Beschäftigungsmöglichkeiten der griechischen Frauen sind neben den ökonomischen und kulturellen Barrieren (patriarchale Tradition) noch zusätzlich eingeschränkt durch die geringe Zahl von Halbtagsarbeitsplätzen, was wohl mit der Dominanz der Männer im traditionell geprägten Dienstleistungssektor zusammenhängt. Nur 10 % aller Frauen-Arbeitsplätze waren 1985 mit Halbtagskräften besetzt (EG: 29 %). Das Ausmaß der »verdeckten« Arbeitslosigkeit in der Landwirtschaft wurde in einer Erhebung von 1981 deutlich. Die befragten Haushaltsvorstände waren im Schnitt nur 139 Tage im Jahr beschäftigt. Und schließlich wird das Problem der Arbeitslosigkeit durch die hellenische Mobilität verdeckt, die seit drei Jahrtausenden auf die Armut des Landes mit der Auswanderung reagiert. Ein Viertel aller Griechen (über 3 Millionen) leben heute im Ausland, zwei davon in den USA und Kanada, viele in Australien und auch in Afrika (wo sie jedoch unter politischem Druck im Rückzug begriffen sind) sowie als ungeliebte »Gastarbeiter« in Europa.

In Deutschland stellten sie Ende 1987 280000, 6,2 % aller Ausländer (1976 noch 353000). Im Jahrzehnt 1961–1971 verließ fast eine halbe Million die Heimat, 6 % der Gesamtbevölkerung (von 1961) bzw. 11 % aller Erwerbstätigen oder 16 % aller Männer im »besten Alter« (zwischen 20 und 40 Jahren); 80 % kamen aus Agrarprovinzen, von ihnen 70 % aus bäuerlichen Familien, deren Einnahmen (1967) nur 38,4 % des industriellen Arbeitereinkommens ausmachten. Besonders betroffen waren die Dörfer Makedoniens, die 60 % der Männer im Alter zwischen 20 und 30 verloren, so daß es dort zu den Erntezeiten an Händen fehlt; als weitere Folge reduzierten sich Heirats- und Geburtenziffern. Es versteht sich, daß nicht gerade die Passivsten emigrierten, sondern eher die Tüchtigen und Regsamen. Ein Wunder, daß dieser permanente Aderlaß über die ganze griechische Geschichte hinweg der Vitalität dieses Volkes keinen Abbruch tat.

Der Konjunkturknick im Westen stoppte ab 1972 den Exodus und löste eine Gegenbewegung aus. Doch vorerst tröpfelt die Rückwanderung nur als Rinnsal. Die Hoffnungen, die man auf die Heimkehrer setzte, haben sich nicht erfüllt, daß sie mit dem Import ihrer erlernten Fertigkeiten und Arbeitsdisziplin die Effizienz der heimischen Industrien steigern würden. Ihre Arbeitsintensität stößt bei ihren Kollegen auf Ablehnung, sie finden sich mit den veralteten Maschinen und Methoden nicht ab, und schon gar nicht mit dem niedrigeren Lohnniveau. So kehren die meisten in ihre ländlichen Abstammungsgebiete zurück und gründen eigene Kleinstbetriebe – als Reparaturmechaniker, Taxichauffeure, Ladeninhaber, Transportunternehmer, im Tourismusgewerbe usw. – im bereits übersättigten Dienstleistungssektor, bauen sich und den Ihren Häuser oder nutzen auch nur ihre Ersparnisse zum ausgedehnten Regenerationsurlaub, um nach der Erschöpfung ihrer Mittel wieder

Arbeit in der Fremde zu suchen. Nur wenigen gelingt die volle Wiedereingliederung in die Heimat durch den Aufbau einer befriedigenden Existenz.

Und doch sind die »Gastarbeiter« für die griechische Wirtschaft ein »Faktor« erster Ordnung. Nicht nur die in der BRD, die auf deutschen Bankkonten 5–7 Milliarden Mark horten, sie alljährlich um eine halbe Milliarde aufstocken und einen gleichhohen Betrag jedes Jahr ihren Familien in der Heimat schicken. 1975 betrugen die Überweisungen sämtlicher Auslandsgriechen (einschließlich der anderen Länder) 783 Millionen, 1987 1334 Millionen Dollar. Sie figurieren mit zwei anderen Einkommensquellen unter der Rubrik »Unsichtbare Einnahmen«, die für die Ausbalancierung der griechischen Wirtschaft unentbehrlich sind – mit den Einkünften aus der Handelsschiffahrt, die 1987 1394 Millionen einfuhr.

Seitdem das Land seine Schönheit immer erfolgreicher zu verkaufen versteht, rückt der Tourismus unter den Devisenzuträgern zusehends in den Vordergrund. Hatten 1960 erst 400000 fremde Urlauber Griechenland entdeckt, 1976 suchten es bereits 4,2 Millionen (darunter an erster Stelle 418000 Deutsche) heim, und 1988 schon fast doppelt soviele (8,2 Mio.). Die Deutschen rückten auf Platz 2 hinter Großbritannien. Auch vor dieser touristischen Springflut bewährte sich die reaktionsschnelle Initiative des Griechen im raschen Ausbau seiner gastlichen Kapazitäten: 1960 offerierte das Land 1875 Hotels mit 54245 Betten – 1988 4500 Hotels mit 341600 Betten, wozu noch 1625 Bungalows, Motels, Appartement Hotels, Pensionen und Gasthäuser mit 54209 Betten und mehrere Tausende Privatzimmer kamen. Offenbar aber bereitet die Bettenproduktion weniger Schwierigkeiten als die Ausbildung des dazugehörigen Personals. Unvermeidlich wohl auch, daß der Massenansturm der Fremden im Gastgeberland nicht nur schöne Spuren hinterläßt; so ist die klassische Gastfreundshaft des Griechen vielerorts bereits angekratzt. Doch bleiben solche Erscheinungen auf die Zentralen des Massenverkehrs begrenzt.

Das Geschäft mit den Fremden lohnt sich (wenngleich es den wenigen mehr Kuchen liefert, kaum aber den vielen mehr Brot). Es brachte dem Land 1975 644 Mio., 1987 2,2 Milliarden Dollar ein. Insgesamt beliefen sich die »unsichtbaren Einnahmen« (aus Schiffahrt, Gastarbeiterüberweisungen und Tourismus) 1975 auf 2,73 Mrd. Dollar, 1987 auf 4,7 Mrd. Dollar. Subtrahiert man von ihnen die »unsichtbaren Ausgaben« (die von Griechenland ins Ausland fließen), so verblieb eine aktive Dienstleistungsbilanz von 1,97 Milliarden (1975) und 3,98 Milliarden Dollar (1987).

Sie fällt um so mehr ins Gewicht, als Griechenland im Zuge seiner Industrialisierung traditionell mehr ein- als ausführt. So vermochte es seine Importe durch seine Exporte 1960 nur zu 28,9% zu decken, 1970 zu 32,8%, 1975 zu 43,3% und 1987 zu 44,7%. In absoluten Zahlen: 1975 standen den Einfuhren im Wert von 5,08 Mrd. Dollar Ausfuhren in der Höhe von 2,03 Mrd. gegenüber – die Vergleichszahlen für 1987 lauten 12,5 Mrd. und 5,6 Mrd. Daraus ergab sich für 1975 ein Handelsdefizit von 3,05 und für 1987 von 6,5 Milliarden Dollar. Diese gewaltige Lücke konnte durch die aktiven Dienstleistungsposten in der Zahlungsbilanz 1987 auf 1,3 Milliarden Dollar verkürzt werden.

Das Defizit mußte durch die Aufnahme von Krediten im Ausland ausgeglichen werden. – Ein Teufelskreis, denn dies treibt den Schuldendienst in die Höhe. 1,5 Mrd. Dollar flossen 1987 in Form von Zinsen, Dividenden und Gewinnen ins Ausland zurück – bald schon ein Viertel der Exporterlöse. Die angehäuften Auslandsschulden der öffentlichen Hand waren 1987 auf 18,5 Milliarden Dollar angewachsen. Das entsprach 46% des Bruttosozialproduktes. Dabei wäre die Verschuldung noch größer, hätten die EG-Zuweisungen nicht stark zugenommen und hätte sich der Ölpreis nicht so günstig entwickelt. Eine erneute Ölpreiserhöhung würde die griechische Zahlungsbilanz hart treffen. Auf der Höhe der zweiten Ölpreisteuerung machten die Ölimporte 43,3% (1981) des Außenhandelsdefizits aus, 1987 nur mehr 25,7% – auch das freilich eine arge Belastung. Die durch das chronische Zahlungsbilanzdefizit verursachte Auslandsverschuldung – durch deren wachsenden Schuldendienst der griechischen Volkswirtschaft immer mehr Mittel, die für Investitionen dringend gebraucht würden, entzogen werden – war auch der Hauptanlaß für die wirtschaftspolitische Wende 1985. Nachdem Papandreou zunächst mit neokeynsianischem Optimismus auf die Expansion der Inlandsnachfrage durch Einkommenssteigerungen und Erhöhung der Staatsausgaben gesetzt hatte – in Erwartung eines zukünftigen Wachstumsschubs –, mußte er bald zur Kenntnis nehmen, daß der erhöhte Geldumlauf nur zur Steigerung des Konsums von Importen führte und nicht zu einem Investitionsschub der griechischen Wirtschaft. Griechenland geriet wie andere Länder mit einer zeitlichen Verzögerung in die »Stagflation«, in eine Phase inflationärer Preisentwicklung (+15–25%) und des Rückgangs der Wachstumsentwicklung. Inflation und Außenhandelsdefizit waren nur durch einen restriktiven Sparkurs in den Griff zu bekommen. Und die internationalen Organisationen, die »fresh money« bereitstellten – EG, Weltbank –, knüpften ihre Kreditzusagen an die Einhaltung einer entsprechenden Sparpolitik. Auch aus diesem Grund war der »Sozialist« Papandreou gezwungen, einen Kurs zu fahren, der nicht weit entfernt war von den neoliberalen Sanierungsstrategien Westeuropas. Dem Sparprogramm war nur mäßiger Erfolg beschieden. Das Handelsbilanzdefizit konnte nur vorübergehend (1986) verringert werden und die Inflationsrate von 23% (1986) auf 13,5% (1988) gedrückt werden. Aber damit hat sich die Lage immer noch nicht ausreichend stabilisiert. Die Inflationsrate liegt nach wie vor weit über den Preissteigerungsraten der europäischen Handelspartner, wodurch der Außenhandel – trotz gelegentlicher Drachmenabwertung – negativ beeinflußt wird.

Wichtigster Handelspartner Griechenlands ist die Bundesrepublik Deutschland (Exportanteil: 24,2%, Importanteil: 22,2% – 1987). Die Tendenz ist steigend (1980: 18%/14%). Die Handelsbeziehung ist jedoch ungleich. Die griechischen Exporte decken nur 55% der deutschen Importe ab. Und die Bundesrepublik bestreitet nur einen winzigen

Bruchteil ihres Außenhandels mit Griechenland. Beim Handelspartner Nr. 2, dem Nachbarn Italien, können immerhin zwei Drittel der Importe durch griechische Exporte finanziert werden. Durch den EG-Beitritt hat sich der Handel mit den EG-Ländern wesentlich verstärkt. Exportierte Griechenland 1980 knapp die Hälfte seiner Exportprodukte in die EG der Neun, so waren es 1987 bereits gut zwei Drittel (66,8 %). Die EG-Erweiterung durch Spanien und Portugal fällt dabei kaum ins Gewicht (1,7 % des Exportvolumens und 3,2 % des Importvolumens). Die Importeinschränkung für Drittländer durch den EG-Beitritt kann man am Rückgang der japanischen und amerikanischen Importe verfolgen. 1980 noch der zweitgrößte Importeur war Japan 1987 auf den fünften Platz zurückgefallen. Die USA verminderte ihren Importanteil von 4,6 % auf 2,8 %. Dies dürfte aber die multinational organisierten Konzerne der beiden Länder wenig geschmerzt haben, sind sie doch mit den Produkten ihrer europäischen Niederlassungen auf dem griechischen Markt nach wie vor präsent. Stark zurückgegangen ist auch der Handel mit den arabischen Ländern, auf dessen Ausbau Papandreou so stark gehofft hatte. So gingen die Exporte nach Saudi-Arabien 1980–87 von 5,4 % des griechischen Exportvolumens auf 1,2 % zurück – eine Folge wohl der sich verschlechternden Liquidität der Ölstaaten im Zuge des Preissturzes ihrer Haupteinnahmequelle Öl.

Zwischen 1980 und 1987 hat sich das Verhältnis von Importen und Exporten verschlechtert. Die Importe stiegen um 19 % (+ 2 Mrd. $), die Exporte nur um 7,8 % (+ 0,4 Mrd. $). Die Schere öffnete sich zu Ungunsten Griechenlands.

Wer von den ökonomischen Problemen Griechenlands spricht, darf die Probleme der Regionalentwicklung nicht unerwähnt lassen. Wohl kaum ein Land Europas hat eine ähnliche Stadt-Land-Polarisierung und eine vergleichbare Zentralisierung erlebt wie das Griechenland der Nachkriegszeit. Die Bevölkerung Griechenlands und sein wirtschaftliches Potential konzentrieren sich auf den Großraum Athen und Saloniki und entlang der Achse Athen-Saloniki, die durch eine der wenigen autobahnähnlichen Verkehrsadern Griechenlands miteinander verbunden ist. Dabei bleibt Athen der herausragende Pol der Agglomeration. Dies mögen einige Zahlen verdeutlichen: 1981 lebten 3 Millionen Griechen – 31 % der Gesamtbevölkerung – auf diesen 0,3 % des griechischen Territoriums. In Athen konzentrierten sich 54 % der Stadtbevölkerung Griechenlands. 36 % der in Industrie und Handwerk Beschäftigten befanden sich 1984 im Großraum Athen. Hier verkehrten 1985 52 % aller Pkws, waren 47 % aller Telefonapparate Griechenlands angemeldet. In Groß-Athen massieren sich die Hälfte der Krankenhausbetten und 55 % der Ärzte Griechenlands. Hier leben und arbeiten 56 % der griechischen Hochschulabsolventen, 70 % der Ingenieure Griechenlands 1985. Und ein Gerücht will wissen, daß selbst die Mehrzahl der griechischen Agronomen (!) in den Amtsstuben Athens sitzt.

Die Ballung der ökonomischen Energien des Landes im Großraum Athen bringt auch erhebliche ökologische Probleme mit sich. Wegen seiner spezifischen klimatischen Bedingungen (Inversionslage) ist Athen gegenüber Emissionen besonders anfällig. Die Smog-»Wolke« (nephos) ist Tagesgespräch in Athen vergleichbar dem Föhn in München – nur mit wesentlich unangenehmeren Folgen verbunden. Und in Vouliagmeni, dem traditionellen Badeort der Athener, ist das Baden seit Jahren verboten, weil das Meer durch die ungefilterten Abwässer der Millionenstadt verseucht ist.

Dezentralisierung war deshalb eine der wichtigsten Parolen der PASOK-Regierung: Schaffung von Anreizen für Investitionen auf dem flachen Land durch Steuervergünstigungen, Gewährung von günstigen Krediten, Erbringung staatlicher Vorleistungen für die infrastrukturelle Erschließung, Dezentralisierung der Verwaltung, Stärkung der Kompetenzen der Bezirks- und Kreisverwaltungen und vor allem der Kommunen, Ausbau der weiterführenden Bildung und des Gesundheitswesens in der Provinz, Elektrifizierung und Verkehrserschließung auch des letzten Bergdorfes. Obwohl diese Ziele zum großen Teil nur programmatische Absichtserklärungen blieben, kann man doch sagen, daß hier in erster Linie der Verdienst der PASOK-Ära lag, in der Dynamisierung der festgefahrenen Situation der Provinz. Für fast alle oben angeführten Parameter läßt sich über den Zeitraum der Amtszeit Papandreous ein langsamer Dezentralisierungstrend nachweisen.

Ein Resümee der griechischen Wirtschaftsentwicklung zu ziehen bedarf jedoch noch weiterer Erläuterungen.

Moderner Unternehmergeist, der sich orientiert am kalkulierbaren Risiko und weniger aus ist auf den kurzfristig hohen Gewinn als auf den langfristigen und stetigen Ertragsstrom, der mit einer langen Durststrecke rechnet, bis sich Investitionen amortisieren, konnte in Griechenland nie so recht aufkommen. Vorherrschend blieb die Zwischenhändlermentalität der griechischen Kapitaleigner. Infolgedessen investierten sie ihr Geld auch lieber in den Groß- und Zwischenhandel oder in das Immobiliengeschäft, in dem lukrative Spekulationsgewinne winkten. Die Industrialisierungsinitiative ging in Griechenland daher auch von anderen ökonomischen Kraftzentren aus, vom Staat und vom ausländischen Kapital. Regierungen jedweder Couleur haben deshalb in die Wirtschaft investiert und das Auslandskapital durch die Einräumung von Privilegien zu locken versucht. Der Staat hat von vornherein Sektoren übernommen, für die sich kein privater Investor fand, die aber unverzichtbar für das Vorankommen des Industrialisierungsprozesses waren. So sind große Teile der Schwerindustrie – wenn nicht in ausländischer Hand – im Besitz des Staates. Aber auch andere Branchen, die hohe und lange Vorlaufinvestitionen erfordern, werden vom Staat dominiert. Schließlich übernimmt der Staat aus beschäftigungspolitischen Gründen abgewirtschaftete Privatbetriebe, »sozialisiert die Verluste« der sog. »problematischen Betriebe«. Der Kapitalmarkt Griechenlands wird ebenfalls von den staatlichen Banken beherrscht, da die hohen Inflationsraten das Bankgeschäft zu einem recht unberechenbaren und verlustreichen Metier machen. Hinzu kommt der unterentwickelte Aktienmarkt, der die Anlagemöglichkeiten der Banken eingeschränkt. Das Bankenmonopol erwarb der Staat unter Karamanlis, nach dem Zusammenbruch der Junta durch die Verstaatlichung der letzten großen Privatbank (Emboriki/ Laiki) des Wirtschafts-Tycoons Stratis Andreadis, der sich durch die enge und für ihn sehr vorteilhafte Zusammenarbeit mit den Obristen kompromittiert hatte.

Das wirtschaftliche Engagement des Staates führte zu einer dramatischen Erhöhung der Staatsquote (Anteil der Staatsausgaben am BSP) binnen 25 Jahren von 27 % (1960) auf 58 % (1985). Die dem griechischen Staat durch die Unfähigkeit der griechischen Privatwirtschaft mehr oder weniger aufgezwungene unternehmerische Initiative konnte die griechische Wirtschaft aber auch nicht auf den Weg eines sich selbst tragenden Wachstums bringen. Da die wichtigen Posten der öffentlichen oder verstaatlichten Betriebe nicht nach Qualifikationskriterien vergeben wurden, sondern eher mit ver- und ausgedienten Funktionären und Günstlingen der jeweils regierenden Partei besetzt wurden, zeichnete sich die Leitung dieser Unternehmen nicht gerade durch die unternehmerischen Tugenden Leistungsbereitschaft, planerischer Durchblick und Sparsamkeit aus. Da die Regierungspartei auch wechseln kann und man nicht die ganze alte Mannschaft austauschen kann, kam es zur hypertrophen Überbesetzung der Staatswirtschaft. Insbesondere vor anstehenden Wahlen stellte die Regierung noch rasch neue Leute ein, um einerseits Stimmen zu fangen – jeder Neueingestellte brachte die Stimmen seiner Sippe ein –, und andererseits als Absicherung für die Zeit nach dem evtl. Machtverlust. Folgenreich war auch die schrankenlose Subventionierung der »problematischen Betriebe« durch die Staatsbanken, die Kredite immer wieder umschuldeten und aufstockten. Den Betrieben ging jeder Maßstab für Rentabilität und sparsamen Mitteleinsatz verloren, da sie sich ja auf die staatliche Hilfe verlassen konnten. Der Griechische Staat hat seine ineffizienten Betriebe letzten Endes nur durch die Bedienung der Notenpresse und die Aufnahme von Krediten im Ausland halten können. Die Schulden der öffentlichen Hand hatten sich 1988 auf 70 % des Bruttoinlandsproduktes angehäuft. Die Folgen – Inflationierung und Auslandsverschuldung – hatten sich 1985 so ausgeweitet, daß Papandreous Wirtschaftsminister Simitis auf die Bremse treten mußte. Er begann mit der Stillegung maroder Staatsbetriebe, versuchte das Management auf strenge Marktkriterien einzuschwören und senkte die Einkommen. Gleichzeitig erhöhte er die Gebühren für öffentliche Dienstleistungen empfindlich. Da die Arbeiter nicht widerstandslos bereit waren, den Preis für den neuen Sanierungskurs zu zahlen, die Gewerkschaften dagegen mobil machten und Papandreou aus Angst vor Stimmenverlusten das Programm verwässerte, konnte der Sparkurs nicht konsequent genug durchgesetzt werden, was sicher auch mit dem gouvermentalen Gebaren Papandreous zu tun hatte, durch das er Widerstand provozierte. Außerdem hatte Papandreou die Stimmung selbst künstlich angeheizt durch seine unseriösen Wahlversprechungen. Schließlich sahen die Griechen nicht ein, warum sie den Gürtel enger schnallen sollten, während sich die Nomenklatura der PASOK immer dreister der Staatskasse bediente. Es bleibt abzuwarten, ob sich eine zukünftige Regierung ein Profil geben kann, das die griechische Bevölkerung dazu bringen könnte, die notwendige Durststrecke durchzustehen. Dazu gehört allem voran die überzeugende »Katharisis« der Staatsbetriebe und der öffentlichen Verwaltung von der parteipolitischen Günstlingswirtschaft.

Als zweites exogenes Standbein der griechischen Wirtschaft hat sich das Auslandskapital erwiesen. Ausländische Firmen hielten zu Beginn der achtziger Jahre 20 % der Anteile der hundert größten Unternehmen des Landes. In den Wachstumsindustrien ist ihr Einfluß noch viel bedeutsamer. Ausländer kontrollieren 62 % der Metallherstellung und 30 % der chemischen und elektronischen Produktion. Weit überdurchschnittlich ist auch die Beteiligung von ausländischen Firmen in der industriellen Exportproduktion. Sie wurde Mitte der siebziger Jahre auf 70 % geschätzt. Ausländische Firmen haben den Genußmittelmarkt erobert. Zumeist in Lizenz hergestellte ausländische Marken haben die einheimische Zigarettenindustrie in Bedrängnis gebracht, ebenso wie die traditionsreichen griechischen Biermarken inzwischen durch ausländische Direktinvestitionen vom Markt gefegt wurden. Hinter den USA und Frankreich nimmt die Bundesrepublik den dritten Rang unter den bedeutenden Auslandsinvestoren ein. Deutsche Firmen investieren vor allem in den Bereichen Elektrotechnik, Chemie, pharmazeutische Industrie und Genußmittel.

Das »griechische Wirtschaftswunder« und die Nähe Griechenlands zu den kapitalkräftigen Ölstaaten hatten vor allem in den sechziger Jahren und bis Mitte der Siebziger ausländisches Kapital angelockt. Verstärkt wurde dieser Trend noch durch die extrem günstigen Konditionen, die die Junta ausländischen Investoren einräumte. Mit einsetzender Weltrezession nach dem »Ölschock« erlahmte auch das Interesse des Auslandskapitals. Seit EG-Eintritt und der damit verbundenen Möglichkeit des Immobilienerwerbs durch Ausländer fließen beträchtliche Mittel in diesen Sektor. 1986 legten die Auslandsinvestoren bereits 62 % ihres Kapitals in Immobilien an (463 Mio. $, sonstige Investitionen: 289 Mio. $). Die Gefahr dieses Trends liegt auf der Hand: Ausverkauf griechischer Landschaft und deren Zersiedlung, Bodenpreisexplosion.

Seit 1986 ist allerdings auch wieder eine Zunahme des industriellen Engagements des Auslandskapitals zu erkennen. Dies besteht weniger in Neugründungen als im Aufkauf inländischer Firmen. Die supranational operierenden europäischen Konzerne kaufen sich in Griechenland – wie anderswo – verstärkt ein, um Marktanteile für die Zeit nach der Einführung des Binnenmarktes zu sichern.

Die Effekte der ausländischen Investitionen auf die griechische Wirtschaft sind zwiespältig. Einerseits sorgen sie mit ihrem Kapitaleinsatz und Know-how für die internationale Konkurrenzfähigkeit der griechischen Exportbetriebe und verstärken dadurch den Devisenzufluß, andererseits fließen auch Gewinne und Dividenden in Devisenform ab. Und dieser Abfluß hat sich in den achtziger Jahren zu einem regelrechten Strom ausgewachsen, der die Neuinvestitionen weit überstieg. Auslandsinvestoren lassen ihre Standortentscheidungen nicht von den Dezentralisierungsprogrammen der Regierung beeinflussen und verstärken den schädlichen Trend zur Massierung der Wirtschaftskraft des Landes auf den Großraum Athen/Thessaloniki. Die Ortsbindung ausländischer Betriebe ist weit geringer als die der einheimischen Investoren. Globale Veränderungen der Kriterien der weltweiten Standortwahl oder sozialpolitische Neuerungen können morgen den ausländischen Investor dazu veranlassen, seinen Betrieb zu schließen und ihn anderswo unter günstigeren Voraussetzungen wieder aufzumachen. Und schließlich absorbieren die ausländischen Firmen die dynamischsten und qualifiziertesten Teile des Berufsnachwuchses, so daß die einheimische Industrie auch hierdurch ins Hintertreffen gerät. Ausländische Firmen begnügen sich nicht nur mit der Exportproduktion. Wie das Beispiel der Bierherstellung zeigt, erobern sie auch den inländischen Markt in Bereichen, in denen inländische Firmen bereits internationalen Standard erreicht haben. Sie erringen ihre Marktüberlegenheit nicht durch ihre fortgeschrittenere Technik oder das bessere Management sondern einzig und allein durch den Nimbus ihrer Marke von internationalem Ruf. Hierdurch werden einheimische Potentiale zerstört oder – als Lizenzfirmen – ausländischen Firmeninteressen untergeordnet.

Man kann der Einführung des europäischen Binnenmarktes 1992, die einen neuen Schub von Auslandsinvestitionen mit sich bringen wird, deshalb nicht nur mit Optimismus entgegensehen. Die Hoffnung vieler Griechen, die sich enttäuscht von der »Mißwirtschaft« Papandreous abwenden, auf die ausländischen »Retter«, mag sich als trügerisch erweisen. Sie gehört zum Vexierspiel der unsicheren nationalen Identität, die schwankt zwischen der Selbstüberschätzung des »eigenen Weges« und der unkritischen Anlehnung an die »europäischen« Vorbilder.

VON HELLAS NACH GRIECHENLAND
(330 v. – 1820 n. Chr.)

Die Straße von Hellas nach Griechenland führt über Byzanz. Mit dem Stirnrunzeln der Befremdung stellt der westliche Besucher fest, daß das Selbstbewußtsein des zeitgenössischen Griechen sich enger an Byzanz anlehnt als an das antike Hellas. Mit Befremden, da sein Auge doch gewohnt ist, in Byzanz einen Pfuhl der Korruption und Kriecherei, der epigonenhaften Starre und Sterilität zu erkennen. Zwar hat die europäische Byzantinistik dies alte Vorurteil – ein arrogantes, mißratenes Kind der »Aufklärung« – längst widerlegt, doch ihre esoterische Inselhaftigkeit hinderte sie bisher, das westliche Bewußtsein nachhaltig eines Besseren zu belehren.

Dem Griechentum aber war und ist Byzanz der natürliche Erbe der Antike in der christlichen Metamorphose, das Kind aus der Ehe von Hellas und Christentum; ist Byzanz ein weder zuvor noch nachher je wieder geglücktes Gebilde universaler Weite, subtiler Geistigkeit, tiefgründiger Ausdruckskraft, glanzvoller Lebensform und gewaltiger Machtentfaltung – in seiner Verstrickung von entsagender Frömmigkeit und strotzender Vitalität, von Selbstlosigkeit und Hemmungslosigkeit, von Glauben und Laster, von strenger Sitte und Skrupellosigkeit eine Welt shakespeareschen Ausmaßes: nur jeder vierte oströmische Kaiser starb eines natürlichen Todes – manch einer endete als Mönch.

Von Byzanz aus wurden der slawische Balkan und der russische Kontinent christianisiert und dem abendländischen Kulturkreis einverleibt – nicht mit Feuer und Schwert, sondern mit dem (eigenen) Buchstaben. In Byzanz sind Rechtsprechung und Diplomatie, Handel und Finanzen Europas zur Schule gegangen, es hat seine Musik und seine Künste befruchtet, über Byzanz blieb der Westen in Kommunikation mit dem Orient, zweimal brachen sich an seinen Mauern die arabischen Sturmfluten des Islam, die den Okzident vom Südosten her zu überschwemmen drohten – so wurden sie auf den zeit- und kräfteverzehrenden Umweg längs der nordafrikanischen Küste nach Spanien abgelenkt, wo die Franken sie zum Stehen brachten. Und Byzanz war der Schatzhüter der antiken Philosophie, die es in seinem Untergang dem Westen als sein kostbarstes Erbe hinterließ, mit ihm der Renaissance das Fundament vermittelnd, darauf sie das Gebäude der Neuzeit errichtete. Ohne Byzanz hätte sich das Abendland kaum »europäisiert«.

Die Zeitgenossen wußten es: dem »wilden Westen« galt Konstantinopel als eine Märchenstadt, voll des Wunders und Geheimnisses, die größte, glänzendste und reichste Stadt der Welt, bis sie die beutelüsternen Ritter des vierten Kreuzzuges im Jahre 1204 plünderten. Und schien Byzanz nicht unsterblich? Als einziges aller abendländischen Reiche überschritt es die mythische Zeitmarke der tausend Jahre; bis ins elfte Jahrhundert behauptete es sich – zu Lande und zur See – als die stärkste Militärmacht, an Raum und Bevölkerung kam ihm kein anderer Staat gleich, in der differenzierten Organisation der Verwaltung eilte es seiner Zeit weit voraus, und die Schätze, die es häufte, hatten nicht ihresgleichen. Mit der Bildung seiner Völker konnte sich der barbarisierte Westen nicht im entferntesten messen, und noch weniger mit seinen Bauten und Mosaiken, mit seiner Musik und seiner Geschichtsschreibung. Byzanz – das war für ein Jahrtausend die Macht, der Reichtum, die Kultur schlechthin; selbst der ferne Norden, bis hinauf nach Island, sprach ehrfürchtig von »Mikkelgard«, der »großen Stadt«, und die slawischen Völker nannten sie »Zarigrad«, »die« Kaiserstadt – konnte doch nur ein einziger Kaiser, ihr Kaiser, als Stellvertreter Gottes auf Erden walten.

Was Athen und Sparta dem Griechentum schuldig geblieben, das endlich gab ihm Byzanz: die Erfüllung im »Reich«. Gewiß geht Byzanz in der griechischen Formel allein nicht auf. Im Glauben christlich, in der politischen Organisation römisch, im Denken und in der Sprache griechisch (seit Justinian wurde das Latein selbst aus der Amtssprache verdrängt), sickern auch noch orientalische Einflüsse in das neue Staatsgehäuse ein. Aber seine Struktur ist nicht ein Konglomerat heterogener Bestandteile – so nahtlos verweben sie sich, daß sie im einzelnen kaum mehr zu ihren Ursprüngen zurückzuverfolgen sind. Um die Mitte des neunten Jahrhunderts ist dieser Verwachsungsprozeß abgeschlossen. – Byzanz also, das ist die Legierung aus den Elementen der hellenischen Kultur, des römischen Staates, des orientalischen Hofes und der christlichen Kirche, eine Legierung, die ein Neues ist, ein anderes als ihre Ausgangsstoffe.

Es war die griechische Gabe des »Einschmelzens«, die aus diesen einander fremden, ja gegensätzlichen Baustoffen eine nach außen geschlossene Macht und eine Kultur schuf, die trotz ihrer Universalität doch nicht der inneren Einheitlichkeit entbehrte. Diese Leistung sicherte dem Hellenentum die Führung in und über Byzanz. Aber erst die Injektion mit der römischen Staatlichkeit befähigte es zu solcher Funktion. Byzanz begann ja als »Ostrom«, als das »neue Rom«, und es blieb das »zweite Rom«, bis es nach tausend Jahren, als es den Türken in die Hände fiel, sich in »Istanbul« verwandelte.

So hatte der politische Niedergang Griechenlands, der mit dem Peloponnesischen Krieg einsetzte, doch auch einen Sinn. Das asiatische Abenteuer Alexanders des Großen zehrte weiterhin an den politischen Energien des griechischen Volkes, doch wirkte es während der folgenden Jahrhunderte als kulturelles Ferment in den Diadochenreichen um das östliche Mittelmeer weiter bis tief nach Asien hinein. Aber nirgends gelingt ihm mehr ein staatlicher, politischer, militärischer Ausdruck eigener Art im großen Stil. Am wenigsten im Mutterland selber, wo der kleinstaatliche Partikularismus üppiger denn je seine Blüten treibt, seit Athen und Sparta im Kampf um die Hegemonie ihre Kräfte vertan haben. Noch einmal rafft sich das Land zur gemeinsamen Abwehr auf, als das römische Imperium seine Hand nach Griechenland ausstreckt. Aber der Feldherr Mummius hat kein schweres Spiel: mit der Zerstörung Korinths im Jahre 146 v. Chr. büßt Hellas die politische Selbständigkeit ein und figuriert fortan als römische Provinz. Da und dort flackern Aufstände weiter, die Unsicherheit treibt die Landbevölkerung in die Städte, die Felder veröden oder gehen in Latifundienbesitz über – seit Augustus ist Hellas im römischen Sinne »befriedet«.

In dem Maße jedoch, wie Griechenland politisch in das römische Imperium hineinwächst, überlagert es sich ihm kulturell: der militärisch Unterlegene wird zum geistigen Vormund des Siegers. Nach dem frühen Vorbild der Scipionen pilgern die römischen Patriziersöhne nach Hellas, um seine Kultur an der Quelle zu schöpfen. Neben Rom und Alexandria behauptet sich Athen noch Jahrhunderte hindurch als geistiger Mittelpunkt des Reiches, großzügig gefördert von Kaisern (Hadrian) und reichen Selfmademen (Herodes Atticus); und nach wie vor streichen die Kaufleute von Korinth und Patras ihre fetten Handelsgewinne ein. Mit allen Bewohnern des Reiches erlangen die Griechen 212 n. Chr. durch Caracallas Constitutio Antoniniana das römische Bürgerrecht – bis zum heutigen Tage nennen sie sich »Romäi«, denn der christliche Sprachgebrauch hatte den »Hellenen« zum Synonym für den »Heiden« gemacht. Zur Zeit der Goteneinfälle (249–251 und 260–268) war die Verschmelzung schon so weit fortgeschritten, daß sich Griechenland zum Verteidiger des lateinisch-hellenistischen Kulturreiches aufwarf, anstatt durch die Verbindung mit der anstürmenden Barbarenmacht das Joch der römischen Herrschaft abzuschütteln. Und schließlich sind es die Griechen, die das Imperium, das im Westen von der Völkerwanderung weggeschwemmt wurde, als Ostrom in die Zukunft hinüberretteten.

Diese geschichtliche Mutation, die in der dynastischen Hauspolitik der Cäsaren den äußeren Anlaß, im Christentum den inneren Anstoß hatte, zerbrach die lateinisch-hellenische Gemeinsamkeit, kaum daß sie Gestalt gewonnen hatte. Mit der Annahme des Christentums (noch heute läßt sich streiten, ob sich der Staat seiner bemächtigte oder sich ihm unterwarf, nachdem er es drei Jahrhunderte hindurch vergebens bekämpft hatte) verlegte Konstantin der Große seine Residenz im Jahre 330 nach Konstantinopel. Seit Diokletian schon bewegten sich die beiden Reichshälften voneinander weg – das Jahr 395 machte die Trennung zum staatsrechtlichen Faktum. Während aber das weströmische Reich unter den unaufhaltsam vordrängenden Germanenstämmen immer mehr zusammenschmolz und schließlich verlöschte, konsolidierte sich das griechische Ostrom gerade in der Abwehr der ständig von neuem anbrandenden germanischen, slawischen, arabischen und asiatischen Völkerschaften zu einem festgefügten Imperium, dessen Anspruch auf die Nachfolge Roms unumstritten blieb (noch Karl der Große mußte Byzanz das Recht auf die römische Kaiserkrone abringen); wo die Angreifer nicht zurückgeschlagen werden konnten, wurden sie so schnell aufgesogen, gräzisiert und christianisiert, daß sie in kurzer Zeit dem Reiche dienstbar wurden, ohne – wie in Rom – in die herrschende Schicht aufzusteigen.

Die zwei Schwerter in einer Hand

Die Grenzen Ostroms waren weit gespannt: außer dem Balkan (bis zur Donau) und Kleinasien umfaßten sie Syrien, Palästina, Nordafrika, zeitweise (unter Justinian) auch ganz Italien und Teile Spaniens – in der Blütezeit also das gesamte Mittelmeer. Dies bunte, auseinanderstrebende Völkergemisch, dessen gemeinsamer Bestand von innen und von außen fast unablässig in Frage gestellt war, wurde zusammengehalten von einer theokratischen Monarchie, die zentralistisch und absolutistisch regierte. Ihre innere Stärke bezog sie aus der wechselseitigen Stützung von Staat und Kirche, deren Pfeiler sich an der Spitze in der Person des Kaisers verschränkten (das zaristische Rußland sollte später dieses System übernehmen). Neben und unter ihm amtete der Patriarch von Konstantinopel gleichsam nur als Hofbischof, dem die östliche Kirche – im Unterschied zum Katholizismus ist sie demokratischer, genauer: oligarchisch strukturiert – lediglich die Stellung des Primus inter pares zugestand: eifersüchtig wachten die Provinzbischöfe über ihre Eigenständigkeit, das Konzil der Bischöfe entschied über dogmatische Fragen, nicht der Patriarch ex cathedra. Die (im Unterschied zum Staat) dezentralisierte Ordnung der Kirche sicherte dem Kaiser die Kontrolle über den Klerus; er konnte ihre Glieder gegeneinander ausspielen, und zudem war ihm das Recht vorbehalten, den Patriarchen zu ernennen und notfalls sogar abzusetzen. Das Maß der Macht, das der Patriarch im Reich ausübte, hing also von seiner Fähigkeit ab, das Ohr des Kaisers zu gewinnen – letztlich von der Überzeugungskraft seiner Persönlichkeit. In jedem Fall aber blieb Byzanz durch die Personalunion des weltlichen und des geistlichen Oberhauptes jener Dualismus der »zwei Schwerter« erspart, an dem das Heilige Römische Reich Deutscher Nation zerbrach.

Doch gereichte diese Ordnung auch dem Patriarchat zur Stärkung. Der Rückhalt am oströmischen Staat befähigte es zu seinem folgenreichen Missionswerk bei den slawischen und russischen Völkern sowie im Nahen Orient. Und dieser Rückhalt vor allem gab ihm die Kraft, den Anspruch des römischen Papstes auf den kirchlichen Primat abzuwehren, da sich ihm ja auch der Kaiser von Byzanz nicht beugen konnte. Die Trennung der beiden Kirchen deutete sich schon im fünften Jahrhundert an, sie verschärfte sich im neunten Jahrhundert und führte 1054 zum offenen und endgültigen Schisma. In einer glaubensbestimmten Zeit mußte sich die konfessionelle zur kulturellen Trennung verlängern. So löste sich der griechische Geist wieder vom lateinischen Rom.

Seltsam war der Preis dieser Entwicklung: Für die Heimkehr in die eigene, in die neue Größe eines Weltreiches mußten die Griechen Griechenland opfern. Das Mutterland vermochte unter den byzantinischen Kaisern den Rang nicht zu halten, den es unter den römischen Cäsaren eingenommen hatte. Mit der Verlagerung des Schwerpunktes von Rom, das die kulturelle Dezentralisation geduldet und genossen hatte, nach dem extrem zentralistischen Konstantinopel, mit der Ausbreitung des Christentums und der fortschreitenden Gräzisierung Ostroms verringerte sich das Eigengewicht Griechenlands. Je mehr die Griechen im neuen Reich dominierten, um so tiefer sank ihre Heimat in die geschichtliche Bedeutungslosigkeit. Zwar konnte Athen anfangs noch seinen Zauber auf den Hof von Konstantinopel ausüben; so etwa durch Athenaïs (Gregorovius widmete ihr eine liebevolle Studie), des heidnischen Philosophen Leontios' Tochter, die als Kaiserin Eudokia und Gattin Theodosios' II. (408–450) Mitgründerin der Universität von Konstantinopel wurde und die Hellenisierung des Vorderen Orients zielbewußt vorantrieb. Doch selbst sie vermochte ihre geliebte Heimatstadt, die als heidnische Widerstandsinsel den christlichen Eiferern der Metropole schon längst zum Ärgernis geworden war, nicht vor der Frömmigkeit ihres Gemahls zu bewahren: 426 ließ Theodosios II. den großen Zeustempel in Olympia abreißen, 435 sperrte er den Parthenon-Tempel, der jedoch gegen Ende des Jahrhunderts als christliche Kirche wieder auferstand. Die Schließung der Athener Akademie und das Lehrverbot für die heidnischen Philosophen durch Kaiser Justinian im Jahre 529 entzog dann der Stimme des alten Hellas das letzte Wort. Mehr und mehr verfiel Athen, verfiel Griechenland zur Provinz, die im Schlagschatten von Byzanz kulturell und wirtschaftlich verkümmerte. Die üppige Tochter ließ die Mutter nicht teilhaben an ihrem Glanz und ihrer Macht; um so mehr an ihren Nöten und Leiden.

Die theokratische Struktur hatte ihre Kehrseite: da der Kaiser als kirchliches Oberhaupt zu den theologischen Streitfragen wohl oder übel Stellung beziehen, ja oft genug die Entscheidung fällen mußte, wuchsen sich die dogmatischen Lehrkonflikte jeweils zu politischen Krisen aus, die das Staatsgebäude wieder und wieder bis auf die Grundfesten erschütterten. Denn die griechische Leidenschaft für das Fragen und Formen warf sich zu jener Zeit, die nach Erlösung und Unsterblichkeit, nach dem Jenseitigen dürstete, auf die Abklärung des christlichen Dogmas. Ein ironischer Augenzeuge berichtet vom Konstantinopel des ausgehenden vierten Jahrhunderts: »Diese Stadt ist voll von Handwerkern und Sklaven, die alle tiefgründige Theologen sind und in den Läden und auf den Straßen predigen. Wenn du von einem Mann ein Geldstück gewechselt haben willst, wird er dich zunächst darüber belehren, worin der Unterschied zwischen Gott-Vater und Gott-Sohn besteht; und wenn du nach dem Preis von einem Laib Brot fragst, wird man dir an Stelle einer Antwort erklären, daß der Sohn dem Vater untergeordnet ist; und wenn du wissen willst, ob dein Bad fertig ist, wird der Bademeister dir antworten, der Sohn sei aus dem Nichts geschaffen ...«

Die Religion bestimmte die Politik, und oft genug war die Politik berufen, die gordischen Knoten der religiösen Wirrnisse zu duchhauen. Und mehr als einmal drohte der Staat unter der Last seiner religiösen Bürde auseinanderzubrechen. Zum ersten Male durch den alexandrinischen Presbyter Arius (336 †), der die Gottesnatur Christi abstritt; trotz der Verdammung durch das erste Konzil von Nikaia (325) beunruhigte seine Irrlehre das Reich noch bis tief in das fünfte Jahrhundert hinein, und bis zum sechsten Jahrhundert behauptete sie sich in den westlichen

Germanenstaaten. Doch das ganze vierte Jahrhundert kreiste in heftigen Erschütterungen um das Thema der Trinität, bis sie die großen Theologen Athanasios von Alexandria, Basileios der Große, Gregorios von Nazianz und sein Namensvetter von Nyssa – unter Anlehnung an den Neuplatonismus – der dogmatischen Fixierung zuführen. Nicht minder bewegt war das fünfte Jahrhundert, das sich über das Verhältnis der Gottesnatur und der Menschennatur in der Person Christi ereiferte. Erst nach harten Kämpfen wurden auf dem dritten Ökumenischen Konzil zu Ephesos (431) die Lehre des Nestorios (er hatte Maria die Gottesmutterschaft abgesprochen) und auf dem vierten zu Chalkedon (451) der Monophysitismus des Eutyches zurückgewiesen; aber beider Saat keimte weiter und entfaltete sich in Persien, Syrien, Palästina und Ägypten zu eigenen Volkskirchen, die ihre Völker dem Reich entfremdeten – so sehr, daß sie später dem vordringenden Islam nur geringen Widerstand entgegensetzten. Sie leben noch heute.

Die schwerste Belastungsprobe für das Reich aber war der Bilderstreit (»Ikonoklasmus«), den Kaiser Leo III. durch das Edikt des Bilderverbots (730) entfesselte und sein Sohn und Nachfolger Konstantin V. zum regelrechten Bildersturm radikalisierte. Diese Bewegung, in der häretische Traditionen mit orientalischen, der islamischen Geisteswelt entstammenden Vorstellungen zusammenflossen, wurde vorwiegend von den asiatischen Volksteilen getragen. Hingegen hielten die europäischen Reichsteile zäh an der Verehrung der Heiligenbilder fest, von der auch das Mönchstum – im Gegensatz zum Kirchenklerus – nicht ließ. Zeitweise drohte dieser Konflikt das Reich zu spalten. Doch allmählich erlahmte der Fanatismus der Bilderstürmer; nach dem Tode Konstantins setzten sich die Bilderverehrer auf dem siebenten Ökumenischen Konzil zu Nikaia auch dogmatisch durch. Zwar flammte der Ikonoklasmus im neunten Jahrhundert nocht einmal auf, aber er ergriff nun nur mehr den Hof und die Geistlichen, nicht die Völker: die Synode von Konstantinopel sicherte im Jahre 843 den Sieg des Bildes endgültig. Das war der Sieg Griechenlands über den Orient. Doch alljährlich feiert ihn die Orthodoxie im »Fest der Rechtsgläubigkeit«. Zu Recht, denn mit ihm fand der dogmatische Klärungsprozeß seinen Abschluß. Seither wurde – im Unterschied zum Katholizismus – kein Stein mehr am orthodoxen Lehrgebäude versetzt.

Das Wunder des Tausendjährigen Reiches

Außer beim Bilderstreit spielte Griechenland nie eine maßgebliche Rolle in den sich über ein halbes Jahrtausend erstreckenden Auseinandersetzungen um das Dogma – schon dies kennzeichnet seinen peripheren Rang im Reiche. Es bekam ihn auch an der Lässigkeit zu spüren, mit der Konstantinopel die lokalen Geschicke des Mutterlandes behandelte. So stieß die im sechsten Jahrhundert anlaufende Slawenflut lange Zeit auf keinen Widerstand; kaum gehindert überschwemmte sie, die befestigten

Städte aussparend, Thessalien und Mittelgriechenland und ergoß sich dann in den Peloponnes, den die Pest des Jahre 746 verödet hatte. Nur die Uneinigkeit der Slawenstämme, die sie vom staatlichen Zusammenschluß abhielt, verhinderte die totale Landnahme; das Geld und die Diplomatie von Byzanz spielten sie untereinander geschickt aus, bis das Reich schließlich zum Beginn des neunten Jahrhunderts, da es einem neuen Aufschwung entgegensteuerte, die Slawen auch militärisch niederrang. Die in die Städte geflüchteten Griechen kehrten auf das flache Land zurück, die Obrigkeit ergriff wieder die Zügel der Verwaltung, die Geistlichkeit christianisierte und hellenisierte die slawischen Bauern, die nun staatlich und kulturell völlig in Byzanz aufgingen. Von dieser Reconquista des griechischen Christentums künden die Klöster Lawra auf dem Athos, Daphni vor Athen und Hosios Lukas in Phokis. Dabei blieb es nicht, die Gegenwelle verlängerte sich zur Missionierung des ganzen Balkans, dessen Völker durch den Patriarchen Photios sowie durch die griechischen Slawenapostel Kyrillos und Methodios dem östlichen Christentum und seiner Kultur gewonnen wurden.

Die Verspätung in der Abwehr der slawischen Völkerwanderung Griechenlands hatte jedoch ihre guten Gründe: die Kräfte des Reiches waren zur gleichen Zeit von einem noch mächtigeren und gefährlicheren Feind beansprucht – dem mächtigsten und gefährlichsten, mit dem Byzanz es in seiner tausendjährigen Geschichte zu tun bekam.

Die Lehre Mohammeds hatte die Wüstenvölker von einem Tag zum andern in Bewegung gesetzt. Schon kurz nach seinem Tod (632) brachen die arabischen Reiterheere unter der Fahne des Propheten wie ein Sturm in die nahöstlichen Provinzen Ostroms ein. In wenigen Jahren unterwarfen sie sich Syrien und Ägypten – das wirtschaftliche Rückgrat des Reiches –, unterwarfen sich Nodafrika und Armenien und stießen nach Kleinasien vor. In diesem Zangengriff, zu dem die Slawen (und später die Bulgaren) vom Norden, die Sarazenen vom Süden her ansetzten, schien das Reich verloren. Im achten Jahrhundert waren ihm bereits neun Zehntel seines Territoriums verloren, der Rest zudem in einzelne Plätze in Anatolien, auf Inseln und isolierte Küstenorte zersplittert, über welche die Reichsflotte ihre Hand hielt. Aber selbst dieser Schild wurde löchrig, nachdem die Araber, im Besitz der nordafrikanischen Häfen, eine überaus kampftüchtige Flotte aufgebaut hatten, die bald Zypern und Rhodos nahm. Schon glaubten sie zum letzten Schlag ausholen zu können, der das Herz des Reiches treffen sollte: fünf volle Jahre hindurch (674–678) bestürmten die Araber Konstantinopel zu Wasser und zu Lande. Doch die Mauern der Stadt hielten, und die oströmischen Schiffe blieben, dank dem »griechischen Feuer«, der arabischen Flotte überlegen. Schließlich mußte der Feind die Belagerung abbrechen und sich in einen Frieden fügen, der Kleinasien – Hauptreservoir der Truppenaushebung – an die kaiserliche Gewalt zurückgab. Das war die erste große Niederlage der Araber; an weltgeschichtlichem Gewicht steht sie nicht hinter Karl Martells Sieg über die Sarazenen bei Poitiers (732) zurück.

Doch die Kraft des arabischen Ansturms war noch nicht gebrochen. Knapp vier Jahrzehnte später setzt er zum zweiten Stoß gegen die Hauptstadt an (717–718). Schneller als beim ersten Male können die Verteidiger die Belagerer zurückwerfen. Aber diesmal halten sich die Araber auf dem offenen Lande länger; erst nachdem ihnen das kaiserliche Heer bei Akroinon (740) eine empfindliche Niederlage zugefügt hat, räumen sie Anatolien.

Damit hatte der Ansturm der Araber Gipfel überschritten, auch wenn sich der Kampf noch bis in das zehnte Jahrhundert weiterschleppte. Aber die Initiative geht nun an die kaiserlichen Heere über, die in zähen Grenzkriegen den Feind langsam nach Süden zurückdrängen: um die Jahrtausendwende sind Mittelsyrien, Galiläa und der palästinensische Küstenstreifen wieder dem Reiche einverleibt. Weniger glücklich für Ostrom verläuft der Seekrieg. Gegen Ende des neunten Jahrhunderts gehen Sizilien und Unteritalien an die Sarazenen verloren; 827 fällt Kreta in die Hände arabischer Korsaren, von dem aus sie 904 das reiche Saloniki plündern und die ganze Ägäis unsicher machen, bis endlich die byzantinischen Geschwader diesem Seeräuberspuk durch die Rückeroberung Kretas im Jahre 960 ein Ende machen.

In dem dreihundertjährigen Ringen gegen die »Ungläubigen«, das für Byzanz mit der Hoffnungslosigkeit begonnen hatte und im Aufstieg zu neuer Größe endete, war die Stadt zu einem Reich der Soldaten und Mönche geworden, welche die Errettung Ostroms nicht anders denn als ein Wunder begreifen konnten. Zwar hatte es Italien, Nordafrika und die wichtigsten Gebiete Vorderasiens verloren; allein diese Einbuße an räumlicher Weite kam seiner inneren Festigung und der schärferen Ausprägung seines griechischen Gesichtes zugute. In wechselseitiger Kausalität verband sich der moralischen Erneuerung die wirtschaftliche und soziale Gesundung, der materiellen Restitution eine Renaissance der kulturellen Energien in Kunst und Wissenschaft. Doch nur ein dünner Abglanz dieser neuen Blüte fiel auf das alte Mutterland.

Die Erhaltung und Erneuerung Ostroms war in der Tat ein Mirakel, denn zu den Slawen und Sarazenen erstand ihm in jenen kritischen Jahrhunderten noch ein dritter, kaum weniger gefährlicher Gegner: im jungen, aufstrebenden Bulgarenreich, das sich seinen Teil beim vermeintlichen Zerfall des Reiches nicht entgehen lassen wollte.

Die den Türken verwandten Urbulgaren hatten, aus der Ukraine abgedrängt, unter Asparuch im Jahre 679 das erste Bulgarenreich an der unteren Donau gegründet. Khan Krum vergrößerte es 803 um den Ostteil (das heutige Rumänien und Ostungarn) des Awarenreiches, das Karl der Große zerschlagen hatte. Aber sein Sinn stand nach dem Süden. Die Eroberung Sofias öffnete ihm den Weg nach Makedonien, und schon 813 berannten seine Heere die Tore Konstantinopels. Doch vergebens: sie hielten stand wie ein Jahrhundert vorher den Arabern. Krums früher Tod (814) vereitelte die geplante Wiederholung des Angriffs.

Die politische Stärke der Bulgaren für Ostrom beruhte auf ihrer Fähigkeit, die unpolitischen Slawen, denen sie sich als Herrenschicht überlagert hatten, staatlich zu organisieren: in ihnen sah sich Byzanz erstmals auf dem Balkan einer geschlossenen eigenständigen Macht gegenüber. Auch nachdem sie in der älteren Slawbenbevölkerung aufgegangen waren, blieb ihrem Staat dieser politische Sinn erhalten. Als erstes der slawischen Balkanvölker nahmen sie das Christentum an und gliederten sich dem byzantinischen Kulturkreis ein – im Jahre 865 ließ sich Khan Bogoris als Zar Michael taufen. Dieser Vorsprung wies ihnen die Rolle eines Transformators für das byzantinische Missionswerk zu, das über sie die übrigen Balkanvölker ergriff: die Bibelübersetzung durch die Slawenapostel Kyrillos und Methodios erhob das Altbulgarische zur gesamtslawischen Kirchen- und Literatursprache.

Doch die kulturelle Hinwendung zu Byzanz zügelte nicht ihren Expansionsdrang. Fasziniert von der byzantinischen Staatsidee, die den Anspruch auf die Weltherrschaft mit der Stellung des Kaisers als Nachfolger und Stellvertreter Christi begründete, fühlten sich die bulgarischen Zaren immer wieder provoziert, die Hand nach der byzantinischen Kaiserkrone und nach Konstantinopel auszustrecken. Erst nachdem Symeon der Große (893–927), der größte unter den bulgarischen Herrschern, in seinen unablässigen Anstürmen vor den uneinnehmbaren Mauern Konstantinopels gescheitert war, ließen die Zaren von ihrem ehrgeizigen Traum ab.

Ihre Resignation löste die oströmische Gegenoffensive aus. Die Reihe von Soldatenkaisern – Nikephoros II. Phokas (963–969), Joannes I. Tzimiskes (969–976), Basileios II. (976–1025) –, welche die Macht des Reiches von neuem festigten, drängte die Bulgaren in den inneren Balkan zurück. 972 verloren sie Ostbulgarien. Ein halbes Jahrhundert später war auch das Ende des westbulgarischen Rumpfstaates um die Hauptstadt Ochrid besiegelt, nach einem Krieg, der beiderseits überaus grausam geführt wurde. Die Entscheidung fiel 1014 in der Schlacht bei Kljutsch, die dem Sieger 15 000 bulgarische Gefangene einbrachte. Der Kaiser befahl, sie zu blenden, und dann entließ er sie in ihre Heimat, je eine blinde Hundertschaft unter Führung eines Einäugigen. »Bulgaroktonos« hieß seither Basileios II., der »Bulgarenschlächter«. – Das Land wurde oströmische Provinz.

Nicht lange sollte sich Byzanz seiner Siege freuen. Dem langsamen, mühseligen Aufstieg folgte ein rascher Verfall. Hatte es seine Kräfte in den inneren Auseinandersetzungen um das christologische Dogma, in

▶ *Die Paraportiani von Mykonos präsentiert ägäische Volksbaukunst in der Vollendung: in ihr verschlingen sich fünf Kapellen, teils neben-, teils aufeinander, zu einem wohlorganisierten Chaos, dem sie noch musikalische Harmonie abtrotzt.*

▶ ▶ *Kloster Taxiarchis (Erzengel), an der Nordwestküste von Seriphos. Charakteristisch für das ägäische Kloster ist seine abweisende, geschlossene Burganlage, hatten sich doch die guten Christen in den immer unchristlichen Jahrhunderten ständig der Seeräuber zu erwehren.*

dem halbtausendjährigen Abwehrkampf gegen Slawen, Bulgaren und Sarazenen verzehrt? Immer neue Feinde berannten die Grenzen des Reiches. Doch Jahrhunderte noch stemmte sich Konstantinopel seinem unvermeidlichen Schicksal entgegen.

Der Verfall setzte im Innern ein. Er begann mit dem Sieg der Zivilpartei, der »Intellektuellen«, über die Militärpartei. Literaten, Gelehrte und Geistliche drängten die Generale aus der Macht, durch den Abbau der alten Themenverfassung, die in den Gauen die Militär- und Zivilgewalt in den Händen der Militärs vereinigt hatte. Die kaiserliche Gewalt wurde zum Spielball intriganter Rivalitäten des Hofadels. Die großen Grundherren preßten das selbständige Kleinbauerntum aus, dessen Bodeneigentum an den Wehrdienst gebunden war; fremde Söldnerheere ersetzten die alten Milizarmeen, die sich aus eben jenen Wehrbauern rekrutiert hatten. Mit diesen Wandlungen versiegten die Quellen der oströmischen Macht. Wieder und wieder mußte sie fremde Hilfstruppen zur Abwehr der äußeren Feinde zu Hilfe rufen, die, kaum daß sie ihren Dienst getan hatten, sich Teile des Reiches aneigneten. Die schwindende Steuerkraft vermochte die riesig anwachsenden Finanzansprüche des Staates nicht mehr zu tragen. Die Währung trieb dem inflationären Verfall zu, der Handel geriet in fremde Hände.

Die Schwäche des Reiches zeigte sich schon beim Einfall der Seldschuken. Fast ohne auf Widerstand zu stoßen, hatten sie um 1060 Armenien überrannt und waren tief nach Kleinasien vorgestoßen. Ein buntes Söldnerheer aus Franken, Normannen, Petschenegen, Uzen stellte sich ihnen entgegen – bei der armenischen Stadt Mantzikert wurde es 1071 zerschlagen; damit war und blieb das innere Anatolien, das Fundament des Reiches, verloren.

Dasselbe Jahr 1071 kostete Ostrom am entgegengesetzten Ende des Reiches die letzte Bastion auf italienischem Boden: Bari fiel in die Hände der Normannen. 1081 setzt Robert Guiskard auf den Balkan über. Er nimmt Dyrrhachion, durchstößt Griechenalnd bis Larissa – da zwingt ihn ein Aufstand zur Rückkehr nach Unteritalien. Sein plötzlicher Tod

◄ ◄ *Pholegandros in der südlichsten Kykladenkette ist eine der ärmsten und einsamsten Inseln, weshalb sie denn Athen die Zeiten hindurch als Verbannungsort für mißliebige Geister mißbrauchte. Wo sein Boden am dürftigsten, wendet der Grieche oft seine ganze Liebe seinem Haus zu. Auf Phologandros ist er besonders erfinderisch in der Gestaltung der Vortreppen – auf die ganze Straße plätschern sie von beiden Seiten wie kleine, versteinerte Wasserfälle herab.*

◄ *Trikkeri, am weitvorspringenden Südkap des Golfes von Volos. Die Berufsfischerei ist in der Ägäis ein Handwerk ohne goldenen Boden, vernichtet sie doch mit dem Grundschleppnetz und dem (verbotenen) Dynamit auch den Laich. Zudem sind die Bauern schlechte Kunden; viele unterhalten eigene Boote, um die kargen Erträge ihrer Felder ein wenig aus der See aufzubessern.*

(1085) verhindert die Wiederaufnahme des Eroberungszuges. Aber die Normannen bleiben gefährlich. 1147 nehmen sie Theben und Korinth, die blühendsten Städte Griechenlands in jenen Tagen; die Seidenweber, denen diese ihre Reichtümer verdankten, werden als Beute nach Palermo verschleppt. Schließlich suchen die Normannen 1183 Saloniki heim; aber die Seuchen und der üppige Luxus der Stadt verderben sie, vier Jahre später unterliegen sie dem oströmischen Feldherrn Alexis Branas. So endete das normannische Abenteuer in Griechenland, nachdem schon vorher (1149) ihre Flotte von den verbündeten venezianisch-oströmischen Geschwadern bei Kap Malea zerschlagen worden war. Zwar machte noch der Staufer Heinrich VI. normannische Erbansprüche geltend, doch starb er (1197), bevor er ihre Einlösung betreiben konnte.

Athen war von den Normannen verschont geblieben: es lohnte nicht mehr der Mühe. Der Chronist Michael Choniates, Erzbischof von Athen 1175–1205, berichtet von seinem Niedergang:

Athen bewohn ich, doch ich sehe kein Athen.
Nur traurig öden Staub und längst entschwundnes Glück.
Wohin sind deine Heiligtümer, ärmste Stadt?
Vergangen alles und zu Sagen aufgelöst:
Gericht und Richter, Rednerbühne, Volksbeschluß.
Gesetze. Volksversammlung, deiner Redner Macht.
Die Sitzungen des Rats, der Feste heller Glanz.
Die Führerschaft im Krieg zu Lande wie zur See.
Die überreiche Muse der Gedankenkraft!
Vergangen ohne Spur ist aller Ruhm Athens.
Kein Zeichen blieb, kein noch so dunkles ist zu sehn.

Wenig später konnte die Klage dem ganzen Reiche gelten.

Es war eines seiner Kinder, Venedig, das dem Reich das letzte Mark aus den Knochen sog.

Fränkisches Zwischenspiel

Die Lagunensiedlung, als Fluchtstätte während der germanischen Völkerwanderungen angelegt, kam um 539 unter die oströmische Herrschaft, in der sie nominell bis ins elfte Jahrhundert verblieb. Aber schon seit dem neunten Jahrhundert datiert ihr Aufstieg zur selbständigen Seemacht, die sich durch die Eroberung der wichtigsten istrischen und dalmatinischen Küstenplätze zur Herrin über die Adria aufwarf. Doch die Basis ihrer Machtenfaltung war der Handel in und mit dem oströmischen Reich. Da seine geschickten und geschäftstüchtigen Diplomaten es verstanden, mit den Päpsten und den deutschen Kaisern gute Beziehungen zu unterhalten, ohne es mit Byzanz zu verderben, gewann Venedig die Funktion eines Scharniers zwischen den beiden Welten. Das war eine sehr einträgliche Position, auch wenn deren Behauptung den Ausbau der politischen und militärischen Mittel verlangte; diese wiederum stärkten den wirtschaftlichen Einfluß. So ließ sich Venedig von Konstantinopel die Waffenhilfe gegen die Normannen – es war an der Ausschaltung ihrer Konkurrenz interessiert – mit dem Recht auf Handelsfreiheit im ganzen oströmischen Reich (1081) bezahlen, die es bald zum Monopol ausweitete. Die Friedensvermittlung zwischen Friedrich I. Barbarossa und Papst Alexander verschaffte ihm dann auch die Handelsfreiheit im deutschen Reich. Schließlich machten es sich die Komnenenkaiser zur Gewohnheit, die venezianische Seemacht für ihre kriegerischen Unternehmungen in Dienst zu nehmen, während sie die eigene Flotte verfallen ließen.

Der Aufstieg Venedigs vollzog sich im Bunde mit Ostrom, das seine Gefährlichkeit erst begriff, als es ihm über den Kopf gewachsen war. Bereits 1126 war die venezianische Flotte imstande, die Erneuerung und Erweiterung der alten Handelsrechte zu erzwingen, die Kaiser Johannes I. Komnenos zunächst verweigern wollte. Auch ein zweiter (1171–1179) und dritter Versuch (1182–1187) Konstantinopels, den venezianischen Parasiten abzuschütteln, scheiterte an der überlegenen Flotte der Lagunenstadt. Schon ging es ihr nicht mehr nur um die Beherrschung des Levantehandels, sondern – unter dem großen Dogen Enrico Dandolo – um die Errichtung eines kolonialen Seeimperiums auf den Trümmern des zerbröckelnden Reiches von Byzanz. Dazu diente ihm der vierte Kreuzzug.

Von den vorangegangenen Kreuzzügen hatte sich Venedig distanziert. Mit den anderen Seerepubliken, mit Genua, Pisa, Amalfi, war es ja der Entwicklung zum Kapitalismus vorausgeeilt, der den theologischen Primat in der Politik durch das wirtschaftliche Interesse ersetzte. Seinen kühlen, nüchternen Geschäftssinn berührte der religiöse Impuls jener Zeit wenig, der die Rückeroberung des Heiligen Landes begehrte. Und da Venedig von den Kreuzfahrern die Störung seines Handels befürchtete, verweigerte es ihnen seine Flotte; sie mußten daher den langen Landweg über den Balkan einschlagen. Doch allmählich gewannen die italienischen Städte den Kreuzzügen eine lukrative Seite ab: Nachschub, Blockadehilfe und gelegentliche Truppentransporte warfen Profite und Handelsquartiere in den syrischen und palästinensischen Häfen ab. Schließlich verführte sie die wechselseitige Konkurrenz zu aktiverem Engagement.

Dennoch kamen die Kreuzritter im Heiligen Land nicht recht voran. Uneinigkeit in der Führung, unzulängliche Planung und organisatorische Mängel hemmten die Schlagkraft der Heere, deren Mittel weit hinter ihren Zielen zurückblieben. Überaus problematisch gestaltete sich auch ihr Verhältnis zu Byzanz, das dem »Glaubenskrieg« längst entfremdet war und in seinen völkerrechtlichen Beziehungen kaum einen Unterschied machte zwischen den Staaten der Muslim und den westlichen »Barbaren«. Das Schisma tat ein übriges: Ost und West waren einander Häretiker, und der Häretiker galt ihnen als hassenswerter denn der Heide. Wohl besaß Konstantinopel nicht mehr die Macht, den landfahrenden Heeren den Durchmarsch zu verwehren, aber es konnte ihnen doch den Treueid abnötigen, der sie zur Anerkennung der oströmischen Lehensoberhoheit über alle von ihnen eroberten Gebiete verpflichtete. Das konnte nicht gut gehen und ging nicht gut. Zahllose Reibereien und Zusammenstöße waren die zwangsläufige Folge, die sich im dritten Kreuzzug sogar zum kriegerischen Konflikt entzündeten. So lag es den Kreuzrittern nahe, auf der Suche nach dem Sündenbock für das eigene Versagen alle Schuld den »treulosen Griechen« in die Schuhe zu schieben. Allmählich setzte sich im Okzident die Überzeugung fest, erst und allein die Eroberung von Konstantinopel schaffe die Ausgangsbasis für die Eroberung des Heiligen Landes.

Diese Situation nutzte der venezianische Doge Enrico Dandolo meisterhaft.

Gegen Ende des zwölften Jahrhunderts schien Byzanz wieder einmal auseinanderzubrechen. Kaum hatte es die Normannen abgeschüttelt, sagten sich die serbischen und bosnischen Fürstentümer von ihm los; kurz darauf fiel auch das wiedererstarkte Bulgarien ab, das sich unter den Brüdern Peter und Asen erhoben hatte. Abermals war der Balkan verloren. Zu allem Unglück war das Reich auch noch durch Thronwirren zerrissen, so daß es dem von Dandolo auf Konstantinopel gelenkten vierten Kreuzzug nicht widerstehen konnte. Am 13. April 1204 fiel die Metropole. Die Eroberer machten die Vandalen vergessen.

Und dann teilten sie die Beute, das alte »Reich« in elf Stücke zerreißend. Graf Balduin von Flandern ließ sich zum lateinischen Kaiser von Byzanz ausrufen. Aber er hatte wenig Freude an seiner Krone, denn die fränkischen Barone schalteten nach ihrem Belieben im Lande: Markgraf Boniface de Montferrat, der Führer des Kreuzzuges, ließ sich in Saloniki als König über Makedonien und Thessalien nieder und vergab Attika und Böotien an den Burgunder Othon de la Roche, der in Athen seine Residenz aufschlug. Auf dem Peloponnes errichteten Geoffroy de Villardouin und Guillaume de Champlitte Fürstentümer, von denen noch die geisterhaften Schatten Mistras zeugen.

Keiner dieser feudalen Herren schlug Wurzel im Lande. So kurz ihr gespenstisches Zwischenspiel blieb, es war ein erregendes Kapitel. Keine der zahllosen Fremdherrschaften, die über das Land hingingen, war den Griechen so verhaßt wie die der Franken, die ihnen die westliche Sitte und den katholischen Glauben aufzuzwingen, aus Hellas »ein Stück Frankreich« zu machen versuchten. Nie vorher wußten sie sich in ihrer Substanz so bedroht wie durch die fränkischen Eroberer.

Solch naivem Ehrgeiz frönten die Venezianer nicht, die sich – entlang dem Seeweg von Venedig nach Konstantinopel – die fettesten Brocken aus der Beute gesichert hatten, sämtliche ionischen Inseln, die südpeloponnesischen Küstenstädte Koron, Modon, Dyrrachion, Kreta, die meisten ägäischen Inseln, die Häfen am Marmarameer und Hellespont, Adrianopel sowie drei Achtel von Konstantinopel (mit der Hagia Sophia); später auch noch Euböa. Aber im Gegensatz zu den Franken tasteten sie die Lebensform und die gesellschaftliche Struktur, den überlieferten Glauben und die heimische Kirche kaum an. In der Verwaltung begnügten sie sich mit geringen Eingriffen; unter Anwendung indirekter Herrschaftsmethoden zügelten sie das oft aufständische Volk durch die Privilegierung der einheimischen Nobilen. Diese Kolonien festigten nicht nur Venedigs See- und Handelsherrschaft in der Levante, ihr »Potential« machte es zu einer europäischen Großmacht, die ihren Rang erst im siebzehnten Jahrhundert durch das Vordringen der Türken einbüßte.

Indessen gaben die Byzantiner ihre Sache nicht verloren. Aus der Liquidationsmasse des Jahres 1204 kristallisierten sich neben den fränkischen und venezianischen Herrschaften drei griechische Reststaaten heraus: die legitime Linie spaltete sich in die Reiche von Nikaia und Trapezunt, während auf griechischem Boden das Despotat Epirus entstand.

Zunächst schien diesem das byzantinische Erbe zuzufallen. Nach einem raschen Aufstieg konnte Theodoros Angelos, der zweite Despot, die Franken schon 1224 aus Saloniki, aus Makedonien und Thessalien verjagen. Doch seinem Traum von der oströmischen Kaiserkrone bereiteten die Bulgaren ein jähes Ende, die ihn 1230 bei Klocotnica an der Maritza schlugen, gefangennahmen und blendeten. Sein Sohn Johannes beschied sich fortan mit dem epirotischen Stammland und söhnte sich mit dem Kaiser von Nikaia aus, dem er 1246 das Reich von Saloniki abtrat. In dieser seinen Mitteln angemessenen Begrenzung erhielt sich das epirotische Despotat bis ins vierzehnte Jahrhundert.

Solche weise Bescheidung übten die »Großkomnenen« von Trapezunt von vornherein. Ihr kleines Reich an der pontischen Küste des Schwarzen Meeres widmete sich – in Partnerschaft mit Genua – dem Handel mit Persien. Es hat den Fall von Konstantinopel um acht Jahre überlebt: erst 1461 erlag es den Osmanen.

So war denn die Rettung der byzantinischen Idee dem kleinen Rumpfstaat aufgetragen, der sich in Anatolien um die Hauptstadt Nikaia konsolidiert hatte. Wie so oft in den Wellentälern der byzantinischen Geschichte war auch ihm eine Reihe überaus tüchtiger Herrscher beschieden, die trotz fortdauernder Bedrängung von außen (durch Franken und Seldschuken) durch soziale, wirtschaftliche und militärische Reformen das Fundament zum Wiederaufbau des Reiches legten. Mit der Wiedereinverleibung des Staates von Saloniki bekam es Konstantinopel in den Zangengriff. Am 25. Juli 1261 war es soweit: in Abwesenheit des fränkischen Heeres und der venezianisachen Flotte nahmen die Byzantiner ohne Schwertstreich die völlig überraschte Hauptstadt. Ein Jahr später konnte Michael VIII. Paläologos (1261–1282) den Franken auch den südlichen Peloponnes entreißen, der als Despotat Mistra dem griechischen Mutterland noch einmal zu einer kurzfristigen Blüte verhelfen sollte.

Aber die Franken gaben sich noch nicht geschlagen. In Karl von Anjou, der 1266 dem Staufererben Manfred Unteritalien abgenommen hatte, fanden sie einen mächtigen Förderer ihrer Rückeroberungspläne; auch Venedig und der Papst schlossen sich dem Bündnis von Orieto (1281) »zur Wiederherstellung des von den Paläologen usurpierten

Römischen Imperiums« an. Schon hatte sich Karl im Epirus und auf dem Peloponnes festgesetzt, schon hatte er die Albaner, Serben und Bulgaren für seine Sache gewonnen, da glückte dem Paläologen der befreiende Gegenschlag: durch die Allianz mit Peter III. von Aragon, der als Schwiegersohn des Staufers Manfred der natürliche Todfeind Karls von Anjou war. Das byzantinische Gold tat das Seine, Aufstände in Unteritalien zu schüren, die in der »Sizilianischen Vesper« am 31. März 1282 der Herrschaft des Anjou das blutige Ende setzten. Damit war die Gefahr eines abermaligen Kreuzzuges gegen Byzanz gebannt, war der fränkische Spuk in Griechenland endgültig zerstoben.

Aber es war wie mit dem Kopf der Hydra: jedem Feind, den Ostrom niederrang, wuchsen zwei neue nach. Kaum hatte sich Byzanz der Franken entledigt, da geriet es unter den doppelten Ansturm der Serben nd der Osmanen. Die tüchtigen Kaiser des dreizehnten Jahrhunderts fanden im vierzehnten schwache Nachfolger, die den neuen Gefahren nicht gewachsen waren. Zudem hatte sich der immer mächtiger werdende Grundadel, dem es das Vorbild des fränkischen Feudalsystems angetan hatte, Steuerfreiheit und eigene Gerichtsbarkeit abgetrotzt und sich mehr und mehr von der Staatsgewalt gelöst. Auf der anderen Seite vermochten sich die kleinen Freibauern nicht, ja nicht einmal mehr der Kleinadel, gegen die übermächtigen Großgrundbesitzer zu behaupten.

Dieser Feudalisierungsprozeß, der das Pendel von Byzanz nach Griechenland, von der universalen zur nationalstaatlichen Struktur zurückschwingen ließ, hat zweifellos die Zentralgewalt Ostroms von innen her aufgespalten und damit dessen Untergang beschleunigt – einen Untergang, der ohnehin unvermeidlich geworden war. Er hat aber auch die Jahrhunderte hindurch brachliegenden regionalen Kräfte nochmals aktiviert, jene Kräfte, die das Griechentum in den kommenden Saecula der türkischen Fremdherrschaft zum Überleben und schließlich zur Rückgewinnung der Freiheit befähigten.

Am reinsten prägte sich diese Entwicklung in den Despotaten des Epirus und von Mistra aus. Während Konstantinopel in der türkischen Umklammerung schon am Ersticken war, entfaltete sich rund um die Burgpaläste und Kirchen an den Taygetoshängen bei Mistra eine glanzvolle Metamorphose des Hellenentums in Kunst, Literatur und Wissenschaft. Der Humanist Georgios Gemistos Plethon, der bedeutendste Kopf seiner Zeit, lehrte dort; mit seinen politischen, sozialen und wissenschaftlichen Reformvorschlägen hoffte er einer Wiedergeburt Griechenlands im Peloponnes den Boden zu bereiten. Wichtiger für die Zukunft aber war die gesellschaftliche Entwicklung in den beiden Despotaten. In ihrem Bereich gab es mehr freie Bauern als anderswo, die Städte erlangten eine gewisse Freiheit, die Landgemeinden eine embryonale Selbstverwaltung, das Gewohnheitsrecht drang in das offizielle Recht Ostroms ein, Gedanken über einen griechischen Nationalstaat keimten auf – so war Griechenland auf einem Wege, der es vom alten Byzanz wegführte und den italienischen Renaissancestaaten annäherte. Diese Entwicklung wurde durch die türkische Eroberung beendet.

Dennoch blieb sie nicht ohne geschichtliche Wirkung: allein in diesen beiden Gebieten behaupteten sich griechische Freiheitsinseln, welche die Türken nie ganz in ihre Hände bekamen; und beide Gebiete zählten zu den wichtigsten Willens- und Kraftzentren des griechischen Freiheitskampfes im neunzehnten Jahrhundert.

Zunächst freilich schwächte die griechische Emanzipation die Widerstandskraft Ostroms, das sich seiner zahlreichen Gegner nur noch mit fremden Söldnerheeren erwehren konnte. So rief Kaiser Andronikos II. 1302 die 6500 Mann zählende »Katalanische Kompanie« unter Roger de Flor aus dem westmittelmeerischen Aragonenreich gegen die erste Türkenwelle zu Hilfe. Sie enttäuschten nicht die in sie gesetzten Erwartungen. Nach ihrem Siege aber betätigten sie sich als Räuberbanden; zwei Jahre lang plünderten sie Thrakien, dann Thessalien, um schließlich die Franken aus Athen zu verjagen. Nach ihrer Vertreibung im Jahre 1385 trat die florentinische Bankiersfamilie Acciajuoli in Athen die Herrschaft über Attika an, die sie 1456 an die Türken verlor.

Das katalanische Zwischenspiel enthüllte die Ohnmacht des Reiches, das sich dazu noch im vierzehnten Jahrhundert in Thrakien und Makedonien im Strudel des sozialen Verfalls zwei langwierige selbstmörderische Bürgerkriege leistete, die den äußeren Feinden die gewünschte Gelegenheit zur Intervention bot. So dehnte der Serbenherrscher Stephan IV. Duschan, der sich 1346 in Skopje zum Kaiser hatte krönen lassen, sein im Norden an die Donau grenzendes Reich im Süden bis tief nach Mittelgriechenland aus. Konstantinopel freilich, sein Endziel, vermochte auch er nicht zu nehmen. Sein Tod im Jahre 1355 jedoch, der den sofortigen Zerfall des großserbischen Reiches auslöste, veranlaßte die Albaner zur Abwanderung nach Süden – und das hatte für Griechenland wenn nicht politisch, so doch ethnisch bedeutsame Folgen. Denn die Albaner setzten sich in Mittelgriechenland und im nördlichen Peloponnes fest – und blieben. Da sie in der griechischen Bevölkerung völlig aufgingen, läßt sich ihr zahlenmäßiger Anteil nicht mehr ausmachen. Zwar sprechen ihre Nachkommen in einzelnen Dörfern neben dem Griechischen noch das Albanische. Insgesamt aber stehen die noch als Albaner kenntlichen Volksgruppen gerade für das »Supergriechentum«: in der Politik sind sie stets auf der äußersten Rechten zu finden, und in sämtlichen Kriegen des neunzehnten und zwanzigsten Jahrhunderts – die Konflikte mit Albanien nicht ausgenommen – waren sie jeweils die Speerspitze des hellenischen Chauvinismus.

So schwer Byzanz seinen Gegnern die Arbeit machte, es vermochte das Ende nur zu verzögern, nicht zu verhindern. Anderthalb Jahrhunderte brauchten die Türken, ehe sie zum Todesstoß ansetzen konnten.

Das Ende von Byzanz

Um 1300 waren die Türken aus Innerasien in Anatolien eingefallen; 1337 war es völlig in ihrer Hand. Aber schon 1334 waren sie auf das europäische Festland übergesetzt und hatten Gallipoli genommen. Von dieser Basis aus überfluteten sie in den folgenden Jahrzehnten den Balkan: 1389 überrannten sie die Serben auf dem Amselfeld, 1396 besiegten sie in der Schlacht von Nikopolis die Ungarn und ein Kreuzfahrerheer. Auch Nord- und Mittelgriechenland fielen ihnen zu, und um 1400 war das Reich auf Konstantinopel und den Peloponnes zusammengeschrumpft. Sein Fall schien nur mehr eine Frage von Monaten zu sein – da schenkte das Schicksal Byzanz noch einmal eine kurze Gnadenfrist. Das Schicksal in Gestalt der Mongolen, die wie ein Feuer durch Europa rasten, dem selbst die Türken nicht Einhalt gebieten konnten. 1402 schlug Timur die Osmanen bei Ankara und warf sie in das innere Asien zurück.

Aber der mongolische Brand war nur ein Strohfeuer: nach zwei Jahrzehnten hatte er sich verzehrt, und sofort stießen die Türken in die leergebrannten Räume zurück. Zwar schlug die erste Belagerung Konstantinopels 1422 fehl; 1430 aber fiel Saloniki, und nun war kein Halten mehr. Wieder und wieder riefen die Kaiser die europäischen Fürsten zu Hilfe, ja, Kaiser Joannes VIII. (1425–1448) begab sich selber auf eine demütigende Bittreise nach dem Westen; auf den Unionskonzilen von Ferrara und Florenz ging er sogar auf die geforderte Gegenleistung ein, auf die Unterwerfung der Orthodoxie unter die römische Kirche. Doch diese Union vom 6. Juli 1439 blieb auf dem Papier, da sich ihr die Griechen mit unnachgiebigem Fanatismus widersetzten; dasselbe Geschick widerfuhr auch dem letzten Unionsversuch, den die orthodoxe Kirche selber in Konstantinopel noch im Dezember 1452 unternahm, als der Feind schon zum Ende rüstete. Sein Gelingen wäre auch zu spät gekommen, da nach der Niederlage eines Kreuzheeres bei Warna (1444) Byzanz nicht mehr mit westlicher Hilfe rechnen konnte.

Am 6. April 1453 ließ Sultan Mohammed II. sein gewaltiges Heer vor den Mauern Konstantinopels aufmarschieren: 200000 Mann mit dem größten Artilleriepark, den die Welt je gesehen, standen nur 7000 Verteidiger gegenüber – 5000 Griechen und 2000 Genuesen, Venezianere, Kreter, Römer und Spanier. Die frühere Millionenstadt war durch Pest und Seuchen auf knapp 60000 Köpfe zusammengeschrumpft. Noch immer aber galt sie als die stärkste Festung in West und Ost, geschützt von 20 km Mauern; 6 km davon entfielen auf die Landseite, wo die Außenmauern vom Graben aus 15 m, die Innenmauer 10 m Höhe maßen, überragt von einhundert 20 m hohen Türmen. Doch das vernachlässigte Festungswerk war zum Teil schon baufällig; an manchen Stellen trug es nicht mehr die schweren Kanonen, und der gewaltigen Schußkraft der neuen türkischen Geschütze war die »gottbehütete Kaiserstadt« nicht mehr gewachsen. Vor allem aber war sie nicht für eine lange Belagerung gerüstet: es fehlte ihr an Munition, es fehlte an Lebensmitteln, so daß die Angreifer bald im Hunger einen mächtigen Bundesgenossen fanden. Auch an Geld fehlte es; der Kaiser mußte die goldenen Kirchenschätze zur Besoldung seiner kleinen Truppe einschmelzen lassen. Den Entsatz zur See aber blockierte die gewaltige Flotte des Sultans, nur einmal erzwangen vier venezianische Schiffe den Durchbruch.

Doch gelang es den osmanischen Geschwadern nicht, die eiserne Sperrkette zu sprengen, die das Goldene Horn abriegelte; unter schweren Verlusten mußten sie sich zurückziehen. Aber der Sultan wußte sich Rat: eines Nachts ließ er siebzig kleinere Schiffe über Land in den Hafen des Goldenen Horns schleifen, hinter die Sperrkette, und so konnte er die Stadt nun auch von der Seeseite her unter Beschuß nehmen. Die Venezianer planten in einem nächtlichen Gegenschlag die Vernichtung der eingedrungenen Flotte – ihr Unternehmen scheiterte am Verrat der eifersüchtigen Genuesen.

Indessen flutete auf der Landseite Welle auf Welle gegen die Mauer – der zähe Mut der Verteidiger und Kaskaden von »griechischem Feuer« warfen die Angreifer immer wieder zurück. Schon zweifelte der Sultan am Sieg. Da entschloß er sich, unter dem Einsatz seines gesamten Heeres, zu einem letzten Versuch. In den frühen Morgenstunden des 29. Mai beginnt der Sturmangriff auf drei Seiten. Und nun geschieht es: An der schwächsten Stelle der Mauer, im Westen, nache dem Pempton-Tor, glückt auf Sturmleitern der mehrfach zurückgeschlagenen Elitetruppe der Janitscharen die Übersteigung der Mauer. Dann branden sie unaufhaltsam in die Stadt hinein. Nachdem Kaiser Konstantin XI. Dragases im Handgemenge den gesuchten Tod gefunden hat, geben die Verteidiger den ungleichen Kampf auf. Drei Tage und drei Nächte wüten die Eroberer plündernd in der Stadt. Am 1. Juni zieht der Sultan hoch zu Pferd in die Trümmer von Konstantinopel ein. Er reitet zur Hagia Sophia; dort läßt er das islamische Glaubensbekenntnis verlesen, begibt sich zum Altar, schleudert selber das Kruzifix zu Boden, verrichtet sein Gebet und verneigt sich tief gen Mekka. Der Sophiendom war Moschee, Konstantinopel aber Istanbul geworden.

Der Halbmond im Zenit

Mit Konstantinopel fiel auch das Reich: was von ihm noch blieb, ertrank in der osmanischen Flut: 1456 Athen (der Parthenon wurde Moschee), 1460 das Despotat Mistra. Venedig aber gab seine griechischen Inselkolonien nicht kampflos preis.

Die Lagunenstadt hatte dem fallenden Byzanz die Hilfe versagt, in der Erwartung, über den Handel mit den Osmanen ins Einvernehmen zu kommen. Doch diesmal stimmte ihre Rechnung nicht. Schon 1462 deckte Mohammed mit der Eroberung der ostägäischen Insel Lesbos seine Karten auf – Beginn eines verbissenen Ringens, das bis ins achtzehnte Jahrhundert hinein dauern sollte.

Zäh verteidigte Venedig jeden Fußbreit Boden. In zwei Kriegen des ausgehenden fünfzehnten Jahrhunderts büßte es Euböa (1470) und seine Stützpunkte auf dem Peloponnes ein. Im sechzehnten Jahrhundert, da die Osmanen den Gipfel ihrer Machtentfaltung erreicht hatten, gerieten Rhodos (1522), Chios (1566), Zypern (1571), Naxos und die Kykladen (1579) unter den Halbmond. Erst der Sieg der verbündeten venezianischspanisch-päpstlichen Flotte bei Lepanto im Golf von Patras im Jahre 1571 brachte das türkische Vordringen nach dem Westen zum Stehen. Ihm folgte nun ein Vierteljahrtausend des west-östlichen Gleichgewichtes im Mittelmeer, unterbrochen nur von wenigen Versuchen der »Grenzkorrektur«. 1645 nahm die osmanische Flotte, die sich wieder erholt hatte, den Entscheidungskampf um Kreta auf, um die letzte christliche Basis in der Levante. Er endete 1669 mit dem vollen Sieg, der den Abstieg Venedigs als europäische Großmacht einleitete. Zwar führte die Republik noch einen starken Gegenstoß. Sie verbündete sich mit Habsburg, nachdem es die Türken bei Wien besiegt und nach Ungarn zurückgeworfen hatte. Mit gemieteten deutschen Regimentern, die dem Generalkapitän Francesco Morosini und dem schwedischen Feldmarschall Graf von Königsmarck unterstanden, eroberte Venedig den Peloponnes, die Insel Ägina (1685) und 1687 sogar Athen – ein lüneburgischer Artillerist soll(?) den Mörser gerichtet haben, dessen Geschoß den Parthenon, damals Pulvermagazin der Türken, schwer beschädigte. Aber noch im gleichen Jahre mußte Morosini Athen und Ägina räumen. Den Peloponnes konnte es hingegen dank dem Frieden von Karlowitz (1699) noch für zwei Jahrzehnte behaupten. Kaum aber hatten die Türken Peter den Großen im Nordischen Krieg abgeschüttelt, da verjagten sie die Venezianer aus dem Peloponnes. Der Frieden von Passarowitz (1718) besiegelte Venedigs Rückzug aus Griechenland endgültig. Allein die Ionischen Inseln verblieben ihm – 1716 verteidigte der deutsche Reichsgraf Matthias von der Schulenburg Korfu fünfundvierzig Tage lang gegen zehnfache osmanische Übermacht, unterstützt nur von zehn Schiffen, welche die Briten auf Betreiben von Schulenburgs Schwester Melusine von Eberstein, einer Mätresse des englischen Königs, geschickt hatten. Bis 1797 blieben die Ionischen Inseln venezianisch, bis sich ihrer General Gentili im Auftrage Bonapartes annahm; nach dem Sturze Napoleons fielen sie an Großbritannien, das sie 1863 dem neuen griechischen Staat abtrat.

So scheiterten vom fünfzehnten bis zum achtzehnten Jahrhundert alle Versuche, die türkische Herrschaft über Griechenland von außen zu brechen. Nicht besser erging es der nie verstummenden innergriechischen Résistance. Immer wieder flammte sie in spontanen Rebellionen auf, und jeder Angriff von außen fand die aktive Resonanz der einheimischen Bevölkerung. Seine Zentren hatte dieser permanente Widerstand in den unzugänglichen Gebirgen: in den Bergdörfern um den Olymp, bei den Mainoten im Taygetos, den Sphakioten auf Kreta und den Sulioten im Epirus, die sich dem türkischen Zugriff fast völlig entziehen oder ihn durch eine nominelle Tributleistung vom Halse halten konnten. Es kam ihnen zugute, daß die fremden Herren vor allem auf die Städte, auf die fruchtbaren Ebenen und Täler erpicht waren.

Wo immer jener, die mit den Türken oder mit ihren griechischen Kollaborateuren in Konflikt geraten waren, die Berge Zuflucht boten, bildeten sich die Banden der »Klepthen«; wie im übrigen Balkan die Heiducken, verbanden sie das ehrwürdige Räuberhandwerk mit dem patriotischen Freiheitskampf, wohlgelitten vom verelendeten Bauernvolk, da sie in ausgleichender Gerechtigkeit die Armen gegen die Reichen in Schutz nahmen und rächten. Gelegentlich arrangierten sich die Türken mit einzelnen dieser Banden und reihten sie der von ihnen (nach byzantinischem und venezianischem Vorbild) aufgestellten Miliz der Armatolen ein, die als Landgendarmerie für die öffentliche Ordnung zu sorgen hatte. Sonderlich zuverlässig waren die Armatolen im Dienst des Sultans freilich nicht, die Grenze zwischen ihnen und den Klephten blieb fließend, und nicht selten steckten sie mit ihnen unter einer Decke. Da aber die Banden einzeln vorgingen, beschränkten sich ihre Unternehmungen auf lokale Stör- und Racheaktionen. Dennoch verkörperten sie in den Augen des Volkes das nationale Selbstbewußtsein im Widerstand gegen den Eroberer; auch hielten sie die Griechen in der Gewöhnung der Waffen. Als 1821 der Partianenkampf in den offenen Krieg überging, stellten die Klephten und die Armatolen das Hauptkontingent der Befreiungsarmee. Die nationale Legende pflegt ihren Ruhm; an ihre Tradition knüpften die Partisanen des Zweiten Weltkrieges an, und danach schlachteten die kommunistischen Guerillas diesen Mythos weidlich aus.

Die türkische Herrschaft war seltsam gemischt aus autoritärer Gerechtigkeit und grausamer Willkür – ihre Unberechenbarkeit machte sie so unerträglich. Gemessen freilich an der Perfektion des modernen Terrors war das osmanische System vergleichsweise milde; es war hart genug.

Die türkische Obrigkeit stützte sich auf das »Sharia«, das heilige Gesetz des Islam. Es teilte das Reich nach »millets« auf, nach den religiösen Gemeinschaften, denen unter ihren kirchlichen Oberhäuptern – dem griechischen Patriarchen, dem armenischen Erzbischof und dem »Großen Rabbi« für die Juden – weitreichende Selbstverantwortlichkeit zustand; es sicherte den unterworfenen Völkern das Recht auf Leben, auf Besitz und freien Kult gegen die Zahlung der Kopfsteuer, der Grundsteuer des Zehnten und des Knabenzinses zu. Diese im fünfjährigen Rhythmus fällige »Knabenlese« traf die Unterworfenen am schmerzhaftesten; sie entriß ihnen die gesündesten Knaben im Alter von 6 bis 15 Jahren, um sie den Janitscharen, der osmanischen Elitetruppe, zuzuführen – eine Art türkischer SS, die der Sultan als sein persönliches Eigentum ansah. In klosterähnlichen Kasernen wuchsen sie im Glauben Mohammeds auf, in härtester Disziplin zusammengeschweißt zu einem Männerbund mönchischer Soldaten, denen kein Privatleben zustand. Fanatischer noch als die geborenen Moslems, unterdrückten sie die Völker, denen sie entstammten, und unzählige Schlachten entschieden sie für die Fahne des Propheten. Im siebzehnten Jahrhundert jedoch setzte ihre Degeneration ein, nachdem sie die Eheerlaubnis erhalten hatten – der Familienstand vertrug sich nicht mit dem asketischen Soldatentum. Dazu erwirkten sie das Recht auf die Ausübung eines Nebenberufes. Auch korrumpierte sie der Aufstieg zur innerpolitischen Macht, zum Staat im Staate. Immer häufiger begehrten die Türkenväter, ihren eigenen Söhnen den Zutritt zu dieser privilegierten Truppe zu verschaffen, so daß 1632

Murad IV. die generelle Rekrutierung der Christenknaben aufhob; partiell blieb sie freilich, je nach Bedarf, noch in Übung. Allmählich sanken die Janitscharen zu einer intriganten Prätorianergarde und Paradetruppe ab.

Der türkische Fiskus verhielt sich zunächst wohlwollender als seine byzantinischen und fränkischen Vorgänger. Nach kurzer Zeit aber übertrumpfte er sie: die alte Genügsamkeit der Eroberer wich bald einem anspruchsvollen Luxus, und nicht minder sorgte der wachsende Umfang der militärischen Operationen für die Überdrehung der Steuerschraube. Schlimmer noch wirkte sich die fortschreitende Dezentralisierung der osmanischen Verwaltung aus, die den türkischen Lokalherren den Steuereinzug in die Hände spielte; damit war der Ausbeutung Tür und Tor geöffnet. Mehr und mehr sah sich die einheimische Bevölkerung der Willkür der Provinzgewaltigen ausgeliefert, die sich im Laufe der Zeit der Kontrolle durch das Sultanat entzogen. Die Rechtlosigkeit griff um sich. Die andauernden Kriege und die Aufstände, welche die Türken mit blutigen Massakern beantworteten, der – entgegen den Vorschriften des Korans – verschiedentlich erzwungene Übertritt zum Islam, Kollektivdeportationen, die spontane Massenauswanderungen auslösten (nicht alle konnten in die Berge flüchten), dezimierten die griechische Bevölkerung: um 1700 dürfte sie nur noch anderthalb Millionen Köpfe gezählt haben.

Nicht weniger hart litt die christliche Bevölkerung unter dem osmanischen Eingriff in die Eigentumsverhältnisse. Anfangs zwar lösten die Türken die einheimischen Bauern aus den Fesseln des byzantinischen und fränkischen Feudalismus – das hat die Ausbreitung ihrer Macht nicht wenig gefördert. Sobald sie aber fest im Sattel saßen, brachten sie das islamische Recht zur Anwendung, das den gesamten eroberten Boden an den Sultan übertrug; dieser vergab ihn an seine Soldaten, religiöse Stiftungen oder überführte ihn – wie in Thrakien und Kleinasien – in Staatsdomänen, wobei in allen Fällen die früheren Bebauer – nun als Leibeigene – weiterhin die Felder zu bestellen hatten. So in Thrakien, Makedonien und Thessalien, nicht aber in den dürftigen Berglandschaften Mittelgriechenlands, des Epirus und Peloponnes, wo die Griechen im Besitz ihrer Böden verblieben. Auch der Klostergrund blieb unangetastet. Kriegsdienste hatten die Unterworfenen nicht zu leisten. Nur die Inseln und einige Küstenplätze mußten Kontingente für die osmanische Flotte stellen.

Die Kräfte des Überlebens

Als Theokratie vermochte das Osmanische Reich die unterjochten Völker nicht nach ihrer ethnischen, rassischen oder nationalen, sondern nur nach ihrer religiösen Zugehörigkeit zu unterscheiden. Daher anerkannte das Sultanat von Anfang an die orthodoxe Kirche als juristische Person und den Patriarchen von Konstantinopel als deren legales Oberhaupt –

im Range eines Paschas »mit drei Roßschweifen«. Sämtliche Rechte und Pflichten, die Byzanz dem Patriarchat zugestanden hatte, blieben diesem nicht nur erhalten, sie erfuhren sogar noch eine Erweiterung: die orthodoxe Kirche genoß Steuerfreiheit, sie amtete als Richter in allen zivilrechtlichen, insbesondere familienrechtlichen Angelegenheiten (das Reichs- und Strafrecht blieb dem türkischen Kadi vorbehalten), und die osmanischen Autoritäten hatten ihren Entscheidungen Geltung zu verschaffen. So war die orthodoxe Kirche nicht nur Träger des Rechtes, sondern auch der zivilen Verwaltung (zumindest für weite Gebiete) – ihr oblag die innere Ordnung der unterworfenen Bevölkerung. In dieser Abtretung der Kompetenzen an den Unterworfenen äußerte sich der islamische Wille, Herren und Beherrschte, Gläubige und Ungläubige reinlich zu trennen und die Berührung mit den »Christenhunden« zu meiden. Wie ja auch die Türken im allgemeinen keinen Wert auf Proselyten legten – hätten diese doch nur die Schicht der Ausgebeuteten verringert. Wohl waren sie gehalten, das Banner des Propheten in die ungläubigen Länder zu tragen, nicht aber deren Bevölkerung zu bekehren. Mohammedaner sein war Gnade des Schicksals, und das hieß: der Geburt. So hatten die Osmanen keinen Anlaß, die Orthodoxie als geistige Macht zu bekämpfen.

Diese Funktion des Patriarchats beschränkte sich nicht auf die Griechen, sie erstreckte sich über sämtliche Angehörige des orthodoxen Bekenntnisses, also über den ganzen Balkan und den Vorderen Orient. Solche Fülle der Befugnisse, solche Weite der Machtgeltung war dem Patriarchat zur byzantinischen Zeit kaum je zugefallen. Der Patriarch von Konstantinopel war in der Türkenzeit demnach nicht allein das nationale Oberhaupt der Griechen, er verkörperte auch die religiöse und politische Führungsinstanz aller orthodoxen Völker – in den Augen der Griechen der geheime »Kaiser«, der das Fortleben des byzantinischen Reiches bezeugte. In ihm sah das Volk die Personifizierung seiner großen Vergangenheit, an ihn klammerte sich die Hoffnung auf die nationale Wiedergeburt. Die orthodoxe Kirche blieb dieser Erwartung nichts schuldig. Sie war, wo immer sie konnte, Schutz und Schirm für das nackte Leben. Sie bewahrte das kostbare Gut der griechischen Sprache, sie trotzte dem Lehrverbot und stellte den wenigen geheimen Schulen die Lehrer, die das kulturelle Erbe weiterreichten. Und sie stand in der vordersten Linie, als endlich die Stunde der Befreiung schlug; zumindest der niedere Klerus, der sich weniger zur Kollaboration genötigt sah, als die »Oberen« inmitten der türkischen Machtzentren. – Wie kaum anderswo duchdrangen sich in Griechenland Nation und Kirche. Noch heute achtet der kleine Mann den Landsmann nicht als »richtigen« Griechen, der sich zu einer anderen Konfession bekennt.

Zur Bewältigung ihrer weltlichen Aufgaben bedurfte die Kirche einer qualifizierten Beamtenschaft, die sie allein nicht zu stellen vermochte. So griff sie auf die alte, noch in Konstantinopel ansässige byzantinische Aristokratie zurück, die über die gebotenen Erfahrungen verfügte – auf die »Phanarioten«, wie ihre Mitglieder nach dem Stadtteil hießen, den sie bewohnten. Sie – und die intelligentesten der in der Knabenlese erfaßten Christenkinder – wurden aber auch von den Osmanen zur Bedienung des komplizierten Staatsapparates herangezogen, den sie aus eigenem Vermögen nicht in Gang zu halten vermochten; nicht wenige von ihnen stiegen zu den höchsten Ämtern auf, bis zum Ministerrang. Viele verstanden es, die Vermögensverluste, die ihre Familien durch den Untergang des byzantinischen Reiches erlitten hatten, wieder wettzumachen, und neben den Phanarioten häuften manche Bürger neue Reichtümer: durch die Belieferung der Höfe von Istanbul und der halbsouveränen Provinzstatthalter mit Gebrauchs- und Luxusgütern oder durch die Pachtung der Reichszölle in den Donauprovinzen. Ein gewisser Michael Kantakuzenos zahlte dem Sultan für die Pacht der Zölle in den rumänischen Fürstentümern, die fast zu einer griechischen Wirtschaftskolonie wurden, jährlich 160000 Taler. Sein Reichtum bekam ihm schlecht (wie manch anderem griechischen »Plutokraten«): 1576 ließ ihn der Sultan kurzerhand erdrosseln, da ihm sein Vermögen gar zu sehr in die Augen gestochen hatte.

Die Gefährlichkeit des kaufmännischen Gewerbes unter den Osmanen hielt die Griechen nicht ab, allmählich den gesamten Binnen- und Außenhandel des türkischen Reiches an sich zu ziehen, nachdem der Sultan die Schiffahrt in der Levante für die Venezianer und Genuesen gesperrt hatte. Besonders reiche Gewinne brachten ihnen die Napoleonischen Kriege ein, die den mittelmeerischen Getreidehandel – die Ukraine war zur Kornkammer West- und Südeuropas geworden – für Jahrzehnte zum griechischen Monopol machten. Griechen beherrschten die Wirtschaft des Osmanenreiches, Griechen dienten den Westmächten und Rußland in der Levante als Konsuln, Handelsagenten und Dolmetscher, griechische Kaufleute errichteten Niederlassungen in den Handelszentren Europas – durch zahlreiche Kanäle strömten westliche Ideen in die Heimat und entzündeten den nationalen Befreiungswillen.

Mit dem Handel nahm die griechische Flotte einen gewaltigen Aufschwung (der später dem Freiheitskampf zugute kommen sollte). Da in jenen Jahrhunderten die Seeräuber, meist von den algerischen und marokkanischen Küsten aus, das Mittelmeer unsicher machten, mußten die griechischen Reeder ihre Handelsschiffe mit Kanonen bestücken. So kamen sie in den Besitz einer kriegstüchtigen Flotte: 1816 zählte sie über 600 Einheiten mit 17000 Matrosen und 6000 Kanonen. Ihre Hauptstützpunkte hatte sie auf den Inseln Chios, Psara, Syros, Hydra und Spetsä.

Neben der Kirche waren auch den Gemeinden – besonders auf den Inseln – administrative Befugnisse übertragen. Die osmanische Praxis, die Steuern distriktweise in kollektiver Haftung einzuziehen, förderte die Selbstverwaltung; denselben Effekt erzielte ihre Erhebung durch griechische Steuerpächter, die »kotzambassides« – alljährlich zwar formell gewählt, wußten sie ihre Spitzenpositionen in der halbautonomen Gemeindehierarchie zur De-facto-Erbinstanz zu verfestigen, die sie häufig zur Ausbeutung der eigenen Landsleute mißbrauchten. Daraus erwuchsen soziale Spannungen, die sich später, in und nach dem Befreiungskampf, bürgerkriegsartig entluden. Es gab noch andere Ansätze der

Selbstverwaltung: so die den Gemeinden kollektiv auferlegte Verproviantierung der türkischen Garnisonen, die in Gemeinderegie durchgeführte Ausbeutung von Bodenschätzen, der gewerbliche Zusammenschluß zu Genossenschaften. So keimte denn unter dem Panzer der türkischen Hoheit still und beharrlich die griechische Autonomie wieder auf, drängte sich durch seine Ritzen und sprengte ihn schließlich.

Diese Entwicklung verhalf dem Griechentum zu einer Sonderstellung innerhalb des Osmanenreiches. Das Schicksal der wirtschaftlichen Pauperisierung und Nivellierung, das die anderen Balkanvölker durch die Türken getroffen hatte, lastete dank seiner wendigen Anpassungsfähigkeit, seiner risikofreudigen Initiative und realistischen Intelligenz, dank also seiner »odysseischen« Fähigkeiten mit geringerem Druck auf seinen Schultern. Ja, diese Eigenschaften spielten ihm sogar die Führung über die mitunterworfenen Völker zu und versetzten es in den privilegierten Stand einer interbalkanischen Bourgeoisie: durch das Patriarchat, das sich den vordem autokephalen Volkskirchen der Balkanländer überlagerte, durch die Monopolisierung von Handel, Gewerbe und Transport sowie durch die Infiltration in den türkischen Staats- und Verwaltungsapparat. So wob denn das Griechentum unter der Decke der osmanischen Oberhoheit ein dichtes (und ertragreiches) Machtnetz über die Balkanvölker, besonders in der Moldau und Walachei, die sich in ihrer Selbsterhaltung bald stärker durch die Gräzisierung als durch die Vertürkung gefährdet sahen. In den Befreiungskämpfen des neunzehnten Jahrhunderts galt ihre Gegnerschaft daher auch den Griechen. Dennoch vermochten sich diese, vor allem in Rumänien, noch lange in ihren wirtschaftlichen Positionen zu behaupten; erst der Bolschewismus hat sie dort nach dem Zweiten Weltkrieg – wie nach dem Ersten schon in Südrußland – endgültig verdrängt.

Kulturell freilich ging es mit Griechenland in der Türkenzeit steil abwärts. Es gab keine Schulen, keine Universitäten. Kunst und Wissenschaft kamen fast völlig zum Erliegen, nur in einzelnen abgelegenen Klöstern fanden sie ein dürftiges Asyl. Die Lehrtätigkeit, welche die Geistlichkeit mancherorts im geheimen ausübte, ging kaum über die Vermittlung der Elementarkenntnisse hinaus. Auch sorgten die Türken bis zur Mitte des siebzehnten Jahrhunderts für eine fast hermetische Akapselung des Landes gegen westliche Besucher. Die heimische Intelligenz aber, welcher der materielle und kulturelle Nährboden entzogen war, emigrierte meist in die Fremde.

Gewiß waren im fünfzehnten Jahrhundert die byzantinische Kultur der Erstarrung und Zersetzung verfallen und an ein Ende angelangt, das der fruchtbaren Weiterentwicklung nur wenig Spielraum ließ. So war es nicht nur ein Unheil für den hellenischen Geist, daß ihn der Sturz des Reiches aus der dünnen, künstlichen Luft des späten Byzanz auf die bäuerliche Erde Griechenlands zurückwarf. Abgeschnürt von der überalterten Tradition und von der Außenwelt, erblühte er aus ihr zu einer naiven, reinen und starken Volkskultur, die in der Dichtung, im Lied, Tanz und im Kunstgewerbe die schönsten Früchte trug.

GRIECHENLAND WIRD WIEDER GRIECHISCH
(1821–1913)

Keine noch so umsichtige Strategie hätte die Entwicklung zweckmäßiger und folgerichtiger planen können, in der nun Griechenland von allen Seiten her spontan der Befreiung entgegenwuchs. Als Hüterin der Tradition erhielt die Kirche, für die sich der religiöse Kampf gegen die Ungläubigen mit der Unabhängigkeitsbewegung des Volkes verschmolz, das Fundament der nationalen Einheit. Von den Ionischen Inseln her, aber auch über die Auslandsgriechen sickerte der Sprengstoff der französischen Revolutionsideen in das Mutterland. Die Phanarioten und Primaten, die gemeindliche Selbstverwaltung und die gewerblichen Genossenschaften bauten am politischen Gerüst der künftigen Eigenstaatlichkeit. Den Grundstock für das Heer stellten die kampferprobten Klephten und Armatolen, für die Kriegsmarine die schlagkräftige Handelsflotte. Die Auslandsgriechen, die reichen Handelsherren und Reeder sorgten, daß es – zumindest für den Anfang – auch am Gelde nicht fehlte. Und die Emigranten, Meister der politischen Public Relations, bearbeiteten die öffentliche Meinung der Völker, bei denen sie zu Gast waren, während sie unermüdlich politische Fäden zu den fremden Höfen spannten. Schließlich flossen all diese Quellen in ein Strombett zusammen: in die konspirative Geheimgesellschaft der »Philiki Etairia«.

Dieser »Freundschaftsbund« konstituierte sich 1814 in dem vorwiegend von Griechen bewohnten Odessa. Sein Netz umspannte ganz Griechenland und sämtliche griechische Kolonien in Europa und Rußland; von den drei Millionen Griechen, die es um 1800 gegeben haben mag, gehörten ihm etwa 200000 als Mitglieder an – alle, die einen Namen im Lande hatten. Als nationaler Freiheitsbewegung oblag dem Bund nicht die Ausarbeitung eines politischen und gesellschaftlichen Programms für den zukünftigen Staat – solche Mühe blieb der Zeit nach der Befreiung vorbehalten. Gerade diese politische Enthaltsamkeit erlaubte es der Philiki Etairia, die verschiedenartigsten politischen, sozialen und ideologischen Strömungen unter ein gemeinsames Dach zu bringen: die oligarchisch-feudalistische Richtung der Phanarioten und Archonten, den gemäßigten Liberalismus der Inselbürger und den radikalen Republikanismus der Intellektuellen, den vorsichtigen Evolutionismus der konservativen Kaufleute, die jegliches Risiko durch genaueste Vorbereitung und ausländische Hilfsgarantien ausgeschlossen wissen wollten, sowie die kampfbereiten Klephten. Solange es um die Befreiung ging, hielten sie Eintracht; kaum aber schien das Ziel in Griffnähe, entluden sich die gestauten Gegensätze in bürgerkriegsartigen Ausbrüchen.

Besondere Bedeutung gewannen die Beziehungen der Philiki Etairia zu Rußland. Sie konnte an die alte Freundschaft der beiden Völker anknüpfen, die im gemeinsamen Bekenntnis zur Orthodoxie wurzelte. Griechische Missionare hatten Rußland im elften Jahrhundert dem Christentum zugeführt, das dem Patriarchat von Konstantinopel unterstellt blieb, bis Peter der Große – nach byzantinischem Muster – die russische Kirche in die Obhut des Zarentums überführte. Die Personalunion von staatlichem und kirchlichem Oberhaupt gab der russischen Außenpolitik einen mächtigen Auftrieb. Von nun an – seit Katharina II. mit bewußter Bestimmtheit – verstand sich das Zarentum als Vorkämpfer der Orthodoxie, dem die Rückgewinnung Konstantinopels und der Hagia Sophia aufgetragen war. Diese Verpflichtung war aufrichtig empfunden, selbst wenn sie sich vortrefflich zur Tarnung des russischen Imperialismus eignete, der nach dem Bosporus und dem Mittelmeer drängte. Unter Anrufung der »historischen Rechte« des Hellenentums auf das byzantinische Imperium propagierte diese Politik die Schaffung eines »Balkanreiches« unter einem russischen Fürsten. Ab 1763 verbreiteten russische Agenten diese Ideen unter den Völkern des Balkans und zettelten überall Verschwörungen gegen die Türken an.

Schließlich verlor die Pforte die Geduld. Am 4. Oktober erklärte sie der Zarin den Krieg. Als 1770 ein russisches Geschwader in der Ägäis aufkreuzte, erhoben sich die Inseln und kurz darauf – unterstützt von einem russischen Landungskorps – auch der Peloponnes. Diesen Aufstand vermochte der Sultan, dessen Streitkräfte die östliche Grenze verteidigten, nur mit Hilfe von irregulären Skipetarentruppen (der islamisierten Albaner) niederzuschlagen; neun Jahre hindurch wüteten sie im Land – Hölderlin gab eine Generation später diese Ereignisse seinem »Hyperion« zur Kulisse. Besser erging es den Inselgriechen dank dem russischen Sieg über die türkische Flotte bei Tschesme (1770). Im Frieden von Kütschük-Kainardschi (1774) verhalf ihnen Rußland zur Amnestie. Ein russisch-türkischer Handelsvertrag trug 1783 den Griechen sogar das Recht ein, unter der Flagge des Zaren zu segeln – ein Privileg, das fortan ihre konspirativen Aktionen erleichterte. Geringere Fortschritte brachte der Freiheitsbewegung der Friede von Jassy, der den – gleichfalls von einem griechischen Aufstand begleiteten – Krieg von 1788 bis 1792 beendete. Trotz dieser Enttäuschungen setzten die Griechen ihre Hoffnung weiterhin auf die russische Karte.

Mittelbar aber förderten die russisch-türkischen Kriege doch die griechische Unabhängigkeit: sie zermürbten das Osmanenreich und beschleunigten seinen inneren Verfallsprozeß. Seit einem guten Jahrhundert schon zersetzte sich die Zentralgewalt, die mehr und mehr zum Spielball der Janitscharen wurde, während sich die Außengebiete verselbständigten; immer häufiger widersetzten sie sich den Befehlen der Pforte, deren Streitkräfte an den russischen Grenzen gebunden waren, und schließlich legten es die Provinzsatrapen, die an ihrer Unabhängigkeit Geschmack gefunden hatten, auf den offenen Abfall an.

Der mächtigste Provinzstatthalter war Ali Tepenlenli, seit 1788 Pascha über Jannina. Habgierig, grausam, skrupellos und verschlagen, dabei fähig und aufgeschlossen für moderne Wirtschafts- und Verwaltungsmethoden, hatte sich der Albaner den ganzen Epirus, Südalbanien, Westmakedonien, Thessalien und die Westhälfte Kontinentalgriechenlands unterworfen und auch Raubzüge auf den Peloponnes unternommen. Er scheute sich nicht, Griechen in wichtige militärische und administrative Ämter zu berufen, wie die späteren Freiheitskapitäne Odysseus von Ithaka und Georgios Karaïskakis sowie den Politiker und Arzt Dr. Colettis; die Kenntnisse, die sie am Hofe Ali Paschas erwarben, wurden der griechischen Sache nicht weniger nützlich als die Erfahrungen, welche die griechischen Bandenführer, vor allem Theodoros Kolokotronis, im Kampfe gegen die Satrapen sammelten. Ali Pascha ging aber auch in der Außenpolitik eigene Wege. Geschickt spielte er während der Napoleonischen Kriege Franzosen und Engländer gegeneinander aus und ließ sich von beiden unterstützen. Sein Ziel war die Errichtung eines selbständigen, von Istanbul unabhängigen griechisch-albanischen Staates. Das konnte die Pforte nicht hinnehmen. Der Weiterbestand des Osmanischen Reiches erforderte die militärische Züchtigung des Rebellen.

Die Stunde der Erhebung

Da gleichzeitig auch asiatische Paschas meuterten, vorher schon, 1804–1817 sich die Serben einen halbautonomen Status unter der osmanischen Souveränität erkämpft hatten, schien den Griechen die Gunst der Stunde gekommen, zumal die Philiki Etairia mit einer massiven russischen Hilfe rechnen zu können glaubte. Denn zu dieser Zeit versah der ihr nahestehende Graf Giovanni Kapodistrias von Korfu das Amt des Staatssekretärs im Petersburger Außenministerium. Den Vorsitz im »Freundschaftsbund« hatte er zwar abgeschlagen; im Jahre 1820 hatte ihn jedoch auf seinen Rat hin der einer Phanariotenfamilie entstammende Prinz Alexander Yipsilanti übernommen, der in der russischen Armee als Generalmajor diente.

Die Etairia hatte die Erhebung auf den 25. März 1821 festgesetzt. Ypsilanti jedoch, Verrat witternd, schlug früher los: am 22. Februar 1821 überschritt er die russische Grenze am Pruth mit dem »Ieros Lochos«, der kleinen Freiwilligenschar der »Heiligen Kompanie«, und rief am 7. März in Jassy die Moldau und Walachei zum Aufstand auf. Aber sein Appell fand kein Echo bei der einheimischen Bevölkerung, und auch der Zar distanzierte sich von seinem Unternehmen, dem die Türken in der Schlacht bei Dragatsani am 7. Juni ein schnelles Ende bereiteten. Wenig später floh Ypsilanti nach Österreich, wo er bis 1828 in Haft gehalten wurde und kurz nach seiner Entlassung verstarb.

Ypsilantis heroische Operation war schon im Ansatz verfehlt: sie motivierte sich mit der »großgriechischen Idee«, der Wiedererrichtung des Byzantinischen Reiches, anstatt sich realistischer auf die Befreiung des Mutterlandes zu beschränken. Vor allem aber verkannte sie völlig die außenpolitische Situation. Nach den Napoleonischen Kriegen hatte die Restauration das Legitimitätsprinzip zur Richtschnur aller europäischen Politik gemacht. So hatte sich die »Heilige Allianz« verpflichtet, überall »den Fortgang des Übels zu verhindern, das den Gesellschaftskörper bedroht«, und »jene Revolutionen, die von heute auf morgen die rechtmäßige Macht über den Haufen werfen«, zu bekämpfen. Dieser starre Konservativismus Metternichs, der die Osmanen als »die besten, erprobtesten und ruhigsten Nachbarn« schätzte, konnte den griechischen »Rebellen« keine Sympathie abgewinnen. Nicht anders dachte der müde Zar Alexander I., der – mehr der Mystik als der Politik ergeben – mit Abscheu die »revolutionären Anzeichen« in der griechischen Freiheitsbewegung diagnostizierte. England aber brauchte an den Meerengen eine starke Türkei als Riegel gegen die russische Expansion. Frankreich schließlich wollte seine Interessen in Ägypten, das ja noch der türkischen Oberhoheit unterstand, nicht aufs Spiel setzen. So hatten denn die Griechen ihren Freiheitskampf zunächst allein auszufechten, ohne jegliche Hilfe von außen. Erst Jahre später bewirkte der lawinenartig anschwellende Philhellenismus einen Kurswechsel der Mächte – zu letzter Stunde, als die griechische Sache schon verloren schien.

Doch weder der Mißerfolg Ypsilantis noch die außenpolitischen Enttäuschungen konnten die Erhebung aufhalten. Am 23. März 1821 schlugen die Mainoten unter Kolokotronis in Kalamata los, am 25. proklamierte Bischof Germanos von Patras im Kloster Agia Lawra offiziell den Befreiungskrieg. Zu gleicher Zeit flammte überall im Peloponnes der Aufstand auf, vor allem in den alten Widerstandszentren – im südlichen Taygetos, im Hinterland von Patras, am oberen Alpheios, in der Argolis und auf den Inseln, unter denen sich Psara, Spetsä und Hydra hervortaten; kurz darauf griff er auf das Festland über. Glücklicherweise konzentrierte die Pforte ihre Streitkräfte zunächst auf den abtrünnigen Ali Pascha, den Satrapen von Jannina, der ihr gefährlicher schien als die rebellierenden Griechen. Indessen zogen sich die auf dem Peloponnes stationierten Türkenkontingente in die befestigte Stadt Tripolis zurück; sie fiel nach halbjähriger Belagerung, nachdem ein osmanisches Entsatzheer bei Valtetsi geschlagen worden war. So befand sich am Ende des ersten Kampfjahres fast der gesamte Peloponnes in der Hand der Griechen; auch in Ätolien und im Südepirus hatten sie schon Fuß gefaßt.

Kolokotronis hatte es als Oberbefehlshaber der Aufständischen wahrhaftig nicht leicht; die selbstbewußten Bandenchefs waren nicht gewohnt, sich einem zentralen Kommando zu fügen. Noch heftiger entbrannte der Streit, als es um die politische Grundsteinlegung des neuen Staates ging. Kurz nach der Erhebung hatten sich drei lokale Regierungen konstituiert: die Senate von Messenien, von West- und von Ostgriechenland sowie ein Oberstes Gericht, der Areopag. An der Jahreswende von 1821 zu 1822 trafen sich ihre Vertreter in Epidauros zur Ersten Nationalversammlung, die sich unter dem Vorsitz des liberal gesinnten und diplomatisch geschulten Phanarioten Alexander Mavrokordatos an die Ausarbeitung einer superdemokratischen, dem französischen Fünferdirektorium nacheifernden Verfassung machte. Mit ihrer Verkündung am griechischen Neujahrstag (13. Januar 1822) wurde die erste griechische Regierung unter seiner Präsidentschaft eingesetzt; ihm zur Seite standen vier Minister, während einem Parlament von siebzig indirekt gewählten Abgeordneten unter dem Vorsitz von Demetrios Ypsilantis die Gesetzgebung übertragen wurde.

Aber der neue Staat blieb vorerst ein papierenes Gebilde, denn die Regierung vermochte sich keine Geltung bei den lokalen Gewalten zu verschaffen. Auch hatten in Epidauros die Notabeln, die Kotzambassides, die Bühne beherrscht, denen die wahren Machthaber, die Bandenchefs, keineswegs wohlgesonnen waren. Viele von ihnen waren Analphabeten, die mit dem Wort gegen die gewiegten Politiker nicht recht aufkamen; auch waren sie unter sich selber nicht einig. Der Konflikt brach 1823 auf der Zweiten Nationalversammlung zu Astros offen aus. Er schien mit dem Sieg der »Politiker« zu enden, die ihre Autorität über die Gemeindeverwaltungen vorübergehend festigen konnten. Schließlich kam es darüber zum Bürgerkrieg, in dessen Verlauf Kolokotronis zeitweise inhaftiert wurde. Die Spannungen zwischen den Politikern und den Militärs lockerten sich erst, als das liberale Inselbürgertum sein Bündnis mit den feudalistischen Notabeln des Peloponnes löste – so wurde der Zwiespalt durch das Aufreißen eines neuen Zwiespaltes geschlossen.

Das alte griechische Erbübel des inneren Haders gedieh auf militärisch leidlich gefestigtem Boden. Zunächst freilich stellte der Beginn des zweiten Kriegsjahres die Gewinne des ersten auf eine schwere Probe. Inzwischen hatte die Pforte nämlich das Ausmaß der griechischen Gefahr erkannt und zwei starke Heere gegen die Aufständischen entsandt, die nun den Kampf nicht mehr wie bisher im Partisanengefecht, sondern in der offenen Feldschlacht austragen mußten. Nach der Liquidierung Ali Paschas wandte sich die Amee des Generals Hurlit gegen die Griechen. Doch seine Anfangserfolge in Westgriechenland am Jahresende 1822 zerschellten an den Mauern der Hafenstadt Messolongi, bei deren vergeblicher Bestürmung sich die türkischen Truppen aufrieben. Nicht besser erging es der zweiten osmanischen Armee unter General Dramali, die gegen den Peloponnes vorstieß; bei Delvenakia erlitt sie am 26. Juli 1822 die vernichtende Niederlage. Damit blieb die griechische Ausgangsposition gesichert. Auch in den Jahren 1823 und 1824, in denen es zu keinen nennenswerten Operationen auf dem Lande kam; eben diese Ruhe erlaubte es den Griechen, ihren Hader zu kultivieren.

Auf dem Meer aber ging der Krieg ununterbrochen weiter. Die türkische Überlegenheit war zur See – nach Anzahl, Größe und Bestückung der Schiffe – noch drückender als zu Lande. Beim Beginn des Aufstandes gebot die osmanische Flotte über vier schwere und fünfzehn mittlere Kriegsschiffe, sieben Fregatten sowie eine Unzahl kleinerer Kampfeinheiten. Zwar setzte der Absprung der griechischen Mannschaften im Augenblick der Erhebung ihre Schlagkraft spürbar herab; dafür aber standen ihr die trefflich bemannten Flotten Ägyptens, Tripolitaniens, Tunesiens und Algeriens zur Verfügung, die in der guten alten Korsarentradition aufgewachsen waren. Gegen diese Macht vermochten die Griechen lediglich 120 Zweimaster in den Kampf zu schicken, Handelsschiffe mit jeweils nur 10 bis 20 Geschützen kleinen Kalibers, während die schweren Kriegsschiffe der Türken mit 100, die mittleren mit 70 schweren Geschützen bestückt waren, mit deren Schußkraft und Reichweite die griechischen Geschütze sich nicht messen konnten; auch schützte die dicke Panzerung die türkischen Schiffe ausreichend gegen die kleinkalibrigen Geschosse ihrer Gegner. Um so mehr fürchteten die Türken das »Pyrpolikon«, den Brander – eine alte Waffe, welche die Griechen in einer neuen Technik meisterten. In früheren Seekriegen wurde der Brander, ein kleines Boot voll leicht brennbarer Stoffe, so in die Nähe des feindlichen Schiffes dirigiert, daß dem Wind die letzte Arbeit überlassen blieb – die Begleitmannschaft konnte sich also rechtzeitig absetzen; jetzt aber brachten die griechischen Matrosen das Pyrpolikon im schützenden Dunkel der Nacht direkt an das feindliche Schiff heran und entzündeten es erst, nachdem sie es an ihm vertäut hatten. Diese selbstmörderischen Operationen boten nur geringe Rettungschancen. Um so häufiger erreichten sie ihre Ziele. Mit dieser Waffe fügten die Griechen der osmanischen Flotte schwere Schläge zu. Bei Mytilene und Tenedos vernichteten sie große türkische Einheiten; bei Chios sprengte Kanaris (die Legende machte den deutschen Canaris zu seinem Nachfahren) das Flaggschiff der osmanischen Flotte samt ihrem Admiral und zweitausend Mann in die Luft, was die Osmanen zur Zurückziehung ihrer schweren Kampfschiffe bewog. Noch wichtiger für den gesamten Kriegsverlauf war die Brechung der Seeblockaden der belagerten Hafenstädte Nauplia und Messolongi sowie die Abwehr eines türkischen Landungsuntenehmens auf Samos durch die griechische Flotte. Ihren größten Sieg errang sie jedoch in der Seeschlacht bei Geronta, in der sie die vereinigte türkisch-ägyptische Flotte auseinandertrieb. – Neben Kanaris waren es vor allem die Admirale Miaulis, Sachtouris und Apostolis, die im griechischen Freiheitskrieg Geschichte machten.

Von Anfang an hatten Leidenschaft und Grausamkeit auf beiden Seiten die Kriegführung verhärtet. Kurz nach der Erhebung, zu Ostern 1821, entlud sich in Istanbul die Wut der Moslems an der orthodoxen Kirche: der fanatisierte Mob hängte den vierundsiebzigjährigen Patriarchen Georgios IV. und sechs seiner Priester am Tor der griechischen Kathedrale auf. Ein Jahr später richtete die türkische Flotte ein furchtbares Blutbad unter der 100000 Köpfe zählenden Bevölkerung der Insel Chios an: 23000 von ihnen wurden niedergemetzelt, 47000 in die Sklaverei verkauft.

Europa kommt zu Hilfe

Die Türkengreuel entfachten den Philhellenismus in den europäischen Ländern fast noch mehr als die Griechensiege. Der humanistische Zeitgeist erkannte in den Aufständischen die Enkel der alten Hellenen, deren Kultur er sich tief verpflichtet wußte; sein Christentum nahm für sie Partei gegen die Mohammedaner, und der von der Restauration geknebelte Liberalismus fand ein Ventil in der hilfsbereiten Begeisterung für das kleine unterdrückte Volk, das die Fesseln einer entarteten Fremd-herrschaft abzustreifen wagte. Gelder wurden gesammelt und Hilfsver-einigungen gegründet, die Dichter nahmen sich der griechischen Sache an – der Philhellenismus wuchs sich zu einer wahren Volksbewegung aus. Neun Transporter brachten in den beiden ersten Jahren die erste interna-tionale Brigade, mehrere Hunderte Freiwilliger, von Marseille nach Navarino – Metternich hatte Triest gesperrt. Und als Lord Byron, der Abgott jener Jahrzehnte, sich den Aufständischen anschloß und am 19. April 1824 in Messolongi einem Fieber erlag, verlieh das Opfer dieses Lebens dem griechischen Freiheitskampf die letzte europäische Weihe.

Die Freiwilligen – Idealisten und Schwärmer, Abenteurer und Glücks-ritter – sahen sich freilich nicht selten von der griechischen Wirklichkeit enttäuscht; manche kehrten heim, andere waren den harten Lebensbe-dingungen des Landes nicht gewachsen und gingen zugrunde. Unter ihnen gab es aber auch erfahrene Soldaten, die den Aufständischen als Militärberater und als Schlichter in den vielen Streitereien wertvolle Dienste leisteten: die Deutschen Normann und von Heydeck, der Franzose Fabvier, der Schotte Sir Thomas Gordon, die Engländer Sir Robert Church, Oberst Stanhope, Admiral Cochrane und Kapitän Hastings – gelegentlich stößt man in griechischen Städten auf Straßenna-men, die ihre Erinnerung wachhalten.

Entscheidend für den griechischen Freiheitskampf wurde jedoch der politische Kurswechsel der großen Mächte, den die öffentliche Meinung Europas unter dem Einfluß des Philhellenismus erzwang. Das Verdienst des Eisbrechers gebührte George Canning, der im September 1822 den konservativen Lord Londonderry (Castlereagh) im britischen Außenmi-nisterium abgelöst hatte; wie die Pest haßte ihn Metternich – diese »Weltgeißel«, diesen »entlarvten Jakobiner auf der Ministerbank«. Sehr bald, am 13. März 1823, erkannte England als erster Staat die Griechen als kriegführende Macht an. Und ein Jahr später vertraute sich die griechi-sche Regierung dem Schutze Großbritanniens an, als Zar Alexander einen ihr unannehmbaren Vermittlungsvorschlag propagierte. Damit begann die Umorientierung der griechischen Politik von Petersburg nach London.

Weniger gute Erfahrungen machten die Griechen mit den englischen Banken, die ihnen 1824/25 die ersten Staatsanleihen gewährten. Von ihrem Nominalbetrag in Höhe von 2,8 Millionen Pfund bekamen sie nur ein Drittel zu sehen, da die Auszahlung zum Kurs von 55 % erfolgte – den Rest verschlangen Povisionen und Zinsen. Um so wichtiger waren für sie die Spenden aus den Auslandssammlungen.

Aber auch die Türken hatten Bundesgenossen. Als die Pforte erkannte, daß die Niederwerfung des griechischen Aufstandes ihre Kraft überstieg, übertrug sie diese Aufgabe – gegen den Preis von Zypern und Kreta – ihrem mächtigsten Satrapen, Mehmed Ali, dem Vizekönig von Ägypten, der sich bereits als Erbe des scheinbar sterbenden Mannes am Bosporus wähnte. Im Sommer 1824 – der griechische Bürgerkrieg schlug gerade seine wildesten Wellen – ging Ibrahim Pascha, der Stiefsohn

Mehmed Alis, mit einem großen Expeditionsheer an Bord der ägyptischen Flotte. Zunächst bemächtigte er sich Kretas. Wenig später, am 12. Februar 1825, landete Ibrahim Pascha sein Heer bei Methoni auf dem Peloponnes – zur völligen Überraschung der Griechen, die für den Winter nicht mit feindlichen Operationen gerechnet hatten. Aber selbst bei wachsamer Vorbereitung und zielbewußterer Einigkeit hätten sich die Aufständischen diesem überlegenen, europäisch geschulten Gegner nicht in offener Feldschlacht zu stellen vermocht. Unaufhaltsam durchzog Ibrahim den Peloponnes, auch die Städte konnten ihm nicht widerstehen. Nur Messolongi hielt der Belagerung – vom Land und See – ein volles Jahr stand, bis es ausgehungert war; sein Fall (am 11. April 1826) artete in ein unbarmherziges Gemetzel aus, das Europa in Empörung aufschreien ließ. Kaum anders erging es der Besatzung auf der Akropolis, nachdem die türkischen Belagerer das griechische Entsatzheer unter dem Engländer Cochrane bei Phaleron (Mai 1827) vernichtet hatten.

Dreiundeinhalb Jahre wütete Ibrahim im Lande. Aber die Entscheidung konnte auch er nicht erzwingen. Die in die Verteidigung drängenden Griechen führten den Kampf nun wieder von den Bergen aus, im alten Partisanenstil der Klephten, die den Feind zwar stören, nicht aber das offene Land vor der Verwüstung bewahren konnten. Fast alle Gewinne der ersten Jahre gingen verloren; nur in der Argolis (Ostpeloponnes) und in Mittelgriechenland behaupteten die Freischärler – hier unter Karaïskakis, dort unter Kolokotronis – größere geschlossene Gebiete. Doch allmählich drohte auch ihnen der Atem und vor allem die Munition auszugehen. So schien diesem griechischen Aufstand, gleich seinen Vorläufern, das Schicksal des vergeblichen Opfers zugeteilt. Die Rettung konnte nur noch von außen kommen.

Die Rettung kam. In der letzten Stunde, als selbst die Hoffnung schon am Verlöschen war.

Denn inzwischen hatte der Philhellenismus auch über die europäischen Regierungen triumphiert. Nur Metternich hielt starr am alten Kurs fest; er sah sich jedoch völlig isoliert, als der neue Zar Nikolaus I. (Dezember 1825) wieder auf die türkenfeindliche Tradition der russischen Politik einschwenkte. So kam es am 6. Juli 1827 zur Londoner Triplealianz zwischen Großbritannien, Frankreich und Rußland, die sich die Errichtung eines autonomen, doch der Souveränität des Sultans unterstehenden Griechenlands sowie den sofortigen Waffenstillstand zwischen Türken und Aufständischen zum Ziele setzte. Die Ablehnung ihrer Vorschläge durch die Pforte beantworteten die drei »Schutzmächte« mit der Entsendung ihrer Flotten ins Mittelmeer. Da Ibrahim Pascha sich durch diese Demonstration nicht in seinen Massakern stören ließ, lief die Dreierflotte am 20. Oktober 1827 den Hafen von Navarino an, in dem das gesamte türkisch-ägyptische Expeditionsgeschwader vor Anker lag. Ein nichtiger Anlaß brachte die Geschütze zum Sprechen. In wenigen Stunden war die osmanische Flotte in den Grund gebohrt: von 82 blieben Ibrahim Pascha nur noch 29 Schiffe. Damit war die ägyptische Expedition von ihrer Heimatbasis abgeschnitten.

Diese jähe Wende brachte die Entscheidung, Zwar flackerten die Feindseligkeiten noch weiter. Mit neuem Mut warfen sich die Freischärler auf die Ägypter, die sogar Tripolis preisgeben und sich nach Messenien zurückziehen mußten. Dort gerieten sie in schwere Bedrängnis, als Frankreich 14000 Mann unter General Maison auf dem Peloponnes landete. Da es aber nicht im britischen Interesse lag, die Trikolore über das befreite Griechenland wehen zu lassen, bewog Admiral Codrington, der Sieger von Navarino, Mehmed Ali im Abkommen von Alexandria zur Zurückrufung seiner Truppen. Ende Oktober 1828 räumte Ibrahim Pascha den gesamten Peloponnes.

Indessen hatte Zar Nikolaus schon – ein halbes Jahr vorher – der Türkei den Krieg erklärt. Angesichts dieser Gefahr vermochte die Türkei nun auch nicht mehr ihre mittelgriechischen Stützpunkte zu halten. Am 12. September 1829 kam es bei Petra in Böotien zur letzten Schlacht im Freiheitskrieg; die Griechen waren angeführt von Demetrios Ypsilanti – der jüngere Bruder beendete siegreich, was der ältere Ypsilanti acht Jahre zuvor mit einem Mißerfolg begonnen hatte. Mit einer Niederlage, dem Fall von Adrianopel, endete auch der türkisch-russische Krieg. Im Frieden von Adrianopel (12. September 1829) mußte die Pforte das Erste Londoner Protokoll unterschreiben, das die Errichtung eines autonomen Griechenlands innerhalb des Osmanischen Reiches forderte.

Rußland als Befreier und Protektor Griechenlands – dies war nicht nach dem Geschmack Großbritanniens. Es mußte, um seine Position in Griechenland zu behaupten, den russischen Befreiungsbeitrag noch überbieten; und die Pforte, die aus Furcht vor Rußland die Anlehnung an die Westmächte suchte, zahlte dafür den geforderten Preis. So verlieh denn das Zweite Londoner Protokoll vom 3. Februar 1830 dem neuen Griechenland die volle Souveränität. Seine Nordgrenze wurde entlang der Linie Arta–Volos abgesteckt. Bei einer Ausdehnung von 47 500 qkm zählte das Land etwa 600000 Einwohner. Das war der Anfang.

Damit war der erste Stein aus dem Gebäude des Osmanischen Reiches herausgebrochen: in Griechenlands Befreiung hatte zum ersten Male in Südosteuropa der Nationalstaat über den zentralistischen Nationalitätenstaat, die Eigenstaatlichkeit über die Fremdherrschaft des Türkenreiches, die Dynamik des neuzeitlichen Nationalismus über mittelalterliche Theokratie triumphiert. Und dies Beispiel wirkte weiter, über die griechischen Grenzen hinaus: es löste die Befreiung auch der anderen Balkanvölker aus und gab den Anstoß zum Einsturz des Osmanenreiches.

Geburtswehen des neuen Staates

Die Grenzen des neu geschaffenen Staates ≀ lieben freilich weit hinter den Wünschen der Griechen zurück, die in ihrem Freiheitskampf an Byzanz gedacht hatten, nicht – wie die Philhellenen – an das alte Hellas. Dies Mißverständnis sollte Griechenland in der Folgezeit manche Unstimmigkeiten mit den Mächten eintragen, die einer weiteren Expansion des hellenischen Staates keine Sympathien abgewinnen konnten. Schon gar nicht die Engländer, die eine starke Türkei als Damm gegen den russischen Drang zum Mittelmeer wünschten. Aus dem gleichen Grunde, nur mit umgekehrtem Vorzeichen, konnte die griechische Politik in der Verfolgung ihrer ehrgeizigen Ziele mit dem russischen Verständnis rechnen. So blieb denn bis zum Berliner Kongreß die russische Karte ein As im Spiel der griechischen Außenpolitik.

Auch der Innenpolitik. Und zwar schon seit der Invasion Ibrahim Paschas, durch die sich die Griechen ihrer Abhängigkeit von den Großmächten überdeutlich bewußt wurden. Damit aber wechselte das Thema des innergriechischen Haders. Statt des alten Konfliktes zwischen den Politikern und den Militärs, zwischen dem Peloponnes und den Inseln, entzündeten sich die Gegensätze seither an der Frage, welcher der drei Schutzmächte sich der neue griechische Staat anvertrauen solle. Die Antworten entsprachen der Zahl der Schutzmächte, und so kämpften fortan die russische, die englische und die französische Partei um die Macht im Staate. – Die »russische« Fraktion unter dem alten listigen Klephtenchef Kolokotronis installierte sich gleichsam als »Volkspartei«, die sich der kleinen Bauern und der in die Besitzlosigkeit entlassenen Ex-Leibeigenen annahm. Die Phanarioten, die als Kaufleute und Beamte in Konstantinopel zu Geld gekommen waren, sammelten sich in der »englischen Partei« unter Mavrokordatos, erwarteten sie doch von den Handelsverbindungen mit London das künftige Heil. Die Intellektuellen schließlich, meist aus dem Ausland heimgekehrt, schlossen sich unter Joannis Kolettis, der in Paris Medizin studiert hatte, zur »Französischen Partei« zusammen. Die drei Strömungen lassen sich – mit Vorsicht – als sozialreformerisch, konservativ und liberal charakterisieren.

In diesem Wettlauf ging zunächst die russische Partei in Führung. Auf ihr Betreiben wählte die Nationalversammlung in Troizen am 11. April 1827 jenen Grafen Kapodistrias für sieben Jahre zum Ministerpräsidenten, der beim Ausbruch des Freiheitskrieges Staatssekretär im russischen Außenministerium gewesen und dann durch die Intrigen Mettrenichs aus seinem Amt entfernt worden war. Nun also kehrte er aus der russischen Emigration heim, Aristokrat von Geburt, im autoritären Regieren geschult, dem Zaren ergeben und überzeugt, daß das Heil seines Landes auf der Seite Rußlands liege.

Er war nicht der rechte Mann zu dieser Stunde. Vor allem versagte er vor der schwierigsten Frage, welche die Befreiung aufgeworfen hatte: der Aufteilung der von den Türken geräumten Nutzböden. Deren größerer Teil – die Hälfte etwa des bebaubaren Bodens im Lande überhaupt – fiel an die Archonten, fünf Sechstel der Bauern hingegen blieben, wie zur Türkenzeit, ohne Land. Kapodistrias' Verdienste waren dennoch nicht gering: er unternahm den ersten Versuch einer Ordnung der Verwaltung, unterdrückte das Piratentum, legte den Grundstein für das Unterrichtswesen und trat der eigensüchtigen Selbstherrlichkeit der Nobilen entgegen. Sie lohnten es ihm mit Haß. Aber auch die Inselbürger und die liberalen Intellektuellen bekämpften ihn, und ebenso die kleinen Bauern, die ihm wegen der Bodenverteilung und seiner Steuerpolitik grollten. So verfing er sich denn bald in einem Netz von Verschwörungen, an dem England und Frankreich eifrig mitwoben. 1831 fiel er in der Hauptstadt Nauplia einem Attentat zum Opfer.

Die Anarchie, die seiner Ermordung folgte, förderte sowohl bei den Griechen wie bei den Schutzmächten die Überzeugung, daß der neue Staat zu seiner Ordnung und Festigung eines starken Monarchen bedürfe. Eines Königs ausländischer Abstammung, der frei und unabhängig war von den eifersüchtigen Rivalitäten der führenden Familien des Landes. Die drei Schutzmächte waren sich aber auch einig, den griechischen Thron nicht mit einem Angehörigen ihrer Fürstenhäuser zu besetzen, um sich nicht wechselseitig in die Haare zu geraten. Der erste Kandidat, der kluge und energische Prinz Leopold von Sachsen-Coburg, lehnte ab (die ihm später angetragene belgische Königskrone schlug er nicht aus). So fiel denn die Wahl der Londoner Konferenz am 13. Februar 1832 auf den erst siebzehnjährigen Prinzen Otto, den zweiten Sohn König Ludwigs I. von Bayern – eine ausgesprochene Verlegenheitslösung, die sich lediglich durch die dynastische Konstellation, durch die Abstinenz Bayerns von der großen Politik sowie durch den akzentuierten Philhellenismus des Hauses Wittelsbach empfahl – der Hellenenliebe Ludwigs verdankt übrigens das alte Baiern das y-grec in seinem »modernen« Namen.

Das griechische Volk aber, nicht befragt, hatte bei dieser Königslotterie keinen Treffer gezogen. Der bayerische Prinz war bei seiner Nominierung ein unbeschriebenes Blatt – er blieb es sein Leben lang: ein reiner, edler Mensch, ein Romantiker des Herzens voll der redlichsten Absichten, doch schwach und ohne Urteil, nicht fähig, die überaus schwierigen Probleme Griechenlands zu erkennen, geschweige denn zu meistern. Den Panzer seiner Landfremdheit vermochte er nicht zu durchbrechen. Aufgewachsen im Weihrauch der Heiligen Allianz und Kind eines späten, verfeinerten Absolutismus, kam er mit diesem Volk eigenwilliger Berghirten, schlauer Händler und abenteuerfreudiger Seefahrer nicht zurecht, die sich eben erst unter schmerzhaften Opfern von einer vielhundertjährigen Fremdherrschaft befreit hatten, in einem Kampf, an dem er nicht teilgenommen, und die nun trunken waren von der ungewohnten, lang entbehrten Freiheit. Zwar korrigierte die zähere Energie und einfühlsamere Klugheit der Königin Amalia (einer gebürtigen Oldenburgerin) manche seiner Schwächen, aber auch ihr war es nicht gegeben, dies Volk aus seiner materiellen Not herauszuführen und in seiner labilen Ungebärdigkeit zu mäßigen. Auch verübelte es die Nation dem Königshause, daß es am katholischen Glauben festhielt, setzte es doch in seinem Selbstverständnis die Orthodoxie dem Griechentum gleich. Schließlich litt die Popularität des Königspaares unter seiner Kinderlosigkeit; ein solcher Mangel wog schwer in den Augen des vitalen Volkes, das ja nach einem Königsgeschlecht, nicht nur nach einem König verlangte. Drei Jahrzehnte vermochten diese Fremdheit nicht wegzuschmelzen, das Königpaar blieb eingekerkert in seiner Einsamkeit.

Am 6. Februar 1833 betrat König Otto in der provisorischen Hauptstadt Nauplia erstmals griechischen Boden. Vorerst blieb freilich dem noch Minderjährigen ein vierköpfiger Regentschaftsrat vorgesetzt. Aber auch die Auswahl dieser vier bayerischen Beamten stand unter keinem glücklichen Stern: Graf Ludwig von Armansperg war ein urbaner Höfling, Professor Ludwig von Maurer ein arbeitsbesessener, tüchtiger Jurist ohne Fingerspitzen, Generalmajor Heidegger von Heydeck ein gemütlicher Soldat und dennoch Freund der Musen, den Entscheidungen abhold und auf seine Ruhe erpicht, und schließlich Legationsrat von Abel, ein verstaubter Paragraphenritter. Dieses Quartett braver und gutwilliger Beamter fühlte sich mehr dem Hofe in München als dem hellenischen Volk verantwortlich, dem mangels einer Verfassung vorerst noch jegliche politische Selbstgestaltung versagt blieb; zwar wurde ein »griechisches Ministerium« eingerichtet, doch dienten seine Repräsentanten de facto nur als bessere Bürovorsteher. Dazu schlug die Regierung einen starr zentralistischen Kurs ein, der eine üppig wuchernde Bürokratie heranzüchtete und die zaghaften Ansätze der örtlichen Selbstverwaltung niederwalzte. Gerade diese schematisierende Staatsbevormundung konnte – abgesehen von ihrer unangebrachten Kostspieligkeit – der griechischen Not jener Jahre nicht steuern; das verödete Land, die verwüsteten Dörfer und Städte, das entfesselte Freiheitstemperament der Bevölkerung – sie hätten ein föderalistisches Verfahren erfordert, das Beschließen und Handeln an Ort und Stelle und die behutsame Anleitung der lokalen Kräfte zur Selbsthilfe, die sich nun in sterile Opposition verrannten.

Diese Baufehler im Staat bekam der kleine Untertan schmerzhaft zu spüren. Der Fiskus gebärdete sich nicht freundlicher als zur Türkenzeit, die Steuern blieben nach Höhe und Art fast unverändert, und auch die Verpachtung der Steuererhebung an Private war – samt ihrem Mißbrauch – weiterhin in Übung. Am schlimmsten stand es um die Bodenfrage, die um so bedrückender war, als achtzig Prozent der Bevölkerung in und von der Landwirtschaft lebten. Vier Fünftel der Bauern besaßen überhaupt keinen Grund, der Rest verfügte in den Bergzonen durchschnittlich über einen halben bis einen Hektar, in den Ebenen brachte er es bis auf fünf Hektar – von wenigen Großgrundbesitzern abgesehen. Trotzdem wurde die Verteilung des nationalen Grundeigentums, in das die ehemaligen Türkengüter überführt waren, auf die lange Bank geschoben: von seinen 721 000 ha waren bis 1856 erst 28 000 ha an die private Hand gegen Jahresamortisationen veräußert – 300 000 ha dürften auf kaltem Wege ihre neuen Herren gefunden haben, zu denen die kleinen Bauern nicht zählten.

Für Schulen, Straßen, Brücken und Hafenanlagen gab es nicht genügend Geld. Zwar hatten die Pariser und Londoner Rothschilds eine Staatsanleihe von 60 Millionen französischen Francs, auf die Garantie der drei Schutzmächte hin, in die griechische Königswiege gelegt; zu viele dieser Millionen wurden von den teuren ausländischen Beamten und Soldaten konsumiert, bevor sie in produktive Kanäle fließen konnten. Denn der fürsorgliche Vater hatte dem Sohne das »Königlich-Bayerische Werbekorps« auf den Weg in das hellenische Abenteuer mitgegeben, das ihm als Schutz und Kern einer griechischen Armee dienen sollte – ein Stein des Anstoßes mehr für die Griechen. Denn in diese »griechische« Armee wurden zu den teuren 5400 Freiwilligen aus Bayern nur 1200 Einheimische eingestellt, während ihrer 10000 entlassen wurden, die der Freiheitskrieg zu Berufssoldaten gemacht hatte; ohne Beruf, ohne Einkommen auf die Straße gesetzt, häufig auch ohne Familienrückhalt (soweit sie aus Gebieten stammten, die außerhalb der griechischen Staatsgrenzen lagen), rotteten sie sich zu Räuberbanden zusammen, die sich für Jahrzehnte zur wahren Landplage auswuchsen. Unter den Glücklicheren aber, die der neuen Truppe eingereiht wurden, war der Anteil der Offiziere unverhältnismäßig hoch, die nun mangels ausreichender qualifizierter Beschäftigung die fatale griechische Tradition der politisierenden Militärs begründeten.

Ein bleibendes Verdienst erwarb sich Otto mit dem weitsichtig geplanten Ausbau Athens, das sich unter seinen Händen aus einem armseligen Provinzflecken in eine moderne Großstadt verwandelte; in ihrem großzügigen Klassizismus fand sie den Zusammenklang mit der attischen Landschaft (den die späteren Architekten nicht mit der gleichen Sicherheit einfingen). Nicht minder wichtig war Ottos zweite bleibende Tat: die Gründung der Athener Universität (1837), die für die kulturelle und zivilisatorische Entwicklung Griechenlands die wegbereitende Pionierarbeit leistete.

Wert und Bedeutung dieser Leistungen entfalteten sich fast unmerklich über die Jahrzehnte hinweg. Dem damaligen Tage aber erschienen die Mängel und Fehler des ottonischen Regimes offenkundiger. Wohl am meisten verübelte das Volk dem »katholischen« König den rigorosen Eingriff in die Kirchenorganisation: unter Mißachtung des kanonischen Gesetzes trennte er die griechische Kirchenverwaltung vom Konstantinopler Patriarchat und unterwarf sie dem Staatsrecht und der Zivilgerichtsbarkeit. Auch die Aufhebung von Klöstern und Bischofssitzen mußte die konservative Frömmigkeit des Volkes tief verwunden.

So gelang es den Regenten, sämtliche Schichten, Klassen und Interessengruppen des Landes gegen sich aufzubringen. Als Fremdherrschaft erschien den Griechen dies System, als ausländische Besatzung. Mit solch schwerer Hypothek übernahm König Otto I. am 1. Juni 1835 die Regierungsgewalt, zunächst assistiert vom »Erzkanzler« Graf von Armansperg, der engsten Kontakt zum englischen Gesandten Sir Edmond Lyons unterhielt, dem mächtigsten Drahtzieher in der griechischen Innenpolitik. Solche Diplomatie pflegte Armanspergs Nachfolger nicht, der »bayerische Staatssekretär« von Ruthardt (ab Februar 1837), der sich daher auch nur ein halbes Jahr im Amte hielt. Nach ihm besetzten Griechen die Ministerposten, allein das Amt des Kriegsministers verblieb noch mehrere Jahre einem Bayern, dem gutmütigen und pflichteifrigen, jedoch schwächlichen Generalmajor von Schmalz. Aber dieser Wechsel stärkte die Stellung des Königs nicht. Außerstande, die wirtschaftlichen und sozialen Nöte des Landes zu lindern, suchte Otto den wachsenden innenpolitischen Druck in die Außenpolitik abzulenken, indem er die »großgriechische Idee« der Wiederherstellung des Byzantinischen Reiches aufgriff, die den griechischen Nationalismus zum Glühen brachte. Diese Politik aber verlangte die enge Bindung an Rußland, die wiederum den englischen Gesandten in Athen auf den Plan rief. Der Kampf zwischen dem König und dem englischen Gesandten blieb das Generalthema von Ottos ganzer Regierungszeit.

Die erste Entscheidung in diesem unterschwelligen Ringen fiel 1843. Sie endete mit Ottos Niedelage. Den äußeren Anstoß gab die permanente Finanzkrise, die durch die Mobilisierung des Heeres während des Türkisch-Ägyptischen Krieges (1839–1841) in eine akute Phase eintrat. 1843 ließ sich der Staatsbankrott nicht länger verheimlichen; die Schutzmächte, als Garanten der Anleihe, begegneten ihm mit der erniedrigenden Kontrolle der gesamten Staatseinnahmen des Landes. Dieser Tropfen brachte das Faß zum Überlaufen. Am 15. September unternahm die Armee, die nach der Heimkehr der bayerischen Soldaten wieder »griechisch« geworden war, im Einvernehmen mit den drei Parteien einen Staatsstreich unter Führung des Obersten Kallerghis. Die »Revolution« endete mit der vollen Kapitulation des isolierten Königs: mit der Entlassung der restlichen bayerischen Beamten und mit der Umwandlung der absoluten in die konstitutionelle Monarchie.

Am 16. März 1844 unterschrieb Otto die von der Nationalversammlung entworfene Verfassung; sie sah ein gewähltes Parlament und einen vom König ernannten Senat vor. Doch fiel die Gesetzgebung in die gemeinsame Zuständigkeit von Parlament und König, während die Exekutive weiterhin ausschließlich dem Monarchen oblag: die Minister waren nur dem König verantwortlich, ihm allein stand ihre Berufung und Entlassung zu. Auch die Justiz blieb an die Person des Monarchen gebunden. Doch mangelten dieser zahmen und konservativen Verfassung nicht völlig die demokratischen Rechtsnormen; sie proklamierte die Gleichheit der Bürger vor dem Gesetz, die Freiheit der Person, der Meinungsäußerung und der Presse sowie das Recht des freien Zusammenschlusses.

Die Reformen vermochten das stürmische Klima der griechischen Politik keineswegs zu mildern. Der enge Spielraum, den sie der politischen Betätigung öffneten, wurde von den drei Parteien zu hemmungslosem Machtkampf mißbraucht, der in den ersten Jahren auch nicht vor dem massivsten Wahlterror zurückschreckte. Der ihn am skrupellosesten übte, Dr. Kolettis – der Chef der »französischen« Partei –, beherrschte zunächst die Bühne in einem schrankenlos persönlichen Regime, das den Zentralismus noch verschärfte und den König zu antikonstitutionellen Eingriffen verleitete. Nach Kolettis' Tod (1847) wurden die Zustände noch chaotischer; im schnellen Wechsel jagten einander Kabinette und Minister, die jedesmal die oberen und mittleren Beamtenschichten mit sich rissen. Die Wirtschaft stagnierte weiter, der soziale Druck dauerte unverändert an, die Interventionen der ausländischen Gesandten nahmen ihren demütigenden Fortgang, maßloser noch, da ihre Intrigen bei den Parlamentsfraktionen einen nur allzu fruchtbaren Nährboden fanden.

Aus dieser Misere suchte sich König Otto durch die Flucht in die Außenpolitik zu retten. Damit gehorchte er freilich auch einer vitalen Notwendigkeit des Landes, denn die Grenzen von 1830 boten ihm in der Tat keine ausreichende Existenzbasis. Diese Grenzen mochten den am antiken Hellas, an Athen und Sparta, an Olympia und Delphi haftenden Philhellenen genügen, sie hatten die fruchtbarsten der griechisch besiedelten Räume und die Mehrheit des Volkes ausgeklammert. Ihre Einbeziehung allein konnte das neue Griechenland lebensfähig machen.

Aber weder England noch Frankreich waren den griechischen Expansionsansprüchen hold und auch Rußland nicht, solange es auf eine Verständigung mit Großbritannien in der Orientfrage hoffte. Daher blieb den Freischärlern, die das griechisch-türkische Grenzgebiet unsicher machten, und den über das ganze Osmanenreich verbreiteten griechischen Geheimgesellschaften jahrzehntelang jeder Erfolg versagt; sie beschworen nur türkische Repressalien und den Zorn Londons herauf. Eine günstigere Konstellation schien sich erst einzustellen, als der Zar sein vergebliches Werben um London im Jahre 1848 aufgab. König Otto – verschreckt auch durch die revolutionäre Erschütterung Europas – suchte nun die Anlehnung an Rußland und setzte die »russische« Partei in den Regierungssattel. Zunächst versuchte Lord Palmerston, der britische Außenminister, diese Entwicklung durch den brutalen Gewaltcoup einer Seeblockade (Januar bis Juli 1850) aufzuhalten; ein gemeinsamer französisch-russischer Protest zwang ihn zum Abbruch seines fadenscheinig begründeten Vorgehens, das Otto wegen seiner Standfestigkeit zu einiger Popularität im Lande verhalf – zum ersten Male seit seinem Regierungsantritt. Seine neue Politik trug ihm noch andere Vorteile ein: der Zar verzichtete auf seine Anteile aus dem Anleihedienst und bewog das Patriarchat von Konstantinopel zur Wiederherstellung des Kirchenfriedens: die Bulle vom 29. Januar 1850 anerkannte die Verwaltungsautonomie der Kirche von Griechenland.

Aus Dankbarkeit stellte sich dann Griechenland im Krimkrieg auf die russische Seite – wie übrigens die ganze orthodoxe Welt. Athen brach die diplomatischen Beziehungen zur Pforte ab, während sich die Griechen im Epirus, in Thessalien und Makedonien erhoben. Ihren Aufstand jedoch, dem das unvorbereitete Mutterland keine Hilfe leisten konnte, erstickten die Türken im Keim (1854). Inzwischen hatten die verbündeten Flotten Englands und Frankreichs im Juni 1854 den Hafen des Piräus zur Sicherung der griechischen »Neutralität« besetzt und Otto zur Wiederaufnahme der Beziehungen mit der Türkei gezwungen. Erst im Februar 1857 räumte die alliierte Flotte den Piräus, unter Hinterlassung einer Kontrollkommission, die noch zwei Jahre im Land blieb.

Rußlands Niedelage im Krimkrieg war also auch eine außenpolitische Niederlage Griechenlands, vor allem aber eine innenpolitische Katastrophe für König Otto, den nun das Volk zur Zielscheibe seiner Enttäuschung machte. Der Pariser Friede vom 30. März 1856 hatte mit seiner Garantie des osmanischen Territoriums die Hoffnungen auf die Befreiung der Landsleute jenseits der Grenzen außer aller Sichtweite gerückt. Die Klephten, die sich zum Kampfe gegen die Türken zusammengerottet hatten, durchstreiften nun räubernd das Land, dessen Handel und Seefahrt durch die Blockade schwere Einbußen erlitten hatten. – Keinen Quadratkilometer Boden hatte Otto während seiner dreißigjährigen Regierung dem Lande zu gewinnen vermocht, obwohl er alles auf die außenpolitische Karte gesetzt hatte, auf eine Karte, die nicht stach.

Revolten folgten Revolten, gegen die Otto seinen wankenden Thron mit autoritären Maßnahmen verteidigte, die wiederum den Gegendruck verstärkten. Und da er weiterhin an der russischen Politik festhielt, zielte England nun entschlossen auf seinen Sturz; nur allzu freigebig lieh der britische Gesandte allen Konspiratoren in Athen seine reiche Hand. Im September 1861 mißglückte das Attentat eines Studenten auf die Königin, und im Februar 1862 konnte noch einmal eine Offiziersrebellion in Nauplia niedergeschlagen werden. Als sich aber ein halbes Jahr später gleichzeitig die Truppen von Athen und Akarnanien, von Korinth und Patras erheben, gibt es kein Halten mehr. Eine provisorische Regierung setzt den König ab, der auf Anraten der Gesandten kapituliert, ohne förmlich abzudanken. Am 24. Oktober 1862 verläßt er das Land auf einem britischen Schiff. In Bamberg, zugleich Heimat und Exil, beschließt er seinen Lebensabend am 26. August 1867.

In letzter Instanz war König Otto an sich selber gescheitert. Gewiß: alles und alle hatten sich gegen ihn verschworen. Aber seine Einsamkeit war nicht unverschuldet. Vor der ihm unzugänglichen Wirklichkeit Griechenlands war er in den Absolutismus geflüchtet, in eine Rolle, die weder seiner Statur noch der griechischen Bühne zustand. Doch wäre wohl auch ein stärkerer Wille, ein klügerer Staatsmann an seiner Stelle gescheitert.

Mit Otto endet ein Kapitel der neugriechischen Geschichte. Wiederum ist es das Auslandsgriechentum, dessen Impulse die Wandlung des Mutterlandes auslösen. Im großen und ganzen hatte es trotz des Ausscherens Nationalgriechenlands aus dem osmanischen Reichsverband seinen wirtschaftlichen Vorrang nicht nur behaupten, sondern sogar noch festigen können. Zwei Drittel der Donauschiffe und fast der gesamte Handel im Schwarzen Meer waren noch immer in seiner Hand, seit 1841 auch ein Drittel des ägyptischen Seeverkehrs. Nicht wenig zugute kamen den Griechen die englischen und französischen Reformbestrebungen in der Türkei, die durch die Erlasse »Tanzimat« (1839) und »Hatti-humayun« (1856) die ungläubigen Rajahs den Mohammedanern formalrechtlich gleichstellten. Vor allem aber wurden die Griechen Nutznießer der wirtschaftlichen Durchdringung des Nahen Ostens durch die Engländer und Franzosen (Eisenbahnen, Telegrafie u.a.), an deren Geschäften sie sich seit 1860 als Partner, Bankiers und Agenten beteiligten. Fast unmerklich und unbemerkt wurden sie nach dem Krimkrieg die Träger eines heimlichen griechischen Wirtschaftsimperiums, das außer dem Mutterland die Türkei, die Balkanländer, Südrußland und den Nahen Osten umfaßte und nicht Athen, sondern Konstantinopel zur Hauptstadt hatte. Ihr Kapital, ihr ausgeprägter Unternehmersinn wandten sich auch der Wirtschaft Neugriechenlands zu, in der sie bald dominierten. Unter ihren Händen stieg die Tonnage der nationalgriechischen Handelsmarine von 85 502 t im Jahre 1838 bis auf 404 000 t im Jahre 1870; parallel zu dieser Entwicklung kam es zum Ausbau der Hafenanlagen, der Straßen, des Post- und Telegrafenverkehrs. Das besondere Interesse der Auslandsgriechen galt natürlich dem Außenhandel, von dem sie nach dem Krimkrieg 20 % in die Türkei und 15 % nach Rußland lenkten. Davon profitierte auch die heimische Produktion, die von 1840 bis 1860 die landwirtschaftliche Anbaufläche nahezu verdoppelte. Die wirtschaftliche Entwicklung förderte aber auch die gesellschaftliche Differenzierung: zwischen dem verelendeten Kleinbauerntum und dem »großen Geld« bildet sich allmählich ein mittelständisches Bürgertum, und im Zuge seines gesellschaftlichen Aufstiegs begehrte es auch den Platz an der politischen Sonne.

Kaum weniger bedeutsam war die kulturelle Verflechtung zwischen Mutterland und Auslandsgriechentum, die nach der Wiederherstellung des Kirchenfriedens einsetzte. Zum ersten Male seit dem Fall von Byzanz findet das geistige Hellenentum nun wieder einen Mittelpunkt: in der Universität von Athen, die zur Schulungsstätte der gesamten griechischen Intelligenz aufrückt und durch sie ihren Strahlungsbereich über den ganzen Vorderen Orient ausdehnt. Die Auslandsgriechen aber, beweglicher und von weiterem Horizont, in den Ländern des Nahen Ostens zudem unter toleranteren Bedingungen aufgewachsen, führen den Liberalismus in das Mutterland ein, das noch immer im ottonischen Absolutismus verharrt. Dieselbe Wirkung ging vom Anschluß (1864) der Ionischen Inseln aus; als einziges Glied Griechenlands waren sie nie unter die türkische Herrschaft gefallen, so daß ihre Bevölkerung – als einzige griechische Gruppe – erst unter den Venezianern, dann unter den Briten an der europäischen Entwicklung voll teilhatte.

Der soziale Aufstieg des Bürgertums, das Eindringen der auslandsgriechischen Kaufleute und Intellektuellen, der Einbezug der fortschrittlichen Ionischen Inseln – diese Bewegungen münden in *eine* Richtung ein: sie sind der Sprengstoff, der das starre Gerüst des Absolutismus zum Einsturz bringt und den Boden für eine freiere Entfaltung der gesellschaftlichen Kräfte lockert.

Der erste Versuch des neugriechischen Staatsbaus war mit König Otto gescheitert. Es sind jene Energien, die nun den zweiten Anlauf untenehmen – und diesmal gelingt er. In der kurzen Atempause zwischen Ottos Weggang und dem Einzug des neuen Monarchen machte sich die im Dezember 1862 gewählte Verfassunggebende Versammlung an die Ausarbeitung der Pläne für das neue Haus. Die von ihr am 28. November 1864 verabschiedete Verfassung entsprach dem zeitüblichen Schema der konstitutionellen Monarchie: alle Gewalt geht nun vom Volke aus, die königlichen Prärogativen sind eingeschränkt, die Legislative gehört ausschließlich der im allgemeinen Wahlrecht gewählten Kammer (der Senat fällt unter den Tisch), die Exekutive untersteht dem Monarchen, der sie durch seine Minister ausübt; eine spätere Verfassungsänderung (1875) unterstellt schließlich die Minister dem Vertrauen des Parlaments.

Der zweite Anlauf

So ist es nicht mehr das Griechenland Ottos, das den neuen König empfängt. Zunächst freilich kostete es einige Mühe, ihn überhaupt für dies Land zu finden, das soeben seinen alten Monarchen verjagt hatte. Mehrere Kandidaten lehnten dankend ab. Schließlich enschieden sich die Schutzmächte, auf englische Initiative hin und mit griechischer Zustimmung, für den siebzehnjährigen Prinzen Wilhelm von Schleswig-Holstein-Sonderburg-Glücksburg (März 1863), dessen Vater am 16. November 1863 den dänischen Thron bestieg. Am 31. Oktober 1863 trat der Prinz als Georgios I. die Herrschaft in Athen an – als »König der Hellenen«, nicht wie Otto als »König von Hellas«. Diese Unterscheidung war ein Programm.

Was Otto in den drei Jahrzehnten seiner Regierung nicht erreicht hatte – die Ausweitung der Landesgrenzen, dem Nachfolger fiel sie in den Schoß. Denn Großbritannien gab ihm, dessen Schwester Alexandra gerade dem Prinzen von Wales, dem späteren König Eduard VII., angetraut worden war, die Ionischen Inseln zur Mitgift auf seinen griechischen Königsweg: am 29. März 1864 gingen Korfu, Kephallonia, Zakynthos, Levkas, Ithaka, Paxos und Antipaxos (mit zusammen 2236 qkm), die seit 1843 den Anschluß gefordert hatten, an das Mutterland über. Einen besseren Anfang hätte sich König Georg nicht wünschen können. Nicht weniger festigte seine Stellung die Heirat (1867) mit der orthodoxen Großfürstin Olga, einer Nichte des Zaren Alexander II.; auch ließ das Königspaar seine Kinder orthodox taufen. Erst diese Übereinstimmung im Glaubensbekenntnis machte das Königshaus in den Augen des Volkes »griechisch«. Auch später hat Georg I. die hohen Hoffnungen, die er mit diesem Beginn in der Nation erweckte, weithin erfüllt: seine fünfzigjährige Herrschaft brachte das neue Griechenland, unter mannigfaltigen Umwegen und Rückfällen, der staatlichen Konsolidierung näher.

Die Anfänge des jungen Königs waren freilich dornig genug. Bis 1871 hatte er es mit nicht weniger als neunzehn Kabinetten zu tun, in denen sich die Ministerpräsidenten Bulgaris, Deligeorgis, Zaimis, Commoundouos und Tricoupis kurzfristig ablösten. Erst nach 1870 konnte das Räuberunwesen auf dem Lande, konnten Bestechung und Ämterkauf leidlich eingedämmt werden.

Am günstigsten wirkten sich die liberalen Reformen des Jahres 1862 auf die Wirtschaft aus. Sie erhielt mächtigen Auftrieb durch die öffentlichen Arbeiten, die der Staat unter Charilaos Tricoupis in Angriff nahm, dem fähigsten und verdienstvollsten Politiker Griechenlands vor Eleutherios Venizelos. Auf sein Konto ging vor allem der Ausbau der Straßen, die sich um 1860 erst über 450 Kilometer Länge erstreckten; die kleinen Ionischen Inseln aber, ausgiebig gefördert von Venezianern und Briten, verlängerten das griechische Straßennetz um 853 km! Doch zwischen 1867 und 1909 konnte es verdoppelt werden. Gleichzeitig wurde mit dem Eisenbahnbau begonnen, der Isthmus von Korinth durchstochen (1882–1893), die Erweiterung der Hafenanlagen vorangetrieben. Von diesem Aufschwung profitierten besonders Handel und Seefahrt, die Domänen des griechischen Unternehmertums. Die Handelsflotte wuchs gewaltig an, so daß sie bis zum Ausbruch des Ersten Weltkrieges auf den zehnten Rang, nach der Bevölkerungszahl sogar auf den sechsten Rang unter den Schiffahrtsnationen vorrückte.

Noch ansehnlicher war der Produktionsanstieg in der Landwirtschaft, die ihre Anbaufläche zwischen 1860 und 1911 von 70 000 auf 110 000 ha ausdehnte. Aber zum wichtigsten Ereignis dieser Periode wurde das Einströmen großer Auslandskapitalien, die das Bankwesen und die Industrie Griechenlands begründeten. Denn immer häufiger »emigrierten« um die Jahrhundertwende die vermögenden Auslandsgriechen nach Griechenland, unter dem wachsenden Druck des Nationalismus in den Balkanländern und der chauvinistischen Bewegung der »Jungtürken« im Osmanischen Reich. Auch andere kapitalkräftige Ausländer zog das kapitalhungrige Griechenland an, das für Kredite 40–50 % Jahreszinsen zahlte. So ungesund die Bedingungen dieses Geldzuflusses waren (die »Gründerkrise« ließ nicht lange auf sich warten), er vermittelte der griechischen Industrialisierung den belebenden Anstoß. Zwar gab es schon um 1875 einige Textil- und Nahrungsmittelbetriebe, doch hatten sie die Grenze des Handwerks noch kaum überschritten. Das erste größere Unternehmen schufen französische Industrielle, welche die – schon im Altertum ausgebeuteten – Bergwerke von Laurion wieder in Gang setzten.

Etwa um 1900 tritt Griechenland in das Zeitalter des Kapitalismus ein. Mit ihm schiebt sich das Bürgertum in den Vordergrund. Der Anteil der Stadtbevölkerung, der 1853 nur 8 % der Gesamtbevölkerung ausmachte, stieg bis 1879 auf 28 % (von insgesamt 1 679 470 Einwohnern) und bis 1907 auf 33 % von 2 631 952). Kaum weniger bedeutsam für die gesellschaftliche Umschichtung waren die Bodenreformen, die zwischen 1871 und 1911 endlich 265 000 ha aus der alten türkischen Erbmasse verteilten – 2 bis 8 ha für den einzelnen Bauern. Doch davon wurden sie nicht satt und erst recht nicht die vielen, die leer ausgingen. Neue Beunruhigung warf die Angliederung der Ebenen von Thessalien und Arta auf, der fruchtbarsten Gebiete in den damaligen Grenzen. Von alters her gehörten sie dem Großgrundbesitz, der nun 50,5 % der gesamten Nutzfläche bzw. 75 % des anbaufähigen Bodens Gesamtgriechenlands in seiner Hand hielt. Mehr und mehr wurde der Landhunger der landlosen und kleinen Bauern zum vorrangigen Problem.

Zum ersten Male meldete sich nun auch der griechische Arbeiter zu Wort. So bescheiden noch die Ansätze der Industrialisierung waren, sie schuf den Vortrupp eines Indutrieproletariats: zwischen 1870 und 1917 vermehrte es sich von 7300 auf 35000 Arbeiter. Die charakteristischen Härten der frühkapitalistischen Stufe blieben ihnen nicht erspart: zwölf bis fünfzehn Arbeitsstunden bei unzureichender Entlohnung. Die Währungskrise um 1879, in der die Kaufkraft der Drachme um 40% fiel, ließ sie erstmals aufbegehren. Es waren die Werftarbeiter der Insel Syros, die sich als erste organisierten und den ersten Streik in Griechenland entfesselten. Sie fanden bald Nachfolge: der Streik der Minenarbeiter von Laurion 1896 forderte die ersten Todesopfer. Doch handelte es sich anfangs mehr um korporative Zusammenschlüsse, die auch die Mitgliedschaft von Arbeitgebern zuließen. Die ersten reinen Gewerkschaften konstituierten sich 1905 in Volos und 1910 in Larissa.

Die Auseinandersetzung zwischen den alten Herrschaftsgruppen und den aufsteigenden Schichten der Intellektuellen, Bürger, Bauern und Arbeiter spitzte sich schließlich zum Kampf um die politische Macht zu. Um 1880 etwa räumten die alten russischen, englischen und französischen Parteien das Feld; statt dessen polarisieren sich nun die politischen Energien um die »Fortschrittlichen« und die »Konservativen«. Jene finden ihren Wortführer in Charilaos Tricoupis, dem es um die Entfaltung der heimischen Produktionskräfte geht, um die Sicherung der inneren Ordnung, um die Reform von Parlament und Verwaltung, der Justiz und Armee. Sein konservativer Gegenspieler ist Commoundouros, nach dessen Tod (1883) Theodoros Delijannis, der das Heil des Landes in der Außenpolitik sucht, auf dem verführerischen Expansionskurs der »großen Idee«.

Die Zeit von 1882 bis 1895 – von einigen Unterbrechungen abgesehen – gehörte Tricoupis. Sein Hauptverdienst, die wirtschaftliche Erschließung des Landes durch öffentliche Arbeiten, wurde ihm zum Verhängnis. Denn zur Durchführung seines ehrgeizigen Programms war er – auf Grund der permanenten Ebbe in der Staatskasse – auf die Hochfinanz angewiesen, die ihre Unterstützung von der Gewährung steuerlicher Privilegien abhängig machte; das Nachsehen hatten davon die mittleren und unteren Einkommensschichten. Ohnehin hatte der Staat schon vor seinem Regierungsantritt die chronischen Haushaltsdefizite nur durch innere Anleihen decken können. Zu ihrer Tilgung nahm Tricoupis neue Auslandsanleihen auf: zwischen 1879 und 1890 flossen 359 Millionen Francs ins Land, von denen jedoch nur etwa 6% produktiven Zwecken zugute kamen. Am Ende überstieg der Anleihedienst, der 40 bis 50% der Staatseinnahmen verschlang, bei weitem die Kapitaleinfuhr. So nahm denn die Regierung Tricoupis ihre Zuflucht zur Steuerschraube: die Steuerleistung pro Person, die 1874 noch 19 Drachmen betragen hatte, stieg bis 1893 auf 36,50 Drachmen. Noch mehr verübelte es ihm das Volk, daß er das System der indirekten Besteuerung einführte, die ja den kleinen Verbraucher stärker belastet als das große Einkommen. Dennoch erweiterte sich die Lücke im Staatshaushalt von Jahr zu Jahr, bis sich die in- und ausländischen Privatgläubiger zusammenschlossen, um die Staatsfinanzen – nach dem türkischen Muster der »Osmanischen Bank« –

einem internationalen Kontrollregime zu unterstellen. Tricoupis beantwortete dieses Verlangen 1893 mit der Erklärung des Staatsbankrotts. Die Wahlen von 1895 sprachen seiner Finanzpolitik ein vernichtendes Urteil. Verbittert begab er sich in das freiwillige Exil nach Cannes, das er vor seinem Tode nicht mehr verließ.

Zwischen russischer Scylla und britischer Charybdis

Noch weiter blieb die Politik hinter den weit ausgreifenden Wünschen der Griechen zurück, welche die Einverleibung der Ionischen Inseln und die russische Heirat König Georgs (sowie die seiner Schwester mit dem englischen Thronfolger) mächtig angestachelt hatten. Nicht weniger erhitzte es die nationale Begehrlichkeit, daß ihr Freiheitskampf Schule machte und nach dem Krimkrieg den ganzen Balkan in Bewegung setzte: Serbien und Montenegro versicherten sich der Autonomie, die Donaufürstentümer vollzogen den staatlichen Zusammenschluß (aus dem Rumänien hervorging), und auch Bulgarien pochte nun an das Tor der Unabhängigkeit. Der Wettlauf um das Erbe des »kranken Mannes« hatte begonnen, und der griechische Ehrgeiz fürchtete, bei seiner Verteilung zu kurz und zu spät zu kommen, vor allem in Makedonien und Thrakien, wo die türkischen, griechischen, bulgarischen, serbischen, walachischen und jüdischen Bevölkerungselemente sich miteinander vermischt hatten.

Der nationale Ablösungsprozeß vom Osmanischen Reich verschärfte zudem die innerbalkanische Konkurrenz, da er auch die Lostrennung der Landeskirchen vom Konstantinopler Patriarchat forderte; das griechische Patriarchat sah durch solchen »Abfall« nicht nur seine kanonischen Rechte, sondern gleichfalls seine ansehnlichen materiellen Interessen in Frage gestellt – es war unter den Osmanen im ganzen Südosten, besonders in den Donaufürstentümern, zum mächtigen Großgrundbesitzer aufgestiegen. Vor allem die Bulgaren trieben diese Entwicklung voran – seit 1830, als sie erstmals einen Klerus ihrer Nationalität und den Gebrauch des Bulgarischen für Kult und Unterricht verlangten. 1870 gewährte ihnen dann ein Firman des Sultans das Exarchat, die nationale Kirche, die aber unter der spirituellen Oberhoheit des Patriarchats verbleiben sollte. Doch im Einvernehmen mit der griechischen Regierung verwehrte das Patriarchat 1872 dem Exarchat die Anerkennung und erklärte es für »schismatisch«. Sein Nein galt nicht so sehr dem autonomen Status der nationalbulgarischen Kirche wie der von ihr beanspruchten Zuständigkeit über die umstrittene Mischbevölkerung Makedoniens. Das »Schisma« war endgültig. Von Radowitz, der deutsche Vertreter in Athen, erkannte seine historische Bedeutung: er umschrieb es als »eine gänzliche Achsendrehung der russischen Orientpolitik: während bis zum Krimkrieg der Schutz für die allgemeine Orthodoxie das russische Stichwort gewesen war, erschien nun zum ersten Male die nationalslawische Idee als das leitende Prinzip, dem das alte Patriarchat von Byzanz und die Rücksicht auf die Griechenwelt zum Opfer fielen. Rußland war nicht mehr die Vormacht des heiligen Glaubenskampfes der Orthodoxie,

sondern fortan der mächtige Beschützer der slawischen Nationalität.«
Da Österreich dem russischen Vordringen nicht mit den Händen im
Schoß zuschauen konnte und nach Königgrätz unter Graf von Beust,
dem Gegenspieler Bismarcks, seine Südostpolitik energisch aktivierte,
häufte sich auf dem Balkan das Pulver. Nur Frankreich legte keine
Zündschnüre – die Niederlage von 1870/71 band ihm die Hände. Großbritannien aber, dank seiner Flotte unumstrittener Herr des Mittelmeeres, auf die Sicherung seiner Route nach Indien und auf die wirtschaftliche Durchdringung des Nahen Ostens bedacht, hielt seit dem frühen
neunzehnten Jahrhundert an der Integrität des Osmanenreiches fest, das
allein Rußland den Weg zum Mittelmeer verlegte; nur widerwillig beugte
sich London den vollendeten Tatsachen, wo sich die nationalen Unab-
hängigkeitsbewegungen gegen die Pforte durchsetzten. Als sich jedoch
nach dem Krimkrieg der russische Druck auf den Balkan noch verhärtete,
mußte es das kleine Griechenland als Karte in sein Orientspiel aufnehmen. So formierten sich zwei Zonen: die Balkanslawen lehnten sich an
Rußland an, während England die Türkei und Griechenland stützte.
    Diese Konstellation verstrickte die englische Politik in ein unlösbares
Dilemma, ließ sich doch ihr protürkischer Kurs mit den Ansprüchen der
Griechen nicht auf einen Nenner bringen. Profitierten die Balkanslawen
von der völligen Übereinstimmung ihrer Interessen mit Rußland, so
kamen die Griechen mit ihrem Partner nicht auf ihre Kosten; ihre
Gefühle zu England waren daher stets mit dem hochgespannten Wech-
selstrom der Haßliebe geladen, der manchen dramatischen Kurzschluß
auslöste; nur die wirtschaftliche Abhängigkeit von London und das
drohende Gewicht der slawischen Nachbarn ließ sie die Umklammerung
dieser »Freundschaft« ertragen, die sich in der äußersten Not stets
bewährte, in sanfteren Zeiten aber als lästige Fessel schmerzte. Schließlich konnte London bis zu einem gewissen Grade auch auf die diplomatische Hilfestellung Bismarcks zählen, der zur Erhaltung seines labilen
Bündnissystems eines ruhigen Balkans bedurfte.
    Aber weder der Balkan noch sein östlicher Protektor waren zur Ruhe
geneigt. 1875 entbrannte die orientalische Krise von neuem mit einem
Aufstand in der Herzegowina. Zwei Jahre später holten die Russen zum
Schlage gegen die Türken aus. Auch diesmal begegneten sie keinem
ernsthaften Widerstand. Die Griechen zögerten zunächst, doch als
Adrianopel gefallen war und die Einnahme Istanbuls unmittelbar bevor-
zustehen schien, überschritten sie mit einigen tausend Mann die thessali-
sche Grenze. Zu spät, denn der eilige Waffenstillstand von Adrianopel
(30. Januar 1878) setzte die türkischen Streitkräfte frei. Vor dieser
Drohung zogen sich die griechischen Truppen zurück – nur der Druck
der Großmächte hielt die Pforte vom Vormarsch nach Griechenland ab.
    Der Vorfriede von San Stefano (3. März 1878) vergrößerte Serbien und
Montenegro; beide, wie auch Rumänien, erhielten die Unabhängigkeit,
Bulgarien den Status eines autonomen Fürstentums – einschließlich der
Ägäisküste und Salonikis! Österreich hatte der Zar großzügig mit Bos-
nien und der Herzegowina bedacht; nur die Griechen gingen leer aus.

Aber England war nicht gewillt, diese Regelung hinzunehmen, die den Russen das Mittelmeer geöffnet hätte. Auf sein Betreiben kam es noch im selben Jahre zum Berliner Kongreß, der – unter dem »ehrlichen Makler« Bismarck – den Vorfrieden zurechtstutzte: die Gebietserweiterungen Serbiens und Montenegros fielen großenteils weg, und der den Bulgaren zugefallene Küstenstreifen an der Ägäis kam an die Türkei zurück. Die griechischen Ansprüche blieben wiederum unberücksichtigt; aber der Kongreß nötigte nun auf eine französische Initiative hin die Pforte, mit Athen über eine »Berichtigung« der griechischen Nordgrenze zu verhandeln. Drei Jahre schleppten sich die Unterredungen hin, in die sich die Großmächte mehrfach einschalteten. Schließlich setzte sich ein französischer Vorschlag durch, der auch die britische Zustimmung fand (1880 war der griechenfreundliche Liberale William Gladstone in London an die Macht gekommen): am 24. Mai 1881 mußte die Türkei in der Konvention von Konstantinopel Thessalien und den südlichen Epirus an Griechenland abtreten. Vierhunderttausend Griechen kehrten mit diesen fruchtbaren Gebieten in die Nation zurück. Ein Schritt weiter war getan – nicht weit genug, so meinte das Volk, das noch immer die Mehrheit seiner Angehörigen außerhalb der Landesgrenzen wußte.

Eine schwere Enttäuschung bereitete Griechenland das Abkommen vom 4. Juni 1878, worin der Sultan das zu vier Fünftel griechisch bewohnte Zypern dem englischen Schutz unterstellte; die Bevölkerung der Insel, die unter der nominellen Oberhoheit der Pforte verblieb, hatte für sie nun einen Jahrestribut in Höhe von 92 680 englischen Pfund aufzubringen. Seither verlangen die Zyprioten die »enosis«, die Vereinigung mit Griechenland.

Doch der griechische Nationalismus hatte zu jener Stunde ein näheres Ziel: die große Insel Kreta, deren ungebärdige Bewohner seit 1858 unter unsäglichen Opfern an Leib und Gut in permanenter Revolte standen, nur für kurzfristige Intervalle von den Truppen des Sultans »pazifiziert«. 1868 wäre es darüber fast zum Krieg zwischen der Türkei und Griechenland gekommen, das die Aufständischen mit Freiwilligen, Waffen und Lebensmitteln unterstützt und bereits den Anschluß der Insel erklärt hatte. Tricoupis, damals noch Außenminister unter Commoundouros, hatte in Erwartung eines Krieges schon Bündnisbesprechungen mit dem ägypischen Vizekönig, mit den Rumänen und Montenegrinern aufgenommen und war mit Serbien 1867 den Vertrag von Vöslau eingegangen – der erste Ansatz einer multilateralen Politik der befreiten Balkanvölker. Doch das Veto des griechischen Königs, der sich auf kein Abenteuer einlassen wollte, verhinderte ihre Realisierung. Dennoch brach die Pforte die Beziehungen zu Athen ab und rüstete zum Krieg gegen Griechenland. Wieder einmal mußten die Mächte friedenstiftend dazwischenfahren: Eine Pariser Konferenz entschied am 9. Januar 1869 die Kretafrage zugunsten der Türkei; immerhin erhob sie die Insel in den Rang einer »privilegierten Provinz« mit eigener Selbstverwaltung.

Heißer ging es bei der großen Revolte im Januar 1897 her. Die Mächte, unter Einschluß Deutschlands, suchten durch die Landung von Überwachungsdetachements den Brand im Keim zu ersticken; allein ihre Uneinigkeit, hervorgerufen durch die allzu massive Undiplomatie Kaiser Wilhelms II., ließ die Wirkung ihrer prophylaktischen Politik verpuffen. In Athen war wieder einmal Delijannis am Ruder; obwohl der Staat sich von seinem zweiten Bankrott (1893) noch keineswegs erholt hatte und militärisch nur unzulänglich gerüstet war, rief er die allgemeine Mobilmachung aus, ließ sechs Torpedoboote unter dem Befehl des Prinzen Georg Kurs auf Kreta nehmen und ein stärkeres Truppenkontingent an Land setzen, dessen Kommandeur Oberst Vassos, der Adjutant des Königs, die Einverleibung der Insel proklamierte. Kurz darauf marschierte das griechische Heer unter Kronprinz Konstantin über die thessalische Grenze, während in Makedonien und im Epirus die patriotischen Geheimgesellschaften den Aufstand ausriefen. Die Türkei erklärt am 17. April 1897 den Krieg. Ihre Armee, wirkungsvoll reorganisiert durch den deutschen Instrukteur Colmar Freiherr von der Goltz-Pascha, schlägt die griechischen Truppen schwer an – nur die Mächte bewahren sie durch die Vermittlung eines Waffenstillstandes vor dem Zusammenbruch.

Die Niederlage war vollständig; die »große Idee« war auf ihrem leichtfertigen Höhenflug jäh abgestürzt. Doch das europäische Gewissen – dies gab es damals – verbot es den Mächten, das griechische Enfant terrible dem türkischen Sieger auszuliefern. So kam Griechenland im Frieden von Konstantinopel noch glimpflich davon. Thessalien blieb ihm erhalten, aber Kreta mußte es räumen; doch erhielt nun die Insel die Autonomie unter osmanischer Souveränität, in Gestalt einer nationalkretischen Regierung unter dem Hochkommissariat des Prinzen Georg, eben jenes Prinzen, der den Seeangriff gegen Kreta kommandiert hatte – seine Ernennung war ein Pflaster auf das wunde griechische Selbstbewußtsein. Ferner hatte Athen eine Kriegsentschädigung in Höhe von 4 Millionen englischen Pfund an die Pforte zu leisten; ihre Zahlung und der gesamte Schuldendienst des Staates wurden schließlich einer internationalen Kontrollkommission unterstellt. – So demütigend diese Bilanz sein mochte, Kreta hatte einen Schritt nach vorne getan.

Die griechische Niederlage quittierte nicht allein ein schuldhaftes Mißverständnis zwischen Wunsch und Wirklichkeit – in ihr manifestierte sich auch der Wechsel der internationalen Konstellation, der Griechenland den Wind aus den Segeln genommen hatte. Denn Rußland war nach dem Berliner Kongreß – dessen Zeche es zu bezahlen hatte – aus dem Orient »desertiert«; es war mit Österreich-Ungarn, das durch das Protektorat über Bosnien und die Herzegowina und durch die wirtschaftliche Suprematie über Serbien saturiert war, ein Stillhalteabkommen auf dem Balkan eingegangen, um sich nun dem Fernen Osten zuzuwenden. Und nach 1905 hatte es noch jahrelang seine gegen Japan erlittene Niederlage zu verdauen. So war die türkische Grenze zum ersten Male seit einem Jahrhundert frei vom östlichen Druck. Das Aufkommen der liberalen »Jungtürken«, die 1908 Sultan Abdul Hamid stürzten, unterzog den »kranken Mann« einer ersten Genesungskur. Vor allem aber trat nun mit Deutschland im Orient eine neue Macht auf den

Plan. Schon auf dem Berliner Kongreß hatte die Pforte die deutsche Hilfe zur Reorganisation ihres Heeres erbeten, und nach dem Sturze Bismarcks überließ sich Kaiser Wilhelm II. allzu hemmungslos dem »Drang nach dem Osten«, dem er in Damaskus am 8. November 1898 – kurz nach dem Kretaabenteuer – mit provokativer Unbekümmertheit Ausdruck gab: »Möge Seine Majestät der Sultan, mögen die dreihundert Millionen Mohammedaner, die auf Erden zerstreut in ihm ihren Kalifen verehren, dessen versichert sein, daß zu allen Zeiten der Deutsche Kaiser ihr Freund sein wird.« Aber auch Rumänien und Bulgarien wandten sich nun vom desinteressierten Rußland ab und Deutschland zu. Gegenüber Griechenland verhielt sich der Kaiser kühler. Wilhelm II. förderte zwar die deutsche Archäologie in Griechenland, er unterhielt auf Korfu ein pompöses Landschloß (das Achilleion, das er von der österreichischen Kaiserin Elisabeth erworben hatte) und seine (von ihm nicht sonderlich geschätzte) Schwester Sophie war mit dem griechischen Kronprinzen verheiratet (1889), der in Deutschland seine militärische Ausbildung erhalten hatte. Doch die griechische Politik konnte aus diesen Beziehungen kein Kapital schlagen, da die deutschen Sympathien in erster Linie der Türkei galten – dem Erbfeind Griechenlands.

So verschoben sich die politischen Kulissen auf der Bühne des Orients. Rußland hatte das Spiel auf eine Weile verlassen, so daß die Türkei nicht mehr des britischen Schutzes bedurfte. Die alte anglorussische war der anglodeutschen Rivalität um die Türkei gewichen, in der Berlin militärisch, politisch und wirtschaftlich zusehends Boden gewann. So formierten sich auch im Nahen Osten die Fronten, die im Ersten Weltkrieg aufeinanderprallen sollten.

Die neue Gruppierung steigerte zwar den griechischen Bündniswert für die Briten; andererseits konnte es sich London jetzt noch weniger leisten, die griechischen Ansprüche gegen die Pforte zu vertreten – das hätte sie nur noch mehr in die offenen Arme Deutschlands getrieben. So verringerte denn der Konstellationswechsel im Orient die Chance der griechischen Expansion. Diese Lehre war schon aus der Niederlage von 1897 abzulesen. Sie enthielt noch eine andere Lehre: Die Nation bedurfte der inneren Klärung und Festigung, bevor sie an ein weiteres Ausschreiten denken konnte.

Der große Kreter betritt die Bühne

Wieder war es ein Grieche von draußen, der das Land aus der Sackgasse heraus und auf einen neuen Weg führte: Elevtherios Venizelos, 1864 auf Kreta geboren, seines Zeichens Rechtsanwalt – ein Mann wahrhaft odysseischer Statur. Nicht nur schlau, auch klug, war er bei aller Wendigkeit in den Mitteln ein gerader Charakter. Seine ehrgeizige Phantasie, die gleicherweise seiner Person wie seiner Nation galt, war ausbalanciert durch kühle Rechnergabe und einen realistischen Blick für Menschen und Mittel. So war er bei aller Neigung zum kühnen Einsatz – auch er ein Gefangener der »großen Idee« – doch ein nüchterner und unbestechlicher Arbeiter, der seinen weitausholenden Plänen nicht das Detail opferte. Bestrickender Charme und sachliche Überzeugungskraft machten ihn auf dem internationalen Parkett der Konferenzsäle nicht minder unwiderstehlich als im Parlament und vor den Volksmassen. Wie kein Grieche vor ihm verkörperte er in seiner Person den westeuropäischen Liberalismus; mit leichter Hand verstand er ihn in spezifisch griechischer, daher nicht als fremd empfundener Abwandlung auf sein Land zu übertragen, das unter dieser Einwirkung als Rechts-, Sozial- und Wirtschaftsstaat mächtigen Auftrieb erfuhr. Nicht weniger als ein Vierteljahrhundert hat Venizelos die politische Bühne Griechenlands beherrscht, davon zwölf Jahre – in sechs Phasen – als Regierungschef.

Venizelos begann seine politische Laufbahn als Außen- und Justizminister der autonomen Regierung von Kreta (die jedoch noch der türkischen Souveränität unterstand). 1905 erwirkte er durch eine Revolte die Rückberufung des allzu autoritären griechischen Gouverneurs, des Prinzen Georg. Drüben, auf dem Festland, grollte man dem Kreter deshalb nicht, neigte doch das Volk dazu, die Schuld für das Debakel von 1897 und die ihm folgende politische und wirtschaftliche Malaise dem Königshaus in die Schuhe zu schieben. Und Athen wurde noch hellhöriger, als Kreta im Jahre 1908 gegen die türkische Oberhoheit aufstand. Unmittelbar vorher hatte Österreich-Ungarn die volle Annexion Bosniens und der Herzegowina vollzogen, hatte Fürst Ferdinand die Unabhängigkeit Bulgariens erklärt und sich den Zarentitel zugelegt, während die Türkei durch den Staatsstreich der »Jungtürken« und die Absetzung Abdul Hamids vollauf mit sich selber beschäftigt war – diese Stunde konnten die Kreter nicht ungenutzt lassen: wieder einmal riefen sie die Union ihrer Insel mit dem Mutterland aus. Daraus wurde zwar nichts, da ja die Schutzmächte noch immer Kontrolltruppen auf Kreta unterhielten. Dennoch erregte der realistische und korrekte Beschluß König Georgs, die Unionserklärung nicht anzuerkennen, den heftigsten Unwillen. Eine Offiziersliga, die Verschwörung von Goudi, bedient sich der allgemeinen Mißstimmung und stürzt im August 1909 die Regierung Mavromichalis; der König wird gezwungen, seine vier Söhne aus dem Heeresdienst zu entlassen sowie Reformen in der Armee, in der Marine und Staatsverwaltung zuzusichern. Schließlich ruft die Militärjunta im Januar 1910 Venizelos nach Athen; er läßt Neuwahlen abhalten, in denen er 358 der 365 Parlamentssitze gewinnt. Damit beginnt eine neue Ära Griechenlands.

Venizelos war kein Revolutionär. Seine Reformen – maßvoll und vorsichtig, aber zügig und zweckmäßig – erstrebten ein modernes Staatswesen nach westeuropäischem Muster. Die Voraussetzungen dazu schuf er 1911 durch die Revision der Verfassung von 1864, die es vor allem auf die sorgfältigere Sicherung der demokratischen Freiheiten, auf die Stabilisierung der Beamtenschaft und deren Schutz gegen die Politiker absah. In der Tat wird Griechenland erst unter Venizelos auch in der Praxis ein Rechtsstaat. Aber seine reformerische Aktivität reicht weiter: sie erstreckt sich auf Justiz und Unterricht, auf Armee und Marine – diese läßt er durch eine britische, jene durch eine französische Militärmission reorganisieren. Die Einführung der Einkommensteuer stellt die Staatsfinanzen auf eine gesündere Basis, die Gründung von Berufsschulen dient der Schließung der personellen Lücken für die technische und wirtschaftliche Entwicklung, und vor allem hilft er den Bauern: durch Anleihen, durch die Errichtung landwirtschaftlicher Genossenschaften, durch eine einschneidende Bodenreform, die nun die Enteignung der großen Staats-, Kirchen- und Privatdomänen (gegen Entschädigung) zugunsten der landlosen Bauern ermöglicht. Schließlich legalisiert Venizelos auch das Gewerkschaftswesen.

Doch ein Teil dieser Reformen blieb Fragment, denn wieder einmal kam der Krieg dazwischen. Der Krieg der radikalen »Jungtürken« hatte die christliche Bevölkerung Makedoniens und Thrakiens einer noch härteren Bedrückung ausgesetzt; das konnte und wollte das gefestigte und ehrgeizige Selbstbewußtsein der jungen Balkannationen nicht länger dulden. Und je enger sich die neuen Herren des Osmanischen Reiches an Deutschland anlehnten, desto verständniswilliger zeigten sich Großbritannien, Frankreich und Rußland für die nationalen Aspirationen der christlichen Balkanvölker. Hatten sie vordem deren Militärbündnisse hintertrieben, nun förderten sie diese angelegentlich: unter russischer Assistenz kamen serbisch-griechische und serbisch-bulgarische Allianzen zustande, schließlich auch am 29. Mai 1912 ein Bündnis zwischen Sofia und Athen, in dem – auf Veranlassung von Venizelos – die Frage der thrakisch-makedonischen Grenzziehung einer künftigen Regelung vorbehalten blieb.

Das »europäische Pulverfaß« explodiert

Der äußere Anstoß zu dieser eiligen Betriebsamkeit ging von Italien aus, das sich – die zweite Marokkokrise nutzend – im Jahre 1911 des damals noch osmanischen Tripolitaniens (des heutigen Libyens) bemächtigte; und als Pfand für eine »Kriegsentschädigung« ließ es sich von den unterlegenen Türken auch noch Rhodos und den Dodekanes, die ausschließlich griechisch besiedelte Zwölfinselgruppe vor der Südwestküste Kleinasiens, auf die Siegerwaage legen. Der billig errungene Triumph Roms, der die Schwäche der Türkei bloßgelegt hatte, entzündete die Begehrlichkeit der Balkanstaaten.

In dieser Situation wählte die Türkei den Angriff zur Verteidigung: am 17. Oktober 1912 erklärte sie Serbien und Bulgarien den Krieg. Einen Tag darauf trat Griechenland in Erfüllung seiner Bündnispflichten in die Feindseligkeiten ein. Mit 95 000 Mann überschreitet die Armee, die nun wieder – auf Betreiben von Venizelos – dem Kronprinzen Konstantin untersteht, die Nordgrenze Thessaliens. Schon am 8. November besetzt sie Saloniki; nur um wenige Stunden war sie den Bulgaren zuvorgekommen! Zwar erleidet der Kronprinz dann noch eine Niederlage bei Florina, aber er macht sie mehr als wett durch die Eroberung des Epirus und seiner hart umkämpften Hauptstadt Jannina (6. März 1913). Eine ausschlaggebende Rolle fiel auch der griechischen Marine zu, die durch

die Blockierung des Dardanellenausgangs die türkischen Truppentransporte auf dem Seewege unterband. So konnten die Türken dem konzen-
trischen Kesseltreiben der Griechen, Serben und Bulgaren nicht lange
standhalten. Im Londoner Vorfrieden vom 30. Mai 1913 mußten sie
ihren gesamten europäischen Besitz samt den Ostägäischen Inseln (mit
Ausnahme der Bannmeile von Konstantinopel und der den Dardanellen
vorgelagerten Inseln Imbros und Tenedos) an den Balkanblock abtreten.
Sofort aber gerieten sich die Sieger wegen der Beute in die Haare.
Athen war bereit, ganz Thrakien östlich der Chalkidike Bulgarien zu
überlassen; doch Sofia beharrte auf Saloniki und geriet auch mit Belgrad
wegen der nordmakedonischen Grenzziehung in Streit. In richtiger
Einschätzung der bulgarischen Mentalität war daher Venizelos schon am
29. Mai – einen Tag vor dem Friedensschluß mit der Türkei – mit Serbien
ein prophylaktisches Verteidigungsbündnis gegen Bulgarien eingegangen. In völliger Verkennung des Kräfteverhältnisses fiel nun die bulgarische Armee am 29. Juni in Serbien ein. Für die Griechen war damit der
Casus foederis gegeben, und da sich den Verbündeten auch die Türken
und Rumänen anschlossen, war es um die Bulgaren binnen eines Monats
geschehen. Der Bukarester Frieden vom 10. August 1913 kostete sie fast
die gesamten Landgewinne aus dem ersten Balkankrieg. Seither isolierte
sich Bulgarien gegen die anderen Balkanmächte in Haß und Feindschaft,
die seine Politik in und zwischen den beiden Weltkriegen bestimmten.
Der griechische Beuteanteil war gewaltig: die Ägäischen Inseln (außer
Imbros, Tenedos und dem italienischen Dodekanes, aber einschließlich
Kretas), Südmakedonien mit Saloniki und Westthrakien mit Kavalla (am
Fluß Evros grenzte es nun wieder an die Türkei, die sich im zweiten
Balkankrieg Adrianopel von den Bulgaren zurückgeholt hatte) und der
Epirus. Hingegen versagte der Einspruch Österreichs und Italiens die
Erfüllung der griechischen Ansprüche auf Südalbanien – mit Unterstüt-
zung dieser beiden Interventionsmächte hatten die Notabeln von Tirana
am 28. November 1912 die Eigenstaatlichkeit Albaniens proklamiert.
Insgesamt vermehrten die Balkankriege Griechenlands Bevölkerung
um 70, sein Territorium um 75 % und seine landwirtschaftliche Nutzfläche um 432 000 ha. Im einzelnen schlüsselt sich der Zuwachs folgender-
maßen auf:

Zuwachs 1912/13	Fläche qkm	Griech. Orthodoxe	Moham- medaner	Andere Konfes- sionen	Gesamt- bevölke- rung
Makedonien u. Westthrakien	34 000	518 000	348 000	213 000	1 079 000
Epirus	7 000	271 000	20 000	2 000	293 000
Kreta	3 000	321 000	23 000	3 000	347 000
Ägäische Inseln	4 000	247 000	8 000	5 000	260 000
Zusammen	48 000	1 357 000	399 000	223 000	1 979 000
Griechenland 1912	65 000	2 782 000	3 000	44 000	2 829 000
Griechenland 1913	113 000	4 139 000	402 000	267 000	4 808 000

Es war keine einfache Aufgabe, die gewaltigen Gewinne zu verdauen: der vordem geschlossene Nationalstaat sah sich nun plötzlich mit einer ansehnlichen Minorität belastet, die etwa 14 % der Gesamtbevölkerung ausmachte. An sich kein hoher Anteil, dem aber doch ein schweres Gewicht zukam, da sich die fremden Minderheiten fast ausschließlich auf die neuen Provinzen konzentrierten, in denen sie gut die Hälfte der Bewohner (561000 von 1 079000) stellten. Doch bildeten sie keine kompakte Gruppe – zu drei Fünfteln waren sie Türken, zu zwei Fünfteln bulgarischer Abstammung. Andererseits erschwerte die Nähe der türkischen und bulgarischen Grenzen den Einschmelzungsprozeß. So hatte sich der neuhellenische Staat mit diesem althellenischen Kulturboden ein gefährliches Minenfeld eingehandelt.

Auch seine geopolitische Lage veränderte sich von Grund auf. Der türkische Fremdherrscher war an die äußerste Grenze zurückgedrängt, statt seiner hatte man nun die Balkanslawen, die Schicksalsgenossen der Türkenjahrhunderte, zu Nachbarn – unruhige, unbefriedigte Nachbarn, die aus ihrer Bergabgeschlossenheit nach dem freien Zugang zum Meer verlangten; nicht nur die Bulgaren, auch die Serben (die damals noch nicht an die Adria vorgestoßen waren) lockte der Hafen von Saloniki. Und die wiedererwachende Türkei lauerte nur auf die Stunde, da sie sich die fruchtbare Ägäisküste zurückholen konnte. Für Griechenland aber bot dieser schmale, langgestreckte Küstenstreifen – kaum verkehrserschlossen und weit abgelegen von seiner Machtbasis – nur geringe Defensivchancen.

Zunächst kamen dem griechischen Volk die neuen Sorgen nicht in den Sinn. Mit allen Fasern seines freudefähigen Herzens gab es sich seinem Siegestaumel hin, nur zu bereit, sich zu neuen Träumen zu versteigen. War die Befreiung des alten Griechenlands nicht Verheißung und Verpflichtung, Byzanz und sein Reich wiederherzustellen? Selbst der Rechner Venizelos konnte sich der Lockung der großgriechischen Idee nicht entziehen; die folgenden Jahre machten ihn zum Werkzeug eines Unternehmens, das die griechischen Kräfte weit überforderte und daher im Abgrund enden mußte.

Der alte König Georg I. konnte den vollen Triumph der Balkankriege nicht mehr auskosten. Am 18. März 1913, in seinem fünfzigsten Regierungsjahr, fiel er beim Besuch des befreiten Saloniki dem Attentat eines Geisteskranken zum Opfer. Aber es war ihm, der so viele Tiefen der neugriechischen Geschichte miterlitten hatte, doch vergönnt, zu einem Zeitpunkt der höchsten Erhebung sein Amt an den Sohn abzugeben – das Amt, das ihm dies ungeduldige, zwischen den Extremen schwankende Volk nur allzu schwer gemacht hatte. Wohl war König Georg kein großer Staatsmann, aber seine Nüchternheit und Mäßigung, seine Korrektheit, sein strenger Pflicht- und Verantwortungssinn, der ihm notfalls auch den Mut zur Unpopularität abverlangte, haben dies gärende, drängende Volk mehr als einmal vor unsinnigen Abenteuern bewahrt.

Der Sohn, König Konstantin, sollte es noch schwerer haben. In einer rauschhaften Feier begrüßte Athen den Sieger der beiden Feldzüge. Mit dem Beginn hatte er aber auch schon den Gipfel seiner Laufbahn erreicht; nicht lange durfte er auf ihm verweilen.

VON WELTKRIEG ZU WELTKRIEG
(1914-1939)

Sarajewo stellte auch Griechenland vor die Wahl zwischen Neutralität und Krieg. Beide Antworten fanden ihre Befürworter, die das Land in zwei feindliche Lager spalteten.

Die »kleingriechische« Neutralität hatte ihren Anwalt in König Konstantin, der mit der Autorität und Popularität des siegreichen Feldherrn der Balkanfeldzüge sprach. Kaum geringere Sympathien aber genoß Ministerpräsident Eleutherios Venizelos, der erfolgreiche Politiker der beiden Kriege, der die »großgriechische« Kriegsalternative verfocht. Wie so oft war es auch jetzt der Soldat, der die Partei des Friedens ergriff, während der Diplomt zu den Waffen rief.

Konstantin, alles andere als Politiker von Geblüt, vermochte sich als Schwager des deutschen Kaisers Wilhelm II. nicht über sein dynastisches Sentiment hinwegzusetzen. Sein Plädoyer für die Neutralität entbehrte dennoch nicht der plausiblen Gründe. Das Land war nicht – gleich Europa – des Segens der langen Friedensperiode von 1871 bis 1914 teilhaftig gewesen. Dem Mutterland das fast gleichgroße Neuland mit seinen fremdvölkischen Minderheiten einzugliedern, es politisch und militärisch zu sichern – diese Aufgaben verlangten den Frieden. Gefahr drohte besonders von Bulgarien; würde es nicht Griechenlands Kriegseintritt zum Anschluß an die Gegenseite provozieren? Aus solcher Befürchtung wünschte anfangs auch die Entente die griechische Neutralität, solange sie Sofia noch für sich zu gewinnen hoffte. Vor allem aber hatten im Balkankriege das Land wirtschaftlich völlig ausgezehrt und breite Lücken in die Waffen- und Munitionsbestände gerissen, die 1914 noch längst nicht aufgefüllt waren. Auch stieß die Ausdehnung der Wehrpflicht auf die neuen, noch nicht konsolidierten Gebiete auf unüberwindliche Materialschwierigkeiten; zudem entbehrten die neuen Grenzen noch aller Befestigungsanlagen. Nach dem Buchstaben des Bündnisses vom 1. Juni 1913 hätte freilich Griechenland den Serben zu Hilfe kommen sollen; in der Tat war aber das Militärabkommen beiderseits innerbalkanisch gedacht, zur Verteidigung der Bukarester Friedensabmachungen gegen einen bulgarischen Angriff, nicht zur Abwehr des Angriffs einer europäischen Großmacht. Immerhin stellte Griechenland bei Kriegsausbruch auf Drängen der Alliierten fast seine gesamte Artilleriemunition der serbischen Armee zur Verfügung. Die Engländer lieferten zwar Ersatz; der aber vertrug sich nicht mit dem Kaliber der griechischen Kanonen. Die daraufhin in den Vereinigten Staaten bestellte Munition verfiel der Beschlagnahme durch die Briten, die eine andere Verwendung für sie hatten. So war die griechische Neutralität zunächst schon aus Rüstungsgründen geboten.

Die Neutralitätspolitik vertrat am energischsten Joannis Metaxas, damals Generalstabschef der Armee und einflußreichster Berater des Königs (später – 1936 bis 1940 – Diktator unter Georg II.), der gleich seinem Souverän die Berliner Kriegsakademie absolviert hatte. Beide waren von der Überlegenheit der deutschen Waffen überzeugt und rechneten mit einem untentschiedenen Ausgang des Krieges, bei dem Griechenland durch eine Teilnahme nichts zu gewinnen hätte. Auf keinen Fall kam nach seiner Meinung der griechische Kriegseintritt auf seiten der Mittelmächte in Frage; er hätte die sichere Aushungerung des Landes durch die mächtige britische Flotte bedeutet. Zur Diskussion stand allein: neutral bleiben oder auf Englands Seite kämpfen.

Krieg um den Krieg

Konstantin und Metaxas glaubten weder an das eine noch an das andere. Als nüchterne Realpolitiker versagten sie sich auch dem großgriechischen Traum von der Wiederherstellung des Byzantinischen Reiches – hatte doch Rußland von Kriegsbeginn an den Besitz Konstantinopels und der Meerengen als sein vornehmstes Kriegsziel postuliert, und gegen diesen Anspruch hätte sich Athen niemals durchzusetzen vermocht. Was schließlich Kleinasien betraf, so konnten auch dort die griechischen Wünsche mit den Interessen Englands, Frankreichs und Italiens kaum konkurrieren.

Venizelos hingegen glaubte an den Sieg der Alliierten und glaubte an Großgriechenland. Verzehrt vom persönlichen und nationalen Ehrgeiz, glaubte er mit unerschütterlichem Optimismus an die Unfehlbarkeit seines guten Sternes: auch dies Letzte und Größte würde ihm noch gelingen. So bot er, in seiner Eigenschaft als Ministerpräsident, unter Umgehung des Königs, dem Londoner Kabinett am 18. August 1914 die griechische Bundesgenossenschaft an – fünf Tage, nachdem Konstantin offiziell die Neutralität seines Landes proklamiert hatte! Doch Sir Edward Grey winkte ab, mit Rücksicht auf Bulgarien und die Türkei, die er damals noch aus dem Kriege herauszuhalten hoffte. Erst der Kriegseintritt der Türkei auf der Gegenseite veranlaßte die britische Regierung, auf das griechische Anerbieten zurückzukommen. Am 24. Januar 1915 warf Sir Grey seinen Köder aus: in unverbindlicher Form versprach er Venizelos das kleinasiatische Smyrna mit Hinterland. Dies freilich unter der Zumutung, daß Griechenland das makedonische Gebiet um Kavalla an Bulgarien abtrete. Venizelos war trotz dieses Vorbehaltes von der phantastischen Perspektive dieses Vorschlages fasziniert, um so mehr, als Pläne zur Aufteilung der Türkei seit Ende 1914 in der Luft lagen; sie verdichteten sich schließlich auch in den Londoner Geheimabsprachen vom 4. März (zwischen Großbritannien, Frankreich und Rußland) und vom 26. April 1915 (zwischen den genannten Staaten und Italien) zu verbindlichen Verträgen. Zu jener Zeit lag es daher der griechischen Politik durchaus nicht fern, ihre kleinasiatischen Ansprüche, die ethnisch fester fundiert waren als die irgendeiner anderen interessierten Macht, rechtzeitig gegen das drohende Übergangenwerden zur Geltung zu bringen. So setzte sich denn Venizelos in seinen Denkschriften vom 24.

und 30. Januar 1915 mit seiner ganzen Beredsamkeit für die Annahme der britischen Offerte ein. Aber er vermochte weder den König noch dessen Generalstabschef zu überzeugen. Konstantin erschien die Preisgabe der soeben befreiten Griechen Makedoniens an den bulgarischen Erbfeind mit seiner Königswürde nicht vereinbar; auch war er nicht bereit, einen gegenwärtigen Besitz gegen einen zukünftigen einzutauschen, den es erst zu erkämpfen galt. Metaxas' Einwände stellten vor allem die Durchführbarkeit des kleinasiatischen Projekts in Frage; in zwei Unterredungen mit Venizelos und in zwei Denkschriften meldete er wirtschaftliche und militärische Bedenken an, deren Berechtigung die Zukunft nur allzu schmerzhaft bestätigen sollte. So sah sich der Ministerpräsident am 11. Februar 1915 zur Ablehnung des Londoner Angebots genötigt.

Doch Venizelos ließ nicht locker. Eigenmächtig überantwortete er der britischen Flotte die Insel Lemnos als Ausfallbasis für die Dardanellenoperation, und schon am 1. März forderte er vom König die griechische Beteiligung an diesem Unternehmen mit einem Armeekorps; allein, er hatte nicht mit dem Zaren gerechnet, der die griechische Teilnahme auf eine Division beschränkt und keinesfalls König Konstantin an ihrer Spitze in Konstantinopel einziehen wissen wollte. Dieser Affront kam Konstantin durchaus gelegen, erleichterte er ihm doch die Absage an seinen Ministerpräsidenten. Am 6. März zog Venizelos mit der Demission die Folgerung aus seinem Fehlschlag. Doch nur, um schon im August – die Parlamentswahlen vom Juni hatten ihm abermals die Mehrheit eingebracht – in die Regierung zurückzukehren. In seiner Politik vom Volke bestätigt, verdoppelte er seine Anstrengungen, das Land in den Krieg zu führen. Von Tag zu Tag verschärfte sich nun der Streit um die Neutralität.

Inzwischen überstürzten sich die Ereignisse. Italien war der Entente beigetreten, die sich ihm mit der Zuerkennung der Souveränität über den bisher nur als Faustpfand besetzten Dodekanes sowie mit dem Versprechen auf kleinasiatische Gebiete in der Nachbarschaft Adalias erkenntlich zeigte. Wie es Metaxas vorausgesehen, scheiterte der britische Angriff auf die Meerengen. Am 21. September 1915 mobilisierte Bulgarien, am 11. Oktober fiel es in Serbien ein. Am 24. September folgte Griechenland mit der Mobilmachung, am 1. Oktober landeten die Alliierten – mit Zustimmung des Ministerpräsidenten, der wiederum den König umging – in Saloniki 20000 Mann, die den Serben gegen den drohenden deutsch-bulgarischen Zangengriff zu Hilfe kommen sollten.

Die völlige Veränderung der Lage bewirkte im griechischen Volk einen radikalen Stimmungsumschwung zugunsten des Königs, der ihm die Macht und das Recht zutrug, den Gegenspieler am 5. Oktober zu stürzen und die Kammer aufzulösen. In Erwartung der sicheren Niederlage flüchteten sich die Venizelisten beim Urnengang vom 19. Dezember 1915 in die Stimmenthaltung, so daß den Royalisten ein kampfloser Sieg zufiel – ein Pyrrhussieg, wie sich zeigte, da er den Gegendruck der Alliierten nur noch versteifte.

In jenen Monaten wälzte sich der Krieg der griechischen Grenze zu. Die geschlagenen Serben flüchteten quer durch Albanien und setzten unter französischer Deckung auf Korfu über, den Verträgen von 1863 und 1864 zum Trotz, welche die Ionischen Inseln militärisch neutralisiert hatten. Auch die alliierte Expeditionsarmee, die unter General Sarrail den Wardar aufwärts vorgestoßen war, mußte vor dem deutsch-bulgarischen Ansturm auf Saloniki zurückweichen. Und da der griechische König – nun auch gegenüber den Mittelmächten auf der strikten Neutralität beharrend – dem deutschen Oberkommando die erbetene Zustimmung zur Verfolgung der alliierten Streitkräfte auf griechisches Gebiet verweigerte, blieben die deutsch-österreichisch-bulgarischen Truppen von Mitte November 1915 bis Mai 1916 untätig vor der griechischen Grenze liegen. General von Falkenhayn hätte sie, ohne das Völkerrecht allzu heftig zu strapazieren, überschreiten können. Doch Deutschland scheute die Wiederholung des belgischen Exempels; auch schien es ihm angebracht, die überaus prekäre Stellung des griechischen Königs zu schonen. Nach Meinung westlicher Geschichtsschreiber hätten damals die Mittelmächte, falls sie – gleich der Entente – den Bruch der griechischen Neutralität auf sich genommen hätten, die alliierte Expeditionsarmee bei Saloniki vernichten und dem Kriegsverlauf damit eine andere Wendung geben können; deutsche Militärhistoriker widersprechen dieser These mit unlösbaren Nachschubproblemen auf dem Balkan während der Wintermonate. Wie dem auch war: die Atempause rettete die alliierte Saloniki-Armee. Sie verschaffte ihr die Zeit, ihre Bestände durch frische französische und britische Kontingente, durch das auf Korfu reorganisierte serbische Heer sowie durch griechische Freiwillige auf 300 000, später auf 500 000 Mann aufzufüllen; indessen wurden deutsche Truppen zur Stützung der Front in Frankreich aus dem Balkan abgezogen. So war es zu spät, als die Mittelmächte dann doch unter Verletzung der griechischen Neutralität in Ostmakedonien einfielen. Zwar verzeichneten sie ansehnliche Anfangserfolge – sie nahmen Serres, Drama, Kavalla und das wichtige Fort Rupel (26. Mai 1916); auch ergaben sich ihnen 6000 Mann des 4. hellenischen Armeekorps, das auf Befehl des Königs den Kampf gemieden hatte – sie wurden in Görlitz interniert, nicht als Gefangene, sondern als »Gäste«. Doch bald versackte der Angriff im Stellungskrieg entlang der 500 km langen Front, der den Alliierten geringere Nachschubsorgen bereitete; auch kamen diesen die zunächst erfolgreiche russische Offensive gegen Österreich-Ungarn und der Kriegseintritt Rumäniens am 26. August 1916 zustatten.

Inzwischen zogen in Athen die Alliierten, auf Initiative der Franzosen, die Schlinge um König Konstantin immer enger. Im Januar 1916 besetzten die Franzosen die Inseln Lesbos, Castellorizo und Korfu; im September ging ein alliiertes Geschwader in der Bucht von Salamis vor Anker und landete Truppen im Piräus. Doch den entscheidenden Schlag führte Venizelos, als er am 18. Oktober 1916 gemeinsam mit Admiral Koundouriotis und General Danglis in Saloniki eine provisorische Gegenregierung ausrief. Damit war das Land nun auch räumlich auseinandergefallen: Venizelos bemächtigte sich, im Schatten der fremden Soldaten, der Nordprovinzen und der Inseln, so daß dem König nur noch Altgriechenland verblieb. Den Franzosen war dies nicht genug. Sie scheuten keine Erpressung, keine Vergewaltigung, um den Widerstand des starrköpfigen Königs zu brechen: sie nahmen Post, Eisenbahn und den Kanal von Korinth in ihre Kontrolle, verwiesen die »feindlichen« Gesandten des Landes und verhängten am 8. Dezember 1916 eine siebenmonatige Blockade über das hungernde Land. Ihr vorausgegangen war ein Aufstand der Venizelisten in Athen, die jedoch das Volk selber – in seiner Demütigung nun noch trotziger, verbitterter und königstreuer – von den Straßen gejagt hatte.

Aber dies war das letzte Aufzucken vor dem Ende, für das Admiral Dartige du Fournet und schließlich der »Hohe Kommissar« Jonnart im Auftrage Briands verantwortlich zeichneten. Die griechische Armee wurde entwaffnet und auf dem Peloponnes interniert. Die Italiener – eifersüchtig auf die Franzosen, die sich in Südalbanien häuslich niedergelassen hatten – besetzten Jannina. Dann ist es soweit. Am 11. Juni 1917 erzwingt Jonnart ultimativ die Abdankung des Königs und des Kronprinzen Georg, binnen vierundzwanzig Stunden – den Thron überläßt er dem zweiten Sohn, dem Prinzen Alexander. Athen ist wehrlos in der Hand der Alliierten. Auf heimlichem Nebenweg verlassen Konstantin und sein Sohn das Schloß, das die Volksmassen schützend umlagern; die Alliierten haben ihnen freies Geleit in das Schweizer Exil gewährt.

Jetzt erst war für Venizelos der Weg frei nach Athen. Am 27. Juni 1917 übernahm er die Regierung (für dreieinhalb Jahre), am 30. Juni erklärte er den Mittelmächten den Krieg. Es kostete ihn einige Mühe und Zeit, das verstörte Volk auf seinen Kurs zu bringen. Schließlich machte es doch gute Miene zum bösen Spiel. Zum Beginn des Jahres 1918 stellte Griechenland 10 der 29 Divisionen der Saloniki-Armee, die der französische General Franchet d'Esperey kommandierte. Und sie stellten auch im Kampf ihren Mann. Auf ihr Konto ging der Sieg von Skra di Legen (30. Mai 1918), der dem bulgarischen Heer das Rückgrat brach. Auf sie entfiel ein gemessener Anteil an der makedonischen Offensive (15. September), die erst zur Sprengung, dann zur Aufrollung der gegnerischen Balkanfront führte und einen entscheidenden Beitrag zum Gesamtsieg der Alliierten leistete: am 29. September 1918 kapitulierte Bulgarien, am 30. Oktober die Türkei, am 3. November Österreich und am 11. November das Deutsche Reich.

Nichts ist erfolgreicher als der Erfolg. Von dieser Bauernregel der Geschichte profitierte auch Venizelos: er hatte zum günstigsten Augenblick das Land auf die Seite der Sieger in den Krieg geführt – sei's mit fragwürdigen Mitteln. Auch traf nicht er die Wahl der vorteilhaftesten Stunde: sie war das unfreiwillige Verdienst König Konstantins. So sehr der Kriegseintritt dem griechischen Interesse im Jahre 1917 diente, so schädlich wäre er ihm zu einem früheren Zeitpunkt gewesen. Daher ist die Frage: wer hatte recht – Konstantin oder Venizelos? –, nicht eindeutig zu beantworten. Beide hatten recht und unrecht. Gerade die Unbeantwortbarkeit der Schuldfrage aber hat noch auf Jahrzehnte hinaus die griechische Politik bewegt und belastet, da sie den Gegensatz zwischen Royalisten (Konservativen) und Venizelisten (Liberalen) verewigte; ja, noch heute schwelt er untergründig weiter, selbst wenn die Monarchie inzwischen der Diskussion weitgehend entrückt ist.

Aber noch war die unmittelbare Auseinandersetzung zwischen dem König und dem Kreter nicht beendet. Denn bisher hatte Venizelos ja erst seine Rechnung mit der Entente beglichen – die Einlösung des kleinasiatischen Wechsels war er, waren die Alliierten dem griechischen Volke noch schuldig.

Zunächst ging Venizelos alles nach Wunsch. Das im Kriege gewonnene Prestige, sein Charme und seine Gewandtheit, Überzeugungskraft und Klugheit verhalfen ihm auf der Pariser Konferenz zu einer Hauptrolle, die ihm weder das Gewicht noch die Kriegsleistung seines Landes zuwiesen; besonders beeinflußte er Lloyd George. Mit dessen Hilfe schloß er eine Reihe von Verträgen, die für sein Land überaus vorteilhaft schienen – vom Schein ist in diesem Zusammenhang zu reden, weil sie samt und sonders der tragfähigen Basis ermangelten und an der Zeit zerschellten. Mehr noch: sie führten das schwerste Verhängnis herauf, das Griechenland in seiner neuen Geschichte überkam – das »kleinasiatische Abenteuer«.

Der Fluch der »großgriechischen Idee«

Am 6. Mai 1919 forderte der Oberste Rat in Paris, auf Initiative Lloyd Georges, Griechenland zur Entsendung eines Expeditionsheeres nach Smyrna auf – gerade als Italien sich anschickte, in Durchführung des Vertrages von St. Jean de Maurienne (19. April 1917) die ihm zugedachte südanatolische Zone zu okkupieren! Venizelos hatte sie in Paris überspielt. Schon am 15. Mai 1919 landeten die ersten griechischen Truppen in Smyrna. – War der Weltkrieg für Griechenland die Tragödie des Königs Konstantin, der kleinasiatische Feldzug wird zur Tragödie des griechischen Volkes.

Als am 24. Januar 1915 Sir Edward Grey zum ersten Male den kleinasiatischen Köder ausgeworfen hatte, war General Joannis Metaxas dem entflammten Venizelos mit diesen Argumenten entgegengetreten:

In der fraglichen Zone lebten zwei Millionen Griechen zwischen sieben Millionen Türken. Diese beherrschten nicht nur als kompakte Masse das anatolische Zentralplateau, sie überwogen auch in den griechisch durchsetzten Küstendistrikten; nur an wenigen Plätzen siedelten die Griechen in geschlossenen Verbänden. Die türkische Bevölkerung war bäuerlich, im Waffenhandwerk Generationen hindurch geübt; die griechische Bevölkerung hingegen, vorwiegend städtisch, war der Waffen entwöhnt. Bis zur jungtürkischen Revolution des Jahres 1908 durften die »Ungläubigen« in der kleinasiatischen Türkei keine Waffen tragen, danach wurden sie häufig zu »Arbeitsbataillonen« rekrutiert, denen die öffentlichen Werke (Straßen-, Bahnbau u. a.) zufielen. Mit Bestimmtheit war die Lostrennung eines Teiles des Kernlandes nur durch einen entscheidenden und endgültigen Sieg über die türkische Gesamtmacht zu erzwingen. Von einer fanatisierten kriegstüchtigen Bevölkerung umschlossen, mußte also die griechische Armee tief ins Landesinnere vorstoßen, in überaus unwegsames Gebirgsgelände, ohne Straßen und Eisenbahnen; beträchtliche Truppenteile, welche die Kapazität des griechischen Heeres überstiegen, mußten zum Schutz des Nachschubs aufgeboten werden. Und gelang selbst die Einnahme Smyrnas und seines Hinterlandes, dann hätte seine Sicherung – da die kleinasiatischen Griechen sich nicht aus eigener Kraft halten konnten – das militärische und wirtschaftliche Potential Griechenlands weit überfordert. Völlig unhaltbar würde die Lage im – nicht unwahrscheinlichen – Fall einer Verwicklung Griechenlands in Balkankonflikte. Schließlich wäre auch, angesichts der engen geographischen, wirtschaftlichen und ethnischen Verflechtung des Zentralmassivs mit der Küste, keiner der Teile in der wechselseitigen Isolierung lebensfähig gewesen, so daß sich der griechisch-türkische Gegensatz verewigen müßte; in ihm würde sich die türkische Position auf die Dauer als stärker erweisen.

Venizelos aber, auf dem Gipfel seines Triumphes, war solch nüchternem Realismus nicht zugänglich. Er wähnte sich der Waffenhilfe seiner westlichen Verbündeten sicher; der Mythos vom »kranken Mann«, dem der Weltkrieg den Todesstoß versetzt zu haben schien, ließ ihn die Regenerationskraft des türkischen Volkes völlig übersehen, während er, bar jeglichen militärischen Sinnes, die Leistungsfähigkeit der griechischen Armee weit überschätzte. Selbst ein so kalter und genialer Rechner wie der Auslandsgrieche Sir Basil Zaharoff, der ungekrönte Rüstungskönig des Westens, hatte ihm eine halbe Milliarde Goldfrancs für das kleinasiatische Unternehmen gestiftet – ein Mann, dem sich alles in Gold verwandelte, was immer er anfaßte! Vor allem aber trieb es Venizelos, die umstrittene Rolle, die er im Weltkrieg auf Kosten des griechischen Volkes gespielt hatte, durch die Verwirklichung der großgriechischen Idee nachträglich zu rechtfertigen und zu krönen. Schon war Konstantinopel in alliierter Hand – die Griechen mußten sich eilen, bei der Verteilung des türkischen Felles nicht zu spät zu kommen!

Man hat auf die Ähnlichkeit des kleinasiatischen Unternehmens mit dem napoleonischen Rußlandfeldzug hingewiesen. Der Vergleich ist, vom Maßstab abgesehen, in der Grundlage so unrichtig nicht. Nur fehlte dem napoleonischen Abenteuer der Griechen ein – Napoleon. Auch endete es für die Griechen ungleich verderblicher als für die Franzosen.

Allein die direkte militärische Beteiligung der Alliierten, mit dem Ziel der Aufteilung der Türkei, hätte den Griechen in Kleinasien zu einer reellen Siegeschance verholfen – wie sie die Londoner Geheimabkommen des Jahres 1915, die gleichfalls geheimen Verträge vom 16. Mai und 18. August 1916 sowie vom 19. April und 18. August 1917 vorgesehen hatten. Doch Venizelos erkannte nicht, daß zwei Ereignisse dies Kartenhaus schon längst zum Einsturz gebracht hatten. Mit der bolschewistischen Revolution, die, bedrängt von den »Weißen« und von den alliierten Expeditionsheeren, unter Verzicht auf die alten russischen Expansionsziele ihren Frieden mit der Türkei gemacht hatte, war der militärisch maßgebliche Partner aus diesem Teilungsgeschäft ausgeschieden. Nicht weniger hemmte der Kriegseintritt der Vereinigten Staaten die kleinasiatische Politik Griechenlands: Wilson erklärte sich nicht nur nicht an die geheimen Kriegsabkommen der Entente gebunden, er widersetzte sich auch energisch der geplanten Aufteilung der Türkei, die seiner Vorstellung von der Selbstbestimmung der Völker ins Gesicht schlug. Auch Italien hatten die Alliierten mit Smyrna geködert – nun, da sie es ihm vorenthielten, sollte es auch Griechenland nicht haben! So sparte Rom keine Mühe, das hellenische Unternehmen diplomatisch zu untergraben. Selbst Frankreich und England zeigten sich seit dem Ausscheiden Rußlands, dem sie bei der Zertrümmerung der Türkei die Hauptarbeit zugedacht hatten, an der Weiterverfolgung der Teilungspläne desinteressiert. Beide Völker waren erschöpft und kriegsmüde; jetzt, da der russische Verbündete durch die Revolution zum Gegner geworden war, war ihnen wieder an einer starken Türkei gelegen, die einer künftigen Expansion der Sowjetunion nach dem Mittelmeer einen Riegel vorschieben könnte. Zudem hatte das am 16. Mai 1916 von Sykes-Picot geschlossene Abkommen über die englisch-französische Interessenabgrenzung in Palästina und Syrien seine Bestätigung in Versailles gefunden; damit waren die beiden Mächte im Nahen Osten saturiert.

Vor allem aber hatten sich in der Türkei selber die Dinge grundlegend gewandelt. General Mustafa Kemal – Atatürk, Vater der Türken, nannte er sich später – hatte sich schon im Juni 1919 von dem absterbenden Konstantinopler Sultansregime losgesagt und die nationale Revolution ausgerufen, die sich die Erneuerung der Türkei und die Erhaltung ihrer Unabhängigkeit zum Ziele setzte. Seine Autorität, die ihm durch seine Leistungen in der jungtürkischen Bewegung, im libyschen Feldzug, in den Balkankriegen und bei der Verteidigung der Dardanellen zugewachsen war, konnte es wagen, die alte Tradition des Sultanats zu zerbrechen und kraft seiner Persönlichkeit dem türkischen Volk eine neue Staatsgewalt zu geben.

Zunächst nahm er sich der Reorganisation der Armee an. Hand in Hand mit inneren Reformen nützte er die Chancen, die ihm der russische Umsturz zur Sprengung der außenpolitischen Isolierung der Türkei bot. Die Sowjets ihrerseits fühlten sich in ihrem Abwehrkampf gegen die Entente, die soeben erst – am 18. Dezember 1918 – ihre freilich erfolglose Expedition nach der Ukraine (unter Beteiligung einer griechischen Division) hatte anlaufen lassen, den Türken durch die gleiche Gegnerschaft verbunden; das Einverständnis mit der Türkei bot ihnen die erwünschte Verkürzung ihrer Front, darüber hinaus ein schützendes Vorfeld gegen westliche Angriffe.

So kam es denn am 24. August 1920 zu einem Abkommen, am 16. März 1921 zum Moskauer Freundschaftspakt mit Ankara, der die strittigen Grenzfragen regelte und Kemal Pascha Waffen und Munition verschaffte – die letzten Lieferungen, welche die Entente dem zaristischen

Rußland hatte zukommen lassen! Erst sie ermöglichten Mustafa Kemal die Fortsetzung des Kampfes.

Die Franzosen erkannten als erste die Wandlung in der Türkei. Die Innenpolitik verbot ihnen weitere kriegerische Unternehmungen; der Außenpolitik aber empfahl es sich, schon jetzt Einfluß auf die künftige Entwicklung des nördlichen Nachbarn ihres syrischen Mandats zu nehmen. So beendete Frankreich am 20. Mai 1920 die Feindseligkeiten in Kilikien durch einen Waffenstillstand und schloß am 30. Oktober 1921 ein Wirtschaftsabkommen mit der Türkei, während es der griechischen Operation nicht nur die Teilnahme, sondern auch jegliche materielle Unterstützung versagte. Noch wirksamer war die Hilfe des verärgerten Italien für die Türkei: es gewährte ihren Guerillas Unterschlupf in dem von ihm besetzten kleinasiatischen Küstenstreifen (dem Dodekanes gegenüber), so daß sich diese dem griechischen Zugriff entziehen und von ihren gesicherten Basen aus immer wieder Störaktionen gegen den griechischen Nachschub unternehmen konnten. Schließlich wetteiferten Franzosen und Italiener in geheimen Waffenlieferungen an die Türken.

Kaum weniger fatal war die englische Rolle für Griechenland. Auch das müde Großbritannien war nicht mehr gewillt, selber Hand an die kleinasiatische Frage zu legen. Zwar unterstützte es nicht die Türken, es ließ nur den Dingen ihren Lauf. Gewiß hatte es die Griechen mit dem kleinasiatischen Versprechen in den Weltkrieg gelockt – nun war es eben force majeure, man der Wechsel der Umstände seine Einlösung verhinderte. Hätte England in diesem Augenblick wenigstens Farbe bekannt, so wäre Griechenland die größte Katastrophe seiner jüngsten Geschichte – die größte neben der des Zweiten Weltkrieges – erspart geblieben. Statt dessen aber balancierte Lloyd George kunstvoll zwischen Ja und Nein, ließ durchblicken, seine Zurückhaltung sei nur diplomatische Taktik, geboten durch die Opposition im Unterhaus und durch die Rücksicht auf den französischen Alliierten – man solle nur weiterhandeln, im Notfall sei er zur Stelle.

Venizelos wurde die Geister, die er gerufen, nicht mehr los. Seine Kriegspolitik bedurfte der kleinasiatischen Bestätigung: mit ihr stand und fiel er. Sklave seines Ehrgeizes, versagte er sich der klaren Einsicht in die veränderte Situation, die sein Vorhaben der Grundlagen beraubt hatte. Vor der Wahl, zu kapitulieren oder seine Nation in ein ungewisses Abenteuer zu führen, faßte er den Entschluß eines Spielers. Und wie ein Spieler betäubte er sein Gewissen, indem er sich an den Strohhalm der unverbindlichen britischen Zusagen klammerte. Freilich ist ihm zugute zu halten, daß der Aufschwung der Türkei sich erst nach der Besetzung Smyrnas vollzog; sie hatte ihn ja erst ausgelöst. Aber selbst wenn die Türkei zu dieser Schicksalsstunde nicht in Mustafa Kemal den großen Mann gefunden hätte, sogar dann hätte das Unternehmen Venizelos' auf lange Sicht scheitern müssen.

Am 15. Mai 1919 hatte die britische Flotte des Admirals Calthorpe die griechischen Truppen nach Smyrna übergesetzt. Dann ging es Schlag auf Schlag. Am 23. Juli 1919 proklamierte Mustafa Kemal den »Nationalpakt«, am 28. Januar 1920 leistete die von ihm nach Erzerum einberufene Nationalversammlung den Eid auf die Rettung der Nation. Von diesem Augenblick an bezogen die übrigen Großmächte Stellung gegen die englisch-griechische Kombination, da sie das Gleichgewicht im Vorderen Orient zu stören drohte. Millerand, der französische Kabinettschef, riet den Griechen Mäßigung – zum Rückzug war es zu spät für Venizelos. Noch schien die Zeit für ihn zu arbeiten. Ja, mit dem Vertrag von Sèvres, den die Pforte am 10. August 1920 unterzeichnete, erstieg Venizelos gerade jetzt den Gipfel seiner Laufbahn. Denn er gab Griechenland Ostthrakien bis zur Tschatalja-Linie (d.h. bis zur Bannmeile von Konstantinopel), die den Dardanellen vorgelagerten Inseln Imbros und Tenedos sowie das Wilajet von Smyrna, begrenzt durch die Golfe von Edremid und Scala Nova – nach fünf Jahren sollte eine Volksabstimmung endgültig über die Einverleibung befinden. Auf dem Papier also war Venizelos am Ziel. Aber Mustafa Kemal unterschrieb das Papier nicht. So mußte er gezwungen werden – durch die Waffen. Am Ende zeigte sich der Vertrag nicht haltbarer als das Porzellan von Sèvres.

Der König kommt zurück

Mit Genehmigung des Pariser Obersten Rates überschreiten die Griechen die Wilajetgrenze. Sie nehmen Brussa, nehmen Uschak, das über Afium-Karahissar den Weg nach dem sechshundert Kilometer von der Küste entfernten Ankara öffnet. Was wiegt gegen die schnellen und leichten Erfolge die Warnung des Marschalls Foch! Doch dann rennt sich die Offensive fest, der Nachschub muß gesichert werden – Athen fiebert vor Nervosität. Zwei royalistische Offiziere unternehmen in Paris ein Attentat auf Venizelos. Es mißlingt. In Athen aber stirbt der junge, schwache König Alexander, der dem Kreter keinen Willen entgegenzusetzen vermocht hatte. Venizelos will die einmalige Gunst dieser Stunde nutzen: der Wahlgang vom November 1920 soll der monarchistischen Opposition den vernichtenden Schlag versetzen. Doch wider alles Erwarten entscheiden die Urnen gegen ihn und für Konstantin. Noch am selben Abend flieht Venizelos aus dem Land – und entgeht dadurch dem Schicksal, sich für seine kleinasiatische Politik verantworten zu müssen. Am 6. Dezember 1920 bereitet das Volk dem heimkehrenden König Konstantin in Athen einen triumphalen Empfang.

Seine Rückkehr gab den Westmächten die erwünschte Gelegenheit, sich unter Wahrung des Gesichtes nun auch offen von der griechischen Sache loszusagen. Strengen Tones distanzierten sich Paris, London, Rom in einer gemeinsamen Note: »Die Wiedereinsetzung eines Herrschers, dessen illoyale Haltung gegenüber den Alliierten im Laufe des Krieges für diese eine Quelle ernster Schwierigkeiten und schwerer Verluste gewesen ist, kann von ihnen nur als eine Rechtfertigung der feindseligen Handlungen des Königs Konstantin durch Griechenland betrachtet werden.« Unter diesem Vorwand strichen die Alliierten die Anleihen, die sie der Regierung Venizelos bereits zugesagt hatten. Und 150 000 Mann, die an der kleinasiatischen Front dringend benötigt wurden, warteten in den griechischen Häfen vergebens auf die versprochenen britischen Schiffe, die sie nach Smyrna übersetzen sollten. Von einem Tag zum andern sah sich Griechenland völlig isoliert. Die Smyrnaexpedition, gestern noch als letzter Ausläufer des Weltkrieges eine Aktion der Alliierten, war nun plötzlich vor der Weltöffentlichkeit mit dem Odium eines Eroberungsunternehmens des »griechischen Imperialismus« belastet.

Die Royalisten hatten den Wahlkampf mit der Friedensparole geführt. Sie hatten nicht ihretwegen, sondern ihr zum Trotz gesiegt; denn bei aller Erschöpfung wiegte sich das Volk noch immer im großgriechischen Traum. Die Rückberufung des Königs galt nicht zuletzt dem siegreichen Feldherrn der Balkankriege. Was also blieb Konstantin zu tun? Er hatte zu keiner Zeit an das kleinasiatische Unternehmen geglaubt. Aus dem dreieinhalbjährigen Exil war er als kranker und müder Mann heimgekehrt, gealtert und wohl auch unsicher – sollte er die Offensive abbrechen? Da die Nation noch immer an den Sieg glaubte, fühlte er sich – nach den Erfahrungen des Weltkrieges – gehalten, ihrer Stimme zu folgen. Hätte sie ihm doch jede andere Entscheidung als Schwäche, als Verrat ausgelegt, der ihn abermals die Krone gekostet haben würde. So entschloß sich Konstantin, wider Wissen und Willen, alles auf eine Karte zu setzen und den Kampf fortzuführen. Auf den König fiel daher die Verantwortung für das Abenteuer von Venizelos, dem er vergeblich entgegengetreten war. Indessen wusch Venizelos in Paris seine Hände in Unschuld: nicht durch die Tat war widerlegt, daß er das große Unternehmen zum guten Ende gebracht hätte, hätten ihm nicht die Königlichen im entscheidenden Augenblick ins Handwerk gepfuscht.

Die Katastrophe

Den Griechen erging es in Kleinasien gleich dem napoleonischen Heere in Rußland: die Türken wichen der Schlacht aus und lockten sie tief ins Innere des Landes. 250 000 griechische Soldaten hielten in dem fremden, unwirtlichen, verkehrsfeindlichen Lande, durch ein Meer von der Heimat getrennt, eine Front, deren Länge der deutsch-französischen im Weltkrieg nicht nachstand. Endlich beziehen die Türken – Ende Juli 1921 – feste Stellungen am Sakhariafluß, 50 km vor Ankara. Dort warten sie. Ende August stößt die griechische Offensive nach: je 50 000 Mann stehen sich gegenüber. Tagelang tobt die Schlacht. Inzwischen glückt es der türkischen Kavallerie, den griechischen Nachschub für mehrere Tage zu unterbrechen – und das gibt den Ausschlag. Zwar gelingt es den Griechen noch einmal, in die türkischen Stellungen einzubrechen, 20 km dringen sie vor, dann sind Munition und Proviant verbraucht. In voller Ordnung zieht sich das griechische Heer auf seine Ausgangsstellung an der Anatolischen Bahn zurück.

Das ist die Entscheidung, auch wenn sich der Krieg noch ein Jahr weiterschleppt. Den Türken strömt nun von außen reiche Hilfe zu, während die Griechen auf sich allein verwiesen sind. Sie haben keine Reserven mehr. Am 26. August 1922 setzen die Türken zum letzten Stoß an: in der fünftägigen Schlacht bei Afium–Karahissar–Tumlu–Pinar geht die griechische Expedition unter. Haltlos, in voller Auflösung flüchtet das Heer, mit ihm die Masse der griechischen Bevölkerung Kleinasiens. Erbarmungslos wüten die türkischen Reiter – sie machen keine Gefangenen: was ihnen an Griechen unter den Säbel kommt, Soldat oder Zivilist, Frau oder Kind, fällt ihnen zum Opfer. Und was dem mitleidlosen Ansturm entgeht, rettet in ungezügelter Panik gerade noch das nackte Leben auf die wenigen griechischen Schiffe, die bei weitem nicht die haltlose Menschenflut zu fassen vermögen – die in den Häfen ankernden französischen und englischen Kriegsschiffe halten sich an den Buchstaben der Neutralität und lassen die Flüchtenden nicht an Bord, unzählige ertrinken. Tausende werden von den Türken ins Meer gejagt. Meist geht es um das Leben der Kinder, Frauen, Greise, denn von den Männern bleibt ein großer Teil tot zurück in dem Lande, das ihnen Heimat gewesen und Traum ihrer nationalen Sehnsucht geworden war, dem sie Hab und Gut und Leben geopfert hatten: etwa 600000 Griechen kommen ums Leben, und anderthalb Millionen müssen die Erde verlassen, auf der ihre Geschlechter drei Jahrtausende hindurch als Herren und Sklaven gelebt hatten. Nicht nur die Griechen strömen hinüber, in das ferne und fremde Land, das sich »Mutterland« nennt – selbst in dieser Stunde der tiefsten Verzweiflung verschließt sich nicht die griechische Gastfreundschaft: 50000 Armenier und Zirkassier, Christen auch sie, über die der gleiche Sturm gefahren war, finden Aufnahme und erste Hilfe. Alle diese Massen retten gerade das nackte Leben. So unvorhergesehen schlägt das Schicksal zu, daß sie alles zurücklassen. Sie haben nicht Zeit, und auf den zum Bersten überlasteten Schiffen und Barken ist nicht Raum, die bewegliche Habe mitzuführen. Zurück bleibt, was eine wohlhabende Minderheit in Jahrhunderten und Jahrtausenden an Werten geschaffen, an Besitz und Schätzen aufgespeichert hatte; zurück bleiben die Väter – 50000 Waisen befinden sich unter den Flüchtenden. Bis aufs letzte ausgepumpt, von Hunger, Krankheiten, Seuchen heimgesucht, bar aller Mittel, innerlich zerbrochen vom ungemessenen Leid des Verlustes an Heimat, an Besitz, an Menschen, die Familie zerrissen in ihrem Verband, der doch für den Griechen der Urgrund seines Daseins ist, auch nicht aufrecht gehalten durch den Schein einer Hoffnung, so treibt dieses Heer an Leib und Seele Geschlagener über das Meer nach Westen, wo die Sonne wahrhaft auf ewig für sie unterzugehen scheint, als flüchtende Bettler »heim« in das Land, das drei Jahrtausende vor ihnen ihre glücklicheren Ahnen als Sieger der Sonne entgegengeschickt hatte. In drei Tagen waren dreitausend Jahre verspielt und vertan.

Gleich einer Sturmflut ergoß sich der Flüchtlingsstrom über Griechenland. Mit einem Schlag ließ er die Bevölkerung von fünf auf sechseinhalb Millionen Menschen anschwellen: der Vertriebenenanteil stellte sich also auf 30 von Hundert – etwa 17 betrug er in Westdeutschland! Und wie Deutschland 1945, so befand sich Griechenland im Jahre 1922 am Ende seiner moralischen und physischen Kraft. Aber das griechische Los war noch härter. Zwar lagen in Griechenland damals die Häuser und Fabriken nicht in Trümmern, noch lastete auf ihm eine fremde Besatzungsmacht (also auch keine, die dem Schlimmsten vorbeugte). Das erleichterte jedoch nicht die Antwort auf die Frage: wohin mit den Menschen? Dieser Felsbrocken Griechenland nimmt ja nur auf 20 % seines Bodens den Pflug an; seine Ernten hatten der Heimatbevölkerung gerade zur Existenz an der Hungergrenze genügt. So bot die Landwirtschaft zunächst keinen Spielraum für die Unterbringung der Flüchtlinge. Auch die Industrie vermochte anfangs keine nennenswerten Menschenmengen aufzufangen, steckte sie doch noch in den Kinderschuhen; zu ihrem schnellen Aufbau aber fehlte es an Kapital, an Rohstoffen, an Betriebsstoffen, an geschulten Arbeitern und Ingenieuren. Dazu war das Land durch den zehnjährigen Krieg finanziell ausgeblutet; nur eine atemraubende Schuldenlast hatte er zurückgelassen. Fast aller natürlichen Hilfsmittel entblößt, weit zurück in der technischen Entwicklung, empfing das Land die Zufluchtsuchenden mit leeren Händen. Ein Zehntel etwa der Geflüchteten starb im ersten Jahr an Hunger und Seuchen.

Die Katastrophe traf das Volk um so tiefer, als ihr ein Jahrhundert des steten Aufstiegs vorangegangen war: seit der Staatsgründung im Jahre 1830 hatte das Land seine Ausdehnung fast verdreifacht (von 48 000 auf 130 000 qkm), seine Bevölkerung verachtfacht (von 660 000 auf 5 000 000). Eine Geschichtssekunde lang schien nun das letzte Ziel, den griechisch besiedelten Kreis um die Ägäis zu schließen, in Griffnähe – der Sturz in den Abgrund erfolgte vom höchsten Gipfel herab. Aber auch auf seiten der Flüchtlinge gab es psychologische und physische Belastungen, zusätzlich zur Mittellosigkeit, zum Überwiegen des arbeitsunfähigen Anteils, zu der körperlichen und seelischen Zerrüttung und der Auflösung der Familienbande: die Vertriebenen stammten in ihrer Mehrheit aus Städten, während die Agrarbestimmtheit Griechenlands Lösungsmöglichkeiten nur in der Landsiedlung erkennen ließ. Auch vergruben sich die Flüchtlinge um so hartnäckiger in ihre Verbitterung, als sie die Ursache ihrer Katastrophe in Fehlern, in vermeidbaren Fehlern der politischen und militärischen Führung Griechenlands erkennen zu können glaubten. Zudem ermangelten sie – Folge ihres jahrhundertelangen Minderheitenschicksals – jeglichen Staatsbewußtseins: hatte sie doch der Generationenkampf gegen die türkische Obrigkeit dem Staate schlechthin entfremdet und in ihnen das Opponieren um seiner selbst willen herangezüchtet, das »den« Staat der Fremdherrschaft gleichsetzte – eine Reaktionsweise, die ihre neue Umgebung (sie dünkten sich ihr, nicht ganz zu Unrecht, an intellektueller und zivilisatorischer Reife überlegen) keineswegs milderte. So ist es kein Zufall, daß die Flüchtlingsgriechen dem Lande keinen führenden Politiker gestellt haben; außer auf der Linken, wie den Pontier Nikolaos Zachariadis, den langjährigen Führer der Kommunisten. Wie denn die griechischen Flüchtlingswähler sich fortan meist nach links orientierten (anders als die deutschen und französischen Vertriebenen, welche in der Regel für die politischen Rechte optierten). – Trotz dieser maßlosen Häufung von Schwierigkeiten hat das griechische Volk sein Vertriebenenproblem im großen und ganzen gelöst.

Im Chaos des Zusammenbruchs lud die öffentliche Meinung alle Schuld auf Konstantin. Die Herrschaft entglitt ihm. Die von der kleinasiatischen Front zurückgekehrten Obersten Plastiras und Gonatas bildeten eine provisorische Regierung, welche die Abdankung Konstantins zugunsten des Thronfolgers Georg am 27. September 1922 erzwang. Drei Monate später verschied der Monarch im italienischen Exil. Sechs seiner Minister und Generale waren ihm in den Tod vorausgegangen. Mangels geeigneterer Sündenböcke erschoß man sie, da sie sich schuldig gemacht hatten, im Augenblick der Katastrophe die amtliche Verantwortung zu tragen. Zu allem Unglück unternahm nun auch noch General Metaxas einen Staatsstreich, dessen Mißlingen die Royalisten um ihren letzten Kredit brachte. Bei den Wahlen vom 16. Dezember 1923 errangen die Venizelisten zweihundert, die neuen republikanischen Parteien einhundertzwanzig Sitze in der Nationalversammlung, während die Monarchisten leer ausgingen. König Georg II. blieb nichts anderes übrig, als sich »ins Ausland beurlaubt« zu betrachten und am 18. Dezember nach England zu gehen. Vergebens hatte sich Venizelos, keineswegs ein grundsätzlicher Gegner der Monarchie, noch gemüht, die Frage der Staatsform zu vertagen – die von Alexander Papanastasiou angeführten Republikaner, die heer und Marine hinter sich wußten, setzten sich gegen ihn durch: am 25. März 1924 prokalmierte die Kammer die Republik und ernannte Admiral Koundouriotis, der nach dem Weggang Georgs die Regentschaft übernommen hatte, zu ihrem Präsidenten (1929 folgte ihm in diesem Amte Alexander Zaimis). Im April legalisierte eine Volksabstimmung mit Zweidrittelmehrheit die neue Staatsform.

Venizelos zeigte keine Eile, die Herrschaft über das fiebernde, aufgewühlte Land in seine Hand zu nehmen. Doch fiel ihm eine andere, keineswegs leichtere Aufgabe zu: die politische Liquidation der kleinasiatischen Katastrophe. Und er löste sie auf eine meisterhafte Weise, die nicht nur der Not der Stunde im optimalen Grade gerecht wurde, sondern auch in weiser Voraussicht den Weg ebnete zu einer künftigen Versöhnung der beiden Völker, die sich die Jahrhunderte hindurch als Todfeinde gegenübergestanden hatten. Dies ist das bleibende, in seiner Bedeutung nicht zu überschätzende Verdienst, das er sich in seiner wechselvollen Laufbahn für sein Land erwarb.

Am 11. Oktober 1922 war der kleinasiatische Krieg durch den Waffenstillstand von Mudania beendet worden, der Griechenland auch die Räumung Ostthrakiens abnötigte. Schon am 21. November begannen in Lausanne die Friedensverhandlungen. Die Konferenz versteifte sich zu einem überaus zähen Duell zwischen Izmet Pascha (später Nachfolger Atatürks) und Venizelos, der in Lord Curzon – dem personifizierten schlechten Gewissen Englands – einen wertvollen Sekundanten fand.

Nach acht Monaten harter Arbeit konnte endlich der Friedensvertrag von Lausanne am 24. Juli 1923 unter Dach gebracht werden: unter Aufhebung des Vertrages von Sèvres verzichtete Griechenland endgültig auf seine kleinasiatischen Ansprüche, auf die Inseln Imbros und Tenedos sowie auf Ostthrakien. Hingegen konnte es Westthrakien bis zum Evros (Maritza) retten. Die Meerengen schließlich wurden neutralisiert – diesen Dorn ließ sich die Türkei später in Montreux aus dem Leibe ziehen.

Die innere Operation aber, welche die Lausanner Chirurgen vornahmen, bereinigte die ethnischen Grenzen durch den in seiner Radikalität erstmaligen Bevölkerungsaustausch: wer noch in Anatolien seine griechische Haut gerettet hatte, mußte es verlassen. Mit insgesamt 1,4 Millionen »türkischen Staatsangehörigen griechisch-orthodoxer Religion« rechnete das Abkommen. (Wie hier so auch im folgenden orientieren sich die griechischen Statistiken nicht an der Volks-, sondern an der Religionszugehörigkeit – faute de mieux, denn nur diese und nicht jene ist einigermaßen exakt zu erfassen.) Andererseits ordnete es die Umsiedlung von 380 000 »griechischen Staatsangehörigen mohammedanischer Religion« von Griechenland nach der Türkei an; auch 50 000 Bulgaren wurden aus Griechenland abgeschoben (etwa 150 000 waren schon nach 1913 und 1919 aus den griechischen Nordprovinzen nach Bulgarien remigriert). Vom Bevölkerungsaustausch ausgenommen blieben die Griechen Konstantinopels und die Türken in Westthrakien. So überaus schmerzhaft der Lausanner Eingriff war, er schuf reinen Tisch und ebnete der Gesundung Griechenlands den Weg.

Noch einen zweiten Schlag mußte das Land zu dieser Zeit hinnehmen. Im »Akkord Tittoni-Venizelos« vom 29. Juli 1919 war es dem Kreter geglückt, sich der italienischen Unterstützung für die griechischen Ansprüche auf Südalbanien – für die Griechen ist es »Nordepirus« – zu versichern. Doch schon ein Jahr später sagte sich das Kabinett Giolitti von diesem Abkommen los und bekannte sich am 2. August 1920 zur »Unabhängigkeit« Albaniens in den Grenzen von 1913. Den Anstoß zu diesem Kurswechsel hatten die Albaner selber gegeben, die etwa gleichzeitig die im Süden ihres Landes stehenden Griechen zurückdrängten – das Gros des griechischen Heeres war damals in Kleinasien gebunden. Daraufhin bestätigte auch die Pariser Botschafterkonferenz am 18. Januar 1922 die alte Grenze. Bei ihrer Markierung im Gelände verübten Freischärler ein Attentat auf die Grenzziehungskommission, dem ihre fünf Mitglieder zum Opfer fielen. Mussolini nutzte diesen Vorfall, um erstmals faschistische Außenpolitik zu demonstrieren: am 13. September 1923 ließ er Truppen für vierzehn Tage auf Korfu landen, bis Athen seine harte Genugtuungsforderung erfüllte. Im Herbst 1926 legte er dann seine Hand auf Albanien. Venizelos suchte diese Gefährdung Griechenlands durch einen Freundschaftspakt mit Italien (vom 24. September 1928) zu neutralisieren; doch dieses Abkommen blieb leere Rhetorik. Am 28. Oktober 1940 fiel die faschistische Invasionsarmee von Albanien aus in Nordgriechenland ein.

Die kleinasiatische Katastrophe samt ihrer Flüchtlingsflut, die Niederlage in Albanien, die enttäuschten Hoffnungen auf den Dodekanes und auf Zypern, die weiterhin im italienischen bzw. britischen Besitz blieben, dazu die physische und moralische Zerrüttung – kein Wunder, wenn diese Schläge das Land in das Chaos trieben. Im asthmatischen Kommen und Gehen jagten sich die kurzlebigen und kraftlosen Regierungen; nicht weniger als fünfmal wechselte die Nation in der Zeit zwischen den Weltkriegen das Staatssystem (März 1924 demokratische Republik, 1925 Diktatur Pangalos, 1926 demokratische Republik, 1935 konstitutionelle Monarchie, 1936 Diktatur Metaxas unter der Monarchie), während sie sieben Militärrebellionen und Staatsstreiche, von den kleineren Putschen ganz zu schweigen, über sich ergehen lassen mußte. Im fruchtlosen Kampf um die Regierungsgewalt verzehrten sich die politischen Energien, kommunistische Einflüsse griffen unter den Arbeitern und Vertriebenen um sich, das Land schien der inneren Auflösung entgegenzusteuern. Es zeugt von der zähen Lebenskraft des griechischen Volkes, daß es seinem Staate zum Trotz dieses anarchistische Tief heil durchquerte und sogar noch die Einschmelzung der kleinasiatischen Flüchtlinge leidlich voranbrachte.

Die Hypothek des zehnjährigen Krieges wog freilich allzu schwer für die jungen Schultern der griechischen Republik. In ihrer Schwäche und Labilität erlag sie schon im Juni 1925 dem ersten Angriff, mit dem General Pangalos seine Diktatur installierte. Doch auch sein Regime hatte keinen langen Atem – im August 1926 fegte ihn der Staatsstreich eines Kollegen, des Generals Kondylis, für immer von der politischen Bühne hinweg. Es war wenig damit gewonnen: wieder zersplitterten sich die Kräfte im sterilen Ringen um die Macht, bis schließlich das Volk, des Leerlaufs müde, in den Wahlen von 1928 den alten Fuchs Venizelos noch einmal in den Regierungssattel setzte; dank der absoluten Mehrheit in der Kammer verhalf er auch dem Lande zu einer gewissen politischen Stabilität, die immerhin – ohne Regierungswechsel – vier Jahre andauerte. Aber auch ihm mißlang die wirtschaftliche und soziale Stabilisierung. Er wußte weder das Sinken des Realeinkommens und das Steigen der Steuern noch die schleichende Inflation und das steile Emporschnellen der Staatsschuld zu verhindern; dazu fiel zu dieser Zeit die Weltwirtschaftskrise über das Land, das als Exporteur konjunkturempfindlicher Luxusgüter (Tabak, Wein, Korinthen) von ihr besonders hart getroffen wurde. So mußte denn der griechische Staat im Jahre 1932 einmal mehr seinen Bankrott erklären. Doch hätte ihm die öffentliche Meinung vielleicht dieses Versagen vergeben, wenn er sich nicht auch noch eines nationalen Vergehens schuldig gemacht hätte: durch seine Distanzierung von der zypriotischen Unionsbewegung, die sich 1931 in schweren Unruhen Luft gemacht hatte. Venizelos hatte dazu erklärt, die Zypernfrage stünde nur zwischen den Zyprioten und Großbritannien, nicht zwischen diesem und Griechenland. Das war unverzeihlich. Um so mehr, als man ihn ohnehin schon der Weichheit in der Frage des Dodekanes zieh. Der sichtliche Vertrauensschwund bewog Venizelos im Mai 1932 zum Rücktritt.

Der neue Wind füllte die Segel der Royalisten, deren »Volkspartei« unter der geschickten Führung von Panagiotis Tsaldaris nun schnell in ihren Namen hineinwuchs. Denn das Volk, überdrüssig der Zerrissenheit und des Parteienhaders, der Zerfahrenheit und Haltlosigkeit seines Staates, neigte nun wieder der Monarchie zu, von deren Überparteilichkeit es sich die Stabilisierung und Ordnung der chaotischen Verhältnisse versprach. Verzweifelt stemmten sich die Republikaner dieser Entwicklung entgegen. Mit einer »Militärliga zur Verteidigung der Republik« zettelte General Plastiras vor den Märzwahlen 1933 einen Putsch an, der ebenso scheiterte wie sein von Venizelos assistierter Aufstand im März 1935, den General Kondylis blutig niederwarf. Nun gab es kein Halten mehr: in Widerspruch zu Ministerpräsident Tsaldaris, der die Verfassungsfrage einer Volksabstimmung überantworten wollte, proklamierte Kondylis am 10. Oktober 1935 die Monarchie. Schon am 3. November hieß ein ungewöhnlich manipuliertes Plebiszit seine Entscheidung gut. Am 25. November stellte sich König Georg II. – nach zwölfjähriger Verbannung – wieder an die Spitze des Staates.

Nun war die Reihe an Elevtherios Venizelos, außer Landes zu gehen. Er ging für immer, denn am 18. März 1936 starb er, zweiundsiebzigjährig, in Paris; betrauert nicht nur von seinen Anhängern, sondern auch vom König, der durch die Versöhnung mit dem Kreter den Riß hatte schließen wollen, der quer durch das Volk ging. Venizelos' Tod verschärfte den Gegensatz der beiden Lager von neuem.

Venizelos war nicht eigentlich der Urheber dieser Spaltung; sie ist ja angelegt in der Natur des Landes selber, in seiner maritimkontinentalen Doppelbestimmtheit. Als magnetischer Exponent »des« Seegriechen hatte aber Venizelos die wohltätige Mischung dieser Eigenschaften auf deren ursprüngliche Polarisierung zurückgespannt. In der Tat verkörperte er die odysseische Komponente des Griechentums in extremer Reinheit und mit radikaler Intensität, die nun auch den festländischen Gegenpol, im Zwang der Selbsterhaltung, zu schärfster Profilierung heraustrieb.

Die reiche Palette von Venizelos' Persönlichkeit entbehrt keine der Tugenden, keines der Laster, die den Seegriechen ausmachen. In den Mitteln ein kalter, umsichtiger Rechner, lief seine ausschweifende Phantasie in ihren Zielen der Wirklichkeit davon und verführte ihn immer wieder zum Abenteuer, wo ihm Verantwortung und Sinn für das reale Maß hätten Halt gebieten müssen. So verlief denn seine Lebenskurve – und die des Landes unter seiner Führung – in einem sprunghaften Auf und Ab, das ihn nach steilen Anläufen immer wieder straucheln und stürzen ließ. Vielleicht aber war sein Maß zu groß für dies kleine Land: dann fehlte ihm die Größe, kleiner zu sein. Vielleicht hatte er auch nur das Unglück, daß ihm die Gegenseite keine ebenso gewichtige Gestalt entgegenzusetzen vermochte, die seine Schwächen hätte ausbalancieren und neutralisieren können; so geriet er auf die Bahn eines Odysseus, der sein Ithaka verfehlte.

Die außenpolitische Liquidation der kleinasiatischen Katastrophe war des Kreters letzte große Leistung: die Aussöhnung mit der Türkei durch den vollen und endgültigen Verzicht auf die großgriechische Idee und die Befriedigung des Balkans durch ein Schutzbündnis seiner Staaten. Venizelos hat nach Lausanne die Grundlinien dieser Außenpolitik abgesteckt, und seine Nachfolger haben sie – der hektisch labilen Innenpolitik und dem Zweiten Weltkrieg zum Trotz – mit gerader Stetigkeit weiterverfolgt. Er teilt sich freilich in das Verdienst des neuen Anfangs mit dem mehrmaligen Ministerpräsidenten Papanastasiou, der von 1930 ab auf vier halboffiziellen Balkankonferenzen die Gründung des Balkanbundes systematisch vorbereitete.

Der Balkan auf dem Weg zu sich selber

Nicht nur Griechenland, der gesamte europäische Südosten hungerte nach dem Frieden. Seine Völker waren aus den jahrhundertelangen Freiheitskämpfen und aus dem Weltkrieg mit tiefen Wunden hervorgegangen, die Heilung verlangten. Da nun die Außenmauern standen, war es endlich an der Zeit, für die Inneneinrichtung des Hauses zu sorgen. Und da jetzt auch die nationalen mit den ethnischen Grenzen ungefähr zur Deckung gebracht waren, wich ihr streitlustiger Chauvinismus einem konzilianten Verständigungswillen. Schließlich und vor allem begehrten diese Völker, im frischen Selbstbewußtsein ihre Mündigkeit, die Distanzierung von den Großmächten, die sie immer wieder in verhängnisvolle Abenteuer verstrickt und als Austragungsort ihrer Kabalen mißbraucht hatten. Nicht aber einzeln, nur zusammen hatten sie genügend Gewicht, um einer Monroedoktrin für den Balkan Gehör zu verschaffen. Allein Bulgarien, das sich um seinen Teil aus der osmanischen Erbmasse geprellt fühlte, stand grollend abseits. Und natürlich auch Albanien, auf dem Mussolinis Hand lastete.

Der Balkanbund hatte wenig gemein mit den anderen Kollektivsystemen der Zwischenkriegszeit: er war nicht das Produkt eines überregionalen, multilateralen Zusammenschlusses, sondern ging folgerichtig aus dem Zusammenwachsen zweiseitiger Regionalabkommen hervor, durch das sich diese vier Partner gleicher Raumbezogenheit und verwandten Schicksals von der Umwelt zu distanzieren versuchten. Den Reigen der bilateralen Verträge eröffneten Jugoslawien und Rumänien am 7. Juni 1921. Dann folgten die Pakte zwischen Jugoslawien und der Türkei am 28. Oktober 1925, zwischen Griechenland und Rumänien am 22. März 1928, zwischen Griechenland und Jugoslawien am 27. März 1929 (der Belgrad eine Freihafenzone in Saloniki eintrug), zwischen Griechenland und der Türkei am 30. Oktoer 1930 und am 14. September 1933, zwischen Rumänien und der Türkei am 18. Oktober 1933 sowie am 27. November 1933 zwischen der Türkei und Jugoslawien. Damit war der

Ring geschlossen, so daß die zweiseitigen Abkommen am 10. Februar 1934 in Athen endlich zum umfassenden Balkanbund verknüpft werden konnten.

Hatten die Einzelverträge die Konflikte zwischen den jeweiligen Partnern bereinigt, so diente ihre Verflechtung der Abschirmung des gemeinsamen Raumes gegen Störungen von dritter Seite. Ihr Zusammenschluß war also mehr als eine bloße Addition. Er summierte nicht allein die wechselseitigen Nichtangriffsvereinbarungen, sondern verflocht die vier Partner in ein Schutznetz, das »die Sicherheit aller ihrer Balkangrenzen gegen jeden Angriff von seiten eines Balkanstaates« verbürgte: die Sicherheit *nur* gegen den Angriff eines Balkanstaates! Allerdings auch, wenn dieser in Verbindung mit einer außerbalkanischen Macht erfolgen sollte. Das war eindeutig auf den Störenfried Bulgarien gemünzt, das allein der Beitrittsaufforderung nicht nachgekommen war (um von Albanien zu schweigen, das ja de facto nicht mehr souverän war). Aber auch Sofia – der Türkei durch die Verträge vom 25. Oktober 1929 und vom 22. September 1933 verbunden – hatte vom Balkanpakt einen unmittelbaren Nutzen, da er ausdrücklich jede einseitige Aktion eines Signatars gegen den balkanischen Nichtsignatar ausschloß. Offenbar genügte Bulgarien diese Sicherung nicht, denn es sprengte die selbstgewählte Isolation durch ein Freundschaftsabkommen mit Belgrad (am 24. Januar 1937), durch das es faktisch seine Ansprüche auf das jugoslawische Makedonien preisgab. Somit verblieb als einzige innerbalkanische Reibungsfläche Bulgariens Verlangen nach Griechisch-Makedonien. Wahrscheinlich hätte es auch in diesem Revisionsbegehren resigniert, hätte ihm nicht die nationalsozialistische Außenpolitik neue Nahrung zugeführt.

Mit diesem Bund gab der so häufig als politische Unterwelt verlästerte Balkan der »großen Welt« das Beispiel einer friedlichen Liquidierung des großen Krieges. Sein Aktionsbereich umfaßte auf 1 529 000 qkm 60,5 Millionen Menschen, denen die Geschichte – ohne ihre rassischen, religiösen und kulturellen Eigenarten zu verwischen – gemeinsame Züge der Lebensauffassung und Lebensform aufgeprägt hatte und die auf eine gewisse Einheitlichkeit in der gesellschaftlichen, wirtschaftlichen und politischen Struktur ihrer Länder abgestimmt waren. Sie hatten erfahren, daß sie als einzelne im Spiel der Großen nichts waren als Opfer und Objekt. Konnten sie mit ihnen auch nicht mithalten, so hofften sie doch durch ihren Zusammenschluß die fatale Abhängigkeit von den Großmächten verringern und endlich das gewünschte Eigengewicht erlangen zu können.

Der Pakt erschöpfte sich daher nicht im innerbalkanischen Antirevisionismus. Er legte sein Gewicht in die Waagschale auch der außerbalkanischen Interessen seiner Mitglieder und steuerte auf die Koordinierung ihrer Außenpolitik zu. So unterstützte er die Türken bei den Revisionsverhandlungen in Montreux, die ihnen die militärischen Rechte über die im Lausanner Vertrag neutralisierten Meerengen zurückgaben (erst diese Revision ermöglichte der Türkei die Aufrechterhaltung der Neutralität während des Zweiten Weltkrieges); auch sekundierte er Ankara beim Rückerwerb von Alexandrette. Ferner gehörten die Signatare zu den ersten Staaten, die – nach einer Bundeskonferenz in Ankara – die diplomatischen Beziehungen zum Regime General Francos aufnahmen.

Doch das Ziel des Balkanpaktes war noch weiter gesteckt. Bei seiner Gründung hatte Frankreich recht energisch Pate gestanden in der offenbaren Absicht, ihn der Kleinen Entente zur Verstärkung seines kollektiven Sicherheitssystems anzuhängen; zweifellos förderte auch Hitlers Machtantritt den Abschluß (Februar 1934!) der überaus zähflüssigen Verhandlungen. Sehr bald aber entzog sich der Balkanbund dem Pariser Protektor, um rechtwinklig von der Kleinen Entente auf den neutralen Kurs abzufallen: weil die Südostvölker dem östlichen Beelzebub noch weniger trauten als dem deutschen Teufel, weil sie außerhalb der unmittelbaren Konfliktfelder der Großmächte lagen und Wert darauf legten, sich nicht noch einmal an deren Rivalitäten die Finger zu verbrennen. Hitler hat diese Politik widerlegt – konnten sie seinen Wahnsinn ahnen? Mit seiner Verkennung befanden sie sich in guter Gesellschaft. Die Gemeingefährlichkeit eines Irren pflegt man ja immer erst nachher zu erkennen, wenn es schon zu spät ist.

So setzte sich denn die Balkanallianz behutsam von den Westmächten ab. Mit ihrer Hilfe lockerten Jugoslawien und Rumänien die Ketten, die sie an die Kleine Entente banden; sie auch gab Rumänien den Rückhalt, der Forderung auf den Beitritt zum französisch-tschechisch-sowjetischen Sicherheitsabkommen zu widerstehen. Erwies sich die Neutralitätspolitik der Balkanstaaten auch als Illusion, so hätten sie doch auch durch eine andere Politik – das läßt sich mit der gleichen Gewißheit aussagen – den Lauf der Dinge nicht verändert.

Der außenpolitische Irrtum des Balkanbundes tat seiner innerbalkanischen Leistung keinen Abbruch. Während vordem die einzelnen Südoststaaten ihre »nationalen Belange« jeweils unter Anrufung der Großmächte verfochten, der Großmächte, die nur allzu bereitwillig den Balkan mißbrauchten zu einer Politik des Ventils, der Ablenkung, der künstlichen Nebenfront, durch die sie andere Fronten entlasteten oder die gegnerische Stärke abtasteten, des mittelbaren Schlachtfeldes von Machtkämpfen, auf dem sie Dritte für sich kämpfen ließen; während es früher die Großmächte waren, die den Balkan nicht zur Ruhe kommen ließen, und es daher auf ihr Schuldkonto zu setzen war, wenn der Balkan als »europäisches Pulverfaß« fungierte, war der Südosten in der Zwischenkriegszeit eine Insel des Friedens in dem von Waffengeklirr und Giftnebeln erfüllten Europa.

▶ *Nichts entgeht einem in Diaphani auf Ost-Karpathos, betrachtet man das Leben von seinem Strand-Cafenion am Strand.*

▶ ▶ *Karpathos bestätigt die Regel, daß Kolonien die alten Sitten höher halten als die Ursprungsheimat. Von Kretern besiedelt, scheint es noch dem Matriarchat zu huldigen; jedenfalls haben seine Frauen die Hosen an, auch wenn sie die überkommene weitröckige Tracht tragen.*

Mehr noch als die anderen Signatare bedurfte Griechenland der Neutralität. Und ihr Wortführer war derselbe Mann, der ihr schon als Anwalt im Ersten Weltkrieg gedient hatte: General Joannis Metaxas. Diesmal hatte er die gesamte Nation hinter sich – freilich erst im Augenblick des Kriegsausbruches, der den inneren Widerstand gegen sein autoritäres Regime zum Verstummen brache.

Metaxas war wohl kein »Diktator von Geburt«, eher ein anachronistischer Patriarch. »Halb zog es ihn, halb sank er hin«, nachdem die Wahlen vom Januar 1936 mit einem Remis geendet hatten, das keine regierungsfähige Mehrheit im Parlament zuließ: sie hatten der Volkspartei und den ihr nahestehenden royalistischen Splittergruppen (deren einer Metaxas vorstand) 143, den republikanischen Venizelisten aber 142 Sitze eingetragen, so daß die Kommunisten mit ihren 15 Mandaten als Zünglein an der Waage eine ihrer numerischen Schwäche nicht zukommende Entscheidungsmacht genossen, die sie denn auch zur Blockierung der parlamentarischen Arbeit weidlich ausschlachteten. Nur ein Bündnis der beiden großen Gruppen hätte das Land aus der verfahrenen Situation herauslotsen können; aber nach den Putschen der vergangenen Jahre standen sie sich unversöhnlicher gegenüber denn je, zumal nicht nur die Venizelisten, sondern auch die Royalisten durch den Tod von Tsaldaris und Kondylis ihrer alten Führer beraubt waren – auch in diesem Fall übertrafen die Erben die Gründer in der Neigung, das Trennende heftiger zu kultivieren als das Gemeinsame. Der König behalf sich zunächst mit einem Kabinett von Fachleuten unter dem neutralen Professor Demertzis, nach dessen Tod der gerade fünfundsechzigjährige Metaxas, bisher Kriegsminister, am 13. April 1936 die Ministerpräsidentschaft übernahm. Seine eindeutige Parteifixierung verschärfte naturgemäß die Gegensätze. Als schließlich die Kommunisten die verworrene Lage zu einem Generalstreik zu nutzen drohten, der mit der angeblichen Dul-

◄ ◄ *Kavalla, eingebettet in grüne Hügel, ist die schönste Hafenstadt Nordgriechenlands. An der Via Egnatia gelegen, der römischen und byzantinischen Verkehrsader vom adriatischen Dyrrachion über Saloniki nach Konstantinopel, hat ihm die große Geschichte kein Leid und keine Freude erspart; von den Römern blieb ihm der die Stadt überspannende Viadukt. Zu seinen Füßen der einzige Gebrauchtschiffsmarkt des Landes, von Kaikia, den Fischer- und Lastbooten, die auf der Ägäis heimisch sind.*

◄ *Viele Inseln haben ein Inselchen abgekalbt, das nach der Mutter getauft ist, entweder mit vorgesetztem »Anti-« (gleich »Gegen-«) wie Antimilos oder mit angehängtem »-opoula«. So auch Samiopoula vor der Südküste von Samos. Einer Bauernfamilie bietet sie Heim und Brot, und auch an ausländischen Besuchern fehlt es ihr nicht – eine hübschere Zwischenstation findet der Ägäisfahrer nicht, und keine glanzvolleren Sonnenuntergänge.*

dung der Venizelisten am 5. August 1936 ausgerufen werden sollte, errichtete Metaxas am Vortage, am 4. August, mit Zustimmung des Königs die Diktatur, die er bis zu seinem Tode im Januar 1941 nicht mehr aus der Hand gab. – Georg II. berief sich dabei auf die Konstitution von 1911. Das war nicht unproblematisch, da sie die republikanische Verfassung von 1927 abgelöst hatte, ohne daß diese ihrerseits durch die beabsichtigte Reaktivierung der älteren schon wieder außer Kraft gesetzt worden wäre – sofern man nicht die durch die dubiose Volksabstimmung von 1935 legitimierte Wiedererrichtung der Monarchie ihrer Suspendierung gleichsetzte. Jedenfalls erlangte diese juristische Dubiosität erhebliche Bedeutung bei der Nachkriegsdiskussion um die Rückkehr des Königs.

Metaxas' Regime war eine klassische Militärdiktatur – sie war also autoritär, nicht aber totalitär, wenn sie auch einige Attribute der modernen Spielart entlieh: die Einparteienformation, den Arbeitsdienst und die politische Mobilisierung der Jugend; dies alles übrigens sehr dilettantisch. Allerdings wurden auch Parlament und Parteien aufgelöst, ein Streikverbot erlassen, die Presse gleichgeschaltet und die öffentliche Meinungsäußerung unter Zensur gestellt. Hingegen trieb sein System keinen intellektuellen Aufwand, wie es denn auch keine Ideologie entfaltete (als solche ließ sich der künstliche Verlegenheitskult mit spartanischen Reminiszenzen beim besten Willen nicht ansprechen); vielmehr pflegte es betont gute Beziehungen zur Kirche. Wenn man also Metaxas auf ein zeitgenössisches Schema festnageln will, so läßt es sich nicht bei Hitler und Mussolini finden, sondern allenfalls bei Franco. Griechenland das vermeintlich drohende Schicksal Spaniens zu ersparen, war auch das Argument seines ohne Blutopfer und ohne »Bewegung« durchgeführten kalten Staatsstreiches von oben (1936!). Noch treffender wäre der Vergleich mit Salazar; denn Metaxas bedurfte zwar gleich Franco einer geheimen Staatspolizei, doch nicht der Konzentrationslager. Auch auf die Folter verzichtete sein Regime nicht – Fingerübungen verglichen mit der Perfektion der skrupelloseren Erben von 1967. Auch ermordete er seine politischen Gegner nicht, er begnügte sich vielmehr mit ihrer Verbannung auf die Inseln. Diese Praxis der Kaltstellung durch Verbannung hielt sich im Rahmen der Sitte, sie war, wenn auch umstritten, durch die Tradition legitimiert. Wie denn die griechischen Staatsstreiche einem strengen Kodex, einem festen Ritual unterworfen waren: zunächst pflegte der erfolgreiche Revolutionär die unterlegenen Feinde durch ein Standgericht zum Tode verurteilen zu lassen. Nach einer Woche wandelte der großmütige Sieger das Todesurteil in lebenslängliche Verbannung um, die er nach einem halben Jahr auf ein fünfjähriges Exil reduzierte. Aber meist schon nach einem Jahr bevölkerte der also Verbannte wieder die Athener Cafés rund um den Syntagma-(Verfassungs-)Platz. Die eigentliche Sünde von Metaxas bestand nun darin, daß er sich nicht an den letzten Akt dieses Rituals hielt, sondern die Verbannten die ganzen Jahre über, bis zum Kriegsausbruch, auf den Inseln schmachten ließ!

Anfangserfolge im materiellen und sozialen Bereich konnte auch diese Diktatur für sich buchen. Hatte das Land schon im Konjunkturjahr 1928 54000 Arbeitslose gezählt, war dann ihre Zahl 1932, in der schlimmsten Zeit, auf über 200000 gestiegen, um bis 1936 langsam auf 140000 zu sinken, so war die Arbeitslosigkeit gegen Ende 1938 überwunden und vom Facharbeitermangel abgelöst. Endlich kam nun auch die überfällige Sozialgesetzgebung unter Dach: der Achtstundentag wurde als verbindlich erklärt, die Kinderarbeit eingeschränkt, die Sonntagsruhe gesichert. Auch führte erst Metaxas die staatliche Arbeitsversicherung, den kollektiven Arbeitsvertrag und die – freilich staatliche – Schiedsgerichtsbarkeit bei Arbeitskonflikten in Griechenland ein.

Die günstige Entwicklung war das Ergebnis eines großzügigen Arbeitsbeschaffungsprogramms, das sich vor allem des vernachlässigten Straßennetzes annahm. Nicht minder bedeutsam waren seine Leistungen für die Entwässerung und Entsumpfung, für Bewässerung und Flußregulierung weiter Gebiete Nordgriechenlands, die nicht nur die Nutzfläche und den Ertrag der Landwirtschaft steigerten, sondern auch die Herrschaft der Malaria, der schlimmsten Geißel der Volksgesundheit, erheblich eindämmten. Insgesamt um 50 % konnten in diesen wenigen Jahren die Ernteerträge durch die extensive Landgewinnung und die intensive Produktionssteigerung erhöht werden. Am meisten aber trug zur Sanierung der griechischen Landwirtschaft ein weitreichendes Entschuldungsgesetz (vom Mai 1937) bei, von dem 650000 Bauern, meist Flüchtlingssiedler, profitierten: es setzte ihre Gesamtverschuldung von 9 ½ Milliarden Drachmen (damals 220 Millionen Reichsmark) um 35 %, den Zinsendienst von 15 auf 3 bis 8 % herab; so konnte der Bauer wieder atmen. Freilich mußte er sich nun strenge Anbauvorschriften gefallen lassen, vor allem für Tabak und Korinthen – eine Maßnahme, die ihre preisdrückende Übererzeugung einschränkte und dem Brotgetreide neue Böden zuführte.

Ebenso schnell ging es mit der Industrialisierung voran, besonders in der Nahrungsmittel-, in der Textil- und der chemischen Erzeugung. Die gesteigerte Produktion verbesserte die Handels- und Zahlungsbilanz und erhöhte die Währungsdeckung. Aber dieser beachtliche Aufschwung war mit der Bindung des griechischen Außenhandels an den deutschen Markt teuer erkauft: 1938 gingen 37,9 % der Ausfuhren Griechenlands nach Deutschland, aus dem es 29,1 % seiner Einfuhren bezog. So vorteilhaft die Intensivierung des Warenverkehrs für den Handelspartner Deutschland schien, die Fesseln, die ihm Dr. Schachts Clearingsystem anlegte, versetzten Griechenland in eine fatale handelspolitische Abhängigkeit von Deutschland. Zwar konnte das Land seinen industriellen Einfuhrbedarf in Deutschland decken, nicht aber seine vordringlicheren Nahrungsmittelimporte. So ergab sich denn bald in ihrem zweiseitigen Verrechnungsverkehr eine Clearingspitze zugunsten Griechenlands. Als kleiner Gläubiger war es nun dem übermächtigen Schuldner noch mehr ausgeliefert.

Doch versuchte Metaxas aus dieser Not eine Tugend zu machen, indem er mit Hilfe deutscher Waffenlieferungen die Rüstung der Landarmee von Grund auf überholte. Zur Wahrung der außenpolitischen Neutralität nahm er gleichzeitig die britische Unterstützung für den Ausbau der Marine und der Seebefestigung in Anspruch. Mit der Reorganisation des Heeres und mit dem Ausbau der Straßen nach der Nordwestprovinz befähigte Metaxas sein Land, der italienischen Invasion zu widerstehen – ohne diese beiden Leistungen wäre ihr Griechenland zweifellos erlegen.

DIE PASSION
DER KLEINASIATISCHEN FLÜCHTLINGE

Die aus Anatolien kamen, waren nicht die einzigen und nicht die ersten Flüchtlinge. Denn die kleinasiatische Völkerwanderung war keine einmalige Eruption, sondern Höhepunkt und Abschluß des langwierigen Bebens, das aus dem zerfallenden Osmanenreich die Balkannationen wiedergebar. Die Türkenzeit hatte die Völker des Südosten heillos durcheinandergeschüttelt. Zwangsläufig mußte daher der neuen Grenzenziehung die Siebung und Sonderung der verfilzten Volksteile folgen; und naturgemäß hatten unter dieser Operation die Griechen am schmerzhaftesten zu leiden, da sie sich doch – teils noch von Byzanz her – am weitesten über das osmanische Imperium ausgebreitet hatten.

Die erste Welle der großen Flut setzte schon 1906 ein: 50000 Griechen verließen Ostrumelien, nachdem es die Bulgaren annektiert hatten. 1913, nach den Balkankriegen, folgten ihnen 45000 aus Bulgarien, 6000 aus der nordmakedonischen Provinz Monastir, die an Serbien gefallen war, und 5000 aus Südrußland. Beim Kriegsausbruch 1914 flüchteten dann etwa 100000 aus der Türkei, in die gleichzeitig zahlreiche makedonische Türken remigrierten. 1916 schoben die Bulgaren 36000 Griechen aus dem von ihnen besetzten Ostmakedonien in ihr Land ab; die Hälfte kehrte nach dem Kriege heim, die anderen blieben verschollen. Weitere 30000 Griechen nutzten 1919 den Frieden von Neuilly, der ihnen die freiwillige Abwanderung aus Bulgarien zugestanden hatte.

Dann kam die kleinasiatische Sturmflut: sie spülte etwa 920000 Flüchtlinge an die griechischen Küsten, nicht eingerechnet jene, die bei der Flucht ums Leben kamen und die im ersten Jahr nach der Flucht an Hunger oder Seuchen im Mutterland zugrunde gingen; auch erfaßt diese Zahl nicht die Flüchtlingsgriechen, die nach kurzem Zwischenaufenthalt in Griechenland weiter emigrierten (der prominenteste unter ihnen Aristoteles Onassis) sowie die 50000 Zirkassier und Armenier, die der Völkerbund später nach Eriwan (Sowjetarmenien) umsiedelte. Von der griechischen Bevölkerung der Türkei konnten sich lediglich 100000 in Konstantinopel halten, während die in Anatolien verbliebenen 150000 Griechen nach dem Lausanner Vertrag (1923) dem Zwangsaustausch unterlagen. Im einzelnen verteilten sich die griechischen Flüchtlinge nach dem Ersten Weltkrieg wie folgt:

nach dem Herkunftsgebiet	vor der kleinasiatischen	nach der Katastrophe	Insgesamt
Anatolien	37728	589226	626954
Ost-Thrakien	27057	229578	256635
Pontus	17528	164641	182169
Bulgarien	20577	28050	49027
Kaukasien	32421	14670	47091
Konstantinopel	4109	34349	38458
Sowjetunion	5214	6221	11435
Jugoslawien	4611	1446	6057
Albanien	1600	898	2498
andere Länder	647	878	1525
	151492	1069957	1221849

Auf der Gegenseite gliederte sich der Exodus der fremden Bevölkerungselemente aus Griechenland:

Abwanderung aus	Türken	Bulgaren	Insgesamt
Nach den Verträgen von Neuilly (1919) und Lausanne (1923)			
Makedonien	329098	33800	362898
West-Thrakien	–	19200	19200
Südgriechenland	5910	–	5910
Kreta	23021	–	23021
Ägäische Inseln	9184	–	9184
Übrige Provinzen	19800	–	19800
	387013	53000	440013
Vor den Verträgen, jedoch diesen nachträglich zugerechnet	130000	39000	169000
Insgesamt	518146	92000	619146

Nicht ausgegliedert wurden die Türken Thrakiens – im Ausgleich zum Verbleiben der Griechen in Konstantinopel – je 100000 auf beiden Seiten. Wie die griechischen Flüchtlinge verloren auch die zwangsausgetauschten Türken und Bulgaren ihren Grundbesitz entschädigungslos; doch im Gegensatz zu jenen stand ihnen der freie Verkauf ihrer beweglichen Habe zu.

Im großen und ganzen traf also auf zwei Zuwanderer ein Abwanderer. Damit war etwas Luft geschaffen. Doch diesem Vorteil stand der chronische Landhunger des griechischen Kleinbauern entgegen, der beim Wachsen des neuen Staates immer wieder leer ausgegangen war; auf seiner dürftigen Scholle stellte er sich kaum besser als der Flüchtling. Nun aber hatte er Jahr um Jahr im Kriege gestanden, und mit gutem Recht wollte daher auch er sich bei der Verteilung der freigewordenen Böden berücksichtigt wissen. Fast die Hälft der Nutzfläche gehörte den

Großgrundbesitzern, die ihre Ländereien durch Pachtbauern bewirtschaften ließen; überhöhte Pachtsätze, meist auf die Ernteerträge bezogen, hielten die Pächter davon ab, Arbeit, neue Methoden und Kapital in die fremden Böden zu investieren – den Schaden hatte die gesamte Volkswirtschaft. Aber erst die Hungersnot im Ersten Weltkrieg brachte die stets wieder verschleppte Agrarkrise zum offenen Ausbruch. Seit 1917 beschäftigte sich das Parlament mit einer Bodenreform, die im »Agrarkodex« von 1926 ihren radikalen Abschluß fand.

Die Agrarreform verteilte den gesamten Großgrundbesitz an die Flüchtlinge und an die kleinen einheimischen Bauern. Ihr verfielen zunächst die verlassenen türkischen und bulgarischen Güter, die sich freilich in einem trostlosen Zustand befanden – die Kanalisierung, d. h. die gesamte Wasserversorgung war teils zerstört, teils in den wirren Kriegsjahren verkommen; noch schlimmer stand es um die türkischen Häuser, die nach dem Urteil der Siedlungskommission nur zu einem Fünftel bewohnbar waren. In die Teilungsmasse gingen ferner die gleichfalls heruntergewirtschafteten Staatsdomänen ein sowie der ansehnliche Landbesitz der Gemeinden, Klöster und Stiftungen. Schließlich griff die Zwangsenteignung auch nach dem privaten Großgrundbesitz, sofern er 80 ha in Nord- und 100 ha im übrigen Griechenland überschritt; seine Maximalgröße wurde nun auf 30 bis 50 ha (je nach Provinz) beschränkt. Wald und Weide waren davon nicht betroffen. Auch blieben Musterfarmen, Saatzüchtereien und Industriegüter von der Enteignung ausgenommen. Die an sich schon recht niedrige Entschädigung beglich der Staat zum geringeren Teil in bar, zum größeren mit Schuldverschreibungen von dreißigjähriger Laufzeit; eine Kette von Inflationen sorgte für ihre weitere Entwertung.

Von den 1 319 255 ha der Nutzfläche Griechenlands (1920) kamen auf diese Weise insgesamt 85 000 ha zur Neuverteilung. An ihrer Aufbringung waren im einzelnen beteiligt:

Türkischer Grundbesitz	mit 518 000 ha
Bulgarischer Grundbesitz	mit 94 000 ha
Privater griechischer Grundbesitz	mit 95 000 ha
Staatsdomänen	mit 54 000 ha
Ausländischer Großgrundbesitz	mit 29 500 ha
Grundbesitz von Klöstern, Gemeinden, Stiftungen	mit 59 000 ha

Den Enteignungskategorien entsprach die sehr unterschiedliche Beteiligung der einzelnen Landschaften; die weitaus größten Beiträge leisteten Makedonien (mit den Türkengütern) und Thrakien (mit bulgarischem Grundbesitz und Klostergütern):

Makedonien	554 000 ha
Thrakien	230 000 ha
Kreta	15 000 ha
Epirus	8 000 ha
Ägäische Inseln	4 000 ha
Übriges Griechenland	57 500 ha

Von dieser Bodenmasse befanden sich jedoch nur etwa 470 000 ha in sofort anbaufähigem Zustand.

Aber mit dem Land allein war es nicht getan. Das Siedlungswerk verlangte auch einen großen Kapitalaufwand, den der ausgezehrte griechische Staat nicht aufzubringen vermochte. So sprang denn der Völkerbund mit drei Hilfsanleihen in der Gesamthöhe von 13 Millionen englischen Pfund ein; der griechische Staat wurde zwar ihr Schuldner, nicht aber ihr Empfänger, da sich der Völkerbund ihre Verwendung durch eine gemischte, autonome und ihm allein verantwortliche Kommission vorbehielt – auch berief er ihre ausländischen Leiter und die Hälfte der Spitzenfunktionäre, während die griechische Regierung das übrige Kommissionspersonal bestellte. Die Gesamtausgaben für die Flüchtlinge beliefen sich auf etwa das Siebenfache der Anleihesumme; den Mehraufwand brachte das Land selber auf, vor allem durch drei staatliche Zwangsanleihen (1926, 1928 und 1931) in der Gesamthöhe von 8,15 Milliarden Drachmen; das war der griechische »Lastenausgleich«.

Anrecht auf Landzuweisung hatten außer den Flüchtlingen vor allem die auf den enteigneten Gütern schon bisher als Pächter ansässigen Bauern und Landarbeiter. Nach Möglichkeit siedelte die Kommission die Flüchtlinge in Gebieten an, auf denen sie ihrer früheren Beschäftigung nachgehen konnten – die kleinasiatischen Tabakbauern in Ostmakedonien und Westthrakien, die Sultaninenpflanzer auf Kreta. Auch legte die Kommission Wert auf die Zusammenführung der Flüchtlinge nach Familien und Heimatgemeinden. Innerhalb dieser Gruppen wählten nun die Familienväter einen Ausschuß, dem die individuelle Verteilung des ihm von der Kommission übergebenen Bodens oblag. Auf dem Weg Kommission – Gemeindeausschuß erhielt die Familie 4,3 ha Land im Durchschnitt, das zugeteilte Maß schwankte, je nach Güteklasse, zwischen 0,9 ha in der fruchtbaren Zone um Serres und 15,5 ha auf den dürren Hügeln über Volos. Ferner bekam die Bauernfamilie ein einfaches Haus, das notwendigste landwirtschaftliche Gerät, einen Karren, ein Zugtier, Geflügel, Saatgut und Getreide bis zur ersten Ernte. Zum Schutz gegen Ausbeutung verband man die Neubauern zu Genossenschaften, die für Einkauf und Verkauf, für die Verwendung der gemeinsamen landwirtschaftlichen Maschinen und für die Verwaltung des Gemeindebesitzes an Wald, Weide und Bewässerungsanlagen sorgten.

Das Siedlungsgesetz hatte eine Unterteilung der Landlose zu verhindern gesucht. Doch die Gemeindemitglieder, die auf einer möglichst gerechten Verteilung der guten und der schlechten Böden bestanden, hielten sich nicht daran, so daß die ohnehin winzigen Landanteile zu fünf bis achtzehn Parzellen zersplittert wurden, die oft ganze Wegstunden voneinander entfernt lagen. Viel Nutzboden ging dadurch für Feldabgrenzungen und Anfahrtswege verloren, ständig Grenzstreitigkeiten und Flurschäden waren die Folge, und die Zersplitterung hemmte das intensive Wirtschaften, vom rationellen Gebrauch von Maschinen, ganz zu schweigen, vom erhöhten Materialverschleiß beim Transport der

Geräte von Feld zu Feld, vom Zeitverlust durch die verlängerten Arbeitswege. Das war der eine, kaum vermeidbare Fehler des Siedlungswerkes, der seine Produktionsleistung beeinträchtigte.

Es litt noch an einem zweiten Schaden: nach dem »Agrarkodex« durfte die neue Siedlerstelle nicht durch Schulden belastet und auch nicht verkauft werden – es sei denn mit staatlicher Genehmigung an einen anderen Siedlungsberechtigten. Vor allem aber schloß er die Teilung der neuen Höfe beim Erbgang aus. Doch auch diese Schutzmaßnahmen waren vergeblich. So schlug das Pendel nach der Aufhebung des Großgrundbesitzes zum nicht weniger unheilvollen Extrem der Pulverisierung des Bodeneigentums aus; in vielen Fällen konnte und kann sich der griechische Bauer – der neue ebenso wie der alte – kaum noch aus seinem Grund ernähren.

In vielen anderen Fällen war das Experiment erfolgreich. Die Kleinheit des Landloses zwang den Neubauern zu einer möglichst intensiven Nutzung; der neben ihm siedelnde altgriechische Bauer mußte sich nun dranhalten, um gegen die frische Konkurrenz zu bestehen, von der er manches lernen konnte. Die griechische Landwirtschaft verdankte ihr eine ansehnliche Ertragssteigerung.

Der Flüchtling bekam sein Landlos nicht geschenkt; juristisch nahm er es durch Kauf in Besitz, den ihm der Staat langjährig kreditierte. Die Abzahlung war durchaus tragbar: die lange Laufdauer der Schuld, von der später 35 % gestrichen wurden, setzte sich in geringe Jahresraten um, zu deren Zahlung notfalls billige Überbrückungskredite zu haben waren. So trat die Ablösung eigentlich nur als eine Sondersteuer in Erscheinung, die dem Flüchtlingssiedler um so weniger weh tat, als er von mancher anderen Steuer dispensiert war.

Nicht weniger als 143 591 Flüchtlingsfamilien mit 570 156 Köpfen, fast die Hälfte also aller Flüchtlinge, kamen auf diese Weise in 2086 Siedlungen zu Brot und Boden; 943 von ihnen benutzten alte türkische und bulgarische Ortschaften, 533 waren Neugründungen, während 590 sich an altgriechische Dörfer anlehnten. Damit waren fast sämtliche Flüchtlingsbauern untergebracht – nur 52 000 blieben ohne Land; sie verloren sich in den Städten, die schon 643 025 städtische Flüchtlinge aufgenommen hatten. – Außerdem waren den altgriechischen Kriegsinvaliden, Landwirtswitwen und Dorfhandwerkern durchschnittlich 0,8 ha zugewiesen worden als Gemüse- und Obstgärten. Insgesamt haben 1 125 000 Einwohner (damals rund 17 % der Bevölkerung) in irgendeiner Form von der Agrarreform profitiert.

Das Los der Stadtflüchtlinge war ungleich härter. Die zwangsausgetauschten Türken und Bulgaren entstammten fast durchweg dem Land; deren Abwanderung schuf also keinen Platz für sie. Und da die Landsiedlung die Anleihen aufgebraucht hatte, die Städte zunächst keine Beschäftigung boten, konnte ihnen der Staat nur wenig helfen; immerhin erstellte er für sie 30 000 Häuser – ganze Stadtviertel wuchsen damals in Athen, Piräus, Saloniki, Patras, Volos aus dem Boden, die doch nur für einen Bruchteil von ihnen reichten. Nur allzu viele von ihnen mußten sich mit primitiven Hütten aus Holz oder Blechkanistern behelfen. Welche unermeßlichen Opfer zur Linderung dieses Massenelends von der Heimatbevölkerung, von in- und ausländischen karitativen Vereinigungen (vor allem vom Amerikanischen Roten Kreuz) geleistet wurden, ist nicht mehr zu erfassen. Die Handwerker und Arbeiter unter den Flüchtlingen fanden bald Arbeit in der sich rasch entwickelnden Industrie, besonders im Bauwesen. Doch die große Menge der Angestellten, Kleinhandeltreibenden und freien Berufe blieb mehr oder weniger sich selber überlassen. Manche sind untergegangen, manche sanken ins Proletariat, viele aber fanden auch dank ihrem Vorsprung an technischer und kommerzieller Geschicklichkeit, an Anpassungsfähigkeit und Unternehmungsgeist im Laufe der Jahre ihren Platz in der einheimischen Bevölkerung: dieser herbe Überlebenskampf hat in ihnen ein hohes Maß an Energie, Zähigkeit und Findigkeit großgezogen. Ihre schnelle Einschmelzung dokumentiert die Berufsstatistik des Jahres 1928 – schon fünf Jahre nach ihrer Ankunft!

Beschäftigte

Beruf	Von 100 Flüchtlingen	Von 100 Altgriechen
Landwirtschaft	53,56	52,28
Viehzucht, Jagd und Forst	6,93	1,96
Fischerei	0,62	0,74
Bergwerke, Steinbrüche	0,26	0,21
Industrie, Handwerk	17,80	24,68
Verkehrswesen	4,42	4,04
Bankwesen	0,95	0,93
Handel	7,68	8,30
Private Dienste	2,38	2,99
Öffentliche Dienste	1,84	1,06
Freie Berufe	3,56	2,81

Auf dem Lande, wo die Flüchtlinge in geschlossenen Gruppen siedelten, ging die Eingliederung langsamer vor sich als in den Städten, die breitere Kontaktflächen zu den Einheimischen boten und die anfängliche Isolierung schneller lockerten. Politisch jedoch hielt sie ihre nur allzu verständliche Unzufriedenheit länger in der Eigenständigkeit fest, zumal sie nicht wie die alteingesessenen Griechen gefühlsmäßig an das Königshaus gebunden waren. Zwar vertrauten sie ihre Interessen nicht einer selbständigen Flüchtlingspartei an, aber sie gaben mit ihren Stimmen den »Linken« – den neuen republikanischen Parteien, den Sozialisten und auch Kommunisten – ein Gewicht, das diese bis dahin nicht besessen hatten. Inzwischen haben sich die Fronten etwas verwischt, doch rekrutiert sich die Anhängerschaft der Liberalen und der Linken noch immer zu einem unverhältnismäßig hohen Anteil aus den Flüchtlingen. Im ganzen haben sie dem Lande außerordentlich genützt:

1. Erst ihr Zuzug macht aus Griechenland einen geschlossenen Nationalstaat. Nach dem Zwangsaustausch der Minderheiten und der Ansiedlung der Flüchtlinge ging der fremdstämmige Bevölkerungsanteil im Lande von 14 % in der Zeit von 1913 bis 1923 auf 4,67 % zurück. Diese Strukturverschiebung veränderte besonders das Gesicht Makedoniens; dort stieg der griechische Bevölkerungsanteil im gleichen Zeitraum von 43 auf 90 %. Seit der Antike war Griechenland niemals so »griechisch« wie heute. Wenn der Balkan früher, mehr oder minder zu Recht, als das Pulverfaß Europas galt, so war Makedonien sein Explosionszentrum. Die Bevölkerungsverschiebungen haben den Zündstoff zumindest in seinem griechischen Teil vermindert; erst sie schufen die Voraussetzung für die innere Befriedung des Balkans.

2. Die Flüchtlinge haben weiterhin das griechische Verteidigungspotential wesentlich erhöht, und zwar nicht allein quantitativ. Ihre Ansiedlung in Nordostgriechenland stabilisierte die bis dahin dünnbevölkerten, ständig von den Bulgaren bedrohten Grenzgebiete. Stammesverbände aus dem Pontus, berühmt und berüchtigt wegen ihrer Kampflust und Tapferkeit, fanden längs der bulgarischen Grenze ihre neuen Wohnstätten. Diese Bauern, die nicht in den traditionellen Rivalitäten der makedonischen Völkerschaften aufgewachsen waren, zementierten die vordem so unsichere Grenze.

3. Vor allem aber haben die Flüchtlinge die wirtschaftliche Entwicklung des Landes weit vorangetrieben – unmittelbar durch ihre eigene Arbeitsleistung und mittelbar durch den Zwang zur Arbeitsbeschaffung, den sie dem Staat auferlegten. Die durch den Agrarkodex aufgebrachten Böden stillten weder den Landhunger der alten und neuen Bauern, noch genügten sie dem nationalen Nahrungsmittelbedarf. Aber in Makedonien und Thrakien gab es ausgedehnte Brachböden: Sümpfe und Überschwemmunszonen, dazwischen verstepptes Ödland, und dann die Sumpfdeltas der Balkanflüsse, die als Malariaherde schlimmsten Grades die Jahrhunderte hindurch der Besiedlung getrotzt hatten. Das Jahrzehnt vor dem Zweiten Weltkrieg unternahm einen großangelegten Angriff auf diese Bodenreserven; diese Landgewinnungsoperation braucht den holländischen Vergleich nicht zu scheuen.

In der Ebene von Serres ging es um die Austrocknung des versumpften Achinossees und um die Regulierung des Strymon; durch den Ausbau des Sees von Korkini zu einem Staubecken bekam die fruchtbare Ebene den nötigen Bewässerungsausgleich für die trockenen Sommermonate. In der Ebene von Drama konnten durch die Senkung des Flußbettes der Anguista die Sümpfe von Philippi in Ackerland umgewandelt werden. Stauanlagen vermochten jetzt 30000 ha bisherigen Steppenbodens auch in der trockenen Jahreszeit mit Wasser zu versorgen. Das größte Ausmaß hatten die Bodenarbeiten in der Ebene von Saloniki, welche die Flußläufe des Aliakmon, Axios und anderer durch Dammbauten sicherten, sowie den Artzan- und den Amatovosee trockenlegten. Weit gediehen war auch die Entwässerung der großen Sumpfgebiete von Ludia und dem Jenidschesee. Nicht zuletzt kamen diese Arbeiten – durch die Eindämmung der Malariaherde – auch der Volksgesundheit zugute.

Insgesamt wuchs die landwirtschaftliche Nutzfläche Griechenlands zwischen den Jahren 1920 und 1935 von 1 319 255 auf 2 190 950 ha, das heißt um die Hälfte, in Makedonien sogar um 35 %. Mit der extensiven hielt aber auch die intensive Ertragssteigerung Schritt. An dem gewaltigen Produktionsanstieg, der die griechische Volkswirtschaft beträchtlich entlastete, hatten die Flüchtlingssiedler entscheidenden Anteil; er fiel besonders beim Tabak ins Gewicht, der zu jener Zeit fast die Hälfte des griechischen Exportes lieferte – seine Erzeugung verdoppelte sich zwischen 1922 und 1926 von 20 000 t auf 43 000 t. – Der Zweite Weltkrieg hat den Abschluß dieser Bodenarbeiten verhindert. Erst 1949, nach der Niederschlagung des Kommunistenaufstandes, konnten sie wieder aufgenommen werden.

4. Noch rascher trieb die Flüchtlingsnot den Ausbau der Industrie voran. Von 1920 bis 1933 erhöhte sich die Zahl der industriellen Betriebe von 2905 auf 4305, der Arbeiter von 60 000 auf 190 000 und der motorischen Kräfte von 110 674 auf 288 088 Pferdestärken; von 1925 bis 1939 verzehnfachte sich der industrielle Produktionswert, während der Produktionsindex 1937 mit 151,2 (1929 = 100) den höchsten Anstieg von allen Ländern Europas auswies. Auch dieser Prozeß war zum guten Teil das Werk der Flüchtlinge. Vor ihrer Ankunft war Griechenland ein reiner Agrarstaat – beim Ausbruch des Zweiten Weltkrieges konnte es rund 60 % seines Bedarfes an Industriegütern aus der eigenen Erzeugung decken.

5. Schließlich, aber nicht zuletzt, beeinflußten die kleinasiatischen Griechen die kulturelle Mentalität ihrer neuen alten Heimat. Nicht durch originale Schöpfungen neuen Stils. Sie waren vielmehr der Sauerteig, der die griechische »Intelligenz« beweglicher, geschmeidiger, aufgeschlossener machte, ihr Problembewußtsein verfeinerte und vertiefte und ihre kritischen Organe schärfte. Eine rühmliche Anzahl namhafter griechischer Schriftsteller, Ärzte, Juristen, Volkswirtschaftler und Ingenieure stammt aus ihren Reihen.

So haben die Flüchtlinge dem Lande auf allen Feldern genutzt: Griechenland ist durch sie anders geworden. Sie haben seine »odysseische Komponente« üppiger entwickelt (weshalb sie denn auch Venizelos zuneigten). Keineswegs aber wurde Hellas durch sie »ungriechischer«. Im Gegenteil. Denn in der Fremde hatten sie sich unter dem Druck der Selbstbehauptung in ihrer Eigenart eher noch reiner erhalten als die Griechen im Mutterland. Inzwischen aber ist ihre Verschmelzung mit der alteingesessenen Bevölkerung durch das gegenseitige Geben und Nehmen, durch die wechselseitige Anpassung und die gemeinsame Arbeit, durch das Eingehen von Ehen und das Aufwachsen einer Generation, die beider Erbe in sich vereint, derart innig und unlösbar geworden, daß keine Fremdheit, kein Ressentiment mehr zwischen ihnen steht.

Beim Ausbruch des Zweiten Weltkrieges war die kleinasiatische Wunde nahezu vernarbt. Er hat sie bei einem Teil der Neusiedler von neuem aufgerissen: kaum hatten sie in Westthrakien und Ostmakedonien Wurzel geschlagen, da kam die bulgarische Soldateska über sie und verjagte sie nun auch aus ihrer neuen Heimat.

MUSSOLINI, HITLER, STALIN
(1940–1949)

Am Abend des 26. Oktober 1940 trafen sich die Athener Diplomaten auf einem Bankett, das dem italienischen Botschafter Grazzi Gelegenheit bot, die griechischen Minister wieder einmal der Sympathien Mussolinis für ihr Land zu versichern. Am 28., in der dritten Morgenstunde, riß ein Telefonanruf den Regierungschef Metaxas aus dem Bett. Der Anrufer teilte ihm mit, der französische Botschafter wünsche ihn noch zu dieser Stunde in einer überaus dringlichen Angelegenheit aufzusuchen. Der alte Herr zog sich einen Morgenrock über und öffnete, da er die Dienerschaft nicht aus dem Schlaf stören wollte, selber das Tor seines Hauses. Doch zu seinem Erstaunen trat ihm nicht der Botschafter Frankreichs entgegen, sondern Seine Exzellenz Grazzi. Der Vertreter Roms überreichte ihm eine Note, die – unter Berufung auf angebliche griechische Neutralitätsbrüche und provokatorische Handlungen gegen die albanische Nation – für Italien das Recht beanspruchte, »gewisse« (nicht umschriebene) strategische Punkte Griechenlands für die Dauer des Krieges zu besetzen. Die griechische Regierung wurde daher aufgefordert, ihren »militärischen Behörden die entsprechenden Befehle zu erteilen«, damit die Besetzung in friedlicher Weise vor sich gehe. Sollten die italienischen Truppen auf Widerstand stoßen, so würde dieser durch die Waffen gebrochen, wofür die Verantwortung auf die griechische Regierung fiele. Metaxas antwortete, er könne den Inhalt und den ultimativen Charakter dieser Note nicht anders denn als Kriegserklärung verstehen. Grazzi ergänzte seine Ausführungen mit dem Hinweis, die italienischen Streitkräfte würden um sechs Uhr morgens – nach drei Stunden also – die albanisch-griechische Grenze überschreiten (tatsächlich begannen sie den Angriff eine halbe Stunde früher). Aber Metaxas sagte: »Ochi – nein!« Seither ist der »Tag des Nein«, der 28. Oktober, einer der höchsten nationalen Festtage Griechenlands.

Diesen Tag hatten die Griechen seit Jahren auf sich zukommen sehen. Sie hatten nichts unversucht gelassen, sich seiner Drohung zu entziehen: sie hatten vorsichtig den Kurs der Neutralität gesteuert und sich aller Provokationen enthalten. Die gleiche Vorsicht hieß sie aber auch, sich im Maß ihrer bescheidenen Kräfte auf den äußersten Fall einzurichten. So hatte Metaxas seinem fähigsten Offizier, dem General Alexander Papagos, mit dem Amte des Generalstabsschefs die Reorganisation und Modernisierung der Armee übertragen, deren Stärke allein der erstrebten Neutralität Nachdruck geben konnte; demselben Zweck diente der Ausbau der Straßen nach der albanischen Grenze, sowie die Befestigung der »Metaxas-Linie« im Nordosten, die einem bulgarischen Angriff vorbeugen sollte.

In der Außenpolitik aber pflegte Metaxas die Beziehungen zu Berlin und zu Rom, dem das Land seit 1928 durch einen Freundschaftspakt verbunden war; gegenüber London und Paris befleißigte er sich hingegen einer gewissen Reserve.

Die ersten Zweifel an der faschistischen Freundschafts- und Friedensoratorik weckte das abessinische Unternehmen, mit dem Mussolini sein neues Imperium Romanum zu begründen gedachte. Der Zweifel verdichtete sich in Athen fast schon zur Gewißheit, als Mussolini am 7. April 1939 das Protektorat über Albanien in die direkte Besitznahme überführte. Sehr schnell zwar, schon am 13. April, reagierten London und Paris mit einer Erklärung, in der sie – ungefragt und einseitig – die territoriale Integrität Griechenlands (und Rumäniens) garantierten; doch angesichts der vorausgegangenen Machtverschiebungen zugunsten der Achse kam dieser Deklaration kein ausreichendes Sicherheitsgewicht mehr zu, ja, Athen empfand sie eher als Belastung, konnte sie doch ein falsches Licht auf die griechische Neutralität werfen. Rom nutzte sie denn auch zur Entfesselung einer antigriechischen Pressekampagne, die sich stoßweise – jeweils mit Hitlers »Blitzsiegen« – verschärfte. Noch immer aber wahrte Mussolini das Gesicht: in den Erklärungen vom 10. April, 11. und 30. September 1939, ja noch am 6. Mai, 7. und 10. Juni 1940 beteuerte er der Athener Regierung seine friedfertigen Absichten: er werde Griechenland »kein einziges Haar krümmen«. Dennoch verlängerte er das am 30. September auslaufende Freundschaftsabkommen nicht, das er 1928 mit Venizelos geschlossen hatte. Der 15. August aber raubte dem Lande die letzte Hoffnung. An diesem Tage versenkte ein U-Boot »unbekannter Nationalität« den griechischen leichten Kreuzer »Helli« vor der Reede von Tinos; nach altem Brauch hatte er die Repräsentanten des Staates zur Wallfahrt auf die Insel gebracht, die alljährlich an diesem Tag das Fest ihres wundertätigen Muttergottesbildes begeht. (Nach einer italienischen Version wollte Mussolini schon damals gegen Griechenland losschlagen, doch habe ihn Marschall Badoglio noch einmal zurückgehalten. Schon im April 1939 [bei der Besetzung Albaniens] hatte er seinen Generalstab mit der Ausarbeitung eines Angriffsplanes auf Griechenland beauftragt). Die Untersuchung des Anschlags belegte einwandfrei die italienische Urheberschaft. Die Regierung veröffentlichte jedoch das Ergebnis erst nach der italienischen Invasion; eine frühere Bekanntgabe erübrigte sich, wußte doch von der Stunde dieses Attentats an jeder Grieche, daß der Sturm nun unmittelbar bevorstand.

Was bewog Mussolini zum Überfall auf das neutrale Griechenland? Zunächst wohl die persönliche Eifersucht auf Hitler: dessen »Blitzen« es einmal gleichzutun, glaubte er sich und seiner innenpolitischen Stellung schuldig zu sein, zumal ihm der späte Kriegseintritt gegen Frankreich keine Lorbeeren eingetragen hatte. Auch schien die Selbstbehauptung Italiens gegen das sprunghaft wachsende Übergewicht des deutschen Partners eine Verbreiterung seiner Macht- und Prestigebasis zu gebieten. Vor allem verfolgte Rom mit mißtrauischem Unbehagen die deutsche Infiltration auf dem Balkan, den es als seine traditionelle Interessendomäne ansah. Schließlich schien das Unternehmen gegen das an Truppen- und Waffenstärke vielfach unterlegene Griechenland keinerlei Risiko einzuschließen: Frankreich lag schon am Boden, nur noch England stand auf der Gegenseite im Kampf, gegen das die deutsche Luftwaffe – mit ihrer Offensive vom 8. August bis zum 31. Oktober 1940 – gerade zum vermeintlich letzten Schlage ausgeholt hatte. Von dieser Seite also war wohl nichts mehr zu fürchten. Zudem hatte Jacomini, der römische Statthalter in Albanien, dem Duce versichert, bei einem italienischen Angriff würden die Epiroten albanischer Abstammung ihren griechischen Landsleuten in den Rücken fallen. Zeit und Zeichen konnten also – so schien es – nicht günstiger stehen! Und Mussolini verkündete seinem Volke am 28. Oktober, er werde demissionieren, »wenn wir nicht in einem Monat in Athen sind«. So sicher war er seiner Sache, daß er Hitler erst am Invasionstage in Florenz von seinem »Spaziergang« nach Athen unterrichtete. Dabei berief er sich auf einen Brief – mit Datum vom 19. Oktober –, in dem er Hitler sein Vorhaben angekündigt haben wollte. Seltsamerweise ist das Schreiben niemals in dessen Hände gelangt. Ob es je abgeschickt wurde, ist bis heute ungeklärt. Dennoch haben der »Duce« und der »Führer« wohl schon bei früherer Gelegenheit über den italienischen Invasionsplan gesprochene, wenn auch nur unverbindlich und in allgemeinen Zügen. (»Grundsätzlich« hatte Hitler Ciano schon am 7. Juli 1940 seinen Segen zu einem italienischen Griechenlandunternehmen erteilt.) So jedenfalls wäre Hitlers Brief an Mussolini vom 20. November verständlich, darin er schreibt: »Ich wollte Sie besonders von der Notwendigkeit überzeugen, diese Operation so lange zu unterlassen, bis eine Besetzung Kretas von der Luft her gelungen ist...« Die »Überraschung«, die also Mussolini dem mächtigeren Spießgesellen bereitete, lag demnach im Zeitmoment, nicht in der Sache. Wahrscheinlich wollte Hitler mit seinem Florentiner Besuch Mussolini zum Aufschub des griechischen Abenteuers bis zu einem Zeitpunkt nach den amerikanischen Präsidentschaftswahlen veranlassen. Übrigens war Hitler durch die diplomatischen Vertreter Deutschlands in Rom, Tirana und Athen auf den bevorstehenden Griechenlandfeldzug Mussolinis schon Anfang Oktober hingewiesen worden, doch lehnte er es ab, dem Duce auf den Zahn zu fühlen, denn auch er habe ihm ja nicht seine Aktionen gegen Dänemark, Norwegen, Holland und Belgien im voraus angekündigt.

Der Spaziergang findet nicht statt

Statt des faschistischen Spaziergangs ereignete sich, was die Welt damals – unter Einfluß selbst der schadenfrohen Bundesgenossen Mussolinis – »das griechische Wunder« nannte. Im Augenblick der Invasion hatte die griechische Armee 100000 Mann unter den Waffen; die Mobilisierung vervierfachte ihre Stärke. Ferner verfügte Griechenland über 150 Flugzeuge, 21 Torpedoboote und 6 U-Boote. Völlig unzureichend war die Armee mit Kraftfahrzeugen ausgestattet, so daß die Truppe große Anmarschstrecken zu Fuß zurückzulegen hatte; oft trugen die Bauern – Männer, Frauen und Kinder – den Nachschub auf dem Rücken über die Berge an die Front. Noch mehr machte den Soldaten der Mangel an

Winterkleidung zu schaffen – in den albanischen Gebirgen erlitten sie beträchtliche Ausfälle durch Erfrierungen. Alle physischen Nöte aber konnten der hohen Kampfmoral der griechischen Truppe nichts anhaben. Die Gefahr ließ den inneren Hader verstummen, die Demokraten vergaßen ihren Zorn gegen den Diktator, und dieser entließ seine Gegner aus der Verbannung – nie war das Land einiger als in diesem Augenblick. Auch wußte sich die Armee gut geführt: die Ereignisse bestätigten Papagos' vortreffliche Generalstabsarbeit. Nun hatte ihm Metaxas den Oberbefehl über die Armee anvertraut, und auch in diesem Amte bezeugte er im höchsten Grade Umsicht und Präzision des Urteils, schnelle Entschlußkraft und treffsichere Phantasie. So glich das griechische Heer die materielle Unterlegenheit durch seine Überlegenheit in der Kampfmoral, in Führung und Organisation aus.

Großbritannien trug Griechenland sofort die Einlösung seines Garantieversprechens an – Großbritannien, das doch gerade auf eigenem Boden einen verzweifelten Kampf auf Leben und Tod gegen eine erdrückende Übermacht zu bestehen hatte. Schon am 2. November kam General Parry zu Verhandlungen nach Athen. Da jedoch Hitler offiziell hatte verlauten lassen, er sei am italienisch-griechischen Konflikt desinteressiert und werde allein im Falle einer britischen Besetzung Salonikis intervenieren, lehnte die griechische Regierung zunächst die englische Hilfsofferte zu Lande ab, um Hitler keinen Vorwand zur Einmischung zu geben. Hingegen akzeptierte sie die britische Luftwaffenunterstützung. Allerdings konnte das Middle East Command nur vier RAF-Geschwader mit rund 70 Bombern und Jägern auf den griechischen Schauplatz abstellen, wo ihnen Stützpunkte auf Kreta und einigen ägäischen Inseln eingeräumt wurden. Ihre Aktionen richteten sich vor allem gegen die Seeverbindung zwischen Italien und Albanien; den bedeutendsten Schlag führten sie am 11. November gegen den Hafen von Tarent, dem die Kreuzer »Littorio« und »Cavour« zum Opfer fielen. Aber im griechisch-albanischen Gebirgsgelände konnten die britischen Flieger nicht wirksam eingreifen, so daß die Griechen in den Erdkämpfen allein auf sich selber gestellt waren.

Die Italiener eröffneten die Invasion mit einer Reihe wenig wirkungsvoller Luftangriffe auf Saloniki, Piräus, Patras und andere griechische Städte. Die Grenze überschritten sie unter dem Kommando von General Visconti Prasca mit 10 Divisionen, denen auf griechischer Seite anfangs nur 2 ½ Divisionen entgegenstanden. Dennoch vermochten die Italiener nur etwa 60 km tief in griechisches Gebiet – bis zur Hälfte des Weges nach Jannina – vorzustoßen. Schon am 12. November holte die inzwischen mobilisierte griechische Armee zur Gegenoffensive aus, die im ersten Anlauf die 3. italienische Division im Pindosmassiv einkesselte und gefangennahm. Aber bereits am 2. November waren griechische Soldaten erstmals in Albanien eingedrungen – am äußersten rechten Flügel, wo sie den Paß der Straße Biglista-Koritza mit dem Bajonett erstürmten. In wenigen Tagen wurden nun die Italiener aus Griechenland nach Albanien zurückgeworfen.

Die Front gliederte sich um drei Schwerpunkte. Im Süden um die Gebirge des Epirus, welche die Straße von Hagii Saranta nach Valona decken; in der Mitte längs den Tälern von Viosa und Semen, die nach Berat zielen; und schließlich im Norden um das zu 2150 m kulminierende Pindosmassiv und im Talkessel von Skumbi, mit den Übergängen von Koritza, vom Ochrid- und Prespasee nach Tirana und Durazzo. Trotz der Massierung von 400 Flugzeugen und der Verstärkung der Landkräfte vermochte General Soddu, welcher gleich nach dem ersten Fiasko den unglücklichen Prasca im Oberkommando ersetzt hatte, den griechischen Gegenangriff nicht zum Stehen zu bringen, der in drei Keilen vorprellte: gegen Hagii Saranta, gegen Argryokastro und gegen Valona. Durch eine Finte ließ sich Soddu über das Hauptziel der Offensive täuschen, und das kostete ihn am 22. November den Verlust von Koritza. Von nun an beschleunigte sich der italienische Rückzug auf der gesamten Front: in schneller Folge fielen Moschopolis und Pogrades (30. November), Premeti und Hagii Saranta (4. und 5. Dezember), und mit dem Fall von Argryokastro (8. Dezember) kam auch der linke Flügel der griechischen Streitkräfte in Bewegung; aber das schlechte Wetter hinderte sie an der Auswertung ihrer Siege – erst am 23. Dezember nahmen sie Chimaru, während sie rechts davon das Massiv von Trebesina überquerten und Klissoura erreichten, den letzten italienischen Verteidigungsriegel vor Valona. Dann aber setzte der Winter mit voller Wucht ein – Schnee und Stürme verurteilten die griechischen Soldaten in den Gebirgen Albaniens während der Monate Januar und Februar 1941 zur Bewegungsunfähigkeit: diese Atempause rettete das italienische Expeditionskorps vor der Vernichtung. Sie gab Mussolini die Gelegenheit, seine dezimierten und demoralisierten Truppen in Albanien wieder aufzufüllen und zu festigen. Wenn er auch eine schwarze Woche gehabt hätte, schrieb er bereits am 22. November, so gehöre dies der Vergangenheit an, denn Italien stelle nun 30 Divisionen bereit, mit denen es Griechenland »auslöschen« würde. Und am 23. Februar verhieß er, der Frühling sei die Jahreszeit Italiens! General Soddu wurde zum Sündenbock gestempelt und durch General Cabellero, den neuen italienischen Generalstabschef, ersetzt. Aber Mussolinis Optimismus stand in Wahrheit auf soliderem Grund: am 12. November hatte Hitler den Befehl zur Vorbereitung des Unternehmens »Marita« gegeben, zur Invasion Griechenlands von Bulgarien aus.

Zu dieser Zeit traf Griechenland ein zweiter Schlag: am 29. Januar 1941 verschied Joannis Metaxas, der alte Staatschef, der in den Augen des Volkes den griechischen Sieg über Italien verkörperte. (Er starb an einer akuten Angina, die mit einem unerprobten und falsch dosierten Sulphonamid behandelt worden war, nicht – wie Hallmann in seiner Geschichte Neugriechenlands unter Übernahme der Goebbelsschen Legende behauptet – durch Mörderhand; auch Metaxas' Nachfolger fiel nicht einem Mord zum Opfer, wie es Hallmann gleichfalls wissen will). – Der Tod hatte es gut mit ihm gemeint: er erreichte ihn auf dem Gipfel seiner Laufbahn, auf dem Gipfel auch des neuen Griechenlands, kurz bevor es in den tiefsten Abgrund seiner jüngsten Geschichte stürzte. Mit ihm zu fallen, blieb ihm so erspart. Wenn auch schon zu seiner Todesstunde durch den Entscheid Hitlers die Würfel gegen Griechenland gefallen waren, so traf doch Metaxas die Verantwortung für dieses Ende nicht. Kein Grieche glaubte damals und glaubt heute, daß Metaxas am 28. Oktober hätte anders handeln können. Ebensowenig aber hätte Metaxas, wäre er länger am Leben geblieben, die spätere Katastrophe abzuwenden vermocht. Auf das Geschick, das Griechenland nun überkam, hatte der griechische Wille keinen Einfluß.

Die Griechen dürfen nicht siegen

Metaxas selber hatte noch versucht, und ein Nachfolger setzte dieses Bestreben fort, das Unvermeidliche aufzuhalten. Dieser Wille – nicht allein der Winter – hatte das italienische Heer in Albanien vor dem Schlimmsten bewahrt. Denn Metaxas war sich der unlösbaren Tragik des griechischen Dilemmas vollauf bewußt: Griechenland durfte in Albanien keinen »totalen« Sieg erringen, es durfte die italienischen Soldaten nicht in die Adria jagen. Hätte doch Hitler in solchem Fall seinem italienischen Bundesgenossen zur Hilfe eilen müssen. Einen Krieg der Mannschaften und der Unteroffiziere hat man in Griechenland den albanischen Feldzug genannt. Und in der Tat hat die Armeeführung in der zweiten Hälfte des Feldzuges die Mannschaften im Vormarsch eher gebremst als angefeuert. Denn ihrer strategischen Entscheidung waren politische Fesseln angelegt: sie mußte – entgegen jedem militärischen Sinn – die Siegeschance bewußt aus der Hand geben, um die Karte eines eventuellen Waffenstillstandes im politischen Spiele zu halten und Hitler nicht zur Intervention zu nötigen. Daß diese Rechnung schließlich doch nicht aufging, kann der griechischen Politik kaum als Fehler angerechnet werden; weder die vermessenen russischen noch die vorderasiatischen Eroberungspläne Hitlers, die erst die Unterwerfung Griechenlands bedingten, konnte die Athener Regierung damals in seine Entscheidungen einkalkulieren.

Metaxas' Tod beeinträchtigte den nationalen Kampfelan nicht. Sein unglücklicherer Nachfolger Alexander Korizis war bis 1939 Minister für soziale Fürsorge, danach Gouverneur der griechischen Nationalbank gewesen; ein integrer, sozial gesinnter Mann, der keiner Partei angehörte und sich der Wertschätzung aller Lager erfreute. Vor allem aber qualifizierte ihn zu dieser Stunde sein Ruf als hervorragender Finanzexperte, da die wirtschaftliche Last des Krieges – dessen militärische Führung weiterhin bei Papagos in den besten Händen lag – für das arme Land zusehends unerträglicher wurde; zudem konnt er nicht der Anglophilie verdächtigt werden, galt er doch – gleich Metaxas – als Freund Deutschlands. Gleich seinem Vorgänger auch ließ er eine Rückkehr des Landes zur Neutralität nicht aus dem Auge. Er bekannte sich aber ebenfalls zu dem von Metaxas am 5. Januar 1941 gefaßten Entschluß, selbst einem deutschen Angriff mit den Waffen zu begegnen.

Indessen schmolz der Schnee in den albanischen Bergen. Am 9. März 1941 begannen die Italiener mit 12 Divisionen die großangekündigte Offensive. Schon am 15. März brach sie zusammen: fünf ihrer Divisionen waren völlig zerschlagen. Wieder vermieden die Griechen die volle Nutzung ihres Sieges; diesmal nicht nur aus politischen Gründen, sondern weil auch sie am Ende ihrer Kräfte waren. Sie hatten nun 16 Divisionen gegn 26 italienische Divisionen in Albanien stehen und nur drei an der bulgarischen Grenze, längs der sich die Sturmzeichen häuften. Der neue griechische Sieg, der die italienische Offensivkraft für lange Zeit lahmlegte, erhöhte die Wahrscheinlichkeit einer deutschen Invasion. Athen sah nicht zu schwarz – am 6. April 1941 brach der deutsche »Blitz« über das Land herein.

Noch am 29. Dezember hatte der deutsche Botschafter der griechischen Regierung im Namen des »Führers« versichert: »Le Reich ne procédera jamais à moindre acte qui pourrait léser aux intérêts de la Grèce.«

Es war weder Sentimentalität noch »Treue«, die Hitler dem bedrängten römischen »Freund« zu Hilfe kommen ließen. Das klägliche Scheitern der italienischen Offensive, welche das Prestige der Achse schon schwer angeschlagen hatte und in der Fernwirkung die Gefolgschaft der ohnehin unwilligen Satelliten wie auch Italiens zu lockern drohte, verlangte eine drastische Korrektur. Unvergessen war, daß von diesem »weichen Unterleib«, der »Achillesferse« Europas her der Zusammenbruch der Mittelmächte im Ersten Weltkrieg seinen Anfang genommen hatte. Die Wiederholung dieser Konstellation drohte aus dem mißglückten Abenteuer Mussolinis hervorzugehen, da es doch Griechenland auf die Gegenseite getrieben hatte; schon bot es der Luftwaffe des Gegners ein verlockendes Sprungbrett zu einer Offensive gegen die rumänischen Erdölfelder, deren gesicherten Fluß die deutsche Kriegsführung nicht entbehren konnte. Aber noch schwerer als die defensiven wogen die offensiven Argumente. Der im Sommer 1940 beschlossene Feldzug gegen Rußland bedurfte der vorausgehenden Abschirmung der verletzlichen Südostflanke. Das weitgesteckte Ziel, den Nahen Osten durch Südrußland und über den Kaukasus sowie über Nordafrika und Ägypten in die Zange zu nehmen, schien ferner den Besitz der griechischen Halbinsel und ihrer vielfachen Inselbrücken zu gebieten, um so mehr, als die Italiener der britischen Flotte den Mittelmeerweg nicht zu sperren vermocht hatten; auch konnte sich die deutsche Nordafrikaarmee vom Nachschubweg über Griechenland eine Positionsverbesserung versprechen. Was zählte schon gegen all diese Gründe die Neutralität des kleinen Landes! Gewiß würde der deutsche Überfall die Weltmeinung erregen, besonders Amerika. Doch nachdem man sich schon in fünf Fällen über derartige Bedenken hinweggesetzt hatte, kam es auf ein sechstes Mal auch nicht mehr an.

Das Unternehmen »Marita« setzte jedoch die aktive oder zumindest die passive Förderung durch Jogoslawien und Bulgarien voraus. Mit Thrakien hatte Hitler den Bulgaren einen unwiderstehlichen Köder zu bieten, der ihnen die nordägäische Küste verhieß – die Erfüllung des jahrhundertalten Traumes, dem sie schon Unmengen Blutes geopfert hatten. Aber der vorsichtige König Boris zauderte lange. Er wollte es nicht mit dem mächtigen russischen Nachbarn verderben, zumal das fragwürdige deutsch-sowjetische Bündnis zusehends ins Gleiten geriet. Auch machte ihm die Türkei Sorge, da sie der bulgarische Kriegseintritt aus der Neutralität heraus und in das gegnerische Lager hätte führen können; 28 Divisionen hatte sie bereits an der thrakischen Grenze versammelt. Gegen das Schwanken Sofias spielte nun Hitler die Karte Belgrad aus, begehrten doch die Serben den Hafen Saloniki kaum weniger heftig als die Bulgaren. Aber auch die Verhandlungen mit Jugoslawien, dessen öffentliche Meinung einem Bündnis mit den Achsenmächten noch abgeneigter war, zogen sich in die Länge. Schließlich hatten sie doch die bulgarische Zustimmung zum Ergebnis. Immerhin verzögerte dies umständliche Hin und Her die deutsche Offensive gegen Griechenland um mehrere Wochen.

Das Unternehmen »Marita«

Die Anwesenheit deutscher Truppen und die Aufmarschvorbereitungen in Bulgarien – Straßen- und Brückenbau in Richtung auf die makedonische Grenze – blieben dem griechischen Abwehrdienst nicht verborgen. Hatte Metaxas noch am 17. Januar 1941 ein zweites britisches Hilfsangebot an Landtruppen zurückgewiesen, so erbat sie Anfang Februar sein Nachfolger Korizis nun von sich aus; denn inzwischen hatten sich die letzten Zweifel an Hitlers Angriffsentschlossenheit verflüchtigt. Die Realisierung der britischen Hilfe erforderte jedoch Zeit; mehr noch als zuvor war daher das griechische Oberkommando in Albanien zur Still haltestrategie des Zeitgewinns genötigt, um Hitler keinen Anreiz zur Beschleunigung seiner Offensive zu geben. Mitte Februar kamen Anthony Eden und General A. P. Wavell, damals Chef des Nahost-Kommandos, nach Athen. Die Verhandlungen waren für die Griechen enttäuschend: die Lage in Nordafrika erlaubte es den Briten nicht, mit der erforderlichen Schnelligkeit die erforderliche Zahl an Truppen nach Griechenland abzustellen – ihre Hilfsmöglichkeiten blieben weit hinter den griechischen Notwendigkeiten zurück. Noch unbefriedigender verlief die griechische Fühlungnahme zum jugoslawischen Oberkommando. Wenn überhaupt eine Aussicht auf die Abwehr der bevorstehenden deutschen Invasion bestand, dann allein durch das Handeln nach gemeinsamem Plan und unter einheitlicher Befehlsführung. Doch die Generalstäbe der beiden Balkanländer vermochten sich nicht zu einigen. Die Jugoslawen verlangten die Beteiligung stärkerer Commonwealth-Kontingente; die Einlösung dieser Bedingung aber unterstand nicht dem griechischen Willen, und die Briten konnten sie nicht erfüllen. Auch wollten die Jugoslawen die alliierten Divisionen im Raum von Saloniki aufgestellt wissen. Das war militärisch richtig gedacht, widersprach jedoch der politischen Konzeption der griechischen Regierung, die Hitlers strikte Erklärung, die Stationierung britischer Truppen in Saloniki als Casus belli anzusehen, auch jetzt noch respektierte. Andererseits gingen die Jugoslawen nicht davon ab, das nördliche Save-Donaugebiet in ihren Verteidigungsplan einzubeziehen, während Papagos die These verfocht, daß allein die Konzentration der jugoslawischen Streitkräfte in Südserbien eine wirkungsvolle Defensive gewährleisten könnte. Der Hauptgrund für die Verschleppungstaktik des jugoslawischen Verhandlungspartners lag aber in dem tiefen Zwiespalt zwischen Armee und Regierung in Belgrad, der den Alliierten verborgen blieb. Während nämlich die Militärs den Beitritt zum Achsensystem radikal ablehnten, beugte sich die Regierung Zwetkowitsch und Cinzar-Markowitsch mit Zustimmung des Prinzregenten Paul schließlich doch dem deutschen Druck. Der Vertrag, den sie am 25. März 1941 in Wien unterschrieben, nahm sich zwar auf dem Papier nicht unvorteilhaft für Jugoslawien aus: er versprach ihm die Einverleibung Salonikis und garantierte seine territoriale Integrität und Neutralität, die auch den deutschen Durchmarsch ausschloß. Gegenüber Griechenland begingen die Belgrader Minister mit ihrer Unterschrift freilich einen glatten Bruch des Balkanpaktes, ja einen Verrat; sie hatten sich nicht einmal gescheut, Hitler von den Verhandlungen ihres Generalstabs mit dem griechischen Oberkommando Mitteilung zu machen. Doch war diesem Vertrag nur eine zweitägige Lebensdauer beschieden: schon am 27. März widerrief ihn de facto der Staatsstreich, durch den General Simowitsch im Namen der Armee die Regierung stürzte. Aber dieser Szenenwechsel kam zu spät; Hitler ließ Simowitsch keine Zeit mehr, sich mit den Griechen über eine gemeinsame Verteidigung zu verständigen.

So blieb den Griechen nur die britische Hilfe. Am 9. Dezember 1940 hatte das Middle East Command von Ägypten aus die Offensive gegen die Cyrenaika begonnen – mit sechswöchiger Verspätung, da es auf Weisung Londons seine Truppen in Reserve gehalten hatte, um notfalls den Griechen gegen die italienischen Angreifer beizuspringen. Jetzt aber konnte es wegen des nordafrikanischen Engagements lediglich 3 Divisionen für Griechenland freimachen: die 6. und 7. Australische Division, die Neuseeländische Division, die 1. Panzerbrigade und eine Unabhängige Polnische Brigade – nach Auffassung des griechischen Generalstabes hätte eine wirksame Verteidigung zumindest 9 britische Divisionen erfordert. – Am 3. März 1941 landeten sie in den griechischen Häfen und bezogen Stellung im Nordosten des Olymp – insgesamt 57000 Mann. Ihre Abstellung erfolgte gegen den Willen des englischen Nahost-Kommandos (das mit ihnen den tripolitanischen Feldzug vor dem Eintreffen des deutschen Afrikakorps hätte beenden können), auf den persönlichen Befehl Winston Churchills hin. Der britische Premier hatte damit eine politische, nicht eine militärische Entscheidung getroffen, im vollen Bewußtsein ihrer Vergeblichkeit. Denn Großbritannien war es seinem politischen Kredit schuldig, unter allen Umständen – auch und gerade in dieser Lage – zu seinem Wort zu stehen. Das war kein Luxus des

Sentiments, sondern Realpolitik. Hätte London in Widerspruch zu seinem Garantieversprechen von 1939 die Griechen ihrem Schicksal überlassen, ohne einen Finger für sie zu rühren, so hätte sich auch die Türkei nicht mehr auf das englische Hilfsversprechen verlassen können; das hätte sie bewegen können, gleich Rumänien und Bulgarien dem deutschen Druck nachzugeben und Hitlers Panzern den Weg sowohl nach den Erdölfeldern des Vorderen Orients wie nach dem Kaukasus freizugeben, wodurch die britische Nahostposition vom Norden her und die Sowjetunion vom Süden her ausflankiert worden wären. Nicht zuletzt traf aber Churchill seinen Entscheid auch in dem Wissen, daß die Moral eine entscheidende Kriegswaffe ist. Die militärische Niederlage in Griechenland war ein politischer Sieg Englands, den es nicht errungen hätte, wenn es sich – rein militärisch rechnend – auf diese Niederlage nicht eingelassen hätte.

Seit November 1940 waren starke deutsche Einheiten in Südrumänien zusammengezogen worden. Am 1. März 1941 trat König Boris endlich dem Dreimächtepakt bei, und einen Tag darauf begann die XII. deutsche Armee in Bulgarien einzumarschieren. Der ursprüngliche Feldzugsplan des Generalfeldmarschalls List sah den Einfall in die griechischen Provinzen Westthrakien und Ostmakedonien unter Umgehung des südserbischen Makedoniens vor. Diese Angriffskonzeption mußte jedoch nach dem erfolgreichen Staatsstreich der jugoslawischen Armee geändert werden. Denn Simowitsch löste sein Land nicht nur aus dem deutschen Paktsystem, er mobilisierte auch die jugoslawische Armee und schloß am 5. April einen Freundschaftsvertrag mit der Sowjetunion. Nicht nur die schäumende Wut Hitlers verlangte, Jugoslawien zu »strafen«, seine Unterwerfung war nun auch militärisch geboten, da die einzige Nachschubstraße, über die der deutsche Aufmarsch gegen Griechenland auf bulgarischem Boden verfügte, fast auf 400 km in 20 km Entfernung parallel zur bulgarisch-jugoslawischen Grenze verlief, in Reichweite der jugoslawischen Geschütze. Auch schien es ein untragbares Risiko, die feindselige jugoslawische Armee im Rücken der in Griechenland eindringenden deutschen Truppen zu haben.

So kam der 6. April 1941, an dem sich die XII. Armee von Bulgarien aus gegen Griechenland in Bewegung setzte – mit Ausnahme der Panzergruppe Kleist, deren Vormarsch sich infolge der notwendigen Umdispositionen bis zum 8. April verzögerte. Während Kleist über Nisch nach Norden vorstieß, um dort die Verbindung mit der aus dem Raum Temesvár eindringenden Gruppe des Generals Reinhard aufzunehmen, und nach der Eroberung Belgrads am 13. April sich der II. Armee anschloß, die aus der südlichen Steiermark durch Kroatien vorgeprellt war, operierte die XII. Armee in drei Korps gegen Südserbien und Griechenland. Dem Korps Stumme fiel die Aufgabe zu, in zwei Kolonnen Jugoslawisch-Makedonien von Ost nach West zu durchschneiden und die Fühlung zu den italienischen Streitkräften in Albanien herzustellen, wodurch am 11. April die in Makedonien stehenden jugoslawischen Truppen von Griechenland abgetrennt wurden. So sah sich die jugoslawische Heeresführung schon am 17. April zur Kapitulation gezwungen.

Indessen rannten die Korps Böhme und Ott gegen die gutbefestigte Metaxas-Linie an der griechischen Nordostgrenze an, in der die Griechen zähen Widerstand leisteten – ihre Tapferkeit verleitete Hitler zu der Äußerung, er habe den Italienern vielleicht doch etwas unrecht getan, als er ihre militärischen Leistungen absprechend beurteilte. Wie schon im Ersten Weltkrieg, lag hier der Schwerpunkt der Kämpfe auf dem Rupel-Paß, über den die Straße nach Saloniki führt. Die griechische Verteidigung brach erst zusammen, nachdem eine Panzerdivision des Korps Böhme das Gebirge südwestlich über Jugoslawisch-Makedonien umgangen und am 9. April Saloniki kampflos genommen hatte. Damit war der Angreifer in den Rücken der Metaxas-Linie gelangt, und das machte ihre weitere Verteidigung sinnlos. Der Fall von Saloniki schnitt gleichfalls die in Thrakien stehenden griechischen Verbände von ihrer Basis ab; sie kapitulierten daher noch am selben Tag, mit Zustimmung des griechischen Oberbefehlshabers. – Die in letzter Minute vollzogene Frontwendung Jugoslawiens gegen die Achse hat also den deutschen Angriff auf Griechenland operativ erleichtert und dem griechischen Widerstand eher geschadet als genützt: sie entwertete die Metaxas-Linie, da sie der XII. Armee die Umgehung durch das unbefestigte jugoslawisch-griechische Grenzgebiet freigab – das hatte der griechische Verteidigungsplan nicht einberechnet.

Das Korps Stumme, verstärkt durch eine Panzerdivision der Gruppe Kleist, und das Korps Böhme konnten nun, da ihre Flanken gesichert waren, den Angriff ungehindert nach Zentralgriechenland vortragen. Das L. (50.) Korps Lindemann übernahm an Stelle der Einheiten Stummes die Besetzung Makedoniens. Die an der makedonischen Grenze stationierten griechischen und Commonwealth-Truppen boten keinen erheblichen Widerstand mehr, und auch die von ihnen verteidigte Olympstellung vermochte nach ihrer westlichen Umgehung die deutschen Panzerdivisionen nicht lange aufzuhalten. Nach ihrer Durchbrechung schwenkte das Korps Stumme westwärts über den Metsowo-Paß auf das ungeschützte Jannina (22. April) ab, die Hauptstadt des Epirus. Mit seiner Einnahme war das nördlich davon, in Albanien, kämpfende Gros der griechischen Armee (300000 Mann) unter dem Kommando des Generals Tsolakoglou eingekesselt; sie zog die Konsequenz aus ihrer unhaltbaren Lage und streckte zwischen dem 21. und 23. April die Waffen. Nach ihrer Entwaffnung wurden die Mannschaften unter Führung ihrer Offiziere in die »Freiheit« und in die Heimat entlassen, die ihre Freiheit verloren hatte. Diese »ehrenvolle« Behandlung (die den Italienern noch einmal ihre Abhängigkeit von der deutschen Waffe drastisch vor Augen führte) blieb in ihrer Klugheit die Ausnahme von der Regel der deutschen Politik in Griechenland; sie enthob die deutschen Kommandeure zudem der Sorge um die Gefangenen – ein Problem, das sie kaum hätten lösen können.

Mit der Kapitulation der Truppen in Thrakien und in Albanien hatte die griechische Armee zu bestehen aufgehört. Versprengte Verbände leisteten den Engländern Hilfestellung bei ihren Rückzugsgefechten, die noch einmal bei den Thermopylen und beim Isthmus von Korinth heftig aufflackerten. Kampflos und unbeschädigt fiel Athen am 27. April in die deutsche Hand. Die Reste der Commonwealth-Truppen – 10 000 Mann etwa, die sich nicht mehr rechtzeitig auf die rettenden Schiffe hatten flüchten können – gerieten an der Südostküste des Peloponnes in deutsche Gefangenschaft. König Georg war mit der Regierung über Kreta nach Kairo geflohen – ohne Ministerpräsident Korizis, der kurz vor dem Einmarsch der Deutschen in Athen Selbstmord beging.

Kurz nach der Einnahme Salonikis schon waren die Ägäischen Inseln gefallen – Lemnos, Lesbos, Chios und Skyros. Zum letzten und härtesten Kampf des ganzen Feldzuges kam es in der Schlacht um Kreta, im Unternehmen »Merkur« mit zunächst 13 000 Mann. 27 500 Mann des geschlagenen Heeres waren auf die unbefestigte Insel entkommen, hart mitgenommen vom schnellen Rückzug, der sie ihrer schweren Waffen und Nachrichtenmittel fast völlig beraubt hatte. Insgesamt zählten die Verteidiger, verstreut über die Insel, 32 000 Engländer, Australier, Neuseeländer sowie 10 000 griechische Soldaten, wirksam unterstützt von zahlreichen kretischen Freischärlern. Doch der Gegner schenkte ihnen keine Zeit zum Ausbau von Verteidigungsstellungen. Schon am 20. Mai begann die deutsche Luftlandeoperation in Maleme – die größte dieser Art, die je stattgefunden hat. Während die Verteidiger zur Luft völlig unterlegen waren (General Fryberg verfügte nur über 8 Flugzeuge und 1 Flakbatterie), fehlte es den Angreifern an schweren Waffen, vor allem an Panzern, und an Seeunterstützung. So erlitten beide Seiten schwere Verluste. Dem XI. deutschen Fliegerkorps unter General Student und der 5. und 6. Gebirgsdivision kostete der Sieg fast 40 Prozent der Einsatztruppe, während sich von den Commonwealth-Truppen nur 16 500 Mann nach den ägyptischen Häfen absetzen konnten. Am 2. Juni 1941 war Kreta, und damit das gesamte Griechenland, in deutscher Hand. – Der Sieger hatte für die Insel einen überaus teuren Preis zahlen müssen: die hochqualifizierte Spezialtruppe, die Göring auf Kreta verlor, fehlte – nach Meinung Churchills – den Deutschen später zur Eroberung Zyperns, Syriens, des Iraks und vielleicht auch Persiens. Und die Unterbrechung im Ausbildungsprogramm durch den Einsatz (und Verlust) zahlreicher Übungsflugzeuge als Transportmaschinen ließ sich später nicht wieder aufholen. Nicht zufällig hat die deutsche Armeeführung keine zweite Operation gleichen Stils mehr im Verlauf des Krieges durchgeführt. Die Militärhistoriker aller Lager sind sich einig, daß der deutsche Preis für den Gewinn der Insel ungerechtfertigt hoch war. Hitler selbst zog in seltener Einsicht das Fazit: »Die Tage der Fallschirmjäger sind vorüber.«

Aber wahrscheinlich war das ganze griechische Abenteuer für Hitler von überaus zweifelhaftem Wert. Und zweifellos hatte der Widerstand der Griechen gegen die beiden Achsenmächte seiner Vergeblichkeit zum Trotz einen guten Sinn, der für den Gesamtverlauf des Krieges nicht ohne Bedeutung war. Der Erfolg in Albanien – zu einem Zeitpunkt, da die Achse allmächtig schien – war in diesem Kriege der erste alliierte Sieg, der den schwankenden »dritten« Völkern wieder Mut zum Aushalten einflößte; er vernichtete das Prestige Mussolinis, enthüllte die Schwäche Italiens und widerlegte damit den Mythos von der Unverwundbarkeit der Achse. Auch trug der Davidskampf des kleinen griechischen Volkes gegen den faschistischen Goliath nicht wenig dazu bei, die öffentliche Meinung Amerikas für die aktive Kriegsteilnahme zu gewinnen. Schließlich beanspruchte der Griechenlandfeldzug die längste Dauer (acht Wochen, vom 6. April bis zum 2. Juni) von allen »Blitzen« Hitlers. Seinetwegen mußte das Unternehmen »Barbarossa« gegen die Sowjetunion, nach dem Befehl Nr. 21 ursprünglich für den 15. Mai vorgesehen, auf den 22. Juni 1941 verlegt werden. Diese Verzögerung um mehr als fünf Wochen trug maßgeblich zur Katastrophe der Winteroffensive 1941 bei, die Anfang Dezember 22 km vor Moskau im Schnee steckenblieb. Kreta – so ließe sich etwas überspitzt formulieren (und die Griechen gebrauchten diese Formulierung während des blutigen Bürgerkrieges gegen die Kommunisten), Kreta hat Moskau gerettet. Immerhin war auch das Unternehmen »Marita« mit einem hohen Grad von Präzision »nach Maß« verlaufen – ein Anstoß mehr für Hitler, die Hybris seiner Unfehlbarkeit zum selbstmörderischen Wahn zu übersteigern.

Besatzungschaos

So fragwürdig der Griechenlandfeldzug für die Achsenmächte war, sein Fehler verblaßt neben den Torheiten, die Hitler nach dem Balkankrieg bei der territorialen »Neuordnung« des Südostens beging. Am 20. April 1941 traf sich Ribbentrop mit Ciano auf der Wiener Konferenz, die über das Schicksal der Balkanvölker auf der Landkarte befand. Nach ihrem Willen wäre Griechenland durch die Amputation seiner Glieder bis zur Existenzunfähigkeit verstümmelt worden. Bulgarien bekam (außer Jugoslawisch-Makedonien mit Skopje) Westthrakien zwischen der Maritza und der Struma als Lohn für seine Hehlerdienste – diese Beute war ihm schon am 1. März 1941 für den Beitritt zum Dreimächtepakt zugesichert worden. Italien bedingte sich die Ionischen Inseln aus und erfeilschte die Zustimmung Ribbentrops für die Vorverlegung der albanischen Südgrenze nach dem Epirus bis Jannina; die Abtretungen sollten jedoch erst nach dem Krieg »rechtswirksam« werden. Mit Saloniki, das den enttäuschten Bulgaren nicht zufiel, und mit Kreta soll Hitler besondere Absichten verfolgt haben, deren Verwirklichung gleichfalls der Beendigung des Krieges vorbehalten wurde. – Dem Einwand, der Wiener Länderschacher würde die Unruhe im Südosten verewigen, begegnete Hitler mit dem Argument, er wünsche keine Befriedung des Balkans. Ständige Konflikte als Folge schlechter Grenzen würden ihm die Beherrschung dieses Raumes nur erleichtern. Sein engstirniger Machiavellismus übersah, daß er mit dieser Politik *alle* Balkanvölker von sich stieß und in das Gegenlager trieb.

Ihrem Ruf als perfekte Organisatoren blieben die Deutschen in Griechenland alles schuldig – das Chaos, das sie anrichteten, hätte geplant nicht vollkommener ausfallen können. Wie später die Alliierten in Deutschland, so spalteten die Achsenpartner das Land in Besatzungszonen auf. Es litt schlimmer noch als jenes an dieser willkürlichen Zerstückkelung, da es wegen der Armut seiner Böden und der Bevölkerungsballung in den Städten noch mehr auf die unbehinderte Kommunikation seiner Glieder angewiesen war. Der deutsche Sieger selber legte eine überraschende Bescheidenheit an den Tag – er hatte wichtigere Arbeit für seine Soldaten auf anderen Schauplätzen, auch war in diesem Lande nicht eben viel zu holen: so begnügte er sich mit Saloniki und Umgebung, dem Demotika-Streifen an der türkischen Grenze, den nordägäischen Inseln, in Attika mit den Flugbasen Tatoi, Eleusis, Kalamaki, mit Teilen von Athen (einschließlich des Konzentrationslagers Chaidari) und mit der Küste entlang dem Saronischen Golf bis zum Bergwerksbezirk von Laurion, mit dem Südteil des Piräus, den Inseln Salamis und Ägina, und schließlich mit West-Kreta. Bulgarien bekam Thrakien (16682 qkm mit 590000 Einwohnern) und griff – je mehr sich die deutsche Lage verschlechterte – allmählich auch nach Ostmakedonien. Das gesamte übrige Griechenland – der weitaus größte Teil also – fiel an die Italiener, die ihre XI. Armee zur Besetzung aufboten; an ihrer Spitze stand zunächst General Geloso – bis sich über seine allzu umfangreichen Privatgeschäfte mit Gotzamanis, dem Finanzminister der griechischen Kollaborationsregierung, nicht länger mehr der Mantel der christlichen Nächstenliebe breiten ließ und er von dem zurückhaltenderen General Vacchiarolli abgelöst wurde.

Zur territorialen Desorganisation kam nun noch ein dschungelhaftes Neben- und Gegeneinander der einzelnen Besatzungsbehörden. Die taktische und operative Entscheidungsgewalt war zwar bei der deutschen »Heeresgruppe E« in Saloniki konzentriert (und dieser wiederum stand der »Militärbefehlshaber Südost« in Belgrad vor). So war es auf dem Papier. Denn die ihr untergeordneten Kommandostellen – der deutsche »Befehlshaber Südgriechenland« und das Oberkommando der XI. italienischen Armee, beide in Athen – waren wegen der schlechten und verletzlichen Verkehrs- und Nachrichtenverbindungen doch weithin auf sich selber verwiesen, und kaum weniger waren es die von ihnen abhängigen Feld- und Kreiskommandanturen in der Provinz. Am heillosesten verwirrten sich die Befehlsfäden in Athen. Da gab es das SS-Polizeiregiment 18; nominell unterstand es zwar dem Befehlshaber Südgriechenland für die taktischen Operationen, doch übte es seine polizeilichen und politischen Aufgaben in eigener Regie aus und unterhielt über Sicherheitspolizei und SD direkte Weisungskanäle zum Reichssicherheitshauptamt in Berlin, beziehungsweise zu Himmler. Ferner hatte sich in Athen ein Luftgaukommando niedergelassen, das dem Befehlsbereich Kesselrings (in Italien) angehörte, während der »Admiral Ägäis« dem Marinegruppenkommando Sofia angegliedert war. Dazu gesellten sich eine Unzahl unabhängiger OKW-Dienststellen, wie der Wehrwirtschaftsstab (zur Ausbeutung der Bodenschätze, der Industrie und der Arbeitskräfte des Landes), die Abwehrstelle, die Dienststellen für Nachrichtenverbindung, Eisenbahnwesen und anderes. All diesen Militärbehörden machten nun die deutschen Zivilinstanzen den Machtrang streitig: die deutsche Gesandtschaft (mit einem Militärattaché) und seit dem 16. Oktober 1942 auch Minister Neubacher, der als »Sonderbeauftragter des Reichs für wirtschaftliche und finanzielle Fragen in Griechenland«, ab Oktober 1943 als »Sonderbevollmächtigter des Auswärtigen Amtes für den Südosten« mit außerordentlichen Vollmachten zur Steuerung der Wirtschaft, Währung und Ernähung Griechenlands ausgestattet war und dessen Regierung – mehr oder minder unabhängig vom Berliner Auswärtigen Amt – politisch zu »beraten«, das heißt zu kontrollieren hatte. Natürlich waren auch die griechischen Minister ständig auf die Erweiterung ihres engen Bewegungsspielraumes bedacht. Die meisten Scherereien aber bereiteten Oberkommando und Gesandtschaft die Italiener, die sich als die eigentlichen Herren Griechenlands gebärdeten; voller Ressentiments noch von Albanien her, pochten sie gegenüber dem deutschen Partner auf die Respektierung ihres Vorranges als Besatzungsmacht.

Von Koordination konnte unter diesen Umständen kaum die Rede sein. Die Aufgaben der einzelnen Machthaber überschnitten sich, während ihren Kompetenzen keine klaren Grenzen gezogen waren. So verwickelte sie die Eifersucht des Geltungsdranges, der Interessen und politischen Konzeptionen in einen permanenten kalten Krieg, der das schwere Besatzungslos des Landes noch verschlimmerte. Der einzelne Grieche freilich profitierte gelegentlich von den ausschweifenden Rivalitäten seiner Bedrücker: er war nicht einer Macht allein ausgeliefert – war er von der einen verfolgt, so gewährte ihm die andere manchmal Schutz und Rettung. Schließlich machten die Partisanen dies unsinnige Besatzungssystem für weite Landesgebiete unwirksam. Zu keiner Zeit hatten ja die Sieger das gesamte Griechenland in ihrer Hand. Von Anfang an hatten sich die Italiener mit dem Besitz der größeren Ortschaften begnügt, zwischen denen sie sich nur in stark gesicherten Geleitzügen zu bewegen wagten. Und mit der Ausbreitung der Partisanenorganisationen, die in ihrem Machtbereich eine eigene Verwaltung mit Steuern, Polizei und Rekrutenaushebung unterhielten, schrumpften im Verlauf des Krieges die Herrschaftszonen der Besatzungsmächte mehr und mehr zusammen; am Ende ragten sie in den großen Städten nur noch als Festungsinseln aus dem Meer des Widerstandes heraus.

Nichts hatten die Deutschen unterlassen, um ihren militärischen Sieg über Griechenland in eine politische Niederlage umzumünzen. Die Betäubung durch den »Blitz« hatte die Feindseligkeit in der griechischen Bevölkerung zunächst verstummen lassen. Die Entlassung der gefangenen Väter, Söhne und Brüder war eine kluge Maßnahme der Besatzer; auch hatte die Schnelligkeit des Feldzuges dem Lande schwerere Wunden erspart. Vor allem fürchtete man von den Deutschen nicht wie von den Italienern und Bulgaren, daß sie im Lande Wurzel schlagen wollten. Daher kämpften auch die Partisanen anfangs nur gegen die verachteten Italiener und die gehaßten Bulgaren; bis zum Sommer 1942 setzten sie die deutschen Soldaten, die ihnen aus Versehen in die Hände liefen, meist gleich wieder frei.

Aber nicht lange verharrten die Griechen in dieser Einstellung. Sie hatten erwartet, im Deutschen auf die pure Inkarnation des Soldatentums zu stoßen. Das Konzentrationslager von Chaidari, die Geisellager von Larissa und Saloniki widerlegten dieses Bild. Und wie vertrug es sich mit dem Soldatentum, auf das sich die Deutschen so viel zugute taten, daß sie das Land an die Italiener auslieferten und damit den Besiegten zum Herren über den Sieger einsetzten?! Wie konnten sie den Bulgaren die fruchtbarsten Provinzen Griechenlands überantworten, die doch keinen Finger für ihre Eroberung gerührt hatten?! Jede Schikane, jede Schiebung und Erpressung der Italiener, alle Verbrechen und Morde der Bulgaren wurde daher den Deutschen angelastet, denn sie erst hatten beide ins Land gebracht. Auch bekam es dem deutschen Ansehen nicht, daß die Kampfeinheiten sehr bald schon von Reservetruppen abgelöst wurden, die den Verführungen der Besatzungsprivilegien kaum weniger widerstanden als die Italiener. Zum Haß der Verzweiflung steigerte sich dann die Feindschaft gegen die Deutschen im Hungerwinter 1941/42, der Zehntausende von Athenern das Leben kostete und die Massen der Bevölkerung in ein Elend stieß, wie es keinem anderen der unterworfenen Völker widerfuhr. Gewiß hatte der albanische Krieg die griechischen Vorräte aufgezehrt, gewiß waren 1941 die Felder wegen der Kämpfe nicht ausreichend bestellt worden, waren Eisenbahn- und Straßennetz zerstört, die Handelsflotte vernichtet, war die Zufuhr zur See, über die sonst die Hälfte der benötigten Nahrungsmittel hereinkam, durch die britische Blockade gesperrt – dies alles ließ sich zur Not als »höhere Gewalt« verstehen. Nicht aber, daß die Deutschen die Ernten Makedoniens und Thrakiens, welche mehr als die Hälfte der heimischen Nahrungsmittelerzeugung und die Hälfte auch der Exportproduktion lieferten, den hinreichend versorgten Bulgaren aushändigten; daß die Besatzungsmächte gleich nach der Eroberung die wenigen Vorräte – 18 000 t Olivenöl, 110 000 t Tabak, 3 500 t Zucker, 3000 t Reis, 7000 t Baumwolle, 71 000 t Rosinen, 1500 Kaffee, 10 000 t Kohle sowie Weizen im Werte von einer halben Million Dollar – für ihre Truppen beschlagnahmten oder in die Heimat abschoben. Auch sonst legte sich die deutsche Truppe bei der Versorgung aus dem Land wenig Zurückhaltung auf – weniger als die Italiener, die einen höheren Verpflegungssatz aus ihrem eigenen Lande bezogen. Die den Besatzungsmächten auferlegte völkerrechtliche Verpflichtung, für das Existenzminimum der unterworfenen Bevölkerung zu sorgen, blieb unerfüllt. Wohl kamen später auf die Initiative der deutschen Gesandtschaft (unter Altenburg und von Grävenitz) und des Sonderbeauftragten Neubacher einige Lebensmittelzüge aus dem Balkan ins Land, wohl gestatteten die Besatzungsmächte dem Internationalen Roten Kreuz einige Schiffszufuhren von kanadischem und türkischem Getreide; auch durften das Schwedische und Schweizer Rote Kreuz ihre segensreiche Tätigkeit in den Notgebieten entfalten, und mancher deutsche Soldat, der den Anblick dieses Elends nicht ertrug, teilte sein Brot mit den Verzweifelten – aber diese homöopathischen Hilfen bannten den Hunger nicht und nicht den Hungertod.

Vor allem ruinierte die unsinnige Finanzpolitik die Wirtschaft des Landes. Westdeutschland hatte in den ersten Jahren nach 1945 in der amerikanischen Zone 36 %, in der britischen 38 % und in der französischen Zone 53 % seines Steueraufkommens an die Okkupationsverwaltungen abzuführen – den Griechen verlangten die Besatzungsmächte im ersten Jahr (bis zum 31. März 1942) das Dreifache der gesamten Staatseinkünfte ab: 47,5 Milliarden Drachmen, während das Staatseinkommen nur 15 Milliarden, das ganze Volkseinkommen (1941) 45 Milliarden Drachmen betragen hatte! Theoretisch wäre demnach dem Griechen von seinen Einnahmen nicht nur nichts für Nahrung, Wohnung, Kleidung, Heizung, Licht und Steuern geblieben, das Volk hätte darüber hinaus noch 2 ½ Milliarden Drachmen aufbringen müssen. Dazu kam es natürlich nicht. Statt dessen mußte die griechische Regierung die Notenpresse in rasende Rotation versetzen, so daß sich der Geldumlauf in kurzer Zeit zu astronomischen Dimensionen verstieg – ein Prozeß, der die Währung radikal entwertete und die Bevölkerung zur illegalen Flucht in das englische Goldpfund zwang. Am Ende wogen die Bauern die Geldscheine nur noch nach dem Gewicht, das sie für ihre Erzeugnisse bekamen – sofern sie diese überhaupt verkauften. Im November 1944 – nach der Befreiung – fing man mit einer Währungsreform von vorne an: mit der Umtauschquote 1 Drachme zu 50 Milliarden! – Im Verlauf der Kriegsjahre 1941 bis 1944 hatte sich der Geldumlauf der Drachme von 19,37 Milliarden auf 102 Trillionen(!) verstiegen.

Der totalen Entwertung der Drachme folgte die totale Lähmung des wirtschaftlichen Kreislaufes – im geheimen gespensterte er freilich weiter im Naturaltausch und in der Goldverrechnung auf den schwarzen Märkten, an denen die fremden Soldaten mit nicht geringem Eifer teilhatten. Aber nicht nur auf der Währungsseite erlitt die griechische Volkswirtschaft ein tödliches Leck; ihr Zusammenbruch war allein schon durch ihre Substanzverluste unvermeidlich geworden. Mit der Amputation der thrakischen und makedonischen Agrarprovinzen hatte Griechenland nicht allein die größere Hälfte seiner Getreide- und Vieherzeugung, sondern auch den Hauptanteil seiner Tabakproduktion, seines wichtigsten Ausfuhrgutes, eingebüßt, so daß es nun für Lebensmitteleinfuhren aus dem Achsenraum keine nennenswerten Gegenlieferungen mehr zu bieten hatte. Völlig versiegt waren auch die Quellen der unsichtbaren Deviseneinnahmen aus der Handelsschiffahrt, dem Tourismus und den Barüberweisungen der Auslandsgriechen an die Heimatangehörigen, die schon in Friedenszeiten das chronisch passive Handelsdefizit nur notdürftig geflickt hatten. Industrie und Handel, stets importabhängig, verloren durch die radikale Drosselung der Einfuhren von Roh- und Betriebsstoffen ihre Existenzfähigkeit; nur wenige Fabriken konnten im Dienst der Besatzungsmächte weiterarbeiten. Besonders verhängnisvoll wirkte sich die Besetzung auf die Forstbestände aus; Jahrhunderte schon hatten sich schwer an ihnen versündigt – nun ließen die Bedürfnisse der Truppe und der Bevölkerung, der keine Kohle zu Hausbrandzwecken mehr zur Verfügung stand, sie rigoros zusammenschmelzen. Ferner litt das Land völligen Mangel an Düngemitteln und Schwefel, an Brennstoff für die Transportmittel, für Maschinen und Pumpen (zur Berieselung der Felder). Zu allem hatte die Bevölkerung auch noch unter der Wassernot zu leiden. Die kargen Mengen, die der Marathonsee, das Athener Reservoir, speichert, zerrannen in dem verschwenderischen Umgang, den die deutschen Soldaten nach heimatlicher Gewohnheit mit dem kostbaren Wasser pflegten. Welche Unmengen verschlang ihr Sauberkeitsdrill allein für die Fahrzeuge! Den Athenern aber gesellte sich so zum Hunger der Durst – und der Schmutz. Schwer lasteten auf dem Land auch die zahlreichen Versehrten, die im albanischen Winterkrieg ihre Glieder durch Erfrierungen eingebüßt hatten und nicht mit Prothesen versorgt werden konnten. Dazu hatte die brutale Bulgarisierungspolitik in Thrakien und Ostmakedonien an die hunderttausend Griechen vertrieben. Beide Menschengruppen ließen sich weder in der Landwirtschaft noch in der Industrie unterbringen; sie waren auf die Fürsorge eines Staates angewiesen, der aller Mittel entblößt war. Die Anfälligkeit für Krankheiten stieg sprunghaft, Seuchen breiteten sich in verheerenden Wellen über das Land aus, den Ärzten aber fehlte es an Medikamenten, Impfstoffen und Verbandszeug. So kamen zur staatlichen Desorganisation und wirtschaftlichen Chaotisierung die physische Zerrüttung und eine krebshaft wuchernde Demoralisierung. Weder die Besatzungsmächte noch die entmachteten Kollaborationsregierungen (in deren Ministerpräsidentschaft General Tsolakoglou, Professor Logothetopoulos und Rhallis einander ablösten) zeigten sich imstande, der totalen Anarchie zu steuern oder sie auch nur einzudämmen.

Die Partisanen nehmen den Kampf auf

Zum Anfang freilich taten sich die Partisanen schwer. Die Diktatur Metaxas' hatte die alten Parteien zerschlagen und ein politisches Vakuum hinterlassen, das dem Widerstand keine organisatorischen Ansätze bot. Allein die Kommunisten, seit 1936 im Untergrund, hatten ihren Apparat wohlkonserviert in die Besetzung hinübergerettet. Am 27. September 1941 kam auf ihr Betreiben die EAM (Ethniko Apeleftherotiko Metopo = Nationale Befreiungsfront) zustande, eine Art »Volksfront«, die sechs Linksparteien und eine Reihe älterer Politiker aus dem antiroyalistischen Lager der Liberalen umfaßte: die Kommunisten, die Republikaner, die Agrarpartei (unter Gawrielides), die Vereinigten Sozialisten sowie die Sozialistische Partei (die sich auf die zersplitterte Gewerkschaftsbewegung stützte) und die Union der völkischen Demokratie (unter dem sozialistischen Intellektuellen Elias Tsirimokos). Allein die beiden letzten Parteien waren unabhängig und eigenen Wuchses, während die drei anderen Partner lediglich als Tarnableger der Kommunisten fungierten – doch das merkten jene erst, als es zu spät und der Rückweg schon verlegt war. Jedenfalls gelang es den Kommunisten, unter dem Mantel dieser Konstruktion lange Zeit auch das griechische Volk zu täuschen, das ihnen zunächst in hellen Scharen zulief. Anfangs beschränkte sich die EAM auf die Organisation von Streiks, durch die das deutsche Programm zur Verschickung griechischer Arbeiter völligen Schiffbruch erlitt. Dieser Erfolg ermutigte sie zu größeren Taten: im Februar 1942 zogen sie in die Berge und gründeten die Partisanenarmee der ELAS (Ethnikos Laikos Apeleftherotikos Stratos = Nationale Volksbefreiungsarmee). In geschickter Anknüpfung an die hochgehaltene Tradition der Klephten, der Bergguerillas aus dem Befreiungskrieg, fanden ihre Parolen vor allem bei der städtischen Jugend und bei den Frauen eine Gefolgschaft, die vor keinem Opfer, auch vor keiner Härte zurückscheute. Anfänglich zogen sie in kleinen Gruppen durch die Gebirge, da und dort zu einer Sabotage- oder Störaktion in die Täler einfallend, um sich dann wieder vor dem Vergeltungsstoß der Besatzungstruppen in das sichere Réduit der unzugänglichen Steinöde zurückzuziehen. Geführt waren diese Gruppen meist von irgendeiner Lokalgröße – der bekannteste dieser Kapetanei (Kapitäne) war Aris Velouchiotis (richtig Athanasios Klaras); die Fäden hielt jedoch stets der politische Kommissar in der Hand, regelmäßig ein Kommunist. Das System funktionierte vollkommen und sicherte der KP-Zentrale in Athen die Kontrolle über die gesamte ELAS. Später schloß sie die kleinen Gruppen zu größeren Verbänden zusammen.

Bald aber traten auch politisch anders orientierte Partisanenorganisationen zur EAM/ELAS in Konkurrenz. Die bedeutendste unter ihnen war die EDES (Ellenikos Dimokratikos Ethnikos Syndismos = Griechische Republikanische Befreiungsliga), die in Westgriechenland Wurzel schlug. Zunächst ein Instrument in den Händen der antimonarchistischen Generale Gonatas und Plastiras, emanzipierte sie sich unter Führung des eigenwilligen Obersten Napoleon Zervas allmählich von ihrem politischen Athener Führungsgremium und schwenkte in dem Maße auf den royalistischen Kurs ein, wie die EAM/ELAS unter der demokratischen Maske ihr kommunistisches Gesicht erkennen ließ. Schon 1943/44 – nach den deutschen Niederlagen in Rußland und Nordafrika sowie nach den alliierten Landungen in Italien und in der Normandie – meinte Zervas, daß auf längere Sicht dem Lande von der EAM eine größere Gefahr drohte als von den bereits geschlagenen Deutschen. Doch war die EDES, die in der Hauptsache von den Berufsoffizieren getragen wurde, im Unterschied zu der politisch zweckbestimmten ELAS ein vorwiegend soldatisches Unternehmen. In ihrer besten Zeit zählte sie etwa 10 000 bis 15 000 Mann, während es die ELAS nach der Kapitulation Italiens auf rund 40 000 Mann brachte – nicht eingerechnet die stillen Reserven, die sie in den Städten unterhielt, um in der Stunde des deutschen Abzuges die Macht an sich zu reißen.

Mit diesen beiden Partisanenorganisationen konnten sich die übrigen Guerillaeinheiten nicht im entferntesten messen, deren Operationen im lokalen Rahmen steckenblieben: die von dem Linksliberalen Georgios

Cartalis aufgezogene EKKA (Ethniki Kai Koinoniki Apeleftherosi = Nationale und Soziale Befreiung), die im Frühjahr 1943 unter den Obersten Psaros und Bakirdzis Rumelien zu ihrem Schauplatz machte; die im Raum von Saloniki kämpfende PAO (Panhellina Apeleftherotiki Organosi = Gesamtgriechische Befreiungsorganisation); ferner die von dem mehrfachen Minister Papandreou aus dem Exil in Thessalien initiierte Gruppe, die Oberst Sarafis kommandierte, Athos Roumeliotis im Pindosgebiet und Antonios Tsaous, der es im Nordosten mit den Bulgaren aufnahm, sowie zahlreiche andere kleine Gruppen, die in allen Ecken Griechenlands aus dem Boden schossen, ganz zu schweigen von den Kretern – sie alle selbständig und unabhängig, noch zu dieser Stunde den alten inneren Hader und den persönlichen Ehrgeiz kultivierend, sie hinderten, sich einem gemeinsamen Kommando zu unterstellen und ihre Aktionen strategisch und taktisch aufeinander abzustimmen. Die wuchernde Rivalität und die mangelnde Koordination verzettelten die Schlagkraft der Partisanenbewegung und ließen sie nicht zur Errichtung einer gemeinsamen militärischen und politischen Front gegen den Feind kommen.

Dennoch begannen die Briten im Jahre 1942 sich lebhaft für die griechischen Partisanen zu interessieren. Churchill beschäftigte sich damals mit Plänen für eine Invasion in Griechenland, deren Durchführung die innergriechische Hilfe voraussetzte; vor allem erhoffte sich das Middle East Command von einer Unterbrechung des griechischen Nachschubweges die Erschütterung der Stellung Rommels in Nordafrika. So schickte es denn – auf dem Luftweg und im U-Boot – an die dreihundert Verbindungs- und Nachrichtenoffiziere nach Griechenland und mit ihnen Waffen und Lebensmittel sowie im Laufe der Zeit 3 Millionen Goldpfunde (davon 2 an die ELAS, 1 an die EDES). Ihre erste Aufgabe war die Organisation von Sabotagetrupps, die vor allem gegen die

▶ *Westlich von Larissa, wo sich die thessalische Ebene zu den ersten Wellen des Pindos türmt, hatten sich im 13. Jahrhundert die Mönche in die steile Unzulänglichkeit geflüchtet, auf der Suche nach Einsamkeit und Schutz vor der permanenten Räuberplage – ihre elf Klöster sind eine technische Meisterleistung, die das historische Denken kaum nachvollziehen kann. Ehedem mußte man sich zu ihnen in einem Korb hinaufwinden lassen – erst seit 1935 sind sie den Autokentauren auf Asphalt erreichbar. In den Klöstern geistern noch ein, zwei Mönche vom Dienst als Wächter umher – ihre Fratres und Patres haben abermals die Flucht ergriffen, diesmal vor den Touristen.*

▶ ▶ *Jahrtausendelang von der Piratenpest heimgesucht, haben sich die ägäischen Dörfer meist ins Inselinnere verkrochen, von der See her uneinsehbar in bergiger Schutzlage – wie Olympos, im östlichen Karpathos. Die offenen Hafensiedlungen datieren in der Regel nach 1830, nach der Gründung des neuen Griechenstaates, mit dem Gesetz und Ordnung auch wieder in die Ägäis einkehrten.*

deutsche Nachschubflotte eingesetzt wurden. Der erfolgreichste von ihnen – die Gruppe Apollo/Yvonne, die Joannis Peltekis anführte – hat allein 253 Fahrzeuge mit einer Gesamttonnage von 68 000 t versenkt oder beschädigt. Eine noch größere Bedeutung erlangte im Herbst 1942 die Zerstörung des Gorgopotamos-Viaduktes, die nach der Planung des englischen Colonel E. C. W. Myers von einer Gruppe der Zervas-Partisanen ausgeführt wurde – die kommunistische ELAS hatte sich lediglich zur Flanken- und Rückzugssicherung des Unternehmens bereit gefunden; dieser Sabotageakt kostete den deutschen Nachschub eine siebenundvierzigtägige Unterbrechung der Eisenbahnlinie Saloniki-Athen.

Hingegen blieb den britischen Verbindungsoffizieren die Lösung ihrer Hauptaufgabe versagt: es glückte ihnen nicht, die griechischen Partisanenorganisationen unter einen Hut zu bringen und sie zur Zusammenarbeit mit dem Middle East Command zu bewegen. Zervas zwar, der Kommandeur der EDES, ging auf die englischen Forderungen ein, nicht jedoch die ELAS, die den britischen Verbindungsoffizieren mit schroffem Mißtrauen begegnete. Erst in diesen Verhandlungen wurden die Engländer gewahr, daß die ELAS lediglich ein Werkzeug der EAM (in Athen) und diese wiederum ein Ableger der KP war. Die Verhandlungsgegensätze waren vor allem in zwei Punkten unüberwindlich: die ELAS beanspruchte nicht nur die Suprematie, sondern auch das Monopol über die gesamte Widerstandsbewegung; seit Mai 1943 machte sie sich sogar daran, die anderen Partisanenorganisationen mit den Waffen zu bekämpfen – in der offenbaren Absicht, die nach der Befreiung fällige innenpolitische Entscheidung machtmäßig vorwegzunehmen. Auf diesen Anspruch der ELAS wollten sich die britischen Unterhändler so wenig einlassen wie auf deren Verlangen, die Rückkehr des Königs und der Exilregierung nach Griechenland zu verhindern – einer Regierung, die Großbritannien als den legalen Repräsentanten eines verbündeten Staates ansah. Die Absicht Churchills, die Frage der griechischen Monarchie durch eine zukünftige Volksabstimmung beantworten zu lassen, wurde von den Partisanenverbänden, die mit Ausnahme der EDES antiroyalistisch eingestellt waren, als unstatthafte Intervention Londons in die griechische Innenpolitik zugunsten des Königs ausgelegt (dem übrigens Churchill auch persönlich nahestand). Aus diesem Dilemma wußten sich

◀ ◀ *14 000 Windmühlen holen auf der kretischen Lassithi-Hochebene, unterhalb des Dikte, das Grundwasser herauf und verwandeln sie, in den Augen ihrer Bewohner, in ein kleines Paradies.*

◀ *Griechenland kann ganz anders sein (als es in den Bildbänden steht). Mit 297 km ist der Aliakmon der längste Fluß Griechenlands, sein wasserreichster auch, da er von seinen Quellen im Grammos-Gebirge bis zu seiner Mündung in die Ägäis vor Saloniki niederschlagsgesättigte Zonen durchströmt – entlang der Verwandlungsgrenze vom Balkan zu Griechenland.*

die Briten keinen Ausweg. Ihren ersten Entschluß, nur noch die königsfreundlichen Partisanen zu unterstützen, ließen sie bald fallen, als es für sie nach dem Sieg in Nordafrika ratsam wurde, die Deutschen durch eine verstärkte Widerstandsaktivität in Griechenland über das sizilianische Landungsprojekt der Alliierten zu täuschen. Daher vertagten sie die Auseinandersetzung und verteilten ihre Subventionen wieder gleichmäßig unter die Partisanenverbände ohne Rücksicht auf deren politischen Standort. Mit dem Ergebnis, daß Griechenland kurz vor der Landung in Sizilien von einer heftigen Sabotagewelle heimgesucht wurde, deren schwerster Stoß die Asoposbrücke auf der Eisenbahnlinie Saloniki-Athen zum Einsturz brachte. Im zweiten Halbjahr 1943 meldete das deutsche Oberkommando in Athen 91, im ersten Halbjahr 1944 insgesamt 55 Sabotageakte und Scharmützel mit Guerillas.

Vorher hatte sich der Kampf der Partisanen fast ausschließlich gegen die Italiener gerichtet. Als sich aber 1943 das Kriegsglück den Alliierten zuneigte und der innere Widerstand aussichtsreicher wurde, steigerten sie ihre Aktivität und wendeten sie nun auch gegen die deutschen Truppen, die seit dem Sturze Mussolinis über ihre ursprünglichen Besatzungszonen hinaus sich des gesamten Griechenlands bemächtigt hatten. Mit dieser Maßnahme fingen sie die erwartete Kapitulation der Italiener ab, die deren Teilhaberschaft an der griechischen Besetzung beendete. Am 8. September 1943 stellte der deutsche Befehlshaber seinem italienischen Kollegen das folgende Ultimatum:

Se. Majestät der Kaiser und König und Marschall Badoglio haben am 25. 7. 43 feierlich verkündet, daß der Krieg an der Seite Deutschlands weitergeführt wird und Italien zu seinem gegebenen Wort steht. Infolge des politischen Druckes haben sie diese Absicht nicht verwirklichen können.

Es bestehen für Sie nur mehr folgende Möglichkeiten:

Sie und Ihre Soldaten bleiben unsere alten Bundesgenossen und kämpfen weiter mit uns gegen den gemeinsamen Feind. Dann werden Sie der deutschen Führung unterstellt, die für Sie und Ihre Truppen in jeder Weise Sorge tragen wird. Sie haben sofort die hierzu erforderlichen Befehle zu erlassen. Unzuverlässige Führer und Truppen sind mir unverzüglich anzugeben.

Oder:

Sie haben den Wunsch, den Kampf einzustellen und friedlich in Ihre Heimat zurückzukehren. Dann haben Sie unverzüglich Ihr gesamtes militärisches Gut geordnet und intakt an die Deutsche Wehrmacht zu übergeben und sicherzustellen, daß hiervon nichts dem Feinde in die Hände fällt.

Sie und Ihre Soldaten, die bisher in bester Waffenkameradschaft tapfer mit uns gekämpft haben, bleiben unsere guten Freunde.

Es wird Ihnen und Ihren Truppen ehrenvoller Abzug in die Heimat gewährt. Die Offiziere behalten selbstverständlich ihre Waffen, jeder Unteroffizier und Mann seine Seitenwaffe. Die Mitnahme weiterer Kriegsgerätes oder Heeresgutes jeder Art muß allerdings unterbleiben.

Ein geordneter Abtransport Ihrer Truppen mit der Eisenbahn wird alsbald durch die Heeresgruppe eingeleitet.

Sollten Teile Ihrer Truppe die verwerfliche Absicht haben, zum Feinde überzutreten oder diesem ihr Kriegsgerät zu übergeben, dann wird gegen dieses Vorhaben mit Waffengewalt eingeschritten werden. Fern- und Funkgespräche sind verboten. Die Truppe wird in ihren Unterkünften durch deutsche Soldaten bewacht. Die Versorgung erfolgt bis auf weiteres durch die Dienststellen der Deutschen Wehrmacht.

gez. Felmy

General Vacchiarolli bedurfte keiner langen Überlegung: er wählte die Kapitulation, in die seine Soldaten nicht unfroh einstimmten. Ganz wenige folgten dem Angebot zum Weiterkampf auf der deutschen Seite, einige gingen zu den griechischen Guerillas über, die meisten stellten sich den Deutschen; viele nutzten die günstige Gelegenheit zu einem Geschäft und verkauften ihr Kriegsgerät und ihre Munition an die Partisanen, so daß sich deren Feuerkraft (mit rund 10000 Gewehren) nahezu verdoppelte. Nur General Gaudin und seine auf den Ionischen Inseln stationierte Division widersetzten sich dem Übergabebefehl Vacchiarollis. General Lanz und seinen im Epirus liegenden Gebirgsjägern fiel es zu, ihren Widerstand mit Waffengewalt zu brechen. Sie nahmen zwischen dem 19. und 22. September 1943 (bei nur 40 Gefallenen) Kephallonia, wo ihnen 9000 Italiener in die Hände fielen – 5000 hatten freiwillig die Waffen niedergelegt; die anderen 4000 wurden auf persönlichen Befehl Hitlers erschossen, gegen den vergeblichen Widerstand von Lanz. Kurz darauf ergaben sich auch die 10000 Italiener auf Korfu; sie wurden als Kriegsgefangene behandelt, mit Ausnahme der Offiziere, die wegen angeblicher Meuterei gleichfalls liquidiert wurden.

Das Ausscheiden der Italiener gab den griechischen Partisanen gewaltigen Auftrieb; es lockerte und erweiterte die Maschen des Besatzungsnetzes, zu dessen Festigung das OKW keine zusätzlichen Kontingente abstellen konnte, während die Erwartung einer schnellen deutschen Niederlage der Widerstandsbewegung zu einem lawinenartigen Wachstum verhalf. Das Leben in den Bergen hatte die alten Guerillas nicht weicher gestimmt, und da sie jetzt auch reichlicher mit Waffen versorgt waren, schlugen sie nun härter und häufiger zu – freilich noch immer nur im gewohnten Stil der Sabotageaktion und des Überfalls auf kleine Einheiten des Feindes. Immerhin brachten sie mit dieser Taktik bis zum Winter 1943/44 etwa vier Fünftel des Landes unter ihre Kontrolle, daraus die von den Deutschen besetzten Städte als kleine Festungen herausragten, die nur noch in stark gesicherten Geleitzügen einen gelegentlichen Verkehr aufrechterhielten und als Ausfallbasen für massive Vergeltungszüge dienten.

Die Gegenmaßnahmen der Deutschen waren wenig wirksam und mußten es angesichts ihrer numerischen Schwäche sein. Neben Sprengungen von Brücken und Gleisen und dauernder Sabotage an Fernsprechleitungen bevorzugten die ELAS-Partisanen Feuerüberfälle aus dem Hinterhalt auf Nachrichtentrupps, Versorgungskolonnen und marschierende Truppenteile, wobei sie, da sie unerkennbar blieben, oft eine panische Schockwirkung erzielten. Die Angegriffenen mußten sich auf die Erwiderung des Feuers beschränken; selbst wenn sie aber an Zahl oder Feuerkraft überlegen waren, konnten sie die Angreifer meist nicht verfolgen – ein Nachstoßen war aussichtslos, denn die Partisanen wichen sofort aus und zerstreuten sich unter Nutzung ihrer besseren Geländekenntnisse in den Bergen, so daß die Verfolger Gefahr liefen, in einen Hinterhalt zu geraten. Schließlich schickte die Besatzungsmacht Kommandos in die Gebiete, in denen sich Überfälle ereignet hatten, und zog sie von Zeit zu Zeit in größeren Verbänden zu Durchkämmungsaktionen zusammen. Fast immer aber bekam die ELAS durch ihren Nachrichtendienst Wind von solchen Unternehmungen, so daß diese meist ins Leere stießen; die Partisanen räumten rechtzeitig ihre Stützpunkte, formierten sich nach dem Durchzug der deutschen Truppen von neuem und griffen diese nun von rückwärts an.

Der Ergebnislosigkeit der Partisanenbekämpfung begegnete die Besatzungsmacht schließlich ab August 1943 mit Sühnemaßnahmen, die für Überfälle auf deutsche Soldaten die Erschießung oder Erhängung von Geiseln und die Zerstörung der in der Nähe der Überfallorte liegenden Gemeinden vorsahen. Diese »Politik« stützte sich auf frühere Anordnungen Hitlers, vor allem auf den berüchtigten Keitel-Befehl vom 16. September 1941, der für einen gefallenen (bzw. verwundeten) deutschen Soldaten 100 (bzw. 50) Geiselerschießungen vorschrieb.

Die Sühneaktion nahm meist diesen Verlauf: nach dem Einrücken der deutschen Einheit in die Gemeinde mußten sich sämtliche Einwohner – die Männer, sofern sie nicht geflohen waren, die Greise, Frauen und Kinder – auf dem Marktplatz versammeln. Von einem Lautsprecherwagen aus ließ ein Offizier durch einen Dolmetscher mitteilen, daß Partisanen in der Umgebung operierten. Dann verlangte er Auskunft über Stärke, Aufenthaltsort und Führung der Partisanen, über die Zahl der ortsabwesenden Männer und der ortsanwesenden Fremden. Erteilte keiner der Einwohner die verlangten Informationen, dann wurden Geistliche, Lehrer, Ladenbesitzer oder Bauern – manchmal jeder dritte, fünfte oder zehnte Mann – aus der Menge herausgegriffen und im Lastwagen zum Divisionsgeisellager oder einem entfernteren Sammelpunkt verschickt.

In den Dörfern wurden die Honoratioren, in den Städten die verhafteten Kommunisten als Opfer der Vergeltungsaktionen ausersehen. Die Zurückbleibenden sahen sich versucht, den Gatten, den Vater oder Sohn durch die Angabe zu retten, daß der Bruder eines Nachbarn bei den Partisanen sei. Manchmal erlag eine Frau oder ein Mann dieser Versuchung. Meist aber standen sie bloß da, die einen unbewegt, die anderen weinend, alle voller Haß und Verzweiflung.

Es konnte auch schlimmer enden. Die Partisanen zogen von Dorf zu Dorf, ihre Nachschub- und Operationsbasen jeweils mit dem Vormarsch oder Rückzug der Deutschen verlegend. Drangen diese in ein Dorf ein, so gaben die abziehenden Guerillakämpfer oft ein paar Schüsse ab. Dafür wurde nun das Dorf verantwortlich gemacht, obwohl seine Bewohner die Partisanen gewiß nicht eingeladen hatten – hätten sie ihnen die geforderten Lebensmittel verweigert, dann wären sie von ihnen dazu genötigt worden. Wie die Bauern es auch machten, sie machten es falsch. So blieben auch Griechenland die Lidices nicht erspart. Am 13. September 1943 wurden auf Kreta, im Distrikt von Vianos, von den Deutschen sieben Dörfer dem Erdboden gleichgemacht und 471 Männer erschossen. Am 6. Dezember 1943 zerstörte die von General Le Suire kommandierte 117. Jäger-Division als Vergeltung für die Tötung von 78 deutschen Soldaten in der Umgebung von Kalawryta (im Südosten von Patras) 25 Dörfer, wobei 696 (nach griechischen Angaben über 1300) Männer, Frauen und Kinder das Leben verloren. (An dieser Stelle sei des unbekannten deutschen Soldaten gedacht, der zahlreiche Frauen und Kinder vor dem sicheren Untergang rettete. Sie waren in der Dorfkirche eingesperrt worden. Jener Soldat nun öffnete ihnen eine unbewachte Nebentür des Gotteshauses, so daß sie sich – während es in Brand geschossen wurde – gerade noch in Sicherheit bringen konnten.) Gegen solche Exzesse erteilten darauf General Felmy und der Sonderbevollmächtigte Neubacher von Generaloberst Löhr, dem Oberbefehlshaber Südost, den Gegenbefehl vom 22. Dezember 1943: »Sühnequoten werden nicht festgelegt. Die bisher darüber erlassenen Befehle sind aufzuheben. Der Umfang der Sühnemaßnahmen ist in jedem Einzelfall vorher festzulegen ... Das Verfahren, nach einem Überfall oder Sabotageakt aus der näheren Umgebung des Tatortes wahllos an Personen und Wohnstätten Sühnemaßnahmen zu vollziehen, erschüttert das Vertrauen in die Gerechtigkeit der Besatzungsmacht und treibt auch den loyalen Teil der Bevölkerung in die Wälder. Diese Form der Durchführung wird daher verboten ...«. Diese Einsicht war nicht nur klug, sondern auch richtig. Sie wurde freilich nicht vom SS-Panzer-Grenadierregiment 7 (der 4. SS-Panzer-Polizei-Grenadierdivision) respektiert, das am 5. April 1944 das »Blutbad von Klissoura« (bei Saloniki) verschuldete. An diesem Tag hatte ein Gefecht zwischen Partisanen und einer deutschen Heereseinheit etwa 2,5 km außerhalb des Dorfes stattgefunden. Nach dem Rückzug der Partisanen durchsuchten die deutschen Soldaten das Dorf nach Anhaltspunkten für eine Unterstützung; als sie nichts fanden, zogen sie ab. Stunden später aber rückte jenes SS-Regiment ins Dorf ein und metzelte 223 Einwohner nieder, darunter 38 Kinder unter fünf Jahren und 7 Greise über 80 Jahre. Dieselbe Truppe tötete am 10. Juni 1944 228 Einwohner des Dorfes Distomon (östlich von Delphi), in dessen Nähe kurz zuvor deutsche Soldaten von einer ELAS-Gruppe überfallen worden waren.

Auch der »harte« Kurs zähmte den griechischen Widerstand nicht, er trieb ihm vielmehr zahlreiche Bauernsöhne zu, die ihm von Haus aus keineswegs zuneigten. Denn die Bauern, hoffnungslos eingeklemmt zwischen den Partisanen und den deutschen Soldaten, waren die Hauptleidtragenden der deutschen Sühnepolitik. Der Haß, den die Deutschen so zeugten, wuchs den Guerillas als Kraft zu.

Die Härte freilich, mit der die ELAS nicht nur den deutschen Feind, sondern ebenfalls ihre politisch anders orientierten Landsleute bekämpfte, rief einen wachsenden Widerstand beim politischen Gegner hervor und füllte die Reihen der »Sicherheitsbataillone«, eine Art Bürgerwehr. Ihre Mitglieder waren meist »rechte« Patrioten. Ihr Antikommunismus war jedoch noch stärker ausgeprägt. So waren sie sogar bereit, jetzt – in der letzten Phase des Krieges, unmittelbar vor der Befreiung – an der Seite des deutschen Gegners gegen die eigenen Leute zu kämpfen.

Zwischen der Besatzungstruppe und den Sicherheitsbataillonen wurde mit offenen Karten gespielt. Sie unterstanden taktisch und strategisch dem deutschen Kommando, das sie mit leichten Waffen und Lebensmitteln versorgte. Hingegen besaßen sie die eigene Gerichtsbarkeit. Auch konnten sie nur gegen die ELAS eingesetzt werden, während für den Invasionsfall ihre militärische Neutralisierung vorgesehen war; deshalb wurden sie auch nicht auf Deutschland vereidigt. Beide Seiten hielten die Abmachungen auch ein. – Der Kampf aber zwischen den Sicherheitsbataillonen und der ELAS war noch grausamer und gnadenloser als zwischen dieser und den Deutschen.

Die Kommunisten im Zweifrontenkrieg

Der EAM/ELAS stand noch ein anderer innerer Gegner im Weg, der schwerer wog als die durch die Kollaboration kompromittierten Sicherheitsbataillone – die zweitstärkste Widerstandsorganisation, die EDES, die in der Abwehr des totalitären Herrschaftsanspruches der kommunistischen Partisanen vom liberalen Republikanismus zum nationalkonservativen Royalismus konvertiert war und sich militärisch dem britischen »Mittelost-Kommando« unterstellt hatte. Alle anderen rivalisierenden Partisanenorganisationen hatte die ELAS inzwischen ausgeschaltet, nur die EDES widerstand ihr noch, die im Epirus ihr Operationsfeld hatte. In der zweiten Oktoberhälfte 1943 unternahmen nun die Kommunisten eine Offensive gegen diesen ihren letzten Rivalen. Die britischen Verbindungsoffiziere unterbrachen sofort die Beziehungen zur ELAS; aber diese politische Geste hätte die EDES kaum gerettet, hätte ihr nicht das deutsche XXII. Gebirgskorps unter General Hubert Lanz gegen den ausdrücklichen Befehl Hitlers ein Stillhalteabkommen zugebilligt und ihr nicht auch durch seine Truppenbewegungen einen indirekten Flankenschutz an den nördlichen und südlichen Flügeln gegen den ELAS-Angriff gewährt. Die Kämpfe zwischen den beiden Widerstandsgruppen setzten sich bis in die Befreiung hinein fort, mit einer kurzen Pause im Februar 1944, welche die Briten durch den »Waffenstillstand bei der Plakabrücke« zuwege gebracht hatten. Doch schon im Mai flammten die Feindseligkeiten abermals auf, wobei es der EDES gelang, die ELAS am Arachtos zu schlagen und nach Westen zurückzuwerfen. Danach eröffnete sie auch wieder den Kampf gegen das im Epirus stationierte XXII. Korps. Dennoch ließ General Lanz, als die Deutschen Ende September

1944 den Abzug aus Griechenland begannen, General Zervas seinen Räumungsplan mitteilen, damit die EDES vor den Kommunisten die freiwerdenden westgriechischen Gebiete besetzen könne. So geschah es auch. Doch nun wandte sich die gesammelte Wut der ELAS gegen ihren letzten Konkurrenten; Ende Dezember griff sie ihn mit drei Divisionen an, deren eine ihn nördlich, über Albanien, umging – vor dieser Übermacht mußte Zervas mit seiner Schar auf die Insel Korfu ausweichen; nicht ohne die örtlichen Kommunisten, soweit er ihrer habhaft werden konnte, als Geiseln mitzunehmen.

Im großen gesehen, lagen also die Dinge in Griechenland kaum anders als in Jugoslawien. Hier wie dort hatten sich die Kommunisten das Monopol des Widerstandes an sich gerissen; hier wie dort verquickten sie den Kampf gegen den Besatzungsfeind mit dem Kampf gegen ihre inneren Gegner, um noch vor der Befreiung vollendete Tatsachen zu schaffen. Und in beiden Fällen hatten sie es mit einer royalistischen Partisanenorganisation zu tun, die ihr am Ende unterlag. Doch diese Konstellationsparallele zerbrach schließlich an der Divergenz der inneren und äußeren Gegenkräfte in den beiden Ländern.

Zunächst ermangelten die griechischen Kommunisten einer Führerpersönlichkeit vom Format Titos. Ihre Chefs waren vorwiegend in Rußland geschulte Berufsrevolutionäre auslandsgriechischer (meist kleinasiatischer) Abstammung, die nicht im Lande selber großgeworden und daher auch weniger in seiner Mentalität und in seinen Traditionen verwurzelt waren. Sodann fehlte Griechenland die zentrifugale Drift, welche die Segel des jugoslawischen Kommunismus blähte: waren dort die verschiedenen Landesteile bisher nur durch die serbische Gewalt zusammengehalten worden, der sie sich nur widerwillig unterworfen hatten, so gab ihnen nun der Kommunismus erstmals eine allen zugängliche nationale Ideologie, welche die ethnischen, religiösen und kulturellen Gegensätze verkittete. Dergleichen bedurften die Griechen nicht, die sich in ihrem Volkstum, in Geschichte, Religion und Kultur einer einheitlichen und geschlossenen Nation zugehörig wußten.

Und während die Kommunisten in Jugoslawien die Schuld für das Elend des Volkes dem »alten« Regime in die Schuhe schieben konnten, ließ sich die griechische Not nicht auf ein Versagen der Monarchie und der geflüchteten Regierung zurückführen; beide hatten im Gegenteil bis zur letzten Stunde ihren Mann gestanden und im albanischen Feldzug die ruhmreichste Leistung der neugriechischen Nationalgeschichte vollbracht. Schließlich, doch nicht zuletzt, war die Entscheidung hier wie dort wesentlich von außen her mitbestimmt: beim Würfeln um den Balkan hatten sich Churchill und Stalin in Teheran auf eine Teilung der Interessensphären geeinigt, derzufolge Griechenland in den britischen, Jugoslawien in den bolschewistischen Einflußbereich fallen sollte. Im Kriege haben sich beide Staatsmänner an dieses Abkommen gehalten. Während London dem General Mihailowitsch und seinen Tschetniks die Hilfslieferungen entzog und sie in der zweiten Kriegshälfte ausschließlich den Titopartisanen zukommen ließ, entschied es sich in Griechenland für die EDES gegen die ELAS und nahm dann sogar selber den Kampf gegen diese auf. Andrerseits ist eine russische Untestützung der griechischen Kommunisten bis 1944 nicht nachweisbar; im November 1943 wurde der sowjetische Gesandte in Kairo zugleich bei König Georg akkreditiert, was dessen Anerkennung als griechisches Staatsoberhaupt durch Moskau gleichkam; ab März 1944 jedoch begannen die Sowjets die britische Politik in Griechenland zu durchkreuzen, wenn auch nicht sonderlich energisch – im Juni entsandten sie ohne Wissen der Engländer, eine Militärmission zur ELAS. Von Anfang an aber unterhielten die griechischen Kommunisten enge Beziehungen zu den jugoslawischen und bulgarischen Genossen, die ihnen jedoch vor dem Ende des Krieges nicht beizustehen vermochten.

Trotz allem wäre den Kommunisten um ein Haar auch in Griechenland der große Schlag geglückt. Ihre nur knapp verfehlte Chance verdankten sie vor allem der Kapitulation der Italiener, die ihnen unter anderem das gesamte Heeresgut der Pinerolo-Division in die Hände gespielt hatte. Der mächtige Zustrom an Waffen und Munition machte sie von den Briten unabhängig; die englischen Verbindungsoffiziere, die ihnen als »Berater« zugeteilt waren, sahen sich nun als halbe Gefangene behandelt. Dennoch gelang es ihnen, die EAM-Führung mit der Exilregierung – in den Augen der Alliierten der staatliche Repräsentant Griechenlands – an einen Tisch zu bringen. Die griechischen Kommunisten mußten wohl oder übel auf diesen britischen Vermittlungsversuch eingehen, da sie zur Rechtfertigung ihrer Politik dem Volk den Nachweis schuldig waren, daß zwischen dem emigrierten alten Regime und der Widerstandsbewegung keine Verständigung zu erzielen sei.

Der Exilregierung sowie dem König war ein unstetes Nomadenschicksal beschieden gewesen. Sie war zunächst nach Kairo geflohen; noch 1941 vertrieb sie Rommels Vormarsch nach Kapstadt, von wo sie 1942 nach London übersiedelte, um 1943 nach Kairo zurückzukehren (und 1944 den griechischen Soldaten nach Süditalien zu folgen). Auch in der Emigration hatte die Zunft der Berufspolitiker der heimatlichen Sitte die Treue gehalten und das Spiel der permanenten Kabinettskrise mit stetem Eifer fortgesetzt, wobei sich in der Ministerpräsidentschaft die alten Namen Tsouderos, Venizelos junior, Kanellopoulos und Papandreou wiederholt ablösten. Papagos, der Sieger im albanischen Feldzug, war nicht unter ihnen: seit 1943 befand er sich auf der unfreiwilligen Reise durch die deutschen Konzentrationslager.

Im Unterschied zu anderen Emigrantenregierungen war das griechische Exilkabinett jedoch nicht aller Macht entblößt. Mit den Commonwealth-Truppen waren aus Südgriechenland und Kreta auch versprengte Reste der griechischen Armee und Marine nach Ägypten geflohen; zu ihnen gesellten sich später zahlreiche Flüchtlinge aus der Heimat, die als Einzelgänger den Weg über die Türkei gewählt hatten. Ferner hatten die in den Nahostländern ansässigen Griechen eine Freiwilligeneinheit aufgestellt, die Namen und Tradition des Ieros Lochos (der Heiligen Kompanie, die einst unter Ypsilanti den Befreiungskrieg eröffnet hatte) aufnahm; beide Verbände unterstanden dem britischen Nahost-Kommando, das diese auf den Ägäischen Inseln, jene 1. Griechische Brigade in Nordafrika und später in Italien einsetzte, wo sie bei der Eroberung von Rimini Ehre einlegte. Kämpften sie auch unter fremdem Befehl, so gab ihre bloße Existenz doch der griechischen Exilregierung ein realeres Profil. Freilich hatte es sich die EAM nicht nehmen lassen, auch in das Emigrantenheer, vor allem in die Marine, Sprengkapseln einzubauen, die drei Meutereien auslösten; nach der Beseitigung der Unruheherde bezeigten die Truppen nicht nur ihre militärische, sondern auch ihre politische Zuverlässigkeit. Ferner konnte die Regierung in Kairo mit der Loyalität nicht nur der EDES-Partisanen, sondern auch der Polizei in der Heimat rechnen, die unter den Besatzungsmächten im Dienst geblieben war – was sie, wie auch die dritte (und letzte) Kollaborationsregierung Rallis, nicht gehindert hatte, Verbindunskanäle zu Kairo zu unterhalten. So gebot das Exilkabinett über etliche Machtmittel, durch die es noch von der Emigration aus in der Heimat anwesend war. Es war und blieb der einzige und eigentliche Gegenspieler der Kommunisten; die EAM konnte daher nicht umhin, sich ihm auch politisch zu stellen.

Auf britischer Initiative hin begaben sich erstmals im August 1943 sechs Partisanenführer – vier der EAM, je einer der EDES und der EKKA – zu Verhandlungen nach Kairo. Das geschah noch vor der italienischen Kapitulation, und daher waren sie noch bescheiden: sie forderten drei Ministersitze in der Exilregierung sowie nach der Befreiung eine Volksabstimmung über die Rückkehr des Königs. Es war nicht gut, daß dieses Angebot auf britisches Verlangen abgewiesen wurde. Die Sprecher des Widerstandes kehrten nun in die griechischen Berge zurück, und das Argument, die Briten wollten dem Volk einen unerwünschten Monarchen aufzwingen, verhalf der EAM zu politischem Terraingewinn. Sie nutzte ihn am 12. März 1944 zur Ausrufung einer provisorischen Regierung in den Bergen – der PEEA (Politiki Epitropi Ethnikis Apeleftherosis = Politisches Komitee der Nationalen Befreiung) unter dem Sozialisten Professor A. Svolos. Dies Alarmzeichen wurde auch in Kairo gehört. In der Exilregierung wechselten wieder einmal die Namen, und unter der Armee und der Marine brachen Meutereien aus; diese konnte ihr Kommandeur, Admiral Voulgaris, auf dem Verhandlungswege beilegen, jene wurde durch britische Truppen unterdrückt. Doch konnte sich nun der König dem Ruf nach einer »Regierung der nationalen Einheit« nicht länger widersetzen. So traf sich denn die neue Exilregierung Papandreou im Mai 1944 mit den Vertretern aller griechischen Parteien auf der Libanon-Konferenz, zu der auch die EAM, die KP und die PEEA (die provisorische Partisanenregierung) Delegierte entsandten. Diesmal kam eine Vereinbarung zustande: die Partisanenverbände erklärten sich zum Zusammenschluß und zum Eintritt in die Exilregierung bereit – sechs Ministersitze reservierte das Kabinett Papandreou der EAM! Auch in der umstrittensten Frage fand sich eine Lösung: das Volk selber sollte nach der Befreiung die künftige Staatsform bestimmen. Aber die neue Eintracht währte nicht lange.

Kaum war die Nachricht vom Libanon-Abkommen nach Griechenland gelangt, da desavouierte die EAM ihre Sprecher und zog deren Zustimmung zurück. Doch nach einem abermaligen Kurswechsel besetzte sie im August die freigehaltenen Sitze im Exilkabinett, das inzwischen nach Neapel übergesiedelt war; und am 26. September 1944 unterstellten sich ELAS und EDES im Abkommen von Caserta (Italien) formell der Regierung.

Gemäß dem Räumungsbefehl vom 26. August befanden sich zu dieser Zeit die deutschen Besatzungstruppen, denen durch das Vordringen der Russen auf dem Balkan der griechische Boden zu heiß geworden war, bereits mitten im Aufbruch, kaum noch gestört von den Partisanen, die sich schon der wichtigeren Arbeit zugewandt hatten, die Ausgangsstellungen für die innere Machtentscheidung zu beziehen. Es waren merkwürdige Tage, besonders in Athen. Noch unter den Augen der letzten Deutschen hatte die ELAS, die in der Stadt über rund 15 000 Gewehre gebot, ganze Stadtviertel mit Stacheldrahtverhauen abgeriegelt und Schützengräben ausgehoben.

Vom äußeren zum inneren Krieg

Am 10. Oktober 1944 erklärten die Deutschen Athen zur offenen Stadt und bereiteten über die Vertreter des Schwedischen und Schweizer Roten Kreuzes sowie über Erzbischof Damaskinos die Schlüsselübergabe der Stadt an die Briten vor; die Befehle des OKW, die Verpflegungsvorräte zu vernichten und den Staudamm des Marathonsees zu zerstören, wurden nicht befolgt. Am 12. Oktober marschierten sie ab – am 2. November überschritt der letzte deutsche Soldat die griechische Grenze (mit Ausnahme der Truppen auf Rhodos, Westkreta und einigen kleineren ägäischen Inseln, wie Leros und Milos, die nicht mehr evakuiert werden konnten und dort bis zur Kapitulation Deutschlands aushielten). Das Land war wieder frei. Aber kein Aufatmen ging durch die Dörfer und Städte, in deren Straßen die Furcht und das Mißtrauen kauerten und dem Jubel keinen Auslauf ließen. Die Befreiung überkam Griechenland – so spürte es jeder – als Freiheit zum Bruderkrieg. Wie lange würde er auf sich warten lassen? Zu diesem Zeitpunkt hatte die EAM 90 Prozent des Landes unter ihrer Kontrolle.

Am 14. Oktober besetzten die Briten Athen: 4000 Mann Kampftruppen unter Generalleutnant (später Sir) Ronald Scobie, alsbald auf 15 000 verstärkt. Vier Tage später folgte ihnen die Regierung Papandreou (ohne den König, der nach dem Buchstaben des Libanon-Abkommens noch außer Landes blieb). Aber schon ihren ersten Versuchen, die Zügel des Landes in die Hand zu nehmen, widersetzte sich die EAM/ELAS. Sie forderte die Kollektivaburteilung der Kollaborateure. Die Regierung, um die Wiederherstellung rechtsstaatlicher Verhältnisse bemüht, führte nur einen Teil der Schuldigen dem Richter zu und wollte ihre Vergehen individuell gewogen und geahndet wissen; vor allem lehnte sie eine pauschale Verurteilung der Polizei und der Sicherheitsbataillone ab. Der Stein des Anstoßes aber, an dem sich der Funke entzündete, war die Frage nach dem Schicksal der Partisanenverbände. Nun, da sie ihre Funktion erfüllt hatten und das Land wieder Herr seiner selbst war, mochte die Regierung sie nicht länger als Staat im Staate dulden; ihr Weiterbestand war unvereinbar mit der Rückkehr in die Legalität des staatlichen Gewaltmonopols. Die regierungstreue EDES sagte die Selbstauflösung zu, sofern sich auch die ELAS dazu bereitfände. Doch die Kommunisten, die sich nicht sicher waren, über den demokratischen Stimmzettel an ihr Ziel zu gelangen und keine ausreichende Garantie freier Wahlen sahen, entschlossen sich zu einer Hinhaltetaktik; die Preisgabe der ELAS wäre dem Verlust ihres im Kriege gewonnenen Terrains gleichgekommen, dem Zusammenbruch ihrer Politik. So verlegten sie sich auf eine Vertagung der Entscheidung, indem sie unerfüllbare Gegenbedingungen stellten: gleichzeitig mit der ELAS und der EDES müßten auch die »Rimini-Brigade« und die »Heilige Kompanie«, die inzwischen aus Italien und dem Mittleren Osten nach Griechenland überführt waren, entwaffnet werden – die einzigen regulären Streitkräfte, über die der Staat zu dieser Zeit verfügte! Darauf konnte sich die Regierung nicht einlassen.

Der Gegensatz war unversöhnlich. In der zweiten Novemberhälfte 1944 zog die ELAS ihre Verbände in Attika zusammen. Am 1. Dezember demissionierten die sechs kommunistischen Minister, während die EAM den Generalstreik ausrief. Am 2. Dezember ordnete die Rumpfregierung die Auflösung und Entwaffnung der ELAS und der EDES an. Tags darauf antworteten die Kommunisten mit einer Protestdemonstration in Athen, und als die Polizei auf die Menge schoß, brach der offene Aufstand aus.

Einen vollen Monat brauchten die griechischen und inzwischen verstärkten britischen Truppen, um Athen den Kommunisten zu entreißen, in schweren Kämpfen von Haus zu Haus, von Straße zu Straße. Erst am 5. Januar gab sich die ELAS geschlagen und zog nach Norden ab; nicht ohne Gefangene mitzunehmen und mehrere Hunderte »Verräter« und Kollaborateure« nach summarischen Prozessen ihrer Volksgerichtshöfe hinzurichten. Dieser von der rechten Propaganda maßlos übersteigerte Terror (den die Gegenseite ungeahndet nicht weniger exzessiv praktizierte) machte aus ihrer militärischen auch eine politische Niederlage: das Blutopfer, das ihre einmonatige Herrschaft in Athen und im Peloponnes gefordert hatte, kostete sie die Sympathien des Volkes, das nun erst in den Dörfern und Städten die griechischen und britischen Soldaten als Befreier begrüßte. Wenn dennoch die abziehenden ELAS-Verbände geschlossen zusammenblieben, so hielt sie die Treue derer, die nicht mehr umzukehren wagten.

Mit der militärischen Überwindung des kommunistischen Widerstandes war aber keineswegs der gordische Knoten der griechischen Politik durchhauen. Denn das antikommunistische Lager war auch in sich gespalten. Den Royalisten, die nun die sofortige Rückkehr des Königs forderten (da ja der Libanon-Vertrag bereits von den Kommunisten gebrochen wäre), standen die Republikaner gegenüber, die sich um die Erben des großen Venizelos scharten. Die Lage war so verworren, daß sich Churchill entschloß, mit Eden am Weihnachtstag 1944 nach Athen zu fliegen, um selber an Ort und Stelle »Ordnung« zu schaffen. Die Verhandlungen mit den griechischen Politikern wurden unter dem Vorsitz von Erzbischof Damaskinos geführt, dem Oberhaupt der orthodoxen Landeskirche – einem überaus vitalen Mann (und erfolgreichen Preisringer, bevor er sich dem geistlichen Stand verschrieb), der sich durch seine sozialen Leistungen, durch sein diplomatisches Geschick und mutiges Auftreten gegen die deutsche Besatzungsmacht das größte Ansehen erworben hatte. Schließlich kam eine Einigung auf der Basis des Libanon-Abkommens zustande. Bis zum Volksentscheid über die Staatsform übernahm der Erzbischof die Regentschaft. Am 4. Januar übertrug er die Regierungsgeschäfte einem vorwiegend aus Republikanern zusammengesetzten Kabinett, dem General Plastiras vorstand – kurz vorher war dieser, der unter Metaxas, nach Frankreich exiliert war, aus einem französischen Internierungslager heimgekehrt. Schon am 12. Februar 1945 konnte er mit den geschlagenen Kommunisten den Vertrag von Varkiza (bei Athen) abschließen, der den Grundstein für die innere Befriedung legen sollte. Dieser »Friedensschluß« bestimmte die Demobilisierung und Entwaffnung der ELAS wie der EP (der Ethniki Politophylaki, der »nationalen Miliz«), die Amnestie für ihre Mitglieder sowie der Freigabe der Geiseln; ferner sagte die Regierung eine Säuberung der Verwaltung, der Polizei und Armee von Kollaborateuren zu. Auch versprach Plastiras die Abhaltung einer Volksabstimmung über die Staatsform noch für 1945, die von Parlamentswahlen gefolgt sein sollte – beide unter Kontrolle der vier Alliierten.

Die militärische Intervention der Briten hat Griechenland im Dezember 1944 vor dem Kommunismus bewahrt. Nicht nur Griechenland. Denn sein Besitz hätte dem Bolschewismus den Weg ins Mittelmeer geöffnet nach Italien, nach Nordafrika und dem Nahen Osten. »Während an der Westfront drei Millionen Mann sich gegenüberstanden und im Pazifik gewaltige amerikanische Kräfte gegen Japan im Kampfe lagen«, so urteilt Churchill in seinen Memoiren, »mochten die Krämpfe, die das kleine Griechenland durchzuckten, als eine kleine Nebensache erscheinen; aber sie spielten sich in einem Nervenzentrum des Abendlandes ab, das für seine Macht, sein Recht und seine Freiheit wesentlich war.« – Vielleicht beging die EAM/ELAS den entscheidenden Fehler, als sie den Abzug der Deutschen nicht zum sofortigen Losschlagen nutzte. Sie mochte gebremst sein durch die Sowjets, die es in der Endphase des Krieges nicht auf ein Zerwürfnis mit den Alliierten ankommen lassen wollten. Vor allem aber hatte sie mit der Landung stärkerer britischer Kontingente gerechnet; erst als sie deren Schwäche erkundet hatte, ging sie zum offenen Angriff über – da aber war es zu spät.

Die ELAS schien sich im großen und ganzen an das Varkiza-Abkommen zu halten. Zwar flohen etwa 3000 bis 4000 Mann über die Grenze nach Jugoslawien, um dort einem günstigeren Wetter entgegenzuwarten. Kleinere Gruppen – die Befehle der KP ebenso mißachtend wie die der Regierung – kehrten in die Berge zum vertrauten Klephtenhandwerk zurück. Die größte von ihnen wurde von der Nationalgarde im Pindosmassiv aufgespürt und niedergemacht; der abgeschlagene Kopf ihres Anführers, des berühmten Aris, wurde in der Stadt Trikkala zur Schau gestellt. Hingegen konnten sich andere Trupps in Nordgriechenland halten, vor allem im Gebiet des Olymp. Die Masse der Elasiten jedoch stellte sich und lieferte ihre Waffen ab – wie viele sie nicht ablieferten, war nicht auszumachen, doch fehlte es ihnen später, bei der »dritten Runde«, nicht an Gewehren; zunächst entließ man sie jedenfalls in ihre Heimatdörfer.

Der Regierung ließ sich nicht der gute Wille nachsagen, das Versöhnungsabkommen sinngetreu in die Tat umzusetzen. Die KP, auch ihre Presse, war zugelassen, wenn auch durch rüde Schikanen in ihrer Bewegungsfreiheit beschnitten. Die Briten flogen sogar Zachariadis, den Generalsekretär des Zentralkomitees, in einem Sonderflugzeug von Dachau, wo ihn die Deutschen während des Krieges festgehalten hatten, nach Athen; dort machten es ihm die ungebärdigen Unterführer nicht leicht, die Partei gemäß dem Moskauer Befehl auf die legale Position umzustellen. Aber auch die »Rechten« erschwerten den Kommunisten die Rückkehr in die Legalität. Die propagandistisch aufgebauschten kommunistischen Greuel hatten sich dem griechischen Gedächtnis nicht minder tief eingeprägt als die Leiden der Besatzungszeit, und so schwang nun das Pendel nach der Gegenseite aus, zum »weißen Terror«, dessen Vergeltungsdurst die noch schwache Regierung in manchen Landesteilen nicht unter ihre Kontrolle zu bringen vermochte, oder auch nicht ernsthaft wollte. Unter den rechtsextremistischen Organisationen tat sich besonders die »Chi« des Obersten Grivas hervor (von deren angeblicher Widerstandstätigkeit im Krieg wenig bekannt geworden war): ihre Untaten stießen viele Kommunisten in den Untergrund zurück.

Auch sonst wirkte sich die politische Schwäche der Regierung unheilvoll aus; die Engländer mußten energisch eingreifen, um die schlimmsten Nöte des verwüsteten Landes zu lindern und die drohende Hungersnot abzuwenden. Statt sich auf den Wiederaufbau zu konzentrieren, verzehrten sich die politischen Energien wieder einmal im Kampf um die Macht. Während die Royalisten in der »Volkspartei« (unter Tsaldaris) über einen relativ geschlossenen und durchschlagskräftigen Parteiapparat verfügten, zerfiel die Liberale Partei – einst das mächtige Werk und Werkzeug des alten Venizelos – in mehrere rivalisierende Gruppen: der Kern, geführt von Sophoulis, vertrat nach wie vor kompromißlos die Sache der Republik, die jüngere Parteigarde aber – Georgios Papandreou, Venizelos junior und Kanellopoulos samt ihrem Anhang – distanzierte sich von der Verfassungsfrage und wollte sich vorbehaltlos dem Volksentscheid unterwerfen. Welche Wahl immer der Regent bei der Regierungsbildung unter den Politikern traf, die jeweilige Gegenseite klagte ihn an, dem Plebiszit vorzugreifen. Schließlich nahm er seine Zuflucht zu einem Kabinett der Fachleute; aber dies hatte nun gar keinen politischen Rückhalt und versammelte sämtliche Parteien in der Eintracht der Opposition. Und allen rasch wechselnden Regierungen hing das Odium an, vom Volke nicht legitimiert zu sein.

Daher entschloß man sich, die vorgesehene Folge der Wahlen umzukehren. Auch empfahl es sich, nicht mit dem Plebiszit über die Rückkehr des Königs zu beginnen, da es der Entscheidung zwischen Monarchie und Kommunismus gleichgekommen wäre. In solcher Alternative aber konnte sich die tatsächliche politische Situation des Landes nicht aussprechen, denn sie hätte zahllose antiroyalistische und antikommunistische »Republikaner« gezwungen, für den König als das kleinere Übel zu stimmen. So war es richtiger, die Parlamentswahlen dem Volksentscheid über die Verfassung vorauszuschicken. Da jedoch die letzten Wahlen im Januar 1936 stattgefunden hatten, galt es zunächst, ein völlig neues Wahlregister aufzustellen. Diese mühselige und langwierige Arbeit verzögerte die Wahlen bis zum 31. März 1946. Nur die Kommunisten hielten sich den Urnen fern, unter berechtigter Berufung auf Registermanipulationen und rechtsextremistische Terrorpraktiken. Jedoch fanden die Wahlen – wie es das Varkiza-Abkommen vorschrieb – unter den Augen von 1200 Amerikanern, Briten und Franzosen statt, die in 240 Teams über die Hälfte der Wahllokale kontrollierten. Das Ergebnis war ein überwältigender Sieg der Royalisten, die 231 der 354 Mandate gewannen (bei dürftiger Wahlbeteiligung von ca. 55 %). Die Sieger nutzten die Strömung und legten dem Volke schon ein halbes Jahr später, am 1. September 1946, die Frage der Staatsform zur Entscheidung vor: 68 % der abgegebenen Stimmen sprachen sich für die Monarchie aus. Am 27. September betrat Georg II. nach fünfeinhalbjährigem Exil erstmals wieder griechischen Boden.

Damit war die dornige Verfassungsfrage geregelt, zugleich aber der Versuch der Aussöhnung mit den Kommunisten definitiv gescheitert. Jetzt, da ihre letzten politischen Mittel im Kampf um die Macht verbraucht waren, traten sie in die »dritte Runde« des Bruderkrieges ein. Einzeln verließen sie die Dörfer und schlugen sich zu den Genossen im peloponnesischen Taygetos und in den nordgriechischen Gebirgen durch, zu denen auch wieder jene stießen, die nach der Varkiza-Kapitulation über die Grenze gegangen waren – politisch und militärisch geschult nun und wohlausgerüstet. Schon im Sommer 1946 steigerten die Partisanen ihre Aktivität, und im August wurde zum ersten Male die direkte Unterstützung durch Jugoslawien und Bulgarien nachgewiesen. Die Sowjetunion sekundierte außenpolitisch: am 24. August 1946 brachte die Ukraine eine Klage vor den UN-Sicherheitsrat, die Griechenland der Verfolgung von nationalen Minderheiten und der Verursachung von Grenzzwischenfällen beschuldigte.

Die »dritte Runde« der Kommunisten

Das war der Auftakt zu einem Kampf, der Griechenland drei Jahre hindurch verheerte, dies Land, das noch vom Kriege her aus unzähligen

Wunden blutete. Der Zweite Weltkrieg hatte ihm (einschließlich der 300 000, die Hungers starben) 415 000 Menschen abgefordert, der Bürgerkrieg kostete es 108 000 Tote – davon 56 700 Zivilisten, 36 400 Partisanen und 15 000 Soldaten der nationalen Streitkräfte. 20 000 Männer und Frauen und 25 000 Kinder wurden von den Kommunisten in die Volksdemokratien deportiert – von diesen waren etwa die Hälfte, von jenen 3000 bis Ende 1954 heimgekehrt. 750 000 Bauern (ein Zehntel der Gesamtbevölkerung) hatten sich 1948, auf dem Höhepunkt der Kämpfe, aus den nordgriechischen Gebirgsdörfern in die geschützten Städte geflüchtet; nach der Rückkehr mußten die meisten von vorn anfangen, denn sie fanden die Häuser und Ställe zerstört, die Felder verwüstet. Kaum geringer waren die sonstigen materiellen Verluste an zerstörten Krankenhäusern, Kraftwerken und sonstigen öffentlichen Einrichtungen. Terror und Gegenterror hinterließen überall Spuren der Zerstörung.

Die Strategie und Taktik der Partisanen hielt sich zunächst an die erprobten Muster der Besatzungszeit: überaus beweglich, stießen sie zu blitzartigen Überfällen von ihren unzugänglichen Gebirgsbasen in die Täler vor, in ebenso schnellen Rückzügen dem offenen Kampf ausweichend und immer wieder die Operationsfelder wechselnd. Im Notfall benutzten sie den Fluchtweg in die Volksdemokratien, in die sie die regulären Streitkräfte nicht verfolgen konnten. Hinter der Grenze aber gruppierten sie sich jeweils um, um sie an ungeschützten Stellen von neuem zu überschreiten. Das kleine griechische Heer aber, das sich eben erst regenerierte, war nicht in der Lage, die 1000 km lange Gebirgsgrenze entlang den Volksdemokratien abzudichten.

Doch diese elastische Kampfesweise trug den Kommunisten nicht die erwünschte politische Ernte ein. Ihr Ehrgeiz verlangte die Errichtung eines »freien Griechenlands« unter einer eigenen, wenn auch provisorischen Regierung, und dazu bedurften sie des festen Besitzes eines geschlossenen Territoriums. Diesem Vorhaben dienten ihre Angriffe auf Florina im Mai, auf Konitsa im Juli und auf Grevena im August 1947; sie scheiterten alle. Dennoch proklamierte General »Markos« (Vafiadis) zu Weihnachten 1947 eine »provisorische Regierung«, die jedoch nicht einmal die Anerkennung von seiten der Volksdemokratien fand. Im Sommer gelang es ihnen schließlich, im Grammosgebirge zwischen den Städten Kastoria, Jannina, Grevena und Konitsa für einige Zeit ein geschlossenes Gebiet in die Hand zu bekommen, etwa 3300 qkm mit 130 Dörfern; von dort vertrieben, besetzten sie während mehrerer Monate das Vitsimassiv, wo sie an der Dreiländerecke zwischen Albanien und Jugoslawien 700 qkm mit 25 Dörfern kontrollierten, ständigen Kontakt zu den kleineren Widerstandsnestern im Süden – in Thessalien, aber auch im Peloponnes – unterhielten und stets wieder Angriffe auf die Städte beiderseits der Pindoskette unternahmen.

Ohne die Unterstützung durch die Volksdemokratien wäre wohl der Kampf der griechischen Genossen bald zusammengebrochen. Als Expansionsunternehmen des »Weltkommunismus« ließ er sich allenfalls nur propagandistisch von der Gegenseite ausschlachten. Denn Stalin war sich damals der westlichen Waffenüberlegenheit durchaus bewußt, und da er mit der Konsolidierung seiner Einflußzone in Osteuropa hinreichend beschäftigt war, hielt er sich im großen und ganzen korrekt an das Abkommen mit London, in dem er Griechenland als britische Interessensphäre anerkannt hatte; so fand denn die hellenische Bruderpartei bei ihm nur verbale, wohl auch einige finanzielle Hilfe sowie ihre politische Abdeckung auf der Bühne der Vereinten Nationen. Die treibende Kraft hinter dem Aufstand war vielmehr Tito, der zu jener Zeit noch von einer großen Balkanföderation unter seiner Führung träumte. – Gleichwohl trug der griechische Bürgerkrieg nicht wenig zur Vereisung des Kalten Krieges zwischen West und Ost bei. Denn es handelte sich da um einen »stellvertretenden« Krieg, den ersten seiner Art; er bezeugte sich auch in der westlichen Intervention auf der national-griechischen Seite. Am 3. Dezember 1946 erhob Griechenland Klage gegen die Unterstützung der Rebellen durch die Volksdemokratien vor dem Sicherheitsrat der Vereinten Nationen, der denn auch am 19. Dezember – gegen die sowjetische Stimme – die Einsetzung einer Kontrollkommission beschloß; da jedoch die Volksdemokratien der UN-Balkankommission den ganzen Krieg über den Zutritt auf ihre Territorien versagten, blieb ihre Arbeit platonisch. Immerhin trug ihre Berichterstattung, welche die griechischen Vorwürfe erhärtete, wesentlich dazu bei, die Presse der freien Welt für die Sache des nationalen Griechenlands zu gewinnen, der sie vordem mit Mißtrauen begegnet war.

Entscheidender fiel für Athen die westliche Waffen-, Wirtschaft- und Finanzhilfe ins Gewicht. Die Regierung wäre wohl mit den heimischen Kommunisten allein fertig geworden – deren Allianz mit den Volksdemokratien war sie nicht gewachsen, zumal der Wiederaufbau des Landes noch nicht einmal angelaufen war. London zwar vermochte nicht mehr die Rolle des griechischen Protektors wahrzunehmen, die ihm (der inzwischen abgewählte) Churchill zugedacht hatte. Das Austerityprogramm der Labourregierung, ihre Sorge um die eigene Rekonvaleszenz sowie ihre Abkehr von der alten Empire-Politik waren unvereinbar mit den Lasten, die ihr die Finanzierung der kostspieligen Engagements in Griechenland auflud. Daher kündigte denn Attlee die britische Griechenlandhilfe kurzfristig für den 31. März 1947, Truman gerade noch Zeit lassend, seine Hilfsdoktrin für Griechenland und die Türkei auszuarbeiten und am 12. März zu proklamieren. Mit dem Tausch dieser Partner konnte die griechische Regierung, dank dem größeren Potential der USA, zufrieden sein. Die Amerikaner mußten allerdings einiges Lehrgeld zahlen, ehe sie sich auf dem unebenen Terrain der griechischen Psychologie zurechtfanden; mit ihrer allzu direkten und zupackenden Art traten sie den einer umständlicheren Gangart huldigenden Griechen nicht selten auf die Füße. Zu Reibereien kam es vor allem zwischen der überenergischen amerikanischen Militärmission und dem griechischen Generalstab. Diese Unstimmigkeiten, die sich auf die strategischen, ja selbst auf die taktischen Entscheidungen bezogen, haben zur Verschleppung des »Bürgerkrieges« einiges beigetragen; derselben Sünde machten sich die verschiedenen griechischen Regierungen schuldig, die bei der Besetzung der militärischen Schlüsselposten allzu ausgiebig ihre partei-politischen Interessen spielen ließen.

So kennzeichnete das Jahr 1948 eine gewisse Stagnation. Die Fronten hatten sich verhärtet, der Krieg ließ kein Ende absehen, der Wiederauf-bau verzögerte sich; und dazu drückte nun auch noch die militärische Führungskrise (der sich in der Politik die Regierungskrise in Permanenz gesellte) auf die Stimmung von Volk und Heer. Doch auch die Moral der Partisanen zeigte Ermüdungssymptome: die schweren Verluste konnten sie fast nur durch zwangrekrutierte Bauernsöhne ausgleichen, um ihre Streitkräfte auf einem Bestand von etwa 25 000 Mann zu halten – die unfreiwilligen »Rebellen« taten es naturgemäß den alten Kämpfern an Zuverlässigkeit und Kampfesmut nicht gleich. Dennoch hätten sich die Kämpfe wohl noch lange weitergeschleppt, wenn sich Athen nicht endlich darauf verstanden hätte, den Oberbefehl in die Hände des Mannes zu legen, der als einziger befähigt schien, den militärischen Durchbruch zu schaffen. Dieser Mann war General Alexander Papagos, dem der Mythos eines »Retters des Vaterlandes« anhing, seit er das »griechische Wunder« des Sieges über die Italiener vollbracht hatte.

Er hatte lange auf seine Stunde warten müssen. Zwar stand sein militärisches Prestige außer allem Zweifel. Aber die Amerikaner und die liberalen Griechen warfen ihm seine Dienste unter dem Diktator Meta-xas vor; und die Gilde der Berufspolitiker insgesamt scheute sich, ihm eine zweite Gelegenheit für die Rolle des Vaterlandsretters zu geben – getragen von der Volksgunst, so fürchteten sie, könnte er sie dann beiseite schieben. Aber schließlich kam man doch nicht mehr um ihn herum. Das Warten hatte seinen Preis so erhöht, daß er die Annahme des Oberkommandos sogar an Bedingungen knüpfen konnte, an die Adresse der Amerikaner wie auch der Athener Regierung.

Papagos blieb den Erwartungen nichts schuldig. Mit straffer Hand reorganisierte er das Heer, eröffnete eine Großoffensive und vertrieb die Partisanen aus dem Land. Im Januar 1949 hatte Papagos das Kommando übernommen – noch im September desselben Jahres beendete seine Offensive im Grammosgebirge die Feindseligkeiten. Am 16. Oktober verkündeten die Partisanen über den albanischen Rundfunk die offizielle Einstellung des Kampfes – nicht ohne ihrer Entschlossenheit Ausdruck zu geben, ihn mit »anderen Mitteln« fortzusetzen. Dennoch ließ die kommunistische Niederlage an Eindeutigkeit nichts zu wünschen übrig.

Der König verlieh Papagos den Marschallstitel, den vor ihm nur König Konstantin getragen hatte, der Sieger der Balkankriege. Papagos' strate-gische Leistung schmälert die Feststellung nicht, daß ihm bei der raschen und durchgreifenden Lösung seiner Aufgabe das Glück in üppiger Fülle zur Seite gestanden hatte. Erst in dieser Phase war die Ausbildung des neuen griechischen Heeres vor allem auch an den amerikanischen Waffen genügend weit fortgeschritten. Noch mehr nützte Papagos der Konflikt, später der Bruch zwischen dem »titoistischen« Jugoslawien und dem Kominform. Am Sieg des stalinistisch-griechischen Kommunismus konnte Tito nun nicht mehr interessiert sein, hätte er doch seine Einkreisung geschlossen. Schritt für Schritt entzog er daher – seit dem Sommer 1948 – den griechischen Kommunisten seine Unterstützung, bis er im Frühjahr 1949 sogar zur Internierung der ins Land geflüchteten Partisanen überging und am 10. Juli 1949 die Schließung der jugoslawisch-griechischen Grenze verkündete. Damit verloren die griechischen Aufständischen ihre wichtigste Operations-, Nachschub- und Ausbildungsbasis, deren Ausfall die kominformtreuen Satelliten Bulgarien und Albanien trotz gesteigerter Anstrengungen nicht zu ersetzen vermochten. Kaum weniger schwächte es die griechischen Kommunisten, daß sich die Abspaltung Titos vom Sowjetblock in ihre Reihen hinein verlängerte – in die Kluft zwischen den »nationalen Deviationisten« und den Kominformhörigen. In diesem internen Kampf unterlagen die nationalen Kommunisten; ihr populärer Führer »Markos« mußte im Februar 1949 seine Ämter abgeben – einem Gerücht zufolge wurde er in Moskau nach seiner Verurteilung zu fünfundzwanzig Jahren wegen »Antisowjetismus« in einem »Polit-Isolator« des Lubjankagefängnisses lange festgehalten. Seine Nachfolger (Zachariadis, Joannidis und Partsalidis) verdarben den Kommunisten die Sympathien, indem sie einen Albanier als Justizminister sowie einen Bulgaren als Wohlfahrtsminister in ihre provisorische Regierung aufnahmen und Kurs auf ein »freies« Makedonien einschlugen; damit aktivierten sie den antislawischen Komplex der Griechen. So kam zum Verlust der materiellen Kraftreserven auch noch der innere Zerfall.

Aber das nordgriechische Gebirge war nicht die einzige Kampffront. Die kommunistische Diaspora hatte in allen Landesteilen ihre Parteigänger, ihre stillen oder lauten Anhänger bis in die Staatsspitzen hinauf. Man wird der Wirklichkeit sehr nahe kommen, wenn man die kommunistische Gefolgschaft in Griechenland auf 10 bis 15 % der Gesamtbevölkerung veranschlagt, ein Satz, der auch heute noch Gültigkeit haben dürfte; freilich bilden sie keine kompakte Gruppe – der griechische Individualismus sorgt auch für ihre Zersplitterung, die nicht selten zu heftiger Rivalität ausartet. Jedenfalls machten sie der Regierung auch im Innern zu schaffen. Sie ließ es bei ihrer Bekämpfung nicht fehlen.

Von den gefangenen Kommunisten, denen – ohne fairen Prozeß – Morde an Zivilisten vorgeworfen wurden, wurden vom 1. Juni 1946 bis zur Niederschlagung der Rebellion 3150 Personen zum Tode verurteilt; in 1223 Fällen kam es zur Vollstreckung dieser Urteile. Mehrere Zehntausende wurden zur Sicherung des Hinterlandes in Präventivhaft genommen; Mehrere Amnestien leerten die Internierungslager von Zeit zu Zeit; doch da sich die Entlassenen, die auf Grund ihrer »Bekehrung« freigegeben wurden, nicht immer disziplinieren ließen und das Mißtrauen der »rechten« Behörden keine Grenze kannte, füllten die Lager sich immer wieder von neuem. Es füllten sich auch die Konzentrationslager der Inseln Makronisos, Leros und Agios Efstratios. Den »unverbesserlichen« Häftlingen, die sich weigerten, ihrem politischen Glauben durch die Unterzeichnung einer Loyalitätserklärung abzuschwören, stand ein qualvolles Schicksal bevor. Die Angehörigen wurden mit Berufsverboten, Linzenzentzug, Nichtgewährung von Krediten, Ausbildungsschikanen usw. unter Druck gesetzt.

Seit 1950 kam es nicht mehr zu militanten Aktionen der Kommunisten. Die Kommunistische Partei wurde verboten. Ihre Nachfolgeorganisation, die als »Vereinigte Linke« getarnte EDA (Enosis Dimokratikis Aristeras) erbrachte beim ersten Urnengang nach dem beendeten Bürgerkrieg 1950 9,7% der Stimmen, 1951, 10,5 und 1952 9,5 %, um 1958 sprunghaft auf 24,4 % emporzuklettern (dank der Wahlkoalition mit den liberalen Mittelparteien, die sie »gesellschaftsfähig« machten). Diesen Höhepunkt hat sie nicht zu halten vermocht: 1961 fiel sie – allein auf sich gestellt – auf 15,1 % zurück. Doch dieser Anteil blieb für ein Vierteljahrhundert die Manifestation einer traumatischen Polarisierung des Volkes.

LABILE STABILISIERUNG
(1950–1974)

Brüchige, sich ständig verschiebende Mehrheiten, die keine Kontinuität der Führung und des Wiederaufbaus zuließen, eine aufgeblähte parasitäre Bürokratie, anfällig für die Ämterpatronage und der Zuverlässigkeit ermangelnd, hinderten im Verein mit der Regierungskrise in Permanenz die soziale und wirtschaftliche Gesundung. Von der Befreiung im Oktober 1944 bis zu den Wahlen im November 1952 konsumierte das Land an die zwanzig Kabinette (mit einer durchschnittlichen Lebensdauer von fünf Monaten)! Diese Führungslabilität hätte die Nation kaum durchgestanden, wäre sie nicht durch die stabilisierenden Gegengewichte der amerikanischen Hilfe und auch der Monarchie ausbalanciert worden.

Im April 1947 war König Georg II. kinderlos gestorben – ein herber, verschlossener, puritanischer Mann, den das Glück im politischen wie im privaten Leben gemieden hatte. Zweimal hatte er das harte Brot des Exils kosten müssen: 1923 trieb ihn die Revolution des Generals Plastiras, 1941 Hitlers Balkanfeldzug aus dem Land. Dem Heimgekehrten trug es eine starke Minderheit des Volkes nach, daß er 1936 die Diktatur Metaxas, gedeckt hatte. Von solcher Last war sein Nachfolger, sein Bruder König Paul I., frei. Von etwas schwerfälliger Natürlichkeit, die Distanz der Repräsentation durch seine Unbefangenheit lockernd, füllte er die ihm von der Verfassung gezogenen Grenzen mit kluger Aktivität aus, wußte er sein Amt zum ruhenden Pol in der Regierungen Flucht zu festigen. Es tat ihm zunächst auch keinen Abbruch, daß ihn seine Gattin Friderike, Tochter des Herzogs Ernst August zu Braunschweig und Lüneburg und durch die Mutter Enkelin von Kaiser Wilhelm II., an Charme und Vitalität überstrahlte; voller Herz und Humor, vielseitig interessiert und über das Dilettantentum hinaus »gebildet«, gewann sie geradezu die Konturen einer Bilderbuchkönigin. So trug ihre Popularität nicht wenig dazu bei, die Monarchie, die bisher das Volk entzweit hatte, zum Rückgrat des labilen Staates zu machen – für ein Jahrzehnt! Mit zunehmendem Alter aber verhärtete sich ihre Energie zum Starrsinn, schlug ihre Eigenwilligkeit in Launenhaftigkeit um, schien ihr Stolz sich im Anspruch eines Gottesgnadentums zu überhöhen, das allzuoft und allzu willkürlich gefühlsgesteuert in die Tagespolitik, vor allem in Personalfragen, eingriff. Und nicht zuletzt verübelte es ihr die patriarchalische Mentalität des Volkes, daß die Überlegenheit ihrer Intelligenz und Willensstärke den braven König Paul zum Pantoffelhelden degradierte. Mochten all diese Vorwürfe übertrieben sein, die zu entkräften ihr das Selbstbewußtsein verbot – es ging nicht allein auf das Konto der wetterwendischen Griechen, wenn ihre anfängliche Beliebtheit binnen eines Jahrzehntes sich völlig verschliß, auf Kosten vor allem auch der Monarchie. Am Ende stand diese Frau da als königliche »Buhfrau« – selbst die Sympathien der eingeschworenen Royalisten hatte sie verspielt.

Zunächst aber hatten den Schaden von der Festigung der Monarchie die Monarchisten – das ist die einzige durchgehende Tendenz in der politischen Anarchie der Nachkriegszeit. Unmittelbar nach der Befreiung war der royalistischen Volkspartei unter Konstantin Tsaldaris die überwältigende Mehrheit zugefallen; von Wahl zu Wahl aber und in dem Maße, wie sich die anderen Parteien mit der Monarchie versöhnten, schrumpfte sie zusammen, bis die Wähler im November 1952 die Volkspartei völlig aus dem Parlament hinausmanövrierten. Doch wuchs ihre Auszehrung der alten Gegenspielerin, der Liberalen Partei, nicht als Stärkung zu. Die Nachfolger, von denen keiner dem Gründer, dem alten Venizelos, an Format und Autorität gleichkam, gerieten sich wegen des Erbes bald in die Haare: die Liberale Partei zerfiel in vier Parteien, die sich bei passender Gelegenheit wieder zusammenschlossen, um dann – verführt vom Verhältniswahlrecht – von neuem auseinanderzubrechen, in die Gruppen um den alten Sophoulis, um den jungen Venizelos und um Papandreou. So ließ sich das Regieren nur in Vielparteienkoalitionen betreiben, die im Wettstreit zwischen der parteipolitischen Eigensucht und der Sorge um ihren zerbrechlichen Zusammenhalt kaum zur eigentlichen Arbeit kamen. Die luxuriöse Fehlleitung der politischen Energien entartete so lange nicht zur Katastrophe, wie die amerikanischen Hilfsgelder reichlich strömten. Deren Abebben aber – seit 1950, seit der Niederwerfung der Kommunisten – machte die innere Konsolidierung immer gebieterischer. Auch wurden die Wähler der alten Berufspolitiker und ihrer impotenten Vielparteihen müde. Das Verlangen nach einer kräftigen, steten und zielstrebigen Führung setzte schließlich den General Plastiras wieder einmal in den Regierungssattel, der mit der neugegründeten EPEK (der Nationalen Fortschrittsunion der linken Mitte) in die Wahlen vom März 1950 und vom September 1951 gegangen war. Aber der wackere alte Haudegen erwies sich nicht als der starke Mann, den das Volk ersehnte; die Mehrheitsverhältnisse zwangen auch ihn, sich auf das alte fruchtlose Spiel der Parteiallianzen einzulassen, in dem sich sein schlichter Sinn gar nicht zurechtfand.

So richteten sich die Augen des Volkes mehr und mehr auf die »Lösung Papagos«. Wenn einer, so schien er, der »Retter des Vaterlandes« in zwei Kriegen, legitimiert, das zersplitterte Land in seiner Person zu einigen. Lange widerstand der Marschall allen Versuchungen, die ihn aus seiner militärischen Domäne heraus auf das Glatteis der Politik locken wollten – wohl wissend, daß er einen großen Ruf zu verlieren hatte und daß Griechenland zu regieren eine heiklere Aufgabe ist, als seiner Armee vorzustehen. Erst nachdem ihn ein persönliches Zerwürfnis mit dem Hof im Mai 1951 zur Niederlegung des Oberkommandos veranlaßt hatte, betrat er gegen den Willen des Königspaares (das von Eifersucht auf seine Popularität nicht frei war) die politische Arena. Auf Anhieb brachte es 1951 seine »Hellenische Sammlung«, die er kurz vor den Wahlen gegründet hatte, zur relativ stärksten Fraktion im Parlament. Gewarnt durch das Scheitern seines Rivalen, des Generals Plastiras, lehnte er jedoch, der die Erneuerung des Landes an Haupt und Gliedern erstrebte, jegliche

Zusammenarbeit mit den »alten« Parteien ab und verharrte in der Opposition. Da man aber nicht mehr ohne ihn und erst recht nicht gegen ihn zu regieren vermochte, konnte er schon im darauffolgenden Jahr Neuwahlen erzwingen.

Und diesmal ging seine Rechnung auf: mit 49,2 % der abgegebenen Stimmen errang seine Partei am 16. November 1952 – dank des erstmals praktizierten reinen Mehrheitswahlrechtes – 240 von den 300 Parlamentssitzen.

Der triumphale Wahlsieg von Papagos war vor allem auf die nach einer starken Führung verlangende Stimmung in der Bevölkerung zurückzuführen. Damit sagte sie nicht der Demokratie ab, sondern den »klassischen Parteien«, die restlos abgewirtschaftet hatten. Und während sich diese von alters her auf bestimmte Landschaften, Interessencliquen und Familienclans stützten, appellierte Papagos' »Hellenische Sammlung« an die gesamte »Nation«. Neue Ideen offerierte der alte Offizier nicht. Aber er hatte Sauberkeit, Ordnung und Ehrlichkeit, Fleiß, Gemeinsinn und Pflichtgefühl, Sachlichkeit und Verläßlichkeit zu bieten – autoritäre Sekundärtugenden, die nach den Jahren der politischen Instabilität hoch im Kurs standen.

In die »Hellenische Sammlung« waren alte und junge Kräfte eingeströmt. Vor allem fing sie die Erbmasse der alten konservativen Volkspartei auf, die sich unter der wenig glücklichen Führung von Konstantin Tsaldaris nach allen Richtungen verlaufen hatte; ihr Wählerpotential rekrutierte sich vorwiegend aus der Bauernschaft – mit der Hälfte der Bevölkerung der mächtigste Stand und zugleich ihr schwächster und unglücklichster, dem Krieg und Bürgerkrieg die härtesten Leiden zugefügt hatten. Ein prominenter Vertreter dieser konservativen Richtung war Stephanopoulos, dem Papagos das Außenministerium übertrug. Von der Mitte her stieß Professor Kanellopoulos mit seiner kleinen Partei zur »Sammlung«; aus der Heidelberger Soziologenschule hervorgegangen, hatte er sich – trotz seiner geringen Gefolgschaft, die vor allem den Intellektuellenkreisen entstammte – im Exil und in den Nachkriegsjahren in den politischen Vordergrund gespielt; Papagos gab ihm das Verteidigungsministerium. Schließlich stieß noch eine Reihe ehemaliger Liberaler zu Papagos.

Das dynamische Element der »Sammlung« aber war die Gruppe der Jungen um Spiros Markezinis, einen schillernden Mann, dessen große und ingeniöse Projekte von seinem Ehrgeiz und allzu großzügigen Machiavellismus immer wieder vorzeitig auf Grund gesetzt wurden – der Alkibiades unter den zeitgenössischen Athenern, vor dem das Urteil nur Abscheu oder Hörigkeit zuließ. Nach dem Krieg hatte er zunächst ein kurzes Gastspiel bei der Volkspartei gegeben und dann mit einer eigenen Parteigründung – da er wegen seiner Arroganz und seiner unverhüllten Menschenverachtung bei den Massen keine Resonanz fand – Schiffbruch erlitten. Schließlich glückte es ihm (was so viele vor ihm nicht fertiggebracht hatten), den Marschall zum Eintritt in die Politik zu bewegen und ihm mit der Organisation der »Hellenischen Sammlung« das geeignete

Machtinstrument zu schmieden. Nach dem Wahlsieg vertraute ihm Papagos das den fünf wirtschaftlichen Fachressorts übergeordnete Koordinationsministerium an, mit außerordentlichen Vollmachten für eine grundlegende Strukturreform der gesamten Volkswirtschaft. Markezinis entwickelte denn auch ein großangelegtes Sanierungsprogramm, das dem »Experiment Papagos« zur Leitlinie diente. An der zügigen und korrekten Durchführung seiner Pläne aber hinderte ihn die Hypertrophie seiner Phantasie, die über dem Ausbrüten immer neuer Projekte die Realisierung der alten vernachlässigte; hinderte ihn auch sein Ehrgeiz, der sich des alten, politisch wenig erfahrenen Marschalls als eines Aushängeschildes, als eines Werkzeugs seiner machthungrigen Hände bedienen zu können glaubte. Doch Markezinis verrechnete sich im Eigensinn und in der Intelligenz Papagos'. Im März 1954 kam es zum Bruch zwischen den beiden. Und um Markezinis sagten sich 23 seiner Freunde von der Parlamentsfraktion der »Sammlung« los, die sich im Februar 1955 zu einer neuen »Fortschrittspartei« zusammenschlossen. Ihr Abfall kam der inneren Festigung der »Sammlung« zugute, ohne deren absolute Kammermehrheit in Frage zu stellen. Nach wie vor aber diente der ursprüngliche Sanierungsplan Markezinis' der Regierung Papagos und der seines Nachfolgers Karamanlis zum Kompaß ihrer Arbeit.

Die politische Stabilisierung, die mit Papagos' Wahlsieg im November 1952 zum ersten Male seit dem Krieg in Griechenland einkehrte, war die Voraussetzung für die wirtschaftliche Stabilisierung. Zumal nun auch mit dem Versiegen der amerikanischen Hilfsquellen der Interventionsanspruch Washingtons erlosch, der sich in Griechenland stärker geltend gemacht hatte als sonst in einem Marshallplan-Land. Hatte auch die amerikanische Wirtschafts- und Militärhilfe in Höhe von über drei Milliarden Dollar die griechische Nation in ihrer schwersten Zeit über Wasser gehalten, die gröbsten Kriegsschäden behoben und wichtige Entwicklungsfundamente – vor allem im Energie-, Verkehrs- und Gesundheitswesen – gelegt, so kam es über ihre Anwendung doch immer wieder zu scharfen Spannungen zwischen der amerikanischen Hilfsmission und der jeweiligen Regierung in Athen; es machte die Sache nicht besser, daß die Amerikaner bei diesen leistungshemmenden Kontroversen das Unrecht nicht immer auf ihrer Seite hatten. So schmerzhaft der Ausfall der amerikanischen Unterstützung war – die Athener Regierung bekam nun endlich die Hände frei. Das trug nicht wenig zur Festigung ihres Ansehens im In- und Ausland bei.

Die Regierung Papagos erwarteten wahrhaftig herakleische Aufgaben. Die griechischen Nöte datierten ja nicht erst von heute und gestern, sie waren struktureller Natur. Dazu hatte sich eine Pandorabüchse von Katastrophen über das geplagte Land ergossen. Der Erste Weltkrieg hatte für Griechenland nicht vier, sondern zehn Jahre gedauert; und der Zweite Weltkrieg bemaß sich für das Land nicht auf sechs, sondern auf fast zehn Jahre. So erlitt es einen Dauerschwund seiner ohnehin dünnen Substanz und kam aus der Krise nicht heraus, welche die jährlichen Erdbebenkatastrophen zwischen 1953 und 1956 auf den Ionischen

Inseln, im Peloponnes, in Thessalien und auf Santorin nochmals verschärften.

Seiner Struktur nach wandelte Griechenland bis dahin die unglücklichste volkswirtschaftliche Spezies in Reinkultur ab: es war ein auf Lebensmitteleinfuhren angewiesenes Agrarland, das seine Nahrungslücke nicht mit seinen Ausfuhren zu schließen vermochte. Zur Deckung des chronischen Handelsdefizits mußten daher stets drei andere Quellen herhalten: der Fremdenverkehr, die Barüberweisungen der Auslandsgriechen an die Heimatangehörigen sowie die Einkünfte der großen Handelsflotte aus dem internationalen Seetransport. Während aber die Nachkriegszeit das Außenhandelsloch noch gewaltig verbreiterte, flossen zunächst jene »unsichtbaren Deviseneinnahmen« erheblich spärlicher als vordem.

Ihre Austrocknung hatte eine gemeinsame Ursache: den Verfall der Drachme. Auch die Währung eines gesünderen Landes wäre unter den geschilderten Umständen in die Inflationsspirale geraten – die Drachme verfiel, durch vier Abwertungen kaum gebremst, einer rasenden Drehung. Schließlich konnte sie die amerikanische Intervention 1951 durch eine rigorose Deflationspolitik aufhalten, jedoch nur zu dem illusionistisch überhöhten Außenkurs von 15 000 Drachmen gleich 1 US-Dollar, der Griechenland, das ärmste, zum teuersten Land Europas machte. Er drosselte den Femdenverkehr, der ohnehin erst mit vierjähriger Verspätung zögernd einsetzte, und machte die Ausfuhrgüter konkurrenzunfähig. Der Strom der Auslandsüberweisungen verebbte, und dem Auslandskapital war jeglicher Investierungsanreiz genommen. Am schlimmsten aber wirkte sich die Flucht der griechischen Handelsflotte aus; wohl hatte sie ihren Tonnagebestand verjüngt und dem Umfang nach verfünffacht (von 1935: 2 Millionen Tonnen auf 10 Millionen Tonnen 1954), doch fuhr sie in jenen Jahren zu sechs Siebtel unter ausländischer Flagge (Panama, Liberia, USA, Großbritannien, Honduras und andere), wodurch sie dem griechischen Staatssäckel eine gewaltige Devisen- und Steuereinbuße zufügte. Andererseits blähte der überhöhte Wechselkurs der Drachme die Einfuhren unmäßig auf, die nun die magere Kaufkraft auf Kosten der heimischen Industrie über Gebühr abschöpften. Doch war dieses unsinnige System so lange noch erträglich, wie die Inlandsindustrie dem gestauten Nachholbedarf (vor allem an Produktionsgütern) nicht schnell genug nachkam und die riesigen Löcher der Zahlungsbilanz mittels des üppigen Dollarsegens gestopft werden konnten (der so freilich seiner produktiven Bestimmung weithin entfremdet wurde). Als aber der Fortfall der Dollarkrücken die Schließung des Zahlungsdefizits aus eigener Kraft erzwang, ließ sich die Rückführung des Außenkurses der Drachme auf ihre reale Kaufkraft nicht länger hinausschieben.

Dies war das Thema des Jahres 1953, das für Griechenland wurde, was 1948 für Westdeutschland war: in beiden Fällen gab eine radikale Währungsreform – nach einer Stagnationsperiode der unzureichenden Palliativmittel – den Anstoß zur Regneration der Wirtschaft, beide Male je vier Jahre nach Kriegsende (das sich ja für Griechenland bis 1949 verzögert hatte). Am 9. April unternahm die Regierung Papagos die unvermeidliche Operation; ihr damaliger Koordinationsminister Markezinis zeigte sich dabei als ein unbarmherziger, aber umsichtiger Chirurg: er wertete den Wechselkurs der Drachme um die Hälfte ab, von 15 000 auf 30 000 Drachmen für 1 US-Dollar. Heute läßt sich sagen: der Eingriff gelang der Patient blieb dennoch am Leben – gesünder als zuvor.

Die Abwertung hielt im großen und ganzen ihre Versprechen: schlagartig verwandelte sie das teuerste zu einem der billigsten Reiseländer Europas, das – von außen gesehen – mit seinen Preisen etwa neben Jugoslawien und Spanien rangierte. Das hatte sich bald unter den reisesüchtigen Mitteleuropäern herumgesprochen, und so schwoll denn der Fremdenstrom mächtig an – von 50 000 im Jahre 1952 bis 1962 auf über 550 000. Das Auslandskapital verhielt sich nicht mehr so abstinent, die Auslandsgriechen griffen wieder für ihre Heimatangehörigen tiefer in die Taschen – die unsichtbaren Deviseneinnahmen, die im Rechnungsjahr 1951/52 auf 82 Millionen Dollar gefallen waren, kletterten 1961 auf 327 Millionen Dollar. Auch die emigrierten griechischen Reeder ließen ihren patriotischen Gefühlen nun wieder freien Lauf; dem Heimkehrappell der Regierung, garniert mit devisenrechtlichen und fiskalischen Privilegien, folgten viele von ihnen, so daß Ende 1962 insgesamt 1236 Schiffe mit 6,8 Millionen Tonnen unter griechischer Flagge fuhren (1950 zählte sie nur 495 Schiffe mit 1,3 Millionen Tonnen). Sehen lassen konnte sich auch die Exportsteigerung von 112 (1951/52) auf 234 Millionen Dollar (1961). Das Hauptergebnis: der Passivsaldo im Zahlungsverkehr sank im gleichen Zeitraum von 205 auf 63,7 Millionen Dollar, obwohl dem griechischen Staat in früheren Jahren durchschnittlich 200 bis 300 Millionen, 1961 aber nur noch 40,1 Millionen Dollar aus der Amerikahilfe und aus den Reparationen zur Verfügung standen. Davon profitierten die griechischen Währungsreserven, die von der Abwertung bis Ende 1962 von 103 auf 270 Millionen Dollar anstiegen. Mit der Verringerung des Zahlungsdefizits und mit der Erhöhung der Währungsreserven erreichte die Abwertung zwei ihrer wichtigsten wirtschaftspolitischen Ziele.

Sie hat es auch sonst nicht an Wohltaten fehlen lassen. Die Steigerung der Ausfuhr kam vorwiegend den Bauern zugute – dem größten und zugleich schwächsten Stand, auf den bisher immer der schwerste Teil der griechischen Last abgewälzt worden war. Während er früher wegen seines totalen Kapitalmangels meist genötigt war, die Ernte schon auf dem Halm zu oft ausbeuterischen Bedingungen an Spekulanten zu verkaufen, sorgte nun die Regierung für die Erntefinanzierung – und für höhere Preise. So bekam der Bauer seit langen Jahren wieder einmal Geld in die Hände.

Den Nutzen davon hatte nicht zuletzt die heimische Industrie, die durch die Abwertung der Drachme – gefolgt von der Verdopplung der Einfuhrpreise! – wieder wettbewerbsfähig geworden war; endlich konnte sie ihre bisher unausgelastete Kapazität voll entfalten, so daß ihr Produktionsindex vom Durchschnitt 122 des Jahres 1952 (1939 = 100) auf 223 im Jahre 1961 anstieg.

Vor allem war das Vertrauen in die neue Drachme am schwarzen Kurs des Goldpfundes abzulesen, dem zuverlässigsten Barometer für das griechische Währungsklima. Fünf Inflationen exzessivsten Grades trieben die Griechen zur Dauerflucht in das englische Goldpfund. Seit dem Krieg waren sie gewohnt, ihre Geschäftsabschlüsse und Mietkontrakte an die Goldklausel zu knüpfen. Vergebens setzte sich das Gesetz gegen diese Praxis zur Wehr, welche die labile Drachme immer wieder auf die abschüssige Bahn stieß. Vergebens pumpte die deutsche Besatzungsmacht über die Athener Kollaborationsregierung, pumpte das britische Mittelostkommando über die Guerillas Unmengen Goldes in die Bevölkerung, um die fallende Drachme aufzuhalten – die Griechen heimsten das Gold ein, und die Drachme blieb weiterhin im Rutschen. Dabei ließen sie im Kriege den Goldkurs recht seltsame Kurven einschlagen. Entgegen aller nichtgriechischen Erwartung fiel er nach den Siegen der Briten und stieg mit ihren Niederlagen! Das war eine sehr griechische Reaktion: sie sah in der britischen Niederlage die Verlängerung des Krieges – und also richtete man sich auf eine Verlängerung der Goldherrschaft über das Wirtschaftschaos ein. So stieg das Goldpfund, während es beim britischen Sieg fiel, der die Verkürzung der Kriegsdauer und damit der Golddiktatur verhieß.

Der Kommunistenaufstand trug sie über die Befreiung hinüber – aus der Krise gezeugt, zeugte ihre Macht fortwährend neue Krisen. 16 bis 20 Millionen Goldpfund wurden im Land gehortet. Kurz vor der Abwertung (April 1953) notierte es mit 190000, unmittelbar danach mit 280000 Drachmen. Dann kletterte es – nach mehrfachem Steigen und Fallen – im Frühjahr 1954 auf 336000 Drachmen. Anlaß war die Denominalisierung der Drachme vom 1. Mai 1954, von der die Öffentlichkeit einen neuen Währungsschnitt befürchtete; aber sie widerlegte nicht ihre Ankündigung, sie blieb ein formaler Akt, der lediglich die letzten drei Nullen der Drachmennotierung strich, ohne deren substantiellen Wert anzugreifen. Der Dollar kostete demnach nicht mehr 30000, sondern 30 Drachmen (und die Mark entsprechend, nach deren Aufwertung um 5 %, rund 7,5 Drachmen). Die Gewöhnung an die »neue Drachme« (die auch wieder die Lepta-Untereinheit zu Ehren brachte) ließ das Goldpfund wieder sinken. Doch bedurfte es noch Jahre bis zur vollen Rückwendung des Geschäftsverkehrs vom Gold zur Drachme – ihr ebnete die Regierung die Bahn durch die Zulassung der Dollarklausel bei Verträgen, bis sich diese, dank der 20jährigen »Härte« der griechischen Währung, erübrigte.

Jede Sanierungsanstrengung in Griechenland wäre zum Scheitern verurteilt, schüfe der Staat nicht zunächst einmal bei sich selber Ordnung. Der alte griechische Regierungsbrauch, parteipolitische Dienste mit Staatsämtern zu entlohnen, hatte im Laufe der Zeit eine unmäßige Aufblähung und die lähmende Bürokratisierung des Verwaltungsapparates zur Folge. Papagos wagte nun den Bruch mit diesem System. Kurz nach seinem Regierungsantritt entließ er an die viertausend Bank- und Staatsangestellte, ohne – wie sonst üblich – ihre Stellen neu zu besetzen. Trotzdem blieb der griechische Staatsapparat noch immer weit überbesetzt – er verschlang 53 % seiner Einnahmen. Gleichzeitig machte er sich an die überfällige Reform der Verwaltungsstruktur, die von der Geburt des griechischen Staates an unter einer absurden Zentralisierung litt. Die Provinz hatte keinerlei Befugnisse und mußte für die geringsten Anlässe, bis zur Reparatur eines zerbrochenen Rathausfensters herab, die Entscheidung der hauptstädtischen Ministerien einholen, was dann meist eine ausgiebige Dienstreise nach Athen erforderte – ein Verfahren, das an Kostspieligkeit und Unzweckmäßigkeit nichts zu wünschen übrigließ. Auch war es dem Staatsbewußtsein des Provinzbürgers nicht dienlich, wenn er beim nichtigsten Konflikt mit der Obrigkeit die ferne Haupstadt und ihre labyrinthische Ämterwelt aufsuchen mußte – da ließ er es doch meist lieber sein und nährte mit solcher Resignation seine Abneigungen gegen den Staat. Nun aber schaltete Papagos auf die Dezentralisierung um: zum erstenmal kamen Gemeinde und Provinz in Griechenland in den Genuß einer (noch recht bescheidenen) Selbstverwaltung, zum erstenmal ließ sich der griechische Staat herab, sich zu seinen Bürgern auf das Land zu begeben. In der gleichen Linie bewegte sich die neue Steuer- und Kreditpolitik; sie begünstigte die Provinz, um die gesunde Zusammenballung der Industrie in Athen-Piräus aufzulockern und dem unterbeschäftigten Land Arbeit zu verschaffen – ein Bemühen, das bis heute, nur Teilerfolge vorweisen kann.

Die wichtigste Leistung aber: seit Menschengedenken zum ersten Male gelang der neuen Regierung die Ordnung des Staatshaushalts. Sie konnte ihn sogar mehr oder minder ausgleichen, ja in manchen Jahren erwirtschaftete sie sogar einen Überschuß. Dieser war freilich insofern fiktiv, als die Investierungsausgaben das Entwicklungsprogramm mehrfach hinter dem Voranschlag zurückblieben. Schuld daran trug die unvorhergesehene Mehrbelastung durch die Erdbebenkatastrophen auf den Ionischen Inseln (1953), in Thessalien (1954 und 1955) und auf Santorin (1956), die 200000 Menschen obdachlos machten. Auch waren an diesem Finanzausgleich noch 43 Millionen US-Dollar (19,4 Millionen davon zur Abdeckung des griechischen Passivsaldos bei der Europäischen Zahlungsunion), zum Teil aus älteren Krediten, beteiligt – ein kleiner Lückenfüller, gemessen an den amerikanischen Hilfszuwendungen vor 1952, die jährlich zwischen 200 und 300 Millionen Dollar lagen. Schwer drückte den Haushalt auch die Armee (samt Pensionen), die jährlich 18–20 % der Staatsausgaben beansprucht. Tatsächlich leistet Griechenland, mit Abstand der ärmste der NATO-Partner, den relativ höchsten Beitrag für die gemeinsame Sache.

Die Beispiele veranschaulichen, worum es Papagos und Karamanlis vor allem ging: um die moralische Regeneration und die effektivere Ordnung des Staates. Mit der moralischen Renaissance des Staates war jedoch das griechische Dilemma längst nicht gelöst. Sie wie auch die Stabilisierung, Rationalisierung und Dezentralisierung der Verwaltung, der Ausgleich im Staatshaushalt und in der Zahlungsbilanz – dies alles diente nur dem operativen Eingriff zur Vorbereitung, der allein den chronisch kranken Sozialkörper Griechenlands retten konnte: für den strukturellen Umbau und Neubau seiner Wirtschaft. Ihm wurde der »Markezinis-Plan« zugrunde gelegt, der auf die systematische Entwicklung der Infrastruktur (Straßen, Häfen, Energie) und der Basisindustrien (zur Förderung und Verarbeitung der heimischen Bodenschätze) zielte. Die Ausführung dieses Programms unter Papagos und Karamanlis hat der Industrialisierung Griechenlands das Fundament gelegt.

Im Frühjahr 1955 erkrankte Marschall Papagos an einem unheilbaren (dem Volke verheimlichten) Krebsleiden; die letzten acht Monate seines Lebens war er nicht mehr arbeitsfähig. Die Zügel der Regierung gerieten ins Schleifen, indes unter den Diadochen – Stephanopoulos und Kanellopoulos – schon der Kampf um das Erbe entbrannte. Noch auf dem Totenbett entschied sich der Marschall für Stephanopoulos. Allein nach dem Tode von Papagos (am 4. Oktober 1955) nahm der König sein Recht wahr: um ein Auseinanderfallen der »Hellenischen Sammlung« zu verhindern, überging er die rivalisierenden Hauptanwärter und berief den Außenseiter Konstantin Karamanlis in die Ministerpräsidentschaft.

Karamanlis, 1907 in Proti bei Serres (Makedonien) geboren, hatte sich seit 1946 als Verwalter mehrerer Fachministerien (zuletzt für Verkehr und öffentliche Arbeiten) durch zielstrebige Energie und Tüchtigkeit hervorgetan. Es gelang ihm, die Partei zusammenzuhalten – 186 Abgeordnete bekannten sich zu ihm, nur 18 splitterten ab. Da er sich nicht allein vom König, sondern auch vom Volke bestätigt sehen wollte, löste er schon im Januar 1956 – zehn Monate vor dem Ende der Legislaturperiode – das Parlament auf (nachdem er die »Hellenische Sammlung«, die ausschließlich auf die Person des verstorbenen Marschalls zugeschnitten war, in die Partei der »Nationalradikalen Union«, ERE, umgewandelt hatte).

Der Wahlgang vom 19. Februar 1956 war ein Risiko. Die brennende Herzfrage Zypern, in der sich die Nation von ihren westlichen Bundesgenossen verraten fühlte, die türkischen Pogrome vom 6. September 1955 gegen die griechischen Minderheiten Istanbuls und Smyrnas, das Exempel Jugoslawiens, das die Einträglichkeit des Balanceaktes zwischen West und Ost so verlockend demonstrierte, während das notleidende Griechenland seine westliche Bündnistreue mit dem fortschreitenden Schwund der Dollarhilfe belohnt sah, dazu die Sirenentöne der sowjetischen Entspannungspolitik – dies alles hatte seine Wirkung nicht verfehlt. Und da Karamanlis am Mehrheitswahlrecht festhielt, schlossen sich auch noch sieben der zehn Oppositionsparteien zur Wahlkoalition der »Demokratischen Union« zusammen; ihre Allianz wäre vielleicht als Sieger durchs Ziel gegangen, hätte sie nicht durch die Teilhabe der EDA, der Statthalterpartei der verbotenen KP, viele Wähler vor den Kopf gestoßen. Immerhin entfielen auf die »Demokratische Union« 48,1 % der abgegebenen Stimmen. Die Laune des Mehrheitswahlrechtes sorgte dennoch dafür, daß Karamanlis' »Nationalradikale Union«, die 47,4 % der Stimmen für sich buchen konnte, mit 165 der 300 Mandate die knappe Mehrheit im neuen Parlament errang. Insgesamt konnte er sich acht Jahre lang in der Macht behaupten – ein Dauerrekord in der neugriechischen Geschichte –, bis er durch die Wahlgänge vom 3. November 1963 und vom 16. Februar 1964 von der Liberalen Zentrumsunion Georgios Papandreous aus dem Sattel gehoben wurde.

Bis 1956 griffen die soziale Unrast und der innere Hader nicht auf die griechische Außenpolitik über, die seit 1845 – sieht man von den Kommunisten und der linken EDA ab – keinen wesentlichen Widerspruch zwischen Regierung und Opposition kannte und unbeirrt von allen Wechselfällen einen geradlinigen Westkurs steuerte. Diese Politik war von den Erfahrungen der beiden Weltkriege diktiert, welche die Ohnmacht der äußersten Anstrengungen um die Erhaltung der Neutralität schmerzhaft genug erwiesen hatten; sie war ferner bestimmt durch die Erfahrung des Bürgerkrieges, der die Abhängigkeit des griechischen Schicksals von der Bindung an den Westen außer allen Zweifel stellte. Und da sich die benachbarte Türkei denselben geopolitischen Zwangsläufigkeiten ausgesetzt sah, drängte sich den beiden Völkern auch die Notwendigkeit zur Koordinierung ihrer Außenpolitik auf.

Im Bewußtsein dieser schicksalhaften Verflechtung reagierten daher die Griechen und Türken mit Enttäuschung, als der Nordatlantikpakt bei der Gründung im April 1949 seine Grenze entlang der Adria zog, die natürliche strategische Einheit des Mittelmeeres in zwei Teile zerschnitt und die Länder der Ägäis aus dem westlichen Schutzsystem ausschloß. Die seit 1939 bestehenden Bündnisse mit Großbritannien und Frankreich boten ihnen keinen ausreichenden Sicherungsersatz für die aufgerissene Lücke; auch die am 12. März 1947 verkündete Truman-Doktrin, die jeder angegriffenen Nation die amerikanische Hilfe verhieß, genügte nicht ihrem Schutzbedürfnis, denn diese Erklärung sprach sich als einseitiges moralisches Versprechen aus, nicht aber mit völkerrechtlicher Verbindlichkeit. Die materielle Hilfe der USA wußten freilich beide Nationen nach Gebühr zu schätzen, verdankten sie ihr doch eine erhebliche Steigerung ihrer Verteidigungskraft. Nicht minder wichtig ist für sie, daß seit 1945 neben einer britischen auch die 6. amerikanische Flotte ständig im Mittelmeer kreuzt, daß weiterhin die Westmächte durch den Ausbau eines Netzes von Flugzeugbasen, das von den Azoren über die nordafrikanische Küste bis nach Anatolien greift, die Luftkontrolle über das Mittelmeer ausüben.

Die Griechen und Türken aber wollten mehr; sie vertrauten zwar der westlichen Waffenhilfe für den Notfall – mehr noch kam es ihnen darauf an, diesen Notfall, der sich nach dem Korearezept abspielen könnte, von vornherein auszuschalten. Griechenland hatte ja bereits sein Korea hinter sich, gegen dessen Wiederholung es alle Sicherungen zu treffen suchte. Und die Nation vergaß nicht, daß Hitler sich erst ihres Landes bemächtigen mußte, bevor er gegen die Sowjetunion marschieren konnte. Einem sowjetischen Vorstoß in entgegengesetzter Richtung wäre dieselbe Vorbedingung gestellt. Nicht anders sahen es die Türken, auf deren Bewußtsein gleichfalls schwere historische Hypotheken lasten: der Drang nach den Meerengen und durch sie hindurch zur Ägäis ist eine konstante Triebkraft der russischen Außenpolitik, der die Türken in einundzwanzig Kriegen während der letzten zwei Jahrhunderte widerstehen mußten.

Beide Länder machten aber auch moralische Gründe für ihren Einbezug in das westliche Schutzsystem geltend. In höherem Grade als die europäischen Paktpartner haben sie ihr Verteidigungspotential realisiert; sie verfügen über die schlagkräftigsten und zuverlässigsten Armeen des freien Europas, obgleich sie an wirtschaftlicher Leistungsfähigkeit zu den schwachen Nationen zählen. Auch hielt sie ihre exponierte Lage nicht ab, für Korea größere Truppenkontingente abzustellen als die westeuropäischen Mächte (außer Großbritannien). So hatten sie gute Gründe, den Einbezug ihrer Länder in den Nordatlantikpakt zu fordern. Mit Ausnahme Italiens widersetzten sich die europäischen Paktstaaten jedoch zunächst ihrem Begehren, da sie von ihrem Beitritt eine Ausweitung des Kriegsrisikos befürchteten. 1950 speisten sie daher die beiden Bewerber noch mit einer »assoziierten Mitgliedschaft« ab, die ihnen nur die beratende Stimme – nicht aber das Stimmrecht – bei den Verhandlungen über Mittelmeerprobleme (und nur bei diesen) zugestand. Erst im Februar 1952 konnten die Amerikaner die Bedenken ihrer europäischen Partner zerstreuen und die Aufnahme Griechenlands und der Türkei als Vollmitglieder in den Pakt durchdrücken.

Damit aber waren die strategischen Nöte der beiden Ägäisländer noch nicht behoben. Zur Vervollständigung ihres Schutzes bedurften sie auch der Zusammenarbeit mit Jugoslawien. Denn die Türkei kann die Meerengen ohne die griechische Flankendeckung ihrer thrakischen Grenze nicht verteidigen. Griechenland und Jugoslawien aber haben im Wardartal, das beide Länder verbindet, die gemeinsame Achillesferse – fiele es in die Hand eines Angreifers, dann könnte dieser unschwer (nach Hitlers Vorbild 1941) die griechische Front südwärts und die Jugoslawiens nach Norden aufrollen sowie nach Albanien ausgreifen, womit er Italien in seine Reichweite brächte. So kann sich keines der drei Länder allein verteidigen; sie haben ihre Sicherheit nur gemeinsam. Es war vor allem die griechische Initiative (in Belgrad nachdrücklich assistiert von der anglo-amerikanischen Diplomatie), die daraus die notwendige Konsequenz eines Balkanbündnisses zog. Nach langwierigen Verhandlungen konnte es schließlich am 28. Februar 1953 in Ankara aus der Taufe gehoben werden. In der ersten Phase ein lockeres »Freundschaftsabkommen« im konventionell-unverbindlichen Sinn, entwickelte sich der Balkanpakt über die Einrichtung eines ständigen Sekretariats (7. November 1953) im Abkommen von Bled (August 1954) zu einer regelrechten Militärallianz klassischen Stils. Sie verpflichtete die drei Partner zur Koordinierung ihrer Abwehr für den Fall, daß einer von ihnen angegriffen wird. – Militärpolitisch befindet sich Jugoslawien seither durch dieses Bündnis mit einer Zehe in der NATO; darüber kann die größere außenpolitische Bewegungsfreiheit nicht hinwegtäuschen, die Belgrad durch die nur mittelbare Teilhabe am westlichen Verteidigungssystem genießt.

Das Potential dieses Paktes der »gebrannten Kinder« war nicht gering. Die drei Völker zählten damals 45 Millionen Bewohner auf einer

Gesamtfläche von 1,16 Millionen qkm (vom Umfang also des zusammengelegten Gebietes von Frankreich, Westdeutschland, Italien, der Benelux und der Schweiz); im Frieden halten sie etwa eine Million Mann unter Waffen, die sie im Ernstfall vervierfachen können. Ausbildung und Kampfmoral der Truppen werden den höchsten Anforderungen gerecht; ihre Ausrüstung ist dank amerikanischer Lieferungen im allgemeinen zulänglich, der Mangel einer ausreichenden See- und Luftwaffe wird durch die Anwesenheit der Amerikaner im Mittelmeer ausgeglichen: im Abkommen vom 12. Oktober 1953 sicherte sich Washington (wie schon vorher mit der Türkei) eine Reihe von See- und Luftstützpunkten sowie den Ausbau eines Radar-Warnsystems auf griechisch-türkischem Boden.

Im wiederholten Anlauf zu einer Balkan-Einigung – einen vierten Versuch sollte Karamanlis nochmals 1975 unternehmen, nach dem Zusammenbruch der Athener Junta – bezeugt sich die »Natürlichkeit«, die geostrategische Notwendigkeit dieses Konzeptes, auch wenn es bisher in jedem Fall an der Schwäche seines statischen Gerüstes scheiterte. Diesmal an dem inneren Konflikt seiner griechischen und türkischen Partner, der 1955 mit dem Befreiungskampf der Zyprer ausbrach und seither die Beziehungen der ägäischen Nachbarn vergiftet. Gleichwohl wurde jener Balkanpakt niemals offiziell aufgehoben; im Eisschrank abgelegt, könnte er theoretisch zu jeder Zeit wieder reaktiviert werden.

Zunächst aber trug die mit dem Pakt verfolgte diplomatische Vorwärtsstrategie Früchte. Wenn die neue Konzilianz der Erben Stalins vorerst auf mehr oder minder oratorische Gesten beschränkt blieb, hier in der europäischen Südostecke (einschließlich Österreichs) verstand sie sich zu substantiellen Zugeständnissen: Moskau flickte wieder die abgerissenen Fäden zu Athen und Belgrad. Die Erben demütigten sich und hoben den Bannfluch auf, den ihr verstorbener Meister über den Häretiker Tito verhängt hatte. Auch zog Moskau die alten Forderungen auf Stützpunkte an den Meeresengen und auf die osttürkischen Provinzen Kars und Ardahan offiziell zurück. Schließlich erklärte sich Bulgarien gegenüber Griechenland im Abkommen von Saloniki (30. Dezember 1953) zur Regelung der seit dem Ersten Weltkrieg anhängigen Grenzfrage entlang des Evros (der Maritza) bereit, die in der Vergangenheit eine ununterbrochene Kette blutiger Zwischenfälle verursacht hatte. Einen zäheren Verlauf nahmen die Gespräche über die Wiederherstellung der diplomatischen Beziehungen zwischen Sofia und Athen, die ihre Pariser Botschafter mit Unterbrechungen seit dem 3. November 1953 führten; darin ging es um die Verpflichtungen, die 1947 der Pariser Friedensvertrag Bulgarien auferlegt hatte, um 80 Millionen Dollar Reparationen für die Schäden, welche Griechenland durch die bulgarische Besetzung Ostmakedoniens und Thrakiens im Weltkrieg erlitten hatte. Schließlich kam es am 28. Juli 1964 zur Normalisierung der Beziehungen, durch einen Vertrag, der die bulgarischen Schulden auf 22 Millionen Dollar reduzierte, wovon 7 Millionen in Waren (verteilt auf 10 Jahre) abzuleisten waren, die restlichen 15 Millionen durch Regulierungsarbeiten an den Balkanflüssen, die Nordgriechenland zusätzlich mit Wasser versorgen sollen.

Schließlich vervollständigte Karamanlis die Verklammerung Griechenlands mit dem Westen durch die Assoziierung an die Europäische Wirtschaftsgemeinschaft (am 1. November 1962), die nach einer Schon- und Übergangsfrist von 22 Jahren in die Vollmitgliedschaft einmünden sollte.

So schienen denn die Sterne für die Zukunft Griechenlands nicht schlecht zu stehen, obwohl der Prozeß der nationalen Selbstbefreiung, der 1821 begann, noch nicht an sein Ende gelangt ist: er erlitt nach dem Ersten Weltkrieg durch die Vertreibung der kleinasiatischen Griechen einen katastrophalen Rückschlag. Der Zweite Weltkrieg setzte ihn mit der Gewinnung des Dodekanes, den Italien im Pariser Friedensvertrag von 1947 abgeben mußte, von neuem in Bewegung. Als vorletztes Glied steht nun noch Zypern aus; als letztes Südalbanien, das nach der Athener Sprachregelung wegen seiner 100 000 Griechen »Nordepirus« heißt, seit aber die Militärdiktatur den noch formell bestehenden Kriegszustand durch die Aufnahme der diplomatischen Beziehungen mit Tirana beendete, ist dieses Problem ad acta gelegt.

Der griechische Nationalismus kann sich darauf berufen, daß er seine Ziele nicht über seine Volkstumsgrenzen hinaus verlegt hat. So ergab denn sein »Befreiungsprozeß« eine nationale Geschlossenheit, die – nach den Bevölkerungsaustauschen der zwanziger Jahre – kaum noch durch Minderheitenprobleme belastet ist. Die Volkszählung von 1928 wies 86 000 Türken, 18 000 Albanier und 17 000 Pomaken (bulgarische Moslems) aus. Türken und Pomaken siedeln in Nordgriechenland, die Albanier sind über das ganze Land verstreut: ihre Zahl enthält nicht ihre Nachkommen aus Mischehen mit Griechen, die – religiös und national – zum Griechentum konvertiert sind. Die bedeutsamste Minderheit stellen

▶ *Noch häufiger als auf dem Festland Klöster auf den Inseln. Ihre Vielzahl und Größe bezeugen nicht nur Frömmigkeit – unter der Türkenherrschaft mehr oder minder exterritorial, boten sie auch den Verfolgten Asyl. Nicht so das junge Marienkloster von Tinos, das seine Entstehung 1823 dem geheimnisvollen Fund einer Marienikone verdankt. Sie erwies sich als höchst wundertätig – seither fungiert Tinos als das Lourdes der Orthodoxie, zu dem am 25. März und 15. August, Mariä Verkündigung und Himmelfahrt, die Wallfahrer ihre Gebresten tragen, auf allem, was da in der Ägäis schwimmt; weshalb man zu diesen Tagen besser nicht seine Inselfahrt terminiert.*

▶ ▶ *Was Tinos für den Volksglauben, ist Patmos – mit seiner angesehenen Theologenschule – für die klerikale Intelligenz der Orthodoxie. Das Kloster führt seine Tradition auf Johannes den Evangelisten zurück, dem sich dort in römischer Verbannung um 95 n. Chr. die Apokalypse offenbarte.*

die Makedo-Slawen (griechisch-slawische Mischlinge), die jener Zensus auf 82 000 Köpfe bezifferte – die bulgarische Propaganda sprach damals von 300 000. Der größere Teil von ihnen, der weniger aus politischer Überzeugung denn aus Hunger mit den Besatzungsmächten kollaboriert hatte, dürfte nach dem Zweiten Weltkrieg in die Volksdemokratien abgewandert sein. Gleichwohl ist die »makedonische Frage« noch immer nicht völlig ausgestanden: von Zeit zu Zeit erwecken sie bulgarische Gemüter aus ihrer Latenz zu einem gespenstischen Treiben, das sich jedoch mehr gegen Jugoslawien als gegen Griechenland richtet. – Zu nennen sind ferner 18 000 Wlachen; sie sprechen einen rumänischen Dialekt und nomadisieren als Hirten im Pindosgebiet und in Makedonien. Schließlich gab es noch (in Saloniki und auf Korfu) 70 000 sephardische Juden, die sich vor den Verfolgungen Ferdinands und Isabellas aus Spanien nach Griechenland gerettet hatten; nur 10 000 von ihnen haben die deutsche Besetzung überlebt und sind dann meist nach Israel emigriert. Insgesamt ist der gegenwärtige Minderheitenanteil an der Gesamtbevölkerung mit etwa 4 % zu bemessen.

Das Völkergemisch war es vor allem, die vor dem Ersten Weltkrieg den Balkan zum klassischen Pulverfaß Europas gemacht hatte. Die Jahrzehnte seither filterten die völkischen Bestandteile voneinander und leiteten sie in ihre angestammten Volksgrenzen zurück. Diese Klärung neutralisierte den im Balkan gehäuften Zündstoff.

So hat sich denn Griechenland der Übereinstimmung mit sich selber genähert. Es hat seine Grenzen nach außen abgesteckt und sich den Rahmen gesetzt, den es nun mit sich ausfüllen muß. Die Frage nach der Erfüllung hat es mit seiner Gegenwart noch nicht beantwortet. Wird es ihr mit seiner Zukunft antworten?

Karamanlis schien auf dem besten Wege, sie zu geben. Auf fast allen Feldern hatte er grundlegende Pionierarbeit geleistet – in der Wirtschaft,

◄ ◄ *Wie fast alle griechischen Klöster (nicht Patmos), scheint auch der Athos in der Agonie zu liegen, seit dem 9. Jahrhundert das mystische Herz des Ostchristentums – auf 336 qkm der letzte Kirchenstaat (neben dem Vatikan). In seiner besten Zeit, vom 12. bis zum 14. Jahrhundert, faßte er in 180 Klöstern, in geistlichen Wohngemeinschaften und Einsiedeleien an die 20 000 Mönche – heute sind es 1500. Der Kommunismus, der ihn in den orthodoxen Balkanländern und Rußland seiner großen Güter und seines Nachwuchsreservoirs beraubte, hat seine Auszehrung beschleunigt.*

◄ *Der Athos ist nicht allein der Ort der erhabensten und der naivsten Frömmigkeit, nicht nur große Natur in der steilsten Konfrontation von Berg und Meer im mediterranen Raum, er ist auch der Tresor des orthodoxen Schrifttums aller Saecula; und da in seinem Glaubensbereich Kunst immer sakrale Kunst war, bergen seine Klöster auch die vollkommensten Fresken und Ikonen aus der orthodoxen Blütezeit zwischen dem 11. und 17. Jahrhundert.*

in der Infrastruktur, in den Staatsfinanzen. Nicht im kulturellen Bereich, der seinem Pragmatismus ferner lag, so daß er die überfälligen Reformen im Schul-, Berufsbildungs- und Hochschulwesen schuldig blieb; desgleichen war unter seiner achtjährigen Regierung der soziale hinter dem ökonomischen Fortschritt weit zurückgeblieben, was die Arbeitnehmer, unter Nachhilfe der Opposition, mit zunehmender Aufsässigkeit quittierten. Fast noch mehr aber stieß sich die öffentliche Meinung an der Strenge seines Regimes, das sich seit 1958 verhärtete: Anlaß dazu schienen Karamanlis die Parlamentswahlen vom 11. Mai 1958 zu geben, aus denen die kryptokommunistische EDA, von den Liberalen wieder salonfähig gemacht, mit 24,42 Prozent der Stimmen und 79 Abgeordneten als zweitstärkste Partei hervorgegangen war. Kassandra trat in Aktion und begann, noch im Klima des kalten Krieges, die Wiederholung der Bürgerkriegstragödie von 1945–1949 an die Wand zu malen. Unter diesem Eindruck griff Karamanlis zu polizeilichen Mitteln. Geradezu ruinöse Folgen für sein Prestige hatte die Ermordung von Gregoris Lambrakis im Mai 1963, einem Abgeordneten der EDA, Führer ihrer Jugendorganisation (Mikis Theodorakis trat seine Nachfolge an) und besonders populär als ehemaliger Olympia-Sieger; die Mörder waren zweifellos von reaktionären Kreisen gedungen, die den »Karamanlisten« nahestanden, und da es die Justizbehörden an Eifer bei der Aufklärung des Verbrechens fehlen ließen, fiel dessen Schatten auch auf den Premier (so wenig ihn persönliche Schuld traf).

Hinzu kam, daß die Griechen Karamanlis zwar hoch respektierten, aber kaum liebten. Denn er gebot über keine der Gaben, die gemeinhin den Griechen erwärmen, weder über die zündende Gewalt der Rede noch über den Glanz des repräsentativen Auftretens, weder über intellektuelles Pathos noch über das attische Salz der Ironie. Statt dessen war er als hochkarätiger Makedone ein griechisches »Nordlicht«, herb und hart im Umgang, zäh und zielstrebig, Disziplin praktizierend und fordernd, viel zu »preußisch« dem griechischen Geschmack, der auf persönliches Flair, auf Konzilianz und Laisser-aller erpicht ist. Damit bündelt er jene Eigenschaften in sich, deren der griechische Volkscharakter mehr oder minder ermangelt – der erste »Macher« unter den griechischen Staatsmännern, den das Volk nur dann zu schätzen weiß, wenn Not am Mann ist.

Um 1963 aber war Griechenland aus dem Schlimmsten heraus – Karamanlis wurde das Opfer seines Erfolges. Nun, da sich die Dinge leidlich anließen, glaubte man, seiner harten Hand entraten zu können. So fremd auch dem Griechen das soziale Klassenressentiment gegen Besitz und Vermögen ist, er ist anfällig für die Eifersucht auf Rang und Ruhm, zumal wenn sie, in der Macht dauernd, sich allzu viele Jahresringe zulegen. Acht Jahre derselbe Mann im Regierungssattel – das war diesem Volk, das den Wechsel liebt, ein Grund zur Langeweile, und Langeweile ist tödlich in Griechenland. Vor allem aber verging sich Karamanlis mit seiner Seßhaftigkeit an der guten alten Landessitte, die alle Parteien sprich Parteiführer – wie es doch die Gerechtigkeit erheischt – im rotierenden Turnus an die Staatskrippe kommen läßt. Darunter litten vor allem die alten Berufspolitiker, die so überlange zur Abstinenz verurteilt waren. Am eiligsten hatte es der ehrgeizige Georgios Papandreou. Hoch in den Siebzigern, scheute der hervorragendste Enkel des Demosthenes keinen rhetorischen Kniff der Diffamierung und der paradiesischen Verheißung, um nochmals an die Macht zu kommen; er hatte sie als Ministerpräsident und Minister schon mehrfach gekostet, ohne sich freilich je länger im Amt zu behaupten – sein Talent bewährte sich mehr im Opponieren als im Regieren. Doch das Mißlingen in der Vergangenheit achtet dies Volk, überaus großzügig im Vergessen, geringer als den Ärger von heute. So entfesselte denn Papandreou eine Serie von Massendemonstrationen, auf denen Hunderttausende seiner glänzenden Suada zujubelten. Inhaltlich war diese Volksbewegung getragen von dem Wunsch nach der Liberalisierung des konservativen und von der Machtoligarchie getragenen Regimes und von dem Verlangen nach der Einführung längst überfälliger sozial- und kulturpolitischer Reformen. Vor allem aber hatte Papandreou es verstanden, die heterogenen Oppositionsgruppen unter seiner Hand zu vereinen, hatten sie doch in ihm das einzige Zugpferd, das den Wählern 1963 als plausible Alternative zu Karamanlis erscheinen konnte.

Gleichwohl hätte Papandreou aus eigener Kraft kaum sein Ziel erreicht, wäre nicht der König Karamanlis, dem Führer »seiner« Partei(!), in den Rücken gefallen. Auch dabei spielten viele Motive mit, abgesehen von der intriganten Hofkamarilla, welcher der barsche Emporkömmling aus dem Norden allmählich auf die Nerven ging. Zum einen hatte das Königspaar etwas gegen allzu starke Männer an der Regierungsspitze, welche die Autorität der Monarchie tangieren könnten. Das bekam schon Papagos zu spüren, und nun machte sich Karamanlis' Dauerhaftigkeit derselben Sünde schuldig; sie war um so unverzeihlicher, als ihm das Königshaus auch noch persönlichen Dank schuldete: Karamanlis hatte – gegen sein Interesse – im Parlament die Erhöhung der Zivilliste für den Hof und eine stattliche Mitgift für Prinzessin Sophia bei der Heirat mit dem spanischen Thronprätendenten (dem heutigen König) durchgedrückt, das eine noch unpopulärer als das andere. In der wachsenden Antipathie des Königspaares gegenüber Karamanlis schwang aber auch eine positive Überlegung mit: je länger die royalistische Partei am Ruder saß, um so mehr glaubte sich der Monarch – König doch aller Hellenen – der Gefahr ausgesetzt, mit der ERE identifiziert zu werden, als Gefangener gleichsam von Karamanlis. Und da die Liberalen (in denen der republikanische Bazillus nur zurückgedrängt, aber keineswegs ausgestorben war) diesen Verdacht kräftigst nährten, meinte das königliche Paar, voran die Königin, sich von Karamanlis und seiner Partei distanzieren zu müssen. Der Anlaß fand sich, als die Monarchen London eine schon seit langem angesetzte Staatsvisite abstatten wollten; Karamanlis aber hielt die Reise – im Juli 1963 angesichts der massiven Kampagne der britischen Linken gegen das »reaktionäre« Griechenland nicht für opportun und wollte sie verschoben wissen (zu Recht, wie sich dann zeigte). Doch der König bestand auf ihr, woraufhin Karamanlis, der es als Führer der Monarchisten nicht auf einen Staatskonflikt mit der Monarchie ankommen lassen mochte, im Juni zurücktrat und sich grollend ins Exil nach Paris begab, die Führung seiner ERE-Partei Kanellopoulos überlassend. Die Opposition unterließ jeden Hinweis, daß ein Staatsbesuch als politischer Akt gemäß der Verfassung der Regierungskompetenz unterliegt. In den Augen des Volkes aber kostete Karamanlis diese Fairneß, der Rücktritt und der Rückzug ins Exil, den Mythos des starken Mannes. Und wenn sogar der König, von ihm, von »seinem« Mann abrückte, machte dies nicht Papandreous Anklagen glaubwürdig? – Dem Könighaus selbst war mit diesem Spiele kaum gedient; sein Prestige erlitt einen schweren Kurssturz.

So siegte denn Papandreou – im vierten Anlauf – beim Wahlgang vom 3. November 1963. Am Ziel aber war er noch nicht, denn er errang mit 42 % der Stimmen und 138 Mandaten (von 300) nur die relative Mehrheit. Eine offene oder geheime Koalition aber mit der linken EDA (die 14,5 % der Stimmen und 28 Mandate gewonnen hatte) widersprach nicht allein seiner altliberalen Grundeinstellung; die Abhängigkeit von ihr wäre – angesichts der noch unvernarbten Wunde des Bürgerkriegs – auf seinen politischen Selbstmord hinausgelaufen. Daher setzte er sogleich Neuwahlen an, zum 16. Februar 1964. Mit noch weitergehenden Versprechungen, nach der Devise: mehr Staatsausgaben bei verringerten Steuern – Kürzung des Militärbudgets, Moratorium und Zinssenkung für die Agrarschulden, höhere Agrarpreise, Verringerung der Prämien für Agrar- und Altersversicherung, Unentgeltlichkeit und Ausbau des Erziehungswesens auf allen Stufen, Gründung neuer Universitäten, Erhöhung der Beamtengehälter, Senkung der Haus- und Einkommenssteuer um 10 bis 15 Prozent und so weiter. Wer wollte all dies nicht?

Diesmal schaffte er es: mit einem Stimmenanteil von 53 Prozent und 171 Abgeordnetensitzen. Anfangs eitel Sonnenschein. Doch der hielt nicht lange vor. Zwar löste Papandreou viele seiner Zusagen ein, aber um welchen Preis? In den Staatshaushalt und die Zahlungsbilanz wurden tiefe Löcher gerissen, die außer mit der Betätigung der Druckerpresse nicht zu stopfen waren, das Handelsdefizit verbreiterte sich, die Preise stiegen, die Drachme, über ein Jahrzehnt Mitglied des Klubs der härtesten Währungen, geriet in inflationäre Drehung, die Leute gingen wieder zur Goldhamsterei über, die Produktion stagnierte auf allen Gebieten.

Papandreou versagte aber auch als »Chef«. Seine liberale Hausmacht war ja keine Partei im westlichen Sinne, sondern eine Sammlung eigenwilliger und eigensüchtiger Clans, deren Zusammenhalt in der Opposition weder programmatisch noch ideologisch fundamentiert war, sondern allein durch die gemeinsame Gegnerschaft gegen das Regime Karamanlis. Kaum an der Macht, verflüchtigte sich dieser einzige Kitt, so daß sich ihr originärer Zentrifugalismus wieder auf freier Wildbahn ergehen konnte. Vielleicht hätte ihn eine vermittelnde, ausgleichende Hand zügeln könneln. Doch Papandreou besaß sie nicht. In sein Amt als Primus inter pares eingesetzt, herrschte er gemeinsam mit seinem aus der amerikanischen Emigration heimgekehrten Sohn Andreas (den übrigens Karamanlis zur Leitung eines wirtschaftswissenschaftlichen Instituts nach Athen zurückgeholt hatte) innerhalb des Kabinetts autoritär, über die Köpfe seiner Mitstreiter hinweg und in deren Ministerressorts hinein; die Spannungen steigerten sich zu explosiver Intensität, als sich der »Alte« anschickte, seinen blind und kritiklos geliebten Sohn zum Nachfolger in der Partei- und Regierungsführung aufzubauen, die – nach Meinung der unierten Parteiführer – nur einem von ihnen gebührte. Hinzu kamen sachliche Konflikte: Angestachelt von der energiesteigernden Torschlußpanik, von der Motorik der letzten Chance übereilte Papandreou die Durchführung seiner an sich wohlbegründeten und gerechtfertigten sozial- und kulturpolitischen Reformkonzepte – er wollte zu viel zu schnell und überforderte damit weit die Belastbarkeit der griechischen Wirtschaft. Den Ausschlag aber gab, auch in seinen eigenen Reihen, daß er den Kommunisten – in der Meinung, sie überspielen und als Werkzeuge seiner Politik ausspielen zu können – erweiterte Aktionsfreiheit gewährte. Und da er ferner in der Zypernfrage extreme Härte demonstrierte, die über die griechischen Kräfte ging, geriet er auch in den Widerspruch zur Krone und zur Armee. So züchtete sich Papandreou, in seinem altersstarren Macht- und Selbstbewußtsein keiner Kritik zugänglich, die innere Gegnerschaft in den eigenen Reihen, die nur auf die passende Gelegenheit zum Absprung lauerte.

Der Anstoß ließ nicht lange auf sich warten, in Form der Aspida-(»Schild«-)Affaire, Code einer angeblichen Offiziersverschwörung, deren Ziel es sein sollte, der Regierungspartei zum bestimmenden Einfluß auf die Armeeführung zu verhelfen; ein geschickt ausgestreutes Gerücht bezichtigte Sohn Andreas der Verstrickung in das Komplott. Als nun Verteidigungsminister Garoufalias, ein alter Parteifreund von Papandreou, doch dem Königshaus eng verbunden, eine militärgerechtliche Untersuchung der Affaire anordnete, reagierte der Regierungschef mit dessen Entlassung, in der erklärten Absicht, selber das Verteidigungsressort zu übernehmen; damit nährte er den Verdacht, daß an den Beschuldigungen doch etwas dran sei, weshalb er, der Vater, es auf die Vertuschung der ominösen Sache angelegt habe. Doch es kam anders. Der junge König verweigerte der Urkunde seine Unterschrift, die nach der Verfassung die Entlassung des Verteidigungsministers erst rechtskräftig gemacht hätte. Darauf reagierte Papandreou gegenüber dem Monarchen am 15. Juli 1965 mit der mündlichen Erklärung, er werde ihm am nächsten Tag sein schriftliches Demissionsgesuch einreichen. Dessen bedürfe es nicht, konterte der junge König Konstantin sofort, das Wort genüge ihm, er nähme den Rücktritt augenblicks an.

Auch im zweiten Akt der Tragikomödie, die sich zur Tragödie zuspitzen sollte, machte Papandreou seine Rechnung ohne den König. Er hatte bei seinem vorschnellen Demissionsschritt keineswegs an Kapitulation gedacht, war er doch überzeugt, daß Konstantin ihn, aufgrund seiner absoluten Parlamentsmehrheit, abermals mit der Regierungsbildung beauftragen müsse, bei der er dann über das Verteidigungsministerium frei hätte disponieren können. Doch der Monarch bewog die aufsässigen Abgeordneten im liberalen Lager zum offenen Abfall, mit dem Köder des Regierungsauftrags. Zwei Versuche schlugen fehl, der dritte glückte, nachdem sich ratenweise 45 »Abtrünnige« eingefunden hatten. So erblickte denn unter schweren Wehen das Minderheitskabinett Stephanopoulos am 15. September 1965 das Licht Athens, toleriert von der rechten Opposition. Papandreou, nun ohne die absolute Majorität, blieb nichts anderes, als seinen Kampf auf der Straße und in den Fabriken wiederaufzunehmen, noch vehementer als zuvor.

Das nicht gerade königliche Manöver zum Sturze Papandreous war gestrickt aus Kabalen, Intrigen und Korruption; mochte Konstantin nicht gegen den Buchstaben der Verfassung gesündigt haben (auch dies bleib umstritten), so sicher gegen ihren Geist und Sinn, von Stil und Moral ganz zu schweigen. Grund genug für die Griechen, sich daran zu erinnern, daß ihre Sprache nur *ein* Wort hat für »Demokratie« und »Republik«. In ihren Augen auch trug die neue Regierung das Kainsmal des Verrates; ohne Autorität, ohne Gewicht vermochte sie sich nur durchzuwursteln, mehr schlecht als recht. Alle hatten ihr Gesicht verloren, die galoppierende Staats- und Parteienverdrossenheit schlug um in eine radikale Rechts-Links-Polarisierung.

Schließlich suchte Oppositionsführer Kanellopoulos den unhaltbaren Zustand durch Neuwahlen zu beenden; der König stimmte zu, auch Papandreou – der Urnengang wurde für den 28. Mai 1967 angesetzt.

Sein Ausgang war unschwer vorauszusehen: er hätte der Zentrumsunion zwar kaum die absolute, sicher aber die relative Mehrheit beschert. Sie hätte dann eine Koalition eingehen müssen, entweder mit der Rechten (wozu Vater Papandreou neigte) oder mit der kryptokommunistischen EDA (welcher Sohn Andreas zuzustreben schien). Da nun G. Papandreou am Jahresbeginn einen leichten Schlaganfall erlitten hatte und immer mehr in die Abhängigkeit des dynamischen Sohnes geriet, war die Befürchtung nicht ganz unbegründet, daß aus den Wahlen nicht der dem König immer noch loyale Georgios Papandreou als Regierungschef hervorgehen würde, sondern der junge Andreas, Befürworter einer antiroyalistischen Volksfront-Konzeption.

Die Kommunisten als Zünglein an der Waage – dies aber wollte das Trauma der Rechten nicht dulden. Hof und Armee im trauten Verein mit der NATO hatten daher im »Prometheus-Plan« alle Vorbereitungen für die Ausrufung des (verfassungsmäßig unter bestimmten Kautelen zulässigen) Notstandes durch den König getroffen, für den Fall, daß die Wahlen am 28. Mai dem Linksbündnis den Boden ebnen sollten.

Die Mühe blieb ihm erspart: am 21. April 1967 – sieben Wochen vor dem Wahltermin – putschten die Obristen, buchstabengetreu nach dem Rezept des Prometheus-Plans der Generale.

Die Junta frißt ihre Väter

Dem Putsch war artistische Perfektion zu bescheinigen. Ohne Blutvergießen bemächtigten sich 20 Offiziere mit 150 Panzern und 3000 Soldaten der völlig überraschten Hauptstadt und damit des ganzen Landes – binnen zweieinhalb nächtlichen Stunden. Neun Oberste der Armee hatten unter der Troika Papadopoulos, Makarezos und Pattakos den Staatsstreich organisiert; nachdem die Sache gelaufen war, sprangen noch die in zentralen Schlüsselstellungen postierten Generale Spandidakis und Zoitakis auf ihr Trittbrett. Ihre erste Verlautbarung verhängte den Belagerungszustand, namens des Königs und der bis dahin amtierenden Regierung Kanellopoulos – eine totale Fälschung, die den Erfolg hatte, daß die außerhalb Athens stationierten Heereseinheiten stillhielten und die Stunde des Widerstandes verschliefen. Tatsächlich sahen sie sich nicht weniger überrumpelt als der ahnungslose König und der bisherige Regierungschef; gleich in der ersten Stunde von allen Verbindungen abgeschnitten, waren sie keiner Gegenaktion fähig. Achtzehn Stunden später kapitulierte der König vor der Erpressung, »um Blutvergießen zu vermeiden«: nachdem die Obristen den konservativen Generalstaatsanwalt Konstantin Kallias als Ministerpräsidenten hingenommen hatten, vereidigte er die neue Regierung. So avancierten die Putschisten zu Ministern, die Diktatur zum Anschein der Legalität.

In der Folge zwar probte Konstantin den passiven Widerstand gegen die Junta, doch ohne greifbaren Erfolg. Keinen Anlaß zur Bewunderung bot auch sein dilettantischer Gegenputsch vom 13. Dezember 1967 mit Hilfe einiger kommandierender Generale – das Militärregime brauchte nur einen Tag zu seiner Niederschlagung. Die fehlorganisierte Operation wirkte geradezu als Alibi-Unternehmen für seine anschließende Flucht in das Exil (erst nach Rom, später nach London), der das Volksempfinden nur noch das Mitleid mit dem »jungen Mann« nachzuschicken vermochte – dergleichen bekommt keinem König. Die Obristen hielten es nicht einmal für geboten, seine »Emigration« mit einem Schlag gegen die Monarchie zu beantworten; sie bemächtigten sich ihrer vielmehr in der Form der Regentschaft (zunächst unter dem biederen General Zoitakis, dann krönte sich Papadopoulos selber mit ihr), ja sie ließen in ihrer Großmut der Königsfamilie sogar weiterhin ihre Apanage zukommen. Erst als die Junta dieses Theaters überdrüssig wurde, erklärte sie am 1. Juli 1973 die Monarchie für abgeschafft; keine Hand rührte sich, auch nicht, als sich Papadopoulos am 29. Juli seine Entscheidung durch eine Volksbefragung (mit 73 Prozent Ja-Stimmen) bestätigen ließ.

Konstantins Gegenstoß war gescheitert, weil dem Obristenregime die sieben Monate nach der Machtergreifung genügt hatten, um sich durch eine generalstabsmäßige Säuberung auf allen Ebenen in sämtlichen Schaltstellen fest einzunisten: Wer immer nur in ihren Augen der potentiellen Gegnerschaft verdächtig war, auf der Linken wie auf der Rechten, wurde prophylaktisch festgenommen; je nach dem Siebungsergebnis wurde er nach einiger Zeit nach Hause geschickt, in ein Konzentrationslager gesteckt oder in ein entlegenes Berg- oder Inseldorf verbannt. Vor allem versuchten sie, die Armee fest in die Hand zu bekommen: an die 2000 Offiziere (von 10 000) wurden entlassen und durch Beförderungen aus den unteren Graden oder durch die Reaktivierung von Pensionisten ersetzt (was ihnen beim Landheer gelang, weniger bei der traditionell royalistischen Marine und Luftwaffe, deren Kommandeure wegen der erforderlichen Fachqualifizierung nicht so leicht ausechselbar waren – weshalb es in ihren Rängen zu mehreren, wenn auch mißglückten Meutereien kommen sollte). Das gleiche Verfahren wurde noch radikaler in der Polizei angewandt. Aber auch auf allen Stufen der Verwaltung, der Gemeinden, Gewerkschaften, Bauernverbände, Schulen und Hochschulen sicherten sie ihre Etablierung durch die Ausmerzung der »unzuverlässigen« Elemente; nicht ausgenommen davon waren alle Organisationen des öffentlichen Rechtes und die gemeinnützigen Unternehmen. Presse und Rundfunk wurden gleichgeschaltet, die Parteien aufgelöst, jeder Beamte hatte Loyalitätserklärungen eidlich zu unterschreiben; er verlor sein Amt, wenn nur einer seiner Verwandten Kontakte zu kommunistischen Organisationen unterhalten hatte. Und das Spitzelnetz der Geheimdienste war so dicht und allgegenwärtig, daß es dem Durchschlüpfen kaum eine Chance ließ (schließlich entstammten die Obristen dieser Branche). – Eindeutige Belege über die unrechtsstaatlichen Praktiken der Junta-Gerichte erbrachte die Europäische Kommission für die Menschenrechte; die Folter entartete zum alltäglichen Exzeß.

Für die Festigung des Regimes war es ein großer Gewinn, daß es den hohen Klerus auf seine Seite ziehen konnte. Freilich erst nach der Ablösung des Oberhauptes der griechischen Kirche, des alten Erzbischofs Chrysostomos von Athen, durch Hieronymus Kotsonis, vordem Hofprediger des Königs! Er sorgte dafür, daß sämtliche Metropolitenstühle mit Mitläufern der Junta besetzt wurden, sich darauf berufend, daß diese sich als Hort des orthodoxen Christentums ausgab. Die heilige Synode, oberste Instanz der nationalen Orthodoxie, wagte er jedoch nicht einzuberufen, wußte er doch, daß sie trotz aller personellen »Korrekturen« seinem chauvinistischen und autoritären Kurs keine Gefolgschaft leisten würde. Seine Amtsführung endete mit dem Sturz der Diktatur, nicht mit ihr die Kompromittierung, die er die Kirche zufügte.

Es wäre der Junta fast zu viel der zweifelhaften Ehre angetan, ihr das Etikett des Faschismus anzukleben, fehlten ihr doch dessen beide Grundelemente. Sie unternahm nicht einmal einen ernsthaften Versuch, sich in der Volksbasis durch eine breitfundierte Massenbewegung, durch die Formierung eines Einparteiensystems zu verankern. Dies vermochte sie schon deshalb nicht, weil sie keinerlei ideologischen Ansatz, kein gesellschaftspolitisches Programm in ihre Machtausübung einbrachte. Statt dessen erschöpfte sich ihr »geistiger« Gehalt in der Berufung auf die christlichen Tugenden, in der Propagierung eines hemmungslosen Nationalismus (der auf das alte Hellas zurückzugreifen vorgab, von dem sie keine Ahnung hatten) und im emotionellen Antikommunismus – leere Phrasen, deren Resonanz sich auf unterdrücktes Gelächter beschränkte. Nicht besser erging es ihrer Selbstdarstellung als »Revolution«: Kein Steinchen am bestehenden Gebäude der Gesellschaft wurde unter ihren Händen verschoben. Wenn den Obristen überhaupt ein sozialer Impuls zu unterstellen war, dann entsprang er ihrem Herkunftsmilieu aus bäuerlichen und kleinbürgerlichen Provinzkreisen, die nicht unbegründet von einem chronischen Ressentiment gegen die Vernachlässigung und Mißachtung durch das allmächtige, arrogante Athen erfüllt sind. Aus ihnen rekrutieren sich in hohem Grade die Offizierskader des Landheeres (nicht der Marine und Luftwaffe, die in der Regel dem großstädtischen Bürgertum entstammen) – kaum anders kann ein ehrgeiziger Bauernsohn es zu gehobenem Lebensstandard und gesellschaftlichem Status bringen als in ihrem Dienst. Dennoch schösse die Definition des Regimes als eines Aufstandes der Provinz gegen die Metropole weit übers Ziel, auch wenn es anfangs den Bauern unter die Arme griff (vor allem durch die Streichung der staatlichen, ohnehin nicht mehr einzubringenden Agrarschulden); je länger es aber an der Macht war, um so mehr erlag es den Reizen Athens und der Umarmung durch das große Kapital, das »Land« nicht minder vergessend als die Demokratie vor ihm. So war denn die Junta nichts anderes als eine klassische Militärdiktatur, und was sie produzierte, war ein Garnisonenstaat, der sich etlicher moderner Errungenschaften (Konzentrationslager und Folter) und einiger Brocken des zeitgenössischen Obrigkeitsvokabulars bediente.

Unter Papadopoulos hatte sich das Regime viel auf seine ökonomische Entwicklungsarbeit zugute getan, applaudiert vor allem von den ausländischen Unternehmen, die in jenen unruhigen Jahren Griechenland zu schätzen wußten als Hort von ›law and order‹, als Dorado der niedrigen Löhne und des Streikverbots, und die angesichts der ungewohnten Pünktlichkeit der Züge oder des zügigeren Umgangs mit den Behörden nur zu willig ihre Augen verschlossen vor dem diktatorischen Staatsterror. Mit respektablen Wachstumsraten in der Industrie und der Infrastruktur, mit expansivem Außenhandel und mit der bis Mitte 1972 behaupteten Härte der Drachme gegen den internationalen Währungsverfall sammelte denn das Regime Pluspunkte auch bei einem Teil der heimischen Bevölkerung, der übersah, daß diese Lorbeeren vom Baum der überhitzten Weltkonjunktur stammten. Und auch erst später wurde sichtbar: die ökonomische Regimeblüte beruhte auf einer gründlichen Fehlkonstruktion, sie war Fassadenwerk, das der soliden Fundamentierung und der durchplanten Architektur entbehrte. Denn dieses Scheingebäude war mit ungedeckten Zukunftswechseln finanziert: in der Juntazeit verdreifachte sich die öffentliche Verschuldung von 31,5 auf 91 Milliarden, vervierfachte sich die Auslandsschuld sogar von 7,3 auf 29 Milliarden Drachmen zu überhöhten Bedingungen, da die Diktatur, in Ermangelung fremdstaatlicher Geldgeber, meist auf die teurere Kreditwilligkeit privater Geldinstitute angewiesen war. Die griechische Staatskasse (und d. h. der Steuerzahler) hat es heute und morgen auszubaden: die Großspurigkeit der Junta kostet sie fortan jährlich 450 Millionen Dollar an Zinsen und Amortisation. Vor allem aber war ihr kleines

»Wirtschaftswunder« durch überaus ungünstige Verträge mit den großen »Multinationalen« und dem heimischen Großkapital erkauft, oft für Projekte, die mehr dem Prestigebedürfnis der Athener Obristen dienten als der nationalen Wirtschaft. Zwar kam es auch zu einer Anhebung der realen Kaufkraft und des Lebensstandards, zur Verbreiterung des Mittelstandes in den großen Städten, doch blieb der Einkommenszuwachs der Arbeiter weit hinter den Gewinnen zurück, die das Großkapital aus seinem profitablen Bündnis mit der Diktatur schöpfte. Da die staatlichen Investitionen vorwiegend in spektakuläre Industrieobjekte flossen, fiel nur wenig für die Landwirtschaft ab; mangels staatlicher Förderung stagnierte ihre Produktion – sie partizipierte nur wenig am geborgten Aufschwung.

Kaum drehte sich der Wind der Weltkonjunktur, da platzte der ökonomische Luftballon der Junta. Das Produktionswachstum kam zum Stillstand, die Ausfuhr – vorwiegend Agrarerzeugnisse und mineralische Rohstoffe – vermochte mit dem rapiden Preisanstieg der Einfuhr – meist industrielle Fertiggüter – nicht Schritt zu halten, so daß sich die Schere zwischen den Import- und Exporterträgen noch weiter öffnete, was die Ausweitung des Zahlungsbilanzdefizits und die Anzapfung der Devisenreserven zur Folge hatte. Die Preisoffensive der Ölproduzenten traf das energiearme Griechenland noch härter als die meisten anderen Länder, der Tourismus erlitt durch die neue Zypernkrise schwere Einbußen, indessen die Generalmobilmachung von 1974 die Industrieerzeugung durch den Entzug der Arbeitskräfte drosselte und ihren Absatz schmälerte. All diese Faktoren machten in ihrer fatalen Bündelung die Verteidigung der Drachme schlagartig zunichte. Die Inflation, jahrelang durch dirigistische Dämme künstlich durch Lohn- und Preisstop zurückgestaut, überflutete nun mit vervielfachter Wucht die griechische Volkswirtschaft, die sich 1973 mit einer Steigerung der Lebenshaltungskosten um über 30% an die Spitze des westlichen Währungsverfalls setzte. Das Regime, längst gemieden von der Fachkompetenz und zur Füllung seines Kabinetts auf zweite und dritte Garnitur angewiesen, reagierte mit totaler Hilflosigkeit; im Bewußtsein seiner Abhängigkeit von den USA löste es nicht einmal die Drachme vom Dollar ab, mit dessen Kursabstieg daher die importlastige Wirtschaft noch tiefer in die roten Zahlen absank.

Hatte sich die Junta in der ersten Phase mit ihrer materiellen Entwicklungsleistung den Rock der Rechtfertigung umgehängt, so sah sie sich nun auch dieser Existenzbegründung entkleidet. Angesichts des ökonomischen Fiaskos schaltete daher Papadopoulos vorsichtig auf einen Demokratisierungskurs um. Durch das Referendum vom 29. Juli 1973 etablierte er eine neue Verfassung, mit der er das Volk und die bis dahin verfolgten alten Parteien auf Versöhnung und Mitarbeit einzustimmen hoffte. Da er aber mit ihr allzu durchsichtig die Fortsetzung seiner Diktatur mit anderen (scheinparlamentarischen) Mitteln ansteuerte, fand seine Konstruktion eines überzogenen Präsidialregimes, das ihm das Machtmonopol auf weitere acht Jahre sichern sollte, nicht die erwünschte Gegenliebe. Mit einer Ausnahme: der ehrgeizige Altpolitiker Spiros Markezinis, als der Vater der Währungsreform von 1953 im Ruf eines hellenischen »Erhard«, gab sich mit Männern seiner rechtsliberalen Zwergpartei am 4. Oktober 1973 zur Bildung einer Zivilregierung her in der Meinung, daß die Rückkehr zur Demokratie nur in kleinen Schritten vollziehbar sei. Doch bevor sein Kabinett auf volle Arbeitstouren kam, wurde es mitsamt dem Diktator Papadopoulos am 25. November 1973 durch den Staatsstreich von Joannidis hinweggefegt, ausgelöst von der blutig erstickten Studentenrevolte (16. bis 18. November) an der Technischen Hochschule Athen, die der putschende Chef der Militärpolizei auf das Versagen und den »Verrat« seines Vorgängers zurückführte. Es fehlte Joannidis nicht an Gefolgschaft: Die Offiziere, die Papadopoulos einst zur Macht, aber nicht zur Alleinherrschaft verholfen und inzwischen am Regierungsgeschäft Geschmack gefunden hatten, verziehen es ihrem Chef nicht, daß er sie nun, unter Bruch der Junta-Solidarität, aus der politischen Führung ausbootete, um den »bankrotten Kräften der Vergangenheit« zum Comeback zu verhelfen. So hatte sich Papadopoulos zwischen sämtliche Stühle gesetzt: er hatte die Armee verloren, ohne die Demokraten zu gewinnen.

Joannidis hatte nichts anderes im Sinn, als die Zeitschraube wieder zurückzudrehen zum 21. April 1967, um die »Reinheit« der sogenannten Revolution wiederherzustellen. Das Wort »Reinheit« begründete sich im Munde des neuen Juntachefs »moralisch«. Denn Papadopoulos, ausgezogen gegen die »Augiasställe« der Demokratie, hatte die Selbestrechtfertigung seiner Diktatur als sittliche Alternative zum parlamentarischen System längst verwirkt. Damit hatte es freilich vom Anfang an gehapert. Zwar verhielt sich das Regime in seinen ersten Jahren leidlich immun gegen Korruption, doch fragte es sich schon damals, ob nicht in ihre Rubrik einzuordnen sei die Privilegierung der Offizierskameraden mittels billigster Kredite beim Hausbau, durch zollfreien Autoimport und unmäßige Erhöhung der Gehälter, die geradezu auf den Kauf der Armee hinauslief. Auch blühten von den ersten Juntatagen an Denunziantentum und Nepotismus. Deren Vorteile entdeckten schließlich auch die Obristen, und zwar nicht nur durch die schnellste Selbstbeförderung auf der militärischen Rangleiter. Nicht wenige ließen sich von privaten Interessenten ihre Vermittlungsbemühungen bei den eingeschüchterten Behörden vergolden, andere gründeten mit öffentlichen Geldern Unternehmen aller Größenordnungen oder ließen sich lukrative Posten in der Wirtschaft und den Staatsbetrieben oder im diplomatischen Dienst zuschanzen. Schließlich übertraf die Korruption des Juntasystems noch die entsprechenden ›Leistungen‹ der von ihr verfemten Demokratie; so gesellte sich zum Haß die Verachtung.

Ein Stichwort noch zu den Personae dramatis: Wenn schon Papadopoulos den Verfallsprozeß der Junta nicht aufzuhalten vermochte, wie dann der ihm an Intelligenz, Augenmaß, taktischer Schläue und geschickter Menschenführung weit unterlegene Puritaner Joannidis, der als Politiker nie aus seinen Polizeistiefeln herauswuchs! Eines freilich hatte der »unsichtbare Diktator«, der nie ein politisches Amt annahm, auch jetzt nicht, und sich mit der Macht im Hintergrund beschied, seinem Vorgänger voraus: er schwieg (kaum aus besserer Einsicht, vielmehr aus fast schon pathologischer Scheu vor Licht und Öffentlichkeit), indessen der eitle Papadopoulos sich keine Gelegenheit entgehen ließ, seine Ignoranz vor großem Publikum zur Schau zu stellen. An das fatale Format der Salazar, Franco, Mussolini reichte keiner der beiden heran.

Der Selbstabbau hätte vielleicht nicht zum Exitus letalis der Junta geführt, hätte ihr der nach der anfänglichen Lähmung wiedererwachte Hunger nach Demokratie, die zunehmende Renitenz des Volkes nicht auch noch zugesetzt. Gewiß, zu explosivem Massenwiderstand kam es selten, wie beim Begräbnis von Georgios Papandreou oder bei der Revolte der Athener TH-Studenten und der Bauarbeiter. Auch wußte die im Geheimdienst perfekt geschulte Regimeführung mittels eines dichtmaschigen Spitzelnetzes und durch prophylaktische Gefängnishaft den Spielraum für effektive Konspiration und individuelle Aktionen erheblich einzuengen. Hingegen besaß die Junta kein Rezept gegen die passive Resistenz der Facheliten und der Massen, gegen die die Polizeiknüppel nichts vermochten – für dergleichen Praktiken hatten die Griechen in ihrer leidgeprüften Geschichte reiche Erfahrung gesammelt.

Doch das Zwischenspiel Joannidis war nur von kurzer Dauer – er selber sorgte für seinen raschen Zusammenbruch.

Sein Ende markierte Zypern bzw. dessen Präsident Erzbischof Makarios III. – ob als Ursache oder nur als äußerer Anstoß, darüber läßt sich rechten. In seiner Überheblichkeit blind vor aller Realität, ermaß Joannidis nicht die Folgen seines Putsches gegen den Inselstaat am 15. Juli 1974. Ausgeführt von der griechisch-zyprischen Nationalgarde unter dem Kommando von 650 festlandsgriechischen Offizieren und im konspirativen Bündnis mit der heimischen EOKA II (der Nachfolgeorganisation der gleichnamigen Guerillatruppe, die 1955–1959 die Unabhängigkeit der Insel gegen die britische Kolonialmacht erstritt) des 1973 verstorbenen Partisanengenerals Georgios Grivas richtete sich sein Coup nicht allein gegen Makarios, der als demokratischer Störfaktor und Kristallisationskern der Athener Opposition dem Obristenregime schon zu Zeiten von Papadopoulos schwer zugesetzt hatte. Langfristig zielte der Staatsstreich zweifellos auf die Aufhebung der Inselautonomie durch »Enosis«, durch den Anschluß Zyperns an das hellenische Mutterland – gegen die bestehenden Verträge, über die Köpfe der inseltürkischen Minderheit der Türkei hinweg, gegen den Willen selbst der griechisch-zyprischen Mehrheit. Ein Anschlag, dessen kriminelle Torheit in den Annalen der Geschichte ihresgleichen sucht. Denn mit Gewißheit war vorauszusehen, daß Ankara solche Provokation als legalen Vorwand zur militärischen Intervention auf der Insel (am 20. Juli) nutzen würde. Nicht minder präzis ließ sich an den Fingern abzählen, daß in einem Waffengang – sei es auf Zypern, sei es an den ägäischen oder thrakischen Grenzen – Griechenland der dreifachen Heeresmacht (und dem vierfachen Bevölkerungspotential) der Türkei hoffnungslos unterlegen wäre, ganz zu schweigen von ihrem geostrategischen Vorteil: die Insel liegt von der südanatolischen Küste nur 65 km bzw. 3 Flugminuten entfernt, von Athen aber 800 km. Zudem befand sich die griechische Armee in übler Verfassung: an die 2000 Offiziere, und nicht gerade die schlechtesten, waren den diversen Säuberungen zum Opfer gefallen, Mißtrauen und Furcht hatten sich in ihre Kader eingenistet und den Korpsgeist zersetzt, indessen in den Mannschaften der Haß gegen die Juntaoffiziere schwelte und nur der Gelegenheit zur Entladung harrte; auch war das Heer in den vergangenen Jahren mehr auf die polizeiliche Kontrolle des Landes als auf den Kriegsfall gedrillt worden. Schließlich traten bei der Generalmobilmachung noch schwere Mängel in Ausrüstung und Organisation zutage. Unter solchen Umständen stellte die türkische Landung auf Zypern das Athener Regime vor die Kriegsfrage. Joannidis optierte für das Losschlagen – und das hieß in den Augen der Generalität: für den Untergang der Nation.

Der Juntachef hatte sein zyprisches Abenteuer im Sologang inszeniert, ohne Befragung der Armeeführung, die sich eben dadurch erst bewußt wurde, mit wem sie sich da eingelassen hatte. Daher entband sie sein selbstherrliches Vorgehen aller Loyalität zu ihm. Und weiterhin sah sich Joannidis seines persönlichen Kräfterückhaltes in der Armee beraubt, nachdem die Masse ihrer Einheiten wegen der akuten Kriegsgefahr vom politischen Zentrum Attika weg nach Makedonien und Thrakien geworfen worden war. Damit wechselte der Schwerpunkt der Entscheidungsgewalt von Athen nach Saloniki, aus den Händen von Joannidis in die des Generals Davos, des hochangesehenen Kommandeurs der ausschlaggebenden III. Armee. Schon vordem hatte er Joannidis mißtraut, und nun gebot Davos auch über die Macht, sich gegen ihn als Sprecher der Armee durchzusetzen. Am 23. Juli 1974, wahrhaft in letzter Minute, erzwang die Generalität die Kaltstellung von Joannidis, den Rücktritt seiner Marionettenregierung unter Androutsopoulos und die Berufung eines Zivilkabinetts aus den Reihen der demokratischen Opposition unter Führung von Konstantin Karamanlis.

HEIMKEHR IN DIE DEMOKRATIE

Wenn vor dem Scherbenhaufen, den der Amoklauf der Junta hinterlassen hatte, *einem* die Rolle des Nothelfers anzuvertrauen war, dann allein Karamanlis – darin waren sich in der entscheidenden Stunde die Hellenen aller Couleur einig, von den Royalisten auf der Rechten über die liberale Mitte bis weit links zu den Kommunisten; auch die zurücktretenden Militärs, die einzig ihm die Fähigkeit zuschrieben, den von ihnen verfahrenen Karren wieder aus dem Dreck zu ziehen. Erst recht das »Volk«: hatte es ihn, den »hellenischen Adenauer«, gegen Ende seiner ersten Regierungszeit zum autoritären Buhmann gestempelt, nun nach dem Debakel der siebenjährigen Diktatur wußte es den »starken Mann« zu schätzen. Nicht zuletzt: macht das Märtyrertum den Heiligen, so das Exil den griechischen Politiker – er trägt ihm mehr Prestige ein als der Erfolg im Amt.

Die in Karamanlis gesetzten Erwartungen verlangten von ihm die Personalunion der taktischen Schläue des Odysseus mit Herakles' Kraft. Denn so fand er das Land nach seiner Heimrufung am 24. Juli 1974: das Staatswesen an Haupt und Gliedern schwer lädiert, der Verwaltungskörper bis in die letzte Zelle hinein verschlackt von Gefolgsleuten und Mitläufern der Diktatur, die Armee moralisch angeschlagen, in sich zerrissen und in ihrer Leistungsfähigkeit verschlampt, eine heruntergewirtschaftete Ökonomie im Sog der globalen Wirtschafts- und Währungskrise – auf der anderen Seite das überaus erhitzbare Temperament des Volkes, ausgehungert nach Demokratie und bis zur Explosionsgrenze emotionell aufgestaut durch seine siebenjährige Ohnmacht, im nationalen Stolz tief getroffen durch den türkischen Schlag gegen die Brüder auf Zypern, in seinen Nöten sich gestern und heute verlassen wähnend von den westlichen »Freunden«; und zu alldem noch die kriegsdrohende Konfrontation mit dem mächtigeren Nachbarn jenseits der Ägäis.

Doch dieser Aufgabe wurde er geradezu fahrplanmäßig gerecht – in diesem Urteil stimmen In- und Ausland weithin überein. Als ein »neuer« Karamanlis hat der Heimgekehrte seine alte Legende noch überholt: Im Jahrzehnt des Pariser Exils wuchsen seiner Energie und Härte noch Behutsamkeit und Geschmeidigkeit zu, auch soziales und liberales Verständnis. Er widerstand dem ungeduldigen Drängen der öffentlichen Meinung nach rascher und radikaler »Katharsis«, nach Säuberung. Statt dessen sorgte er im Schritt-für-Schritt-Verfahren für einen möglichst reibungslosen Übergang, der das kontinuierliche Funktionieren der Amtsapparaturen sicherstellte; auch suchte er unter Schonung der »Kleinen« die Säuberung auf die aktiv Schuldigen zu beschränken, um nicht neue Klüfte aufzureißen. So viel Vor- und Nachsicht er bei der »Bewältigung der Vergangenheit« walten ließ – am ersten Tage schon leerte er die Gefängnisse und stellte die Grund- und Menschenrechte, die Presse- und Meinungs-, die Versammlungs- und Vereinsfreiheit wieder her; Parteien und Gewerkschaften warteten gar nicht erst auf das Startzeichen, sie spurteten von selber los. Vor allem aber investierte Karamanlis seine Autoriät und Integrationskraft, beraten von den bitteren Erfahrungen der frühen sechziger Jahre, in den Kurs der Versöhnung, deren das vielgespaltene griechische Volk so dringend bedurfte.

Sein Bemühen um Verständigung fand zunächst uneingeschränkte Resonanz im Volk und bei den Parteien. Alle politischen Kräfte gaben sich entschlossen, die Gemeinsamkeit aus dem Kampf gegen die Diktatur auch in den Neubau der Demokratie einzubringen. So konnte er mit der liberalen Zentrumsunion, seiner erbittertsten Gegnerin zum Beginn der sechziger Jahre, und mit den sozialdemokratischen Widerstandskreisen die Notregierung »der nationalen Einheit« bilden. Ihr Name war etwas hoch gegriffen, schloß sie doch sowohl die Linkssozialisten von Andreas Papandreou und die EDA unter Ilias Iliou wie auch die beiden kommunistischen Parteien aus.

Noch wichtiger für die innere Gesundung Griechenlands war der Friedensschluß (oder Waffenstillstand?) in der alten Fehde zwischen rechts und links. Der von beiden Seiten grausam geführte Bürgerkrieg hatte in der Armee Haß, genährt noch vom kalten Krieg, und im Volk tiefe Wunden – auf beiden Seiten – zurückgelassen. Karamanlis wagte nun den Brückenschlag, nicht nur mit der Wiederzulassung der kommunistischen Parteien, sondern auch mit der Amnestierung der in die Ostblockländer 1949 geflüchteten Genossen.

Wahlen ohne Zweifel

Karamanlis war sich bewußt, daß er die schweren Entscheidungen, die auf das Land zukamen, nicht allein verantworten könne. Daher schrieb er schon zum 17. November 1974 Parlamentswahlen aus – die ersten wieder seit zehn Jahren. Sowenig an seinem Wahlsieg zu zweifeln war, dessen Höhe überraschte, und noch mehr das Gleichmaß seines Vorsprungs in allen 56 Bezirken (außer auf Kreta, wo die Uhren immer anders gehen) – die nicht unbegründete Alternative »Karamanlis oder die Panzer« brachte ihm 54,4 % der Stimmen und seiner Partei Nea Demokratia (Neue Demokratie) 220 der 300 Parlamentsmandate ein. Ihr traditioneller Gegenspieler, die altliberale, von Venizelos gegründete Zentrumsunion, die sich nun einen nicht überzeugenden sozialdemokratischen Anstrich zu geben suchte, mußte sich mit 20,4 % und 60 Sitzen begnügen. Von ihr nach links abgespalten hatte sich Andreas Papandreou mit seiner neuen Panhellenischen Sozialistischen Bewegung (PASOK); mit 13,58 % der Stimmen und 12 Abgeordneten blieb sie weit unter ihren Erwartungen. Das galt noch mehr von der Vereinigten Linken, in der drei kommunistische Parteien eine bald wieder auseinanderfallende Notehe eingegangen waren, die auf lediglich 9,45 % und acht Mandate kam. Schmählich ging die royalistische Rechtsaußenpartei des Exverteidigungsministers Garoufalias unter, die Nationaldemokratische Union, die sich auch den Gefolgsleuten der Junta als Auffangbecken offeriert hatte; mit 1,1 % der Stimmen die Parlamentsreife verpassend, widerlegte ihre totale Niederlage jene naiven Ausländer, die in den vorhergehenden Jahren mit der Legende heimgekehrt waren, daß das Hellenenvolk der Militärdiktatur doch gar nicht so abgeneigt sei.

Das in seiner Eindeutigkeit recht »ungriechische« Ergebnis ließ sich nicht als Indiz für eine dauerhafte Stabilisierung des Landes ansehen – es war bedingt durch die Ausnahmesituation eines neuen Anfangs, durch die Notlage der Innenpolitik (Angst vor der Armee) und der Außenpolitik (Angst vor dem Krieg), welche die nationale Konzentration unter der kräftigen Hand geboten; selbst die Kommunisten optierten in dieser kritischen Stunde für Karamanlis. Seinen Erfolg aber, den Abbau des inneren und äußeren Druckes, hatte er mit dem Verlust der »Vernunftwähler« zu bezahlen, die nun wieder, der »Stimme des Herzens« folgend, zu »ihrer« Partei zurückkehrten – das demonstrierte schon der zweite Urnengang am 20. November 1977, der die Parteienlandschaft gründlich veränderte.

Bezeugten die griechischen Wähler zunächst die Reife der gebrannten Kinder, die Politiker und Parteien hatten weniger gelernt aus den Fehlern der Vergangenheit; die Säuberung der alten personengeprägten Feudaldemokratie von ihren anachronistischen Clanelementen und ihre Entwicklung zur sachbezogenen effizienten Realdemokratie. Mit Ausnahme der orthodoxen Kommunisten, die – wie man es von ihnen gewohnt ist – wieder über funktionsfähigen Kader, klare ideologische Zielsetzung und dichte Kommunikationsnetze zwischen Spitze und Basis verfügten, verharrten alle anderen Parteien – wie gehabt – in oligarchischer Unstruktur und programmatischer Konturenlosigkeit. Bezeichnend, daß keiner von ihnen – auch heute nicht – zuverlässige Angaben über die Mitgliedsstärke zu entlocken sind. Die Verlegenheit, in die sie solche Neugier versetzt, läßt auf sehr geringe Zahlen schließen. Wobei ihnen freilich zugute zu halten ist, daß sich der griechische Bürger gegenüber den Parteien nicht gerade engagementfreudig verhält; sein bindungsabstinenter Individualismus zieht es vor (auch aus Opportunismus), sich den Wechsel seiner Option offenzuhalten – genauso wie gegenüber der Zeitung: er abonniert sie nicht, er holt sie sich täglich am Periptero, mal die eine, mal die andere (was den Vorteil hat, daß er sich über das ganze Spektrum der Meinungen auf dem Laufenden hält).

Von solcher Kritik war auch die »Nea Demokratia« unter Karamanlis nicht auszunehmen. Von Haus aus Pragmatiker, widerstrebte es ihm, sich das Korsett eines Programms anzulegen. Seiner Autorität begegnete in den eigenen Reihen kein Widerspruch, seinen einsamen Beschlüssen kaum Diskussion, und so präsentierte sich seine Truppe als reine Führungspartei (hierzulande nannte man dergleichen einst »Kanzlerpartei«). Und da die Größe einer Partei stets auf Kosten ihrer Homogenität geht, mangelte es auch ihr nicht an inneren Spannungen durch Gruppenbildungen – etwa zwischen Royalisten und Republikanern, zwischen Reaktionären, Konservativen und progressiven Liberalen, zwischen »Alten« und »Jungen«.

Von ihrer Vorläuferin, der ERE, unterschied sich die die neu gegründete ND nicht unwesentlich: war jene der Monarchie verschworen, so koexistierten in dieser ihre Anhänger und Gegner im Waffenstillstand. Und war jene dem großen Kapital liiert, so warf dieses nun den »Karamanlisten« »Sozialismus von rechts« vor – nicht ohne allen Grund, scheute doch die Regierung nicht vor dirigistischen Maßnahmen zurück: durch die Verstaatlichung des gesamten Energiesektors, des Bankenimperiums von Stratis Andreadis, durch die Nationalisierung der Olympic Airways, der Groß-Athener Untergrundbahn und des hauptstädtischen Busverkehrs, durch einschneidende Revisionen der Verträge, welche die Junta mit multinationalen Auslandsgesellschaften (Péchiney, Renault, Krupp, Steyr u. a.) geschlossen hatte, sowie durch den Aufbau einer staatlichen Rüstungsindustrie; auch wagte es Karamanlis erstmals, die großen Reeder fiskalisch zu Ader zu lassen. Von einer Unterminierung der »freien Wirtschaft« konnte dennoch nicht die Rede sein. Ferner zeigte sich Karamanlis in den sozialen Fragen weit aufgeschlossener als ehedem – in der Lohn- und Steuerpolitik vor allem. Schließlich lockerte er die früher enge Bindung zur Kirche durch die »Verweltlichung« des Ehe- und Scheidungsrechtes; und noch schlimmer – er beging die »orthodoxe« Todsünde; diplomatische Beziehungen zum Vatikan aufzunehmen. Nimmt man seine innere Entspannungspolitik gegenüber den Kommunisten hinzu, so ließ sich sein Regierungskurs nicht mehr als dezidiert »rechts« abqualifizieren. Zum Leidwesen der Opposition, der seine »Volkspartei« manchen Wind aus den Segeln nahm.

Die Nea Demokratia verdankte ihre Vormacht nicht zuletzt der Zersplitterung der Linken. Am meisten Profil wies noch die Panhellenische Sozialistische Union (PASOK) auf; ihr Führer, Andreas Papandreou, allein nahm es an Charisma mit Karamanlis auf. Er lehnte zum damaligen Zeitpunkt NATO und EG ab, aber auch jegliche Allianz mit dem Warschauer Pakt und predigte statt dessen einen sozialistischen Bund der Mittelmeerstaaten; darüber hinaus wollte er Griechenland der Neutralität der Dritten Welt zugeordnet wissen. Sein Sozialismus gebärdete sich strikt nationalistisch – den gordischen Knoten des griechisch-türkischen Konfliktes wollte er nach dem Rezept des großen Alexander gelöst sehen. Seine Vorstellungen fanden zunehmend Gefolgschaft, besonders unter der Jugend. Nach dem Wahlergebnis vom November 1974 hätte die liberale Zentrumsunion (EDIK) von Georgios Mavros als die stärkste Oppositionspartei den parlamentarischen Kampf gegen die Regierung anführen müssen. Sie wurde weder dieser Rolle noch ihrer großen Tradition gerecht. Sie konnte es nicht, weil Karamanlis den Hauptstein des Anstoßes, der früher ihre Energien aufgeladen hatte, mit seiner Distanzierung von der Monarchie aus dem Weg räumte; weil sie auf vielen Feldern (so in der Frage der EG-Mitgliedschaft) mit der Regierung übereinstimmte; weil sie als Partei der liberalen Mitte allzu heterogen zusammengesetzt war; um sich auf einen dezidierten Kurs einigen zu können. In der öffentlichen Meinung erschien sie daher als schwach und führungslos, so daß sie bei dem zweiten Urnengang 1977 von der PASOK weit überrundet wurde.

Von der EDIK abgespalten hatten sich die »Neuen Kräfte«, die, während der Junta nach der BRD emigriert, Geschmack an der deutschen Sozialdemokratie fanden und nach 1974 hofften, die Liberalen in ihrem Sinne umfunktionieren zu können. Die Bemühung scheiterte an den »Alten«. Dann versuchten sie es, unter den Professoren Mangakis und Tsatsos, mit einer eigenen »Sozialistischen Initiative«; sie schaffte als Teil einer Fünferallianz kleiner Parteien 1977 den Einzug ins Parlament nicht.

Auf der äußersten Linken ließ die Zerrissenheit noch weniger zu wünschen übrig. Die aus dem Untergrund wiederaufgetauchten oder aus dem Exil heimgekehrten Kommunisten waren seit 1968, seit der Panzerwalze der Warschauer Paktmächte in Prag, derart tief gespalten, daß sie kaum noch miteinander reden konnten: in die auf nationale Eigenständigkeit pochende, dem Eurokommunismus verschriebene, reformerische KP-Inland unter Drakopoulos und in die orthodoxe »moskowitische« KP-Ausland unter Florakis. Über beiden schwebend die alte EDA unter dem fähigen und integren Ilias Iliou, welche die KP während ihrer Verbotszeit getarnt vertreten hatte. Ihre Eigenexistenz hätte sich erübrigt, unterschied sie sich doch in nichts von der KP-Inland; gleichwohl bestand sie weiter, wohl um ihren überkommenen Anhang im linksliberalen Bürgertum bei der Stange zu halten. Mit Mühe gelang es Iliou 1974, die feindlichen Brüder mit seiner EDA wenigstens unter das gemeinsame Wahldach einer »Vereinigten Linken« zu bringen, da sie als Einzelkämpfer gar zu vernichtende Niederlagen befürchten mußten. So wenigstens kam die KP-Ausland auf 5, die KP-Inland auf 2 Mandate, die EDA auf eines – gleich nach dem Urnengang gingen sie wieder eigene Wege.

Das magere Ergebnis der »Vereinigten Linken« war auf die Tatsache zurückzuführen, daß die neue PASOK nicht nur das liberale, sondern auch das kommunistische Wählerreservoir anzapfte.

Akt zwei: Entscheidung gegen den König

Die wiedererstandene Demokratie konnte das Verdikt der Diktatur über das Königtum nicht einfach übernehmen; sie mußte sich daher der Gretchenfrage »Monarchie oder Republik« von neuem stellen, im Referendum vom 8. Dezember 1974. Karamanlis hatte es zurückgestellt, um nicht die Wahlen auf ein falsches Gleis zu bringen. Er selber, der einstige Royalist, der seinerzeit als Regierungschef mit dem Monarchenpaar Paul und Friderike unliebsame Erfahrungen gesammelt hatte und angesichts der veränderten Zeitverhältnisse dieser Frage keine Relevanz mehr zuerkannte, verordnete sich und seiner vor diesem Problem gespaltenen Partei neutrales Schweigen, um diese und seinen Wähleranhang nicht einer Zerreißprobe auszusetzen – alle Oppositionsparteien hingegen propagierten den Königssturz.

Die Griechen und ihre Könige hatten einander das Leben fast immer schwergemacht. Obwohl das Volk jeweils die Person wichtiger nahm als die Institution, hatte es meist in seiner Mehrheit die Monarchie als ausgleichenden, überparteilichen Stabilisierungsfaktor zu schätzen gewußt, sofern sie nicht dieser ihrer Rolle im allzu engen Bündnis mit der Armee allzu selbstherrlich in das Regierungsgeschäft hinein zuwiderhandelte. Kaum einer der Monarchen aber, mochte man ihnen die schwierigen Zeitumstände zugute halten, war diesem Anspruch gerecht geworden – nicht Georg II. im Bündnis mit der Diktatur Metaxas, nicht Paul und Friderike, die Karamanlis 1963 den Ungnadenstoß gegeben hatten, nicht der junge Konstantin II.; in seiner Unerfahrenheit dem Einfluß der unpopulären Mutter allzu offen und von unglücklicher Hand in der Auswahl seiner Berater, hatte er das ihm nicht genehme liberale Kabinett von Georgios Papandreou gestürzt, am Rande der Verfassung mit dubiosen Minderheitsregierungen geherrscht und damit jenen Anarchisierungsprozeß gefördert, der in den Staatsstreich der Obristen umschlug. Auch sein nicht gerade überzeugender Widerstand gegen die Militärdiktatur vermochte ihm kein positives Profil zu geben; desgleichen hatte er an dem Sturz der Junta keinen aktiven Anteil.

So fanden sich denn für seine Sache (die er selber im Rundfunk vertreten konnte) nur rasch organisierte royalistische Zirkel, deren publizistischer Eifer einen finanzkräftigen Hintergrund erkennen ließ. Gleichwohl fiel das Volksurteil eindeutig aus: Nur 30,8 Prozent der Stimmen entschieden sich für die Monarchie – 36 Prozent von der Landbevölkerung, 24 von den Städtern. Die geringste Zustimmung fand sie im stets antiroyalistischen Kreta mit 9 Prozent, zur absoluten Mehrheit brachte sie es nur – wie schon seit Menelaos Zeiten – in Lakonien (Sparta) mit 59,5 und auch noch mit 50,5 Prozent im thrakischen Grenzgebiet Rhodope, wo die türkische Nachbarschaft den konservativen Rücken steift. Ob damit das Königshaus für alle Ewigkeit aus dem griechischen Verkehr gezogen ist, steht dahin – dieses Land kennt keine Endgültigkeit. Schon einmal hatte ein hellenischer König elf Jahre lang das Exil kosten müssen – und wurde dann doch zurückgerufen. Die Wiederholung dieses Vorgangs hat freilich geringe Chancen – die Zeiten sind nicht mehr so. Die Enttäuschung der Royalisten, denen keine Nachkommenschaft mehr zuwächst, ergeht sich im Halbschmerz der Resignation. Sie haben bisher nicht einmal ihren 30prozentigen Anteil am Stimmenreservoir parteiorganisatorisch zu erfassen vermocht.

Verfassung mit Zähnen

Nun da mit der Monarchie reiner Tisch gemacht worden war, stellte sich Karamanlis als nächste Aufgabe die Konstruktion einer neuen Verfassung.

Sein Entwurf, den seine Mehrheit in fünfmonatiger Redeschlacht gegen die Opposition (Januar–Juni 1975) durchpaukte, war wohl nur aus dem Trauma seiner ersten Regierung (1955–1963) zu erklären: durch seine damals schwache Position zwischen den Mühlsteinen der Monarchie (im Verbundsystem mit der Armee) und der Wetterwendigkeit des Wählervolkes, durch die vermeintliche Unterlegenheit der Exekutive in der Auseinandersetzung mit der Legislative sowie durch die Verlagerung des politischen Kampfes auf die Straße. Ohnehin auf Effizienz und Stabilität angelegt, machte ihn sein zehnjähriges Pariser Exil (und seine Freundschaft mit de Gaulle und dessen beiden Nachfolgern) zum Anwalt der Präsidialdemokratie; sie schien ihm für Griechenland besonders geboten, als Korrektiv der chronischen Labilität seiner Wähler und Parteien.

Die Verfassung von Karamanlis lief auf eine »Monarchie auf Zeit« hinaus, die den Staatspräsidenten (auf fünf Jahre gewählt und noch ein zweites Mal wählbar) mit mehr Machtfülle ausstattete, als sie die Konstitution von 1952 dem König eingeräumt hatte: sie stärkte die Exekutive auf Kosten der Legislative und innerhalb ihrer Grenzen den Präsidenten zu Lasten der Regierung – das Staatsoberhaupt »herrschte« nicht nur (wie in der Monarchie), es stand ihm auch ein dominierender Einfluß auf die Bildung der Regierung wie auf deren Tätigkeit und die parlamentarische Gesetzgebungsarbeit zu. Er konnte das Parlament auflösen und Neuwahlen ausschreiben, dem Kabinett vorsitzen und ein suspensives, nur durch Dreifünftelmehrheit aufhebbares Veto gegen parlamentarische Gesetzesbeschlüsse einlegen. Ergaben sich Fragen von »schwerwiegender nationaler Bedeutung«, so konnte er über sie – unter Umgehung des Parlamentes – Volksabstimmungen befinden lassen, wie er denn generell dem Parlament keine Verantwortung schuldete. Daß in die präsidentielle Hand Kriegserklärung und Friedensschluß gelegt waren, verstand sich nahezu von selber, ebenso die Ausrufung des Ausnahmerechtes unter Aufhebung der ganzen Verfassung oder ihrer Teile, im ganzen Land oder in bestimmten Regionen. Die Parlamentarier unterlagen noch weiteren Beschränkungen: Sie konnten keine Untersuchungsausschüsse in Sachen der Außenpolitik und der nationalen Verteidigung einsetzen und büßten in Fällen »verleumderischer Diffamierung« automatisch ihre Immunität ein; auch war es ihnen untersagt, in der laufenden Legislaturperiode die Partei zu wechseln (womit einem spezifisch griechischen Laster der Riegel vorgeschoben war). – Absetzbar war der Staatspräsident nur im Falle seiner physischen oder psychischen Erkrankung oder wenn er Hochverrat oder eine sonstige Verletzung der Verfassung beging; seine Enthebung war von mindestens der Hälfte der Abgeordneten zu beantragen und von der Zweidrittelmehrheit des Parlamentes zu bekräftigen – das endgültige Urteil blieb einem »Spezialtribunal« aus höchsten, durch das Los zu bestimmenden Richtern vorbehalten.

Akademisch der Streit, ob sich dieser Verfassung das Etikett »gaullistisch« anhängen ließ. In bezug auf die Machtkonzentration des Präsidenten sicher ja; die Rechtfertigung aber, aus der sich diese allein abzuleiten vermag, lieferte ihr Karamanlis nicht mit (der sie lieber in der Mitte zwischen der französischen und der deutschen Verfassung angesiedelt sehen wollte): Im Gegensatz zu seinem französischen (und amerikanischen) Vorbild begründete er seine Machtfülle nicht plebiszitär, nicht unmittelbar aus dem Entscheid des Volkes – seine Wahl oblag dem Parlament. Auch der zweiten Konsequenz de Gaulles wich Karamanlis aus: Sein Präsident bezog nicht wie jener die Position über den Parteien, sondern präsentierte sich (wie in den USA) auf der Basis der Mehrheitspartei. Berechtigt war schließlich der Vorwurf, Karamanlis hätte sich die Verfassung in Maßarbeit auf den Leib zugeschnitten.

1980, nach einer fünfjährigen Anstandsfrist, die ihm auch Zeit gab, sein Haus gut zu bestellen, schlüpfte er dann in diesen Maßanzug – allerdings nur für eine Amtsperiode. Er wurde Opfer einer byzantinischen Intrige des Ministerpräsidenten und mußte einer Symbolfigur des Widerstandes gegen die Militärdiktatur, dem Juristen Sartzetakis im März 1985 weichen. Zu diesem Zeitpunkt lag bereits ein Entwurf der regierenden PASOK-Partei zur Veränderung der verfassungsmäßigen Aufgaben des Präsidenten vor. Ein Jahr später wurde mit Stimmenmehrheit der PASOK eine Verfassungsänderung verabschiedet, die das Amt des Präsidenten auf repräsentative Funktionen und die Überwachung der Verfassungsmäßigkeit der Wahlen zurückstutzte. Die bisherigen Kompetenzen, den Ministerpräsidenten zu entlassen und das Parlament aufzulösen, wurden auf das Parlament übertragen.

»Sommer der Prozesse«

Nun, da das Gebäude der Demokratie wieder stand, konnte Karamanlis die schwierigste Aufgabe in Angriff nehmen, die »Katharsis«, die Säuberung der Armee von den Junta-Elementen.

Die volle Vergangenheitsbewältigung eines Sündenfalls in die Diktatur ist bisher keiner Demokratie geglückt – anscheinend entzieht sie sich der perfekten Lösbarkeit. Ihre Schwierigkeit liegt nicht allein in der Problematik der irdischen Gerechtigkeit, sie darf auch nicht die Zukunft verderben, nicht fortzeugend Böses provozieren durch die Zementierung einer unüberbrückbaren Kluft – sie muß zum Wohle von Volk und Staat der Zukunft die Versöhnung offenhalten, auch wenn die öffentliche Meinung unmittelbar nach dem Wechsel noch so gebieterisch auf Strafe und Sühne besteht. All dies erfordert eine rasche »Abrechnung«. Schnelligkeit aber ist in diesem Zusammenhang ein relativer Begriff: die überstürzte »Abrechnung« geht in der Regel auf Kosten von Recht und Gerechtigkeit, deren Verletzung sich die rechtsstaatliche Demokratie nicht leisten kann; sie muß es anders machen als die Diktatur und darf daher nicht Gleiches mit Gleichem vergelten, will sie nicht bei ihrem Start schon gegen ihr eigenes Grundgesetz verstoßen. Mahlen hingegen die Mühlen der Gerechtigkeit zu langsam, dann entschlüpfen ihr allzu viele und tragen ihr Gift in den neuen Anfang hinein. So oder so – in keinem Fall geht die Rechnung der Justitia auf.

Für beide Fehlentwicklungen liefert die Nachkriegszeit Schulbeispiele: Frankreich machte 1944 nach der Befreiung radikalen und »kurzen Prozeß« mit 200 000 Kollaborateuren, Nutznießern und Anhängern des Nationalsozialismus, und noch brutaler das Strafgericht in der Sowjetunion. Welcher Preis! Das Vergeltungsverlangen der Griechen forderte ihn nicht, zumal ihn auch die Erinnerung an den Bürgerkrieg 1945/49 nicht empfahl. Zum anderen aber schreckte sie gleichfalls die langwierige deutsche Entnazifizierung, die sich auf weiter Bandbreite selber ad absurdum führte. Die Japaner schließlich sahen in ihrem geschichtlichen Exzeß eine Naturkatastrophe jenseits aller menschlichen Schuld und Verantwortung, hinreichend gerichtet durch die Niederlage, und betrauerten im übrigen ihre Toten, nicht ihre Opfer.

Karamanlis steuerte einen mittleren Weg zwischen dem französischen und dem deutschen Exempel. Erschwerend für ihn kam hinzu, daß die Schuldigen an der Diktatur ausschließlich der Armee – immer noch die stärkste Gewalt im Staate – entstammten, deren Kameraderie mit dem von ihr selber bewirkten Sturz des Militärregimes keineswegs erloschen war, und an die 2000 Offiziere waren als Kadetten in den Kriegsschulen mit der Junta-Ideologie indoktriniert worden. Eine konsequente Säuberung in ihren Reihen hätte die Armee möglicherweise zu einem abermaligen Coup provoziert. Zudem befand sich das Land wegen Zypern und des ägäischen Erdölstreits am Rande eines Krieges mit der überlegenen Militärmacht der Türkei, in einer Situation, welche die intakte Geschlossenheit der Armee zum Gebot der nationalen Existenz machte. Darüber hinaus und grundsätzlicher: keine Nation kann sich einen Dauerkonflikt zwischen Volk und Armee leisten, es muß mit ihr leben, auch und gerade die Demokratie. Vor allem aber mußte der neue demokratische Staat erst hinreichend gefestigt sein, ehe er mit seinen Feinden von gestern abrechnen konnte. Wo kein massiver Widerstand zu erwarten war, kam der Säuberungsprozeß rasch in Gang: in der öffentlichen Verwaltung und Justiz, an den Hochschulen, in den Körperschaften des öffentlichen Rechts wie dem Rundfunk, der Elektrizitäts- und Telefongesellschaft, in den Banken, Kommunen, Genossenschaften und Gewerkschaften, und auch viele private Berufsverbände lösten ihre belasteten Funktionäre ab – insgesamt 108 000 Personen (knapp 1 % der Bevölkerung) waren davon betroffen: ihre Bestrafung begnügte sich mit dem Entzug ihrer Posten und Pfründen, vor den Richter kamen sie nicht (soweit sie sich keiner kriminellen oder finanziellen Vergehen schuldig gemacht hatten).

Erst ein Jahr nach dem Zusammenbruch des Militärregimes läutete Karamanlis die Abrechnung mit der Armee ein, im Juli 1975. Sie fiel klein aus. Eben weil der Versöhnungskurs von Karamanlis es im Interesse der nationalen Wiedergesundung für geraten hielt, das Thema der »Bewältigung« möglichst rasch über die Bühne zu bringen und die Zukunft nicht mit traumatischen Massenkomplexen zu belasten. Daher denn der Areopag, das Höchste Gericht, den politisch motivierten Beschluß faßte, die Grenzen der Strafbarkeit auf die Urheber des hochverräterischen Putsches von 1967 zu beschränken; mit der Begründung, daß der Staatsstreich ein einmaliger, momentaner Akt gewesen sei, nicht aber eine über die siebenjährige Juntaherrschaft fortgesetzte Handlung – womit denn auch alle, die dem Regime als Minister (ihrer 104) und hohe Beamte oder sonst an maßgeblicher Stelle gedient hatten, mit einem blauen Auge davonkamen. Demnach wurden lediglich die Junta-Verschwörer der ersten Stunde dem Richter zugeführt, ferner jene, die für Folterungen, für die blutige Niederschlagung des Studentenaufstandes (im November 1973) verantwortlich waren. Todesurteile verhängten die Richter lediglich über die Hauptschuldigen Papadopoulos, Pattakos und Makarezos; sie wurden in lebenslängliche Haftstrafen umgewandelt, denen irgendwann die Stunde der Begnadigung schlagen wird.

Ob mit ihrer Aburteilung das Kapitel der griechischen Vergangenheitsbewältigung endgültig vom Tische ist, ob sich überhaupt ein derartiges moralisches Kollektivproblem auf solch realpolitische Weise lösen läßt, das vermag nur die Zukunft zu lehren. Die öffentliche Meinung jedenfalls sah sich zunächst in ihrem Verlangen nach gerechter Austarierung von Schuld und Sühne enttäuscht, wenn nicht brüskiert. Karamanlis, nie des Mutes zur Unpopularität ermangelnd, mag dabei der griechischen Mentalität vertraut haben, die trotz aller emotionellen Augenblicks-Explosivität sehr auf das Kommende gerichtet ist, daß sie sich nicht allzulange mit dem Zurückschauen aufzuhalten pflegt.

Das außenpolitische Manövrierfeld

Beide Problemkreise, Außenpolitik und Wirtschaft, sind eng ineinander verzahnt: das Wettrüsten mit der Türkei nötigte die Regierung Karamanlis, im ersten Jahre ihres Bestehens für anderthalb Milliarden Dollar Waffen zu bestellen, und 1977 verschlang die Verteidigung ein Viertel des Staatshaushaltes; das ging weit über die Kraft des Landes; die ökonomische Notlage zwang wiederum Athen, den Weg von der Assoziation zur Vollmitgliedschaft in der Europäischen Gemeinschaft, den Brüssel während der Diktatur unterbrochen hatte, nach Möglichkeit abzukürzen.

Tatsächlich nahm die EG Griechenland wie einen verlorenen Sohn mit offenen Armen auf; sie selber, aber auch ihre deutschen und französischen Teilhaber, geizten nicht mit ansehnlichen Anleihen und auch Waffenhilfe. Das Tempo der griechischen Aufnahme ließ sich freilich nicht so beschleunigen, wie es das griechische Interesse wünschte; dem stand die französische und italienische Konkurrenz in den Fragen der Agrarexporte bremsend entgegen.

Nicht minder schwierig gestaltete sich der Abbau der griechisch-amerikanischen Spannungen, die auch auf das Verhältnis Athens zur NATO übergriffen. Karamanlis hatte der öffentlichen Meinung des Landes, welche Washington nicht ganz zu Unrecht mitschuldig sprach an der Junta-Herrschaft und noch mehr am hellenischen Debakel auf Zypern, wohl oder übel auf halber Strecke nachgeben müssen: Griechenland trat aus der militärischen – nicht der politischen! – Organisation der NATO aus. Es strich weiterhin einige amerikanische Privilegien auf seinem Territorium, die Homeport facilities ihrer VI. Flotte in Athen, während ihren übrigen Basen gleichberechtigte griechische Kommandanten beigegeben und die nationalen Streitkräfte in Friedenszeit dem Oberbefehl der NATO entzogen wurden. Alle anderen Stützpunkte hingegen, vor allem das wichtige Luftwarnsystem und die Raketenübungszentren auf Kreta blieben den Amerikanern und damit der westlichen Allianz erhalten. Durch diesen Kompromiß war dem griechischen Selbstbewußtsein optisch einigermaßen Genüge getan, ohne daß das übergeordnete Verteidigungsinteresse des Landes unheilbar verletzt und das NATO-Dispositiv in Griechenland irreparabel amputiert wurde; im Herbst 1977 nahmen die griechischen Streitkräfte erstmals wieder an gemeinsamen Manövern in der Ägäis teil.

Man hat den Teil-Rückzug Griechenlands aus der NATO dem Frankreichs gleichsetzt. Der Vergleich hinkt, denn im Unterschied zum französischen Fall ist die NATO-Präsenz auf griechischem Boden zwar eingeschränkt, nicht aber aufgehoben – schon gar nicht logistisch und kommunikativ; auch ist Vorsorge für ihre sofortige Reaktivierung im westöstlichen Kriegsfall getroffen. Ihre fortdauernde Anwesenheit hat wohl auch dazu beigetragen, die Gefahr eines griechisch-türkischen Krieges zu verringern.

Noch pazifizierender wirkte im östlichen Mittelmeer der Beschluß des amerikanischen Kongresses vom 5. Februar 1975, gegen den Willen von Präsient Ford und Außenminister Kissinger die Waffenlieferungen an die Türkei so lange einzustellen, wie diese nicht durch wesentliche Konzessionen den Weg zu einer leidlichen Regelung des unleidlichen Zypern-Konfliktes ebnet. Diese Entscheidung haben fast alle europäischen NATO-Militärs scharf kritisiert, da sie von ihr ein weiteres Abdriften Ankaras vom westlichen Verteidigungsbündnis befürchteten. Tatsächlich hat sich ja dann auch die türkische Armee mit der Übernahme der 26 amerikanischen Stützpunkte auf ihrem Boden revanchiert; andererseits hat der Ausfall des US-Nachschubes die Schlagkraft der türkischen Armee – ihre Rüstung entstammte zu 90 % amerikanischen Arsenalen – derart reduziert, daß sie trotz ihrer Überlegenheit (im Verhältnis etwa von drei zu eins zu Land, von zwei zu eins auf See, bei Ausgeglichenheit in der Luft) das Risiko eines Offensivkrieges gegen Griechenland kaum noch eingehen kann, zumal auch die teure Zypern-Hypothek die ohnehin äußerst prekäre Wirtschaftslage der Türkei zusätzlich belastet. Zumindest wurde die keineswegs irreale Kriegsgefahr durch den amerikanischen Waffenboykott abgekühlt, so daß der dadurch erzielte Zeitgewinn dem diplomatischen Wort wieder zu stärkerer Geltung verhalf. Davon abgesehen: Der Westen hätte nicht einmal das kleinere Übel gewonnen, wenn er durch eine bevorzugte und einseitige Pflege seiner Bündnisbeziehungen zur stärkeren Türkei das schwächere Griechenland verlöre; so wichtig der türkische Beitrag für die NATO-Verteidigung sein mag, er hinge ohne das griechische Scharnier in der Luft. Die westliche Allianz steht daher nicht vor der Alternative Türkei oder Griechenland, sie muß vielmehr das Ihre beitragen, den Doppelkonflikt unter Kontrolle zu halten und einer den beiden Seiten tragfähigen Lösung zuzuführen.

In seinen Friedensbemühungen suchte Karamanlis nicht allein die Hilfestellung der westlichen Partner im Streit mit der Türkei zu aktivieren (durch Besuche in Paris, Bonn, Rom und London sowie in Helsinki bei der KSZE-Abschlußkonferenz), er reiste im Frühsommer 1975 auch nach Bukarest, Belgrad und Sofia, um im gesamtbalkanischen Rahmen die Beziehungen zu den nördlichen Nachbarstaaten zu intensivieren. Als respektables Ergebnis brachte er die Zusage Bulgariens und Jugoslawiens heim, ihre Grenzen zu Griechenland im Falle einer militärischen Auseinandersetzung zwischen Athen und Ankara zu respektieren, womit der griechische Generalstab freiere Hand für seine Defensivplanung in Thrakien erhielt – die Flankendeckung im Norden ermöglicht es ihm, seine Abwehrkräfte entlang dem Evros zu konzentrieren. Der strategischen Ausgangslage Griechenlands kommt ferner zugute, daß wesentliche Kontingente der türkischen Streitkräfte an den russischen Grenzen sowie in Ostanatolien, im Siedlungsraum der 2 bis 4 Millionen unterdrückten Kurden gebunden bleiben und daher nicht gegen Griechenland zu mobilisieren sind. – Einer engeren multilateralen Balkanpolitik, die Karamanlis anstrebte (nicht zuletzt zur Stabilisierung Jugoslawiens, nach dem Ausscheiden Titos), stand Sofia als russischer Interessenanwalt im Südosten bremsend entgegen.

Keinen Versuch hingegen unternahm Karamanlis, die russische Karte auszuspielen, wohl zu Recht von der Vergeblichkeit einer derartigen Bemühung überzeugt. Denn das Interesse an der freien Passage durch die türkischen Meerengen und an der Beweglichkeit in den internationalen Gewässern der Ägäis sowie an der Überfliegung Anatoliens (wie schon im Jom-Kippur-Krieg) bei einer eventuellen neuen Konfrontation im Nahen Osten gebot Moskau die Tolerierung, der türkischen Politik, auch auf Zypern. So trafen sich die türkischen und sowjetischen Interessen im Bestreben, Griechenland an der völkerrechtlich zulässigen Ausdehnung seiner Hoheitsgewässer von 6 auf 12 Meilen zu hindern. Auch konnte den Sowjets nicht daran gelegen sein, den drohenden Zerfallsprozeß des NATO-Systems an dessen Südostflanke durch offensive Parteinahme, sei es für Ankara oder Athen, zu bremsen oder gar umzukehren, hätten sie doch mit einer direkten Intervention dort die westlichen Reihen nur wieder dichter geschlossen.

Die zyprische Tragödie

Der Westen macht es sich im Bestreben, zwischen seiner Sympathie für die griechische Sache und der militärstrategisch notwendig erscheinenden Kapitulation vor den türksichen Ansprüchen eine Kompromißposition zu beziehen, etwas zu leicht, wenn er den Zypern-Konflikt auf die uralte Erbfeindschaft zwischen den beiden Völkern zurückführt. Daran ist zwar etwas. Der »Türkenschreck«, der einst Europa in Untergangsstimmung versetzte, ist in den Ländern der Levante mehr als Erinnerung, mehr auch als ein nur irrationaler Impuls.

Hinzu kommt: Griechen und Türken haben sich jeweils im Kampf gegeneinander als moderne Nationalstaaten begründet – Griechenland im Freiheitskrieg 1821–1830, die Türkei ein Jahrhundert später unter Kemal Atatürk, nachdem sie 1922 bei Smyrna das griechische Invasionsheer (und mit ihm die dreitausendjährige griechische Geschichte) ins Meer geworfen hatte. Seither war und ist griechischer Patriotismus ein Synonym für »antitürkisch« und türkischer Nationalismus gleichbedeutend mit »antigriechisch«. Es gab danach Anläufe von beiden Seiten, die Ketten des wechselseitigen Hasses aufzubrechen: Durch den Vertrag zwischen beiden Ländern am 18. Oktober 1933, aus dem der Balkanbund (am 10. Februar 1934) hervorging; 1953 erfuhr er eine Neuauflage, nachdem schon ein Jahr zuvor mit beider Aufnahme in den NATO-Pakt versucht worden war, den griechisch-türkischen Gegensatz unter dem Dach des kalten Krieges, in der gemeinsamen Abwehr der sowjetischen Expansion, zu neutralisieren. Doch die Brücke hielt nicht lange. Sie bröckelte in dem Maße ab, wie die fortschreitende Entspannung zwischen Ost und West die kollektive Verteidigungsnotwendigkeit abzuschwächen schien und die Türkei sich dank der westlichen Wirtschafts- und Waffenhilfe ihres Kraftzuwachses bewußt wurde.

Die griechisch-türkische Spannung verschonte auch Zypern nicht, das ein ganzes Jahrhundert später als das Mutterland in die osmanische Hand fiel und ein halbes Jahrhundert länger in ihr verblieb (von 1571 bis 1878). Dennoch kam es auf der Insel zu einer differenzierten Symbiose zwischen den beiden Bevölkerungsgruppen. Ihr gutes Verhältnis dokumentiert die Tatsache, daß von den 625 Dörfern 120 rein türkisch und fast ebenso viele, 113, in griechisch-türkischer Mischung besiedelt waren, und zwar bis zuletzt. Bis zuletzt auch, d.h. bis zum 20. Juli 1974, lebte nahezu die Hälfte der türkischen Inselbevölkerung außerhalb der von ihrer Obrigkeit militärisch abgesicherten Enklaven, im unmittelbaren Kontakt mit den Griechen, was die Propagandathese von der »Erbfeindschaft« und der griechischen Unterdrückung zumindest relativiert.

Die Türken sowohl des Festlands wie der Insel hatten sich schon seit Ende des vorigen Jahrhunderts mit dem Ausscheren Zyperns aus dem osmanischen Staatsverband abgefunden. 1878 hatte es der »kranke Mann am Bosporus« in Pacht an England abgetreten, um dessen politische Bündnishilfe gegen einen erneuten Vorstoß der Russen auf die Meerengen zu gewinnen. Im Ersten Weltkrieg nahm dann London die türkische Gegnerschaft zum Vorwand für die volle Annexion Zyperns. Ihr gab Kemal Atatürk 1923 im Vertrag von Lausanne den völkerrechtlichen Segen, der den türkischen Verzicht auf die Insel für alle Zukunft besiegelte. Dabei wäre es wohl geblieben, hätten die Briten nicht den alten Gegensatz wieder zu neuer Glut angefacht: Nach dem Zweiten Weltkrieg schwappte die globale Welle der Selbstbestimmung auch auf Zypern über. Die Griechen dort, 80 Prozent der Bevölkerung, glaubten sich berechtigt, über das Schicksal der Insel selber zu befinden, und ihr Wunsch hieß Enosis, Anschluß an das Mutterland. Ihr immer wieder abgewiesenes Verlangen kulminierte schließlich ab 1955 im vierjährigen

Partisanenkampf von General Grivas, politisch flankiert von Erzbischof Makarios. Unfähig, den Aufstand von 600 Partisanen mit 40000 Mann niederzuwerfen, griffen die Engländer zur altimperialistischen Maxime des »Teile und Herrsche«, indem sie das bis dahin passive türkische Element künstlich gegen den griechischen Anspruch mobilisierten. Damals befand sich in Ankara die Regierung Menderes am Rand des wirtschaftlichen und politischen Bankrotts. Vor ihm – so meinte Menderes nach alter Rezeptur – könne ihn nur ein außerpolitischer Erfolg retten, und so ergriff er dankbar den von den Briten offerierten zyprischen Strohhalm. Ein antigriechischer Pogrom in Instanbul sorgte für die gewünschte Stimmung in den Massen; seine Parole »Taxim« – Teilung Zyperns – sprang alsbald auf die Inseltürken über, die zudem noch von den Briten zu Polizeidiensten gegen die aufsässigen Griechen eingesetzt wurden, was die atmosphärische Spannung auf der Insel abermals verschärfte. Dieses Verhalten der Engländer entfesselte den Konflikt zwischen den beiden Volksgruppen.

Der Londoner Vertrag von 1959 häufte dann noch neuen Zündstoff. Zwar verzichteten in ihm die Türkei auf Taxim, Griechenland auf Enosis, die Briten auf die Souveränität über die Insel; doch behielten sich diese sogenannten Garantiemächte das willkürlich auslegbare Recht auf militärische Intervention im Konfliktsfall und auf die ständige Stationierung von begrenzten Truppenkontingenten vor, die Briten außerdem den Besitz von zwei Militärbasen von zusammen 250 qkm. Innerhalb dieses engen Rahmens bekam Zypern eine höchst fragmentarische Unabhängigkeit zugestanden. Wie sich jetzt zeigte, verhalf ihm auch die Mitgliedschaft im britischen Commonwealth, in den Vereinten Nationen und die EG-Assoziation weder zu mehr Bewegungsfreiheit noch zu mehr Sicherheit.

Noch brisanter war die den Zypern aufoktroyierte Verfassung zum Schutz der türkischen Minderheit. Die Vollmachten des Präsidenten, stets ein Grieche, wurden durch das absolute Vetorecht seines Stellvertreters, stets ein Türke, blockiert. Die türkische Minderheit von 18 Prozent erhielt 30 Prozent aller Sitze in Regierung, Parlament und Verwaltung, 40 Prozent sogar in Heer und Polizei. Wie vorauszusehen war, lähmte die türkische Angst vor der griechischen Enosis kraft des exzessiv eingelegten Vetos die gesamte Staatsmaschinerie; daher bestand Makarios auf einer Verfassungsrevision. Als die Türken sie ablehnten, suchten die Inselgriechen Ende 1963 eine militärische Lösung. Sie scheiterte an der Intervention der USA, der NATO und an der Invasionsdrohung der Türkei. Obwohl dann die UNO eine Puffer- und Pazifierungstruppe entsandte, versuchten es die Griechen 1968 nochmals mit Gewalt – wiederum vergeblich. Handelten sie in beiden Fällen auch gegen das Gesetz – welch anderes Volk hätte sich in vergleichbarer Konstellation als Vierfünftelmehrheit der Nötigung durch die Minderheit wehrlos unterworfen?

Präsident Makarios zog in Übereinstimmung mit der griechischen Mehrheit aus diesen Erfahrungen spätestens 1968 die Einsicht, daß

Enosis gegen die Türken nicht möglich sei, und vollzog einen Kurswechsel in Richtung auf die volle Unabhängigkeit. Unter Berufung auf die Kleinheit der Insel (9251 qkm) strebte er in sechsjährigen Verhandlungen mit den Inseltürken eine zentralistische Lösung an, die übrigens auch alle neutralen Experten und die UNO für sachlich geboten hielten. Doch die Türken wichen keinen Fußbreit von ihrem Föderationskonzept ab – im Grunde verfochten sie seit 1956 dasselbe Autonomie-Prinzip, das ihr Mutterland jetzt mit militärischem Diktat erzwingen will. Ihre Starrheit erwuchs aus dem Mißtrauen gegen Makarios, aus der fortdauernden Furcht vor der Enosis. Zu Recht? Sie hätten den griechischen Versicherungen spätestens seit 1972 vertrauen können, als die kleine Schar der radikalen Grivas-Nationalisten abermals in den Untergrund ging – diesmal um den vermeintlichen »Verräter« Makarios zu stürzen, eben weil er der Enosis abgesagt hatte und die volle zyprische Unabhängigkeit ansteuerte.

Auf diesem Hintergrund erwuchs dann die Katastrophe vom 15. Juli 1974: der Putsch der Nationalgarde unter ihren griechischen Junta-Offizieren. Da hinter diesem Staatsstreich die Enosis-Ideologie stand, war das Eingreifen der Türkei am 20. Juli 1974 zum Schutz ihrer Minderheit von den Verträgen her legitimiert. Allein zur Verteidigung dieser Verträge, nicht aber, um sie kraft militärischer Gewalt zu zerreißen, nicht zu einem Angriffs- und Eroberungskrieg zum Gewinn von Land und strategischer Machtstellung; gegen ihn hätte die britische Garantiemacht von ihren Stützpunkten her vertragsgemäß vorgehen müssen – sie rührte sich nicht.

Die Türken, die mit 6000 Mann gelandet waren, stockten ihre Truppen schnell auf 40000 Mann auf. Unter Bruch zweier Waffenstillstände und nach dem Abbruch der Genfer Vermittlungskonferenz stieß die türkische Invasionsmacht, der nur 12000 griechische Soldaten gegenüberstanden, mit NATO-Waffen auf breiter Front nach Süden vor. Sie hält nun rund vierzig Prozent des Inselterritoriums besetzt, entlang der sog. Attila-Linie, die quer durch die zentrale Mesaoria-Ebene auf 105 km Länge von West nach Ost streicht und inzwischen teils verbunkert, teils durch Erdwälle befestigt ist. Rund 250000 Griechen sind geflohen: 56000 Türken wurden aus dem griechischen Süden in »ihren« Norden evakuiert. Damit hat Ankara sein erklärtes Ziel, seine Volksgruppe – ca. 126000 Köpfe bzw. 18 Prozent der Gesamtbevölkerung – in seiner Nordhälfte auf etwa 40 Prozent der Inselfläche zu konzentrieren, erreicht, zumal es seinem besetzten Territorium am 13. Februar 1975 den Status eines autonomen Teilstaates verlieh; wenngleich es diesen in einen souveränen und neutralen Staatenbund – nicht Bundesstaat – einzubringen vorgab.

Selbst wenn die Griechen, sich der Gewalt beugend, die Teilung akzeptierten, müßte sie wenigstens rechnerisch stimmen. Über ein Drittel des Territoriums für das knappe Fünftel der Bevölkerung, das aber geht für die verbleibenden vier Fünftel nicht auf. Noch weniger, bezieht man das qualitative Kriterium in die Kalkulation ein, und das muß man, da ja Fläche nicht gleich Fläche ist. Bisher waren 18 Prozent der Nutzfläche in türkischer Hand – 41,7 Prozent sind es nach der Teilung. Auf sie entfallen sogar über 60 Prozent der bewässerten Böden, da sich der Raubzug auf die produktivsten und exportintensivsten Gebiete erstreckte. Daraus ergibt sich: 18 Prozent der Bevölkerung geböten künftig über 80 Prozent der gesamten landwirtschaftlichen Erzeugung, über je 80 Prozent der Zitrus- und Olivenernten, über 60 Prozent des Getreides. Nur beim Weinbau kämen die Türken schlechter weg, was sie als Moslems nicht sonderlich schmerzen dürfte. Ein geringer Trost auch für die Griechen, daß ihnen weitgehend der Wald verbliebe – ein Fünftel davon machten die Kämpfe zur Asche. Noch katastrophaler die Einbußen der Griechen auf den Sektoren Gewerbe, Industrie und Dienstleistungen. Insgesamt war die von den Türken beanspruchte Nordregion bisher zu 70 Prozent am zyprischen Bruttosozialprodukt beteiligt. Daß ihr Verlust von den über 500000 Griechen – 80 Prozent der Bevölkerung – unterschrieben werden könnte, ist von ihnen billigerweise nicht zu erwarten, es sei denn, Ankara nimmt noch erhebliche Abstriche an seinen Maximalforderungen vor.

Die heutige Katastrophe Zyperns ist weder einmalig in seiner Geschichte noch ein isolierter Lokalfall. Sie geht auch nicht allein Athen, Ankara und London an – dieser Streit hat internationale Dimension. Das Unglück dieser Insel ist die Jahrtausende hindurch seine Drehscheibenlage zwischen Asien, Afrika und Europa, zwischen West und Ost, zwischen Nord und Süd, die Zypern zum permanenten Spielball aller Bewegungen, aller Konflikte zwischen Okzident und Orient macht. Welche Macht immer auf diesem Entscheidungsfeld mitmischte, sie hielt es für geboten, den strategischen Schlüssel Zyperns in ihre Hand zu bekommen – gestern wie heute, da die nahöstlichen Erdöllager zum unersetzlichen Energiequell der Weltwirtschaft geworden sind und die zentrale Verkehrsader des Suezkanals am 5. Juni 1975 wiedereröffnet wurde.

Der Name von Makarios († 3. 8. 1977) stand für den Versuch, die traditionelle Rolle der Insel als Objekt und Opfer der mächtigeren Umwelt abzustreifen und ihre explosive Knoten- und Schnittpunktfunktion durch eine Neutralisierung in der Autonomie zu entschärfen. Die USA und die NATO fuhren gar nicht so schlecht dabei, denn so neutral war die zyprische Neutralität auch wieder nicht; nicht allein, weil in den englischen Stützpunkten das Westbündnis militärisch präsent war. Nikosia hatte zudem den Amerikanern ein gigantisches Funk- und Radarsystem eingeräumt, das sie befähigte, alle militärischen Bewegungen im Umkreis von 1000 Kilometern zu orten, vom Persischen Golf bis zum Kaukasus und nach Bulgarien hinein. Schließlich diente Zypern als Mittelglied der Nachrichtenkette zwischen der NATO und dem wiederbelebten Cento-Pakt, bis hin zum Fernen Osten. Um dennoch das neutrale Gesicht zu wahren, pflegte Makarios gute Beziehungen nicht allein zur Dritten Welt, sondern gleichfalls zu Moskau – zu letzterem auch, um seine fragile Unabhängigkeit gegen die Türkei abzudecken.

Alle Interessenten ringsum hätten also mit Makarios' hohem Drahtseilakt ohne Netz zufrieden sein können. Doch den Amerikanern war die diplomatische Artistik des Erzbischofs verdächtig: befremdet von seinem byzantinischen Habitus und seinen levantinischen Methoden, verrannten sie sich in den törichten Verdacht, Makarios werde sich als »Castro des östlichen Mittelmeeres« entpuppen. Beunruhigt waren sie auch durch die starke Stellung der KP auf der Insel: mit 40 Prozent der Wähler und der dominierenden Position im Gewerkschaftswesen ist sie die relativ stärkste unter den »Bruderparteien« in der freien Welt. Washington übersah dabei, daß der Präsident sie, die stärkste Landespartei, nicht gerade demokratisch aus Regierung und Verwaltung ausschloß und ihren Einfluß durch seine wirtschaftliche und soziale Entwicklungsoffensive wirkungsvoll eindämmte. So zeigten sich denn die Amerikaner keineswegs unglücklich über den Ausbruch der zyprischen Krise, die sie nicht nur nicht einzudämmen versuchten, sondern durch ihre grundsätzliche Zustimmung zur türkischen Teilungspolitik (wenngleich nicht zu ihren Ausmaßen) auch noch ermuntert hatten.

Die Lage auf Zypern verhärtete sich, als der Präsident der Zypern-Türken, Rauf Denktasch, am 15. 11. 83 die »Türkische Republik Nordzypern« ausrief, um damit die Spaltung der Insel und den unangemessen hohen Gebietsanspruch der Inseltürken zu verewigen. Die Rechnung ging jedoch nicht auf. Im Gegenteil, mit dieser eigenmächtigen Handlung isolierte sich Denktasch international. Keine Regierung der Welt – mit Ausnahme natürlich der Türkei – anerkannte diesen Staat. Einzig legitimer Vertreter Zyperns blieb in den Augen der Völkergemeinschaft die Regierung Südzyperns. Eine Provokation für die griechische Seite war auch die Forcierung der Ansiedlung von – teilweise religiös fanatisierten – Festlandstürken, deren Zahl von den Türken mit 40000 angegeben wurde. Die Griechen sprachen von 65000.

Solange sich zwischen den »Garantiemächten« Türkei und Griechenland diplomatisch nichts rührte bzw. eher neue Spannungen auftraten, die im März 1987 in der Ägäis-Krise gipfelten, konnten sich auch in Zypern die Fronten nicht entspannen. Die Ägäis-Krise wurde durch die Anordnung des türkischen Generalstabs ausgelöst, das für die Ölsuche ausgerüstete Forschungsschiff »Sismik« auf seiner Fahrt in die von Griechenland beanspruchte Hoheitszone um Lemnos und Lesbos mit Kriegsschiffen zu begleiten. Papandreou ordnete daraufhin Alarmbereitschaft für die griechischen Streitkräfte an. Zwei Tage später machte die türkische Seite einen Rückzieher.

Erst Anfang 1988 kamen die Dinge wieder in Bewegung. Nach einem vorherigen Briefwechsel, in dem Papandreou erstmals die bisherigen Vorbedingungen für Gespräche fallen gelassen hatte, bahnte sich ein Treffen zwischen dem türkischen Ministerpräsidenten Özal und Papandreou an. Bei den stereotyp geforderten Vorbedingungen hatte es sich um den Rückzug der türkischen Truppen aus Nordzypern gehandelt und die Anerkenung des Haager Gerichtshofes als Schiedsgericht in der strittigen Frage der Hoheitsrechte in der Ägäis. Ein erstes Treffen

erfolgte dann am Rande des »Davoser Wirtschaftsforums« in konstrukti-
ver Atmosphäre Ende Januar 1988. Zu einer zweiten Begegnung kam es
anläßlich des Brüsseler NATO-Gipfels im März 1988. Als vertrauensbil-
dende Maßnahme wurde die Einrichtung eines gemischt besetzten Kom-
mitees vereinbart, das das Schicksal von Personen untersuchen sollte, die
seit der Invasion von 1974 vermißt waren. Im Juli 1988 besuchte Özal
Athen. Weitere Treffen sollten folgen, mußten aber wegen der Herzope-
ration Papandreous und der danach einsetzenden innenpolitischen Krise
verschoben werden.

Die Annäherung kam von türkischer Seite nicht unerwartet. Die
Türkei drängt auf die EG-Vollmitgliedschaft und Athen kann die Karte
seines Vetorechtes ausspielen. Je mehr sich die Wirtschaftslage in der
Türkei destabilisierte, desto kräftiger begann die Regierung an die EG-
Pforte zu klopfen. Die EG-Kommission, die ohnehin Bauschmerzen
wegen der zu erwartenden finanziellen Belastung des türkischen Beitritts
und wegen des Einwanderungsdruckes türkischer Arbeitsloser hat, ver-
wies die Türkei regelmäßig auf das ungelöste Zypernproblem und auf die
notwendige Einigung mit Griechenland.

Papandreou andererseits rückte von seiner – manchmal chauvinisti-
sche Töne nicht scheuenden – harten Linie gegenüber der Türkei ab, um
als »Friedensstifter« bei den 1989 anstehenden Wahlen wieder das Terrain zurückzugewinnen, das er innenpolitische verloren hatte.

Eine Klimaveränderung setzte – sicher kein Zufall – zum selben
Zeitpunkt auch in den innerzypriotischen Beziehungen ein. Bei den
Präsidentschaftswahlen im Februar 1988 setzte sich der »liberale Pro-
gressist« Georgios Vassiliou, Kandidat der Akel-Kommunisten und der
Liberalen gegen den Hardliner Kyprianou durch, der – bis auf einen
ergebnislosen Verhandlungsversuch 1985 – nichts unternommen hatte,
um die verhärteten Fronten aufzuweichen. Vassiliou, ein agiler Pragmatiker, der aus der Wirtschaft kommt, entwickelte sofort nach Amtsantritt
rege Verhandlungsaktivitäten. Ebenso wie Papandreou erklärte er die
Bereitschaft für bedingungslose Verhandlungen. Als Geste des Entge-
genkommens zog daraufhin Ankara 5000 Soldaten aus Nordzypern ab.
Im Hintergrund hatte immer schon der für die Angelegenheiten Zyperns
besonders engagierte UNO-Generalsekretär Peres de Cuellar mitge-
wirkt. Er gilt seit seiner Zeit als UNO-Kommissar in Zypern als ausge-
sprochener Kenner der diffizilen Materie. Er fädelte nun die Gespräche
zwischen den Parteien ein und begleitete sie mit großem Verhandlungs-
geschick. Im August 1988 trafen sich Denktasch und Vassiliou zum
ersten Mal in Genf. Wie zu erwarten verliefen die Verhandlungen
ergebnislos, aber in einem guten Klima. Der bei diesem Treffen verein-
barte Zeitplan, nach dem konkrete Ergebnisse bis Juni 1989 vorgelegt
werden sollten, konnte jedoch trotz mehrmaliger Zusammenkünfte und
kleiner Fortschritte nicht erreicht werden. Die Vorstellungen liegen noch
zu weit auseinander. Die griechisch-zypriotischen Verhandlungspartner
haben inzwischen Abstriche von ihren Vorstellungen des bundesstaatli-
chen Aufbaus der Insel gemacht und neigen dem im Juli 1989 vorgelegten

Plan des UNO-Generalsekretärs eines bizonalen föderativen Systems zu wie auch den meisten anderen Punkten seines Vorschlags. Das Konzept de Cuellars sieht zwei Zonen vor, die bevölkerungspolitisch und sozioökonomisch von den jeweiligen Ethnien dominiert bleiben. Die griechischen Flüchtlinge sollen jedoch zu einem wesentlichen Teil in den Norden zurückkehren dürfen und ihr Eigentum zurückbekommen. Die Zentralregierung behält die Kompetenz in der Außen-, Währungs- und Verteidigungspolitik. Ansonsten sollen die Teilzonen sich selbst verwalten. Das Parlament der Zentralregierung (Unterhaus) wird in dem Verhältnis 70:30 quotiert. Im – weniger einflußreichen – Oberhaus sind die beiden Volksgruppen in gleicher Stärke vertreten. Ein Oberstes Gericht soll über die Einhaltung der Verfassung wachen. Die Insel soll entmilitarisiert werden und sich von den Garantiemächten Griechenland und Türkei lösen. Statt dessen sollen neutrale internationale Schutzmächte gefunden werden. Dem Anschluß an Griechenland und die Türkei wird eine endgültige Absage erteilt. Auf der ganzen Insel gilt die Freizügigkeit des Reiseverkehrs, das Niederlassungsrecht und das Recht auf Erwerb von Eigentum. Unklar bleibt in diesem sonst sehr überzeugenden und ausgewogenen Konzept, wie die Kollision zwischen dem letzten Punkt und der Zielsetzung der Bewahrung der ethnischen Mehrheitsverhältnisse in den Teilzonen gelöst werden soll.

Während Vassiliou diesen Plänen weitgehend entgegenzukommen scheint – ohne sich im Verhandlungsstadium freilich festzulegen –, widersetzt sich Denktasch vor allem dem Abzug der türkischen Truppen und der Einführung der Niederlassungs- und Eigentumsfreiheit. Er

▶ *Aus dem Blick des griechischen Bauernmädchens spricht oft Scheuheit und sanfte Trauer. Nicht allein, weil sie hart arbeiten muß, weil sie überaus streng gehalten wird. Einen Mann zu finden, genügen nicht Schönheit und Reinheit, Vater und Brüder müssen für sie auch eine respektable Mitgift aufbringen. Und auch dann tut sich die Suche noch schwer, denn viele junge Männer flüchten vom dürftigen Dorf in die Seefahrt, in die vermeintlichen Verheißungen der Stadt oder der fernen Gastarbeiterei. So sind die Dörfer von ihnen entleert – zurück bleiben die Alten, die Frauen und Kinder.*

▶ ▶ *Mistra, westlich von Sparta auf einem Vorläufer des Taygetos, ist keine antike Gründung; es geht auf den 4. Kreuzzug (1204) zurück, dessen Ritter es vorzogen, das byzantinische Reich zu vereinnahmen anstatt das Heilige Land zurückzuerobern. Doch auf Mistra war ihnen nur ein kurzes Intermezzo beschieden; die griechische Reconquista löste sie schon 1262 ab und inszenierte eine nationale Renaissance, der jedoch die Türken 1460 ein verfrühtes Ende bereiteten. Statt Burgen wie die Franken bauten die griechischen Fürsten prächtige Kirchen. Eine der schönsten die Hodighitria (oder Aphendiko), eine Kreuzkirche mit fünf Kuppeln über eine zweistöckige Basilika, die dem Konstantinopler Muster eine eigenständige Note abgewinnt.*

fürchtet die Wirtschaftskraft der wesentlich wohlhabenderen Griechen. Der Zentralregierung will er lediglich dekorative Aufgaben einräumen, was auf eine Festschreibung der staatsrechtlichen Teilung hinausliefe. Vassiliou indes, setzt auf die Karte eines zukünftigen EG-Beitritts Zyperns und der Türkei. Falls die Türkei in die EG aufgenommen würde und Zypern einen Beitritts-Antrag stellen würde, könnte sich Nordzypern nicht weiter gegen die Einführung der Freiheiten sträuben, die für alle EG-Mitglieder obligatorisch sind. Auch die Türkei dürfte bei realistischer Aussicht auf positive Behandlung ihres EG-Beitritts-Antrages Nordzypern zu Kompromissen drängen. Bis dahin dürfte aber noch eine lange Durststrecke zu überwinden sein.

Giftiges Erdöl

Der Problemdschungel des Zypern-Konflikts wird – wie bereits erwähnt – potenziert durch den griechisch-türkischen Streit um das Erdöl in der Ägäis. Kein Zweifel, daß zwischen beiden Komplexen ein politisches Junktim besteht, das die Lösung jedes einzelnen in die belastende Abhängigkeit des anderen versetzt. 1972 wurde die im griechischen Staatsauftrag bohrende amerikanische Oceanic Gesellschaft vor der nordägäischen Insel Thasos fündig. Mit an Sicherheit grenzender Wahrscheinlichkeit rechnet man mit weiteren Funden. Sie nähren eine alte Hypothese, derzufolge sich ein riesiges Erdölfeld unter der Ägäis von Rumänien bis Libyen erstrecke. Die davon entfachte Euphorie steckte auch Ankara an und verführte es zu der Entdeckung, daß die Ägäis doch ein griechisch-türkisches Meer sei, weshalb die Ausbeutung ihres vermuteten Reichtums beiden Anrainern gemeinsam oder zu gleichen Teilen gebühre. Athen ist anderer Meinung. Seine 3054 Inseln und Inselchen machen die Ägäis, mit Ausnahme des kleinasiatischen Küstenstreifens, zum griechischen Hoheitsgebiet, das auch die Türkei im Vertrag von Lausanne 1923 bestätigte; desgleichen erhob sie keinen Einwand gegen das seit 1952 gültige NATO-Reglement, das die Ägäis dem griechischen

◄ ◄ *Das bergwilde Mani, der mittlere Südfinger des Peloponnes, ist in die neugriechische Geschichte eingegangen als unbezwingbarer Hort der Freiheit selbst in den vier Türkenjahrhunderten. Ihre eher berüchtigten Bewohner verdankten die tapfere Kampfkraft ihrer Räuber- und Piratentradition, die sie auch untereinander anarchisch praktizierten. Jeder Familienclan verschanzte sich in einem Wehrturm, der eine immer möglichst höher als die andere, um die Konkurrenz von oben her wirksamer bekriegen zu können (und den gesellschaftlichen Status zu demonstrieren).*

◄ *Wo der Ölbaum, ist Griechenland (nicht nur auf Thasos), in seiner dienenden Vielzweckkeit gleichsam der Esel unter den Bäumen: bei allem raffiniertem Eigensinn im gedrehten Wuchs keinen Aufwand erfordernd und stets auf viele Arten hilfreich.*

Seekommando unterstellte, noch gegen das IATA-Luftfahrtsabkommen, das die Flugkontrolle über die Ägäis in die griechischen Hände legte. Was sagt das internationale Seerecht dazu? Unumstritten ist die Sechsmeilenzone der Territorialgewässer, innerhalb deren dem Küstenstaat sämtliche Hoheits- und Nutzungsrechte zustehen. Inzwischen haben sie die meisten Uferstaaten auf zwölf Seemeilen verdoppelt. Auch Griechenland wünscht eine derartige Ausdehnung – gegen den Widerstand sowohl der Türkei (weil sie dadurch in ihrer maritimen Bewegungsfreiheit noch enger eingeschnürt würde) wie auch der Sowjetunion, deren III. Eskadra eine Sandbank westlich der Insel Kythera sowie eine andere nordöstlich von Sitia (Kreta) jeweils außerhalb ihrer Sechs-, aber innerhalb ihrer Zwölfmeilenzone als ständige Ankerplätze nutzt; diese Basen verlöre die russische Mittelmeerflotte durch eine Ausweitung der griechischen Territorialgewässer, die auch ihren mittelmeerischen Spielraum beschneiden würde.

Darüber hinaus aber hat die neueste Rechtsentwicklung, kodifiziert von der Genfer Seekonvention 1958, die Ausbeutung der Schätze in und unter dem Meeresboden den Küstenstaaten bis zur 200-m-Tiefenlinie zugeschlagen, neuerdings sogar innerhalb eines maritimen Breitensaumes von 200 Meilen. Überschneiden sich benachbarte Festlandssockel, Territorialgewässer oder Wirtschaftzonen, so sind sie – gemäß den Genfer Nachfolgekonferenzen – nach dem Prinzip der »Äquidistanz« auseinanderzudividieren, entlang der Mittellinie zwischen den konkurrierenden Ufern. Mit ihr nun begründet Ankara seinen Anspruch auf die halbe Ägäis, wobei es ebenso konsequent wie rechtswidrig den Begriff »continental shelf« ex cathedra dem Festland vorbehält, den Inseln aber abspricht (ohne jedoch deren »Territorialgewässer« in Frage zu stellen). Damit setzt sich die Türkei in Widerspruch zu aller internationalen Theorie und Praxis, die den Kontinentalsockel mit gleicher Rechtsverbindlichkeit sowohl dem Festland wie »der« Insel zuerkennt. Wäre dem nicht so, könnten sich England, Japan, Indonesien, die Philippinen und die karibischen Inselstaaten begraben lassen. Doch diese Realitäten nimmt Ankara nicht zur Kenntnis, u.a. auch mit dem Argument, daß es die Genfer Seekonvention zwar unterzeichnet, nicht aber – im Unterschied zu Athen – ratifiziert habe.

Denkzettel des Undanks

So weithin Karamanlis dem ihm erteilten Auftrag zum Wiederaufbau der Demokratie gerecht wurde, das griechische Wählervolk hat ihm seine Leistung nicht honoriert. In der Erwartung, daß die 1978 fälligen Wahlen unter für ihn ungünstigeren (wirtschaftlichen) Umständen stattfinden würden, im Wunsch ferner, in den bevorstehenden Verhandlungen mit der Türkei, mit der EG, der NATO und den USA sich auf ein erneutes Mandat zu stützen, hatte er den Urnengang um ein Jahr vorverlegt. Seine Rechnung ging nur zum Teil auf – daran ließ das Resultat keinen Zweifel: Die Reduzierung des Stimmenanteils der ND um 12,5 Punkte geht zur größeren Hälfte auf die neue Konkurrenz des »Nationalen Lagers« (EP) zurück – die Neuauflage der »Nationaldemokratischen Union«, die beim ersten Anlauf 1974 schmählich unterlegen war, unter zugkräftigerer Führung nun und mit reicheren Mitteln versehen. Hatte es den extremen Monarchisten und den Juntagläubigen zu den ersten Wahlen noch die Stimme verschlagen, nach drei Stabilisierungsjahren der Demokratie wagten sie sich, zwar schüchtern noch, wieder aus ihren Löchern – die mäßigen 6,8 Prozent belegen, daß es ihrer nicht mehr allzu viele sind. So gering ihr Gewicht, es reichte aus zur maßgeblichen Schwächung der konservativen Reihen. Ihren relativen »Erfolg« verdanken sie nicht zuletzt der Förderung durch starke Unternehmergruppen, die zwar Karamanlis nicht aus der Macht verdrängen, wohl aber seiner dirigistischen Wirtschaftspolitik einen Warnschuß vor den Bug versetzen wollten (was ihr Investitionsstreik nicht bewirkt hatte); das gelang ihnen – im neuen Kabinett »beförderte« Karamanlis seinen kompetentesten Nationalökonomen Papaligouras, Hauptdorn im Auge des großen Kapitals, aus dem Koordinationsministerium für die Wirtschaft in das außenpolitische Ressort.

Die kleinere Hälfte der Verluststimmen der ND ging auf das Konto des redegewaltigen Andreas Papandreou und seiner linkssozialistischen PASOK, die sich anstelle der EDIK, der liberalen Mitte, als eigentlicher Wahlsieger zur stärksten Oppositionspartei aufschwang. Sein spektakulärer Erfolg beruhte auf konstanten Faktoren der griechischen Mentalität und auf der raffinierten Ausnutzung der (z. T. berechtigten) Unzufriedenheit mit der aktuellen Lage:

Wahlergebnisse

	20.11.1977		17.11.1974	
	%-Stimmen	Mandate	%-Stimmen	Mandate
ND	41,85	173	54,37	220
PASOK	25,33	92	13,58	12
EDIK	11,95	15	20,42[1]	60
KKE	9,36	11	9,45[2]	8
EP	6,82	5	1,10	–
SPAD	2,72	2	–	–
NF	1,08	2	–	–

ND	=	Neue Demokratie (rechte Mitte)
PASOK	=	Panhellenische Sozialistische Bewegung (linkssozialistisch und neutralistisch)
EDIK	=	Union des Demokratischen Zentrums (liberalsozial)
KKE	=	Kommunistische Partei Griechenlands (moskauorientiert)
EP	=	Nationales Lager (rechtskonservativ und royalistisch)
SPAD	=	5er Allianz der progressiven linken Kräfte (einschließlich der EDA und KP der nationalen Eurokommunisten)
NF	=	Neoliberale (rechtsliberal)

[1] Mit den »Neuen Kräften«, die sich dann als »Sozialistische Initiative« (sozialdemokratisch) abspalten und 1977 mit der SPAD ein Wahlbündnis eingingen.
[2] Sie hatte 1974 noch in Wahlallianz mit EDA und KP-Inland kandidert (und in ihr 5 von den 8 Mandaten errungen).

1. Der Grieche, von Haus aus Anti-Etatist, wählt in Normalzeiten grundsätzlich nicht »für« sondern »gegen« – die Stimmen für Papandreou waren Stimmen gegen Karamanlis. Nicht der Regierung, sondern der jeweils härtesten Opposition räumt er einen Wahlbonus ein. Papandreou hätte daher auch dazugewonnen, wenn er statt mit »Sozialismus« und »Neutralismus« mit einem anderen Programm angetreten wäre – genaugenommen hatte er eine populistische Bewegung ins Rollen gebracht.

2. Karamanlis gleicht de Gaulle und Adenauer auch in seiner Geringschätzung der Parteien und der Massen, und darauf reagieren Griechen saurer als etwa Franzosen oder Deutsche. Er hielt es unter seiner Würde und seiner Zeitökonomie abträglich, seine Politik zu erläutern, seine Leistungen herauszustreichen, und so führte er den Wahlkampf fast nachlässig, mit sichtlichem Überdruß – mit einem riesigen Werbedefizit im Vergleich zur gekonnten Trommelei Papandreous. Und dieser war ihm an Führercharisma durchaus ebenbürtig – das zählt für den Griechen, der für die Person anfälliger ist als für Ideologie und Programm.

3. Im Gleichgewicht des Charisma gewinnt das Programm erst an Bedeutung. Wie immer aber man das Konzept Papandreous beurteilen mochte, es war klarer, verständlicher als der undurchsichtige Pragmatismus des Realpolitikers Karamanlis, attraktiver auch in seinen sozial- und agrarpolitischen Postulaten, die bei Karamanlis zu kurz kamen; überdies kalkulierten die von ihm abwandernden Bauern nicht ein, daß das Land in den vergangenen drei Jahren unter mageren Ernten zu leiden hatte.

4. Im Wahlkampf und nachher (je näher er vermeintlich der Macht rückt) mäßigte Papandreou seine Sprache, so daß sich ihm selbst die liberale Mitte zuwenden konnte; nur bei ihr konnte er ja noch Boden gewinnen, nicht zu seiner Linken, wo er es mit dem Granit des sowjethörigen Kommunismus zu tun hat. Auch erweckte Papandreou nicht den Eindruck des starren Ideologen und Dogmatikers – elastisch genug in Grundsatzfragen, Taktik und Strategie, um die Erwartung zu rechtfertigen, daß er im Ernstfall schon die nötigen Abstriche an seinen großen Worten vornehmen werde.

5. Schließlich, aber nicht zuletzt: die gesamte neugriechische Geschichte des Landes bis hin zur Junta und zum Zypern-Konflikt, seine Innen- und Außenpolitik standen stets unter den drückenden Zeichen der großen Mächte, die man für alles Leid und Elend der Nation verantwortlich machte. Diese Schuldzuweisung, ob zu Recht oder nicht, hatte Ressentiments gezüchtet, die sich zu einem vehementen Nachholbedarf an nationaler Autonomie aufgestaut hatten. Ihr redete Papandreou das Wort – wie kein anderer griechischer Politiker vor ihm. Es fand um so mehr Gehör, als Karamanlis' Westorientierung (EG, NATO, USA) dem Land bisher keine greifbaren Erfolge eingebracht hatte, und somit Papandreous wirksamste Propagandathese zu bestätigt schien, daß vom Westen kein Nutzen zu erwarten sei.

Mit dem Wechsel Karamanlis' ins Präsidentenamt 1980 verlor die Nea Demokratia ihr »Zugpferd«. Dies wirkte sich um so verhängnisvoller auf die konservative Partei aus, als sie ganz auf die Person des Vorsitzenden zugeschnitten war, wenig programmatisches Profil vorzuweisen hatte und keinen charismatischen Nachfolger des »strengen Mazedoniers« finden konnte. Wie bei programmatisch wenig gefestigten und hierarchisch strukturierten Parteien üblich, begannen sogleich die Diadochenkämpfe. In einer Kampfabstimmung setzte sich der Exponent des liberaleren Parteiflügels, Georgios Rallis, gegen den erzkonservativen Altpolitiker Evangelos Averof durch. Rallis konnte in der kurzen Zeit bis zu den Wahlen (Mai 1980 bis Oktober 1981) kaum Profil gewinnen und hatte vor allem mit zunehmenden Wirtschaftsproblemen zu kämpfen. Die weltweite Rezession begann mit einer Verzögerung von vier Jahren nunmehr auch die griechische Wirtschaft zu erfassen. Die Stagnation wurde von einer Preissteigerungsrate von 25 % begleitet (1980/81), und das Zahlungsbilanzdefizit war Ende des Jahres 1981 vor allem wegen der Auswirkungen der zweiten Ölpreiserhöhung und des konjunkturbedingten Rückgangs der »unsichtbaren Einnahmen« (Tourismus, Überweisungen von Emigranten) auf 2,6 Mrd Dollar geklettert.

Dennoch kann man den überragenden Wahlsieg Papandreous am 18. 10. 81, der nahezu eine Verdoppelung des Stimmenanteils der PASOK gebracht hatte, durch die sich verschlechternde Wirtschaftslage allein nicht erklären. Auch nicht durch die Beerbung der Stammwählerschaft der Zentrumsunion, der Partei, die mit dem Namen des »alten« Papandreou verknüpft war und die 1981 nicht mehr angetreten war. Im Wahlkampf hatte Papandreou moderatere Töne angeschlagen, um das liberale Publikum einzubinden. Die Wählerschaft der Zentrumsunion war 1977 aber bereits auf 12 % zusammengeschrumpft. Die neue Öffnung zur linken Mitte konnte den hohen Zuwachs also auch nicht erklären.

Der Aufschwung der PASOK war ein Ausdruck einer sich verbreiternden politischen Stimmung im Volk. Nach den entbehrungsreichen Nachkriegsjahren, dem autoritativen Regiment des »strengen Mazedoniers« und der Militärdiktatur hatten viele Griechen ihren Wunsch nach grundlegender Demokratisierung und Modernisierung des griechischen Staates und der griechischen Gesellschaft aus Vorsichtsgründen erst einmal zurückgestellt. Sie waren der Parole gefolgt: »Entweder Karamanlis oder die Panzer« (der Obristen). Jetzt, sechs Jahre nach der Beseitigung der Diktatur und der Sicherung der demokratischen Verfassung des Landes, traf das Versprechen Papandreous, einen grundlegenden politischen und sozialen »Wechsel« (allagi) herbeizuführen, also ein »anderes Griechenland« zu schaffen, genau den Zeitgeist. Die regierende Nea Demokratia wurde – trotz liberaler Öffnung – nach wie vor identifiziert mit dem traditionellen System der »Tzakia«, der alten »Kamine« der – angeblich – fünfhundert Politikerfamilien, die ihre

Macht innerhalb ihrer Dynastien weiterreichen und die Parlamentssitze als ihr persönliches Eigentum betrachten, aus dem sie auch persönliche Vorteile in Form von »Rousfeti« ziehen. Gegen die verkrusteten Strukturen dieser »Gerontokratie«, gegen deren bürokratischen Immobilismus und die träge Arroganz der »Staatsdiener« alter Couleur richtete sich auch der Unmut der aufstrebenden Mittelschichten, der Jungunternehmer und jüngeren Technokraten, die sich durch die tradierten Verwaltungsstrukturen in ihrer Entfaltung gehindert fühlten. Häufig hatten sie im Ausland während ihres Studiums andere Verhältnisse kennengelernt und drangen nun darauf, die Verwaltung zu modernisieren. Sie sprach der Slogan Papandreous von der »Axiokratia«, der Herrschaft der Tüchtigen, an. Viele PASOK-Funktionäre rekrutierten sich aus dieser Gruppe und boten sich auch als Identifikationsfiguren an. Papandreou selbst, lange Jahre als Wirtschaftsprofessor in den USA tätig, schien auch auf Grund seiner im Ausland erworbenen Qualifikation und seines internationalen wissenschaftlichen Renommees der geeignete Spiritus Rektor der überfälligen Modernisierung der griechischen Gesellschaft und der politischen Verhältnisse zu sein. Angesprochen wurden die liberal bis linksliberal eingestellten gebildeten Mittelschichten auch durch die Absichtserklärung, für eine konsequentere Gewaltenteilung zu sorgen, den Einfluß des Militärs und der Kirche auf den Staat zurückzudrängen, die Tarifautonomie gesetzlich besser zu verankern und damit den dirigistischen Einfluß des Staates zu beschränken. Die linken Kräfte hinwiederum, die sich in der moskauhörigen KKE nicht wiederfinden konnten und ihre Stimme nicht an die einflußlose eurokommunistische Partei verschenken wollten, konnte er durch seine sozialistische Rhetorik und sein vages Vergesellschaftskonzept an sich ziehen. Letzteres lehnte sich an das jugoslawische Selbstverwaltungsmodell an und gab sich dezidiert antizentralistisch und antibürokratisch. Den breiten Bevölkerungsschichten, deren Wahlentscheid auch stark von materiellen Erwartungen abhängt, versprach die PASOK die Umverteilung des Volkseinkommens zugunsten der »Nichtprivilegierten«, die Verbesserung der gesundheitlichen Versorgung, Steuererleichterungen für die untersten Einkommensgruppen, Anhebung der Mindestlöhne usw. Wichtig für die aufstiegsorientierte Mehrheit der griechischen Bevölkerung war auch das bildungspolitische Programm, das den Zugang breiterer Schichten zu den weiterführenden Bildungsinstitutionen und zu den Hochschulen durch die Abschaffung von Zulassungsprüfungen und andere Verbesserungen zu erleichtern versprach.

Einen politischen Erdrutsch hatte es vor allem in den ländlichen Gebieten gegeben, die bisher fest in konservativer Hand waren. Papandreou war der erste Politiker, der mit Emphase konkrete Dezentralisierungsmaßnahmen forderte, der mit großer Überzeugungskraft dem »vergessenen Griechenland« neue dynamische Impulse zu geben versprach. Konkret setzte er sich im Wahlkampf ein für einen forcierten Ausbau der Infrastruktur der Provinz, für Betriebsansiedlungsprogramme, für eine wesentliche Verbesserung der Bauernrenten und eine

Verbesserung der schulischen und gesundheitlichen Versorgung der ländlichen Räume. Ferner sagte er dem parasitären Zwischenhandel, der die landwirtschaftlichen Erzeugerpreise drückt, den Kampf an und kündigte eine wesentliche Stärkung des Genossenschaftswesens an. Durch den Ausbau der Genossenschaften sollten die Gewinne aus der Verarbeitung und Vermarktung der Produkte hinkünftig der Landbevölkerung zugute kommen. Schließlich schien der Weltmann und knallharte Machtpolitiker Papandreou für den bevorstehenden Poker um EG-Zuschüsse geeigneter als sein farbloser Gegenkandidat aus dem konservativen Lager, der – EG-gläubig – sich vermutlich nachgiebiger gegenüber den Eurokraten verhalten würde. Nichts aber fürchtet der Grieche mehr, als bei Verhandlungen »über den Tisch« gezogen zu werden.

Die außenpolitischen Töne Papandreous – dies haben wir schon hinsichtlich des Wahlkampfes 1977 vermerkt –, sein Neutralismus und Antiamerikanismus, sein nationalistischer Zungenschlag gegenüber der Türkei kamen dem Autonomiestreben und der Identitätssuche einer kleinen Nation entgegen, die in ihrer Geschichte immer wieder zum Spielball fremder Mächte gemacht wurde. Auch entsprachen die außenpolitischen Tiraden gegen die Großmacht USA, die NATO, das »Europa der Monopole« und komplementär dazu das verbalradikale Pochen auf Zurückweisung fremder Einflüsse der extrapunitiven Neigung der Griechen, ihrer Gewohnheit, die Schuld eben für alle Übel immer bei den anderen, den Linken, den Rechten oder eben den auswärtigen Mächten zu suchen.

Wahlergebnisse 1981–89

	1981	1985	1989
PASOK	48,1 %	45,8 %	39,2 %
Nea Demokratia	35,9 %	40,8 %	44,3 %
orthodoxe Kommunisten	10,9 %	9,9 %	
Eurokommunisten	1,3 %	1,8 %	
Linksbündnis			13,1 %

Nach dem überragenden Wahlsieg vom Oktober 1981 begannen die Sozialisten eine Reihe ihrer Vorhaben in die Praxis umzusetzen:

Das Wahlalter wurde auf 18 Jahre gesenkt. Der Ehebruch wurde nicht mehr unter Strafe gestellt. Die Orthographie wurde vereinfacht durch die Reduktion der Akzente. Nebentätigkeiten staatlicher Bediensteter wurden gesetzlich untersagt. Die bäuerlichen Genossenschaften und die Gewerkschaften bekamen ein demokratischeres Statut. Dem Militär wurde der Fernsehsender YENED genommen. Die Schulbücher wurden einer Revision auf demokratische und zeitgmäße Inhalte hin unterzogen, den Schülern eine rudimentäre Selbstverwaltung eingeräumt. Die feudalen Vollmachten der Professoren wurden durch ein neues Universitätsgesetz abgeschafft. Die schon von Karamanlis eingeleitete Politik der Aussöhnung mit der bitteren Vergangenheit des Bürgerkriegs durch die Legalisierung der kommunistischen Partei und die Repatriierung der kommunistischen Exilanten wurde von Papandreou fortgeführt. Die kommunistischen Widerständler gegen die deutschen Besatzer waren bis dato nicht als Resistence-Kämpfer anerkannt. Diese Anerkennung erfolgte nunmehr unter den Sozialisten. Mit der Wiederherstellung der »Ehre« waren auch materielle Vergünstigungen verbunden, da ihnen auch ein Rentenanspruch anerkannt wurde.

Die Dezentralisierung der Verwaltung wurde durch die Stärkung der Kompetenzen der Bezirke (Nomoi) und die Schaffung eines diesen zugeordneten Präfekturrates, der sich aus Delegierten der Gemeinden zusammensetzt, in die Wege geleitet.

Große Anstrengungen unternahm die PASOK, um der Misere der staatlichen Gesundheitsversorgung abzuhelfen. Sie errichtete neben der kassenärztlichen Versorgung ein zweites Versorgungssystem, das Nationale Gesundheits-System (ESY) mit integrierten Arzt-Pflegestationen, die vor allem in der benachteiligten Provinz errichtet wurden und auch für Nichtversicherte offen sind. Der Ausbau der Privatkliniken wurde gesetzlich unterbunden, zusätzliche Mittel wurden für den Ausbau staatlicher Kliniken eingesetzt. Gleichzeitig bemühte man sich um den Aufbau einer staatlichen Pharmaindustrie, um die Medikamentenkosten zu senken.

Die angeführten Reformen überdauerten die ganze Ära Papadreou und werden wohl auch seinen Sturz überleben.

Weniger läßt sich das für andere Wahlversprechungen Papandreous behaupten.

Zu Beginn seiner Regierungszeit löste Papandreou zunächst seine einkommenspolitischen Wahlzusagen ein. Im Sinne einer gerechteren Einkommensumverteilungs-Politik erhöhte er vor allem die unteren Lohn- und Gehaltsgruppen drastisch. Durchschnittlich erhöhten sich die Löhne um 30–35 %. Damit lagen sie über der Inflationsrate von 25 %. Gleichzeitig installierte er das System der ATA – der automatischen Angleichung der Löhne an die Steigerung des Konsumpreisindex –, durch das Lohnabsenkungen durch Preissteigerungen ausgeschlossen wurden. Die PASOK-Regierung verbesserte auch die Einkommen der Rentner. Die besonders niedrigen landwirtschaftlichen Mindestrenten wurden gar verdoppelt. Papandreou führte die Fünftagewoche ein und verlängerte den Jahresurlaub auf vier Wochen.

Das neo-keynsianische Kalkül, daß die expansive Einkommenspolitik eine Phase wirtschaftlicher Prosperität einleiten und die Industrieinvestitionen ankurbeln würde und dann die gestiegenen Lohnkosten durch einen Produktivitätsschub aufgefangen würden, ging nicht auf. Griechenland kam nicht aus der »Stagflation« heraus. Durch einen exzessiven Importboom heizten die gestiegenen Einkommen die Inflation nur noch mehr an. Die inländische Wirtschaft reduzierte ihre Investitionen, da sie gegen die Invasion der EG-Importe nicht antreten mochte oder konnte.

Das Defizit des Staatshaushalts und der außenwirtschaftlichen Bilanz nahm alarmierende Ausmaße an. Schon 1983 verwässerte Papandreou das AFA-System und zögerte den Inflationsausgleich hinaus bzw. realisierte ihn nur partiell. 1984, ein Jahr vor den Wahlen, gab es wieder einen Zuschlag. Und seinen Wahlkampf 1985 führte Papandreou mit dem Versprechen »bessere(r) Tage« (kaliteres meres).

Drei Monate nach der Wahl, im Oktober 1985, kündigte Papandreou der geschockten Nation eine »Schweiß-und-Tränen-Periode« an, ein Austerity-Programm, das eine 180-Grad-Wende der bisherigen Wirtschaftspolitik bedeutete und auf die monetaristisch-neoliberale Linie des Sparkurses der westlichen Industrienationen einschwenkte. Papandreou und sein neuer Wirtschaftsminister, Professor Costas Simitis, der den Progressisten Arsenis ersetzte, schlugen diesen Kurs auch auf den Druck internationaler Kreditorganisationen ein, die bei drohender Zahlungsunfähigkeit des griechischen Staates interveniert und neue Kredite nur unter strengen Sparauflagen gewährt hätten. Die Intervention des Internationalen Währungsfonds etwa, des »Instrumentes des internationalen Finanzkapitals«, hätte Papandreou einen nicht wieder gut zu machenden Prestigeverlust eingebracht. Die prekäre außenwirtschaftliche Situation, das immer größer werdende Außenhandelsdefizit und die wachsende Auslandsverschuldung zwangen Papandreou und seinen Sparminister Simitis, den nun eingeschlagenen Kurs einer restriktiven Einkommenspolitik gegen den erbitterten Widerstand der Gewerkschaften und auf Kosten der Popularität und politischen Identität der Regierungspartei konsequent durchzuhalten.

Das Sparprogramm vom Oktober 1985 setzte sich den Abbau des Zahlungsbilanzdefizits von 3,3 Mrd Dollar auf 1,7 Mrd Dollar und die Senkung des Inflationsrate von 25 % auf 16 % zum Ziel. Der Staat sollte bei der Kreditaufnahme die Marke von 14 % des Bruttoinlandsproduktes nicht überschreiten. Bei Einhaltung dieser Ziele wurde Griechenland ein Sonderkredit der EG zur Bereinigung seiner Zahlungsbilanzschwierigkeiten in Höhe von 1,75 Mrd Ecu (4 Mrd DM) zugesichert – allerdings, um die Einhaltung der Auflagen sicherzustellen, in zwei Raten.

Die Regierung versuchte nun diese Ziele durch ein Bündel von Maßnahmen zu erreichen, die in ihrer Gesamtwirkung auf eine empfindliche Reallohnsenkung hinausliefen. Über zwei Jahre – bis Ende 1987 – wurde ein streng sanktionierter Lohnstop verfügt. Der Inflationsausgleich wurde nur teilweise und mit zeitlicher Verzögerung ausgezahlt. Die Tarife der öffentlichen Betriebe und eine Reihe von Steuern wurden drastisch erhöht. Und die Importe wurden durch die Abwertung der Drachme sowie administrative Importbeschränkungen (Hinterlegung des Importwerts auf einem Depot) gedrosselt. Die Fixierung breiter Bevölkerungsschichten auf die heißbegehrten Importprodukte hinderte die Griechen freilich nicht daran, weiterhin die verteuerten langlebigen Konsumgüter aus dem Ausland zu kaufen – auf Kosten ihres sonstigen Haushaltsbudgets. So konnten die gesteckten Ziele nur bedingt erreicht werden. Der Rückgang des Zahlungsbilanzdefizits 1986 war nur von kurzer Dauer. Er war in erster Linie ein Ergebnis des Dollar- und Ölpreisverfalls sowie der Zunahme der Tourismuseinnahmen und der Überweisungen der Emigranten im Zuge der verbesserten Weltkonjunktur.

So gering der Effekt dieser Politik, so hoch war ihr Preis: Griechenland erlebte in den nun folgenden Jahren eine Streikwelle bisher unbekannten Ausmaßes, mehrere Generalstreiks und unzählige Protestdemonstrationen. Der Imageverfall der Regierung war nicht mehr aufzuhalten. Die Rechnung wurde bei den Kommunalwahlen 1986 präsentiert, bei denen die PASOK die drei größten Gemeinden – Athen, Thessaloniki, Piräus – an die Nea Demokratia abtreten mußte.

Papandreou hatte den Widerstand gegen seine Sparpolitik letztlich selbst geschürt. Zum einen hatte er vor Regierungsantritt und im ersten Regierungsjahr einer expansiven Einkommenspolitik das Wort geredet. Zum anderen hat er die Gewerkschaften durch seinen machiavellistischen Regierungsstil herausgefordert.

Nachdem die PASOK zu Beginn ihrer Regierungszeit die Unabhängigkeit der Gewerkschaften von staatlicher Bevormundung, das Aussperrungsverbot und das Verbot der Entlassung von Gewerkschaftlern durch ein entsprechendes Gesetz sichergestellt hatte, versuchte sie nun die Gewerkschaften durch politische Vereinnahmung zu neutralisieren. Dies gelang ihr nur durch die Manipulation der Wahlen zum Vorstand der GSEE, des Dachverbandes der griechischen Gewerkschaften. Als kurz nach Bekanntgabe des Sparprogramms acht PASOK-Vorstände der Regierung ihre Gefolgschaft verweigerten, den willfährigen Vorsitzenden Raftopoulos zusammen mit den Stimmen der Kommunisten abwählten und einen Generalstreik für den 14.11.85 beschlossen, erwirkte die Regierung per – umstrittenem – Gerichtsbeschluß die Aufhebung der Abwahl und des Generalstreikbeschlusses. Die acht Abtrünnigen wurden aus der Partei entfernt. Mit ähnlich rigorosen administrativen Mitteln spielte Papandreou die staatliche Macht gegen die streikenden Fluglotsen und Lastwagenfahrer aus. Er nahm sie unter »Dienstverpflichtung« – eine Art zivile Mobilisierung zur Sicherstellung der öffentlichen Versorgung. Weigerten sich die Streikposten, ließ er sie kurzerhand verhaften.

Schon 1983 hatte es sich Papandreou mit der griechischen Gewerkschaftsbewegung verdorben. Durch einen juristischen Trick erschwerte Papandreou die Bestreikung der staatlichen Betriebe und Organisationen. Er versteckte den berüchtigten Artikel 4 in einem Gesetz zur »Sozialisierung« staatlicher Betriebe. Dieser gestattet Streiks nur, wenn die absolute Mehrheit der eingeschriebenen Mitglieder in einer Urabstimmung dafür stimmten. Bei den vielen Karteileichen und den von Todesfällen, Austritten usw. nicht bereinigten Karteien bedeutet das, daß faktisch 70%–80% für den Streik stimmen müßten, wodurch Streiks in »sozialisierten« Betrieben nahezu unmöglich gemacht wurden. Bisher hatte die Mehrheit einer vom Vorstand einberufenen Vollversammlung genügt. Gleichzeitig schränkte der Artikel die Befugnisse der

Gewerkschaftsvertreter ein. Dieses Gesetz wurde gegen die Stimmen der gesamten Opposition im Juni 1983 verabschiedet. Der Art. 4 war auch ein offener Affront gegen die in den Gewerkschaften stark repräsentierten Kommunisten. Sie begannen daher von diesem Zeitpunkt an, von ihrem »Stillhalteabkommen« mit der Regierungspartei abzurücken, das ihnen aus außenpolitischen Gründen opportun erschienen war. Bis zum Abgang Papandreous 1989 wurden die Gewerkschaften nicht müde, die Straße gegen die staatlichen »Streikbrecher« zu mobilisieren.

Die Glaubwürdigkeit der PASOK als Stimme der »Nicht-Privilegierten« war mit der Einführung des Sparprogramms, das zu einer spürbaren Absenkung der Reallöhne führte, endgültig verspielt. Auch ihre politische Identität als »sozialistische Bewegung« geriet tief in die Krise. Die Parteiaustritte häuften sich und die Kritik der linken Parteibasis wurde immer lauter. Viele forderten, lieber in die Opposition zu gehen und die politische Identität zu wahren, als den unpopulären und dem ursprünglichen Programm der PASOK widersprechenden Austerity-Kurs weiter zu verfolgen. Die Unzufriedenen bezogen sich dabei auf ein 1974 von Papandreou verfaßtes Manifest, das als die Magna Charta der PASOK angesehen werden kann. Papandreou hat sich nie wieder auf ähnlich konkrete programmatische Aussagen eingelassen. Die Kritiker wurden auf bewährte autokratische Manier relegiert. Ihr prominentester Vertreter, der ehemalige Wirtschaftsminister Gerasimos Arsenis, wurde von Papandreou als »Wolkenreiter« diffamiert und wegen Fraktionsbildung und parteischädigendem Verhalten aus der Partei ausgeschlossen.

Dieser rüde Umgang mit der gewerkschaftlichen und innerparteilichen Opposition hat noch mehr zum Popularitätsverlust Papandreous beigetragen als die Inhalte seiner Politik. War doch die PASOK angetreten mit dem Anspruch, eine neue politische Kultur zu begründen, die gesellschaftlichen und politischen Institutionen zu demokratisieren.

Besieht man sich die Struktur der PASOK, so muß man feststellen, daß sie sich von den alten Parteistrukturen lediglich im strafferen Organisationsaufbau und in der Verankerung in einer breiten Schicht von Parteifunktionären und aktiven Parteisoldaten unterscheidet, nicht aber in ihrer auf den Vorsitzenden zugeschnittenen hierarchischen Entscheidungsstruktur und der Schwammigkeit der Programmatik, die dem Vorsitzenden maximalen Bewegungsspielraum gibt. Der Vorsitzende persönlich stellt die Kandidatenlisten auf, und Papandreou hat sogar durch eine Veränderung des bisherigen Wahlsystems dafür gesorgt, daß die letzten Elemente des Persönlichkeitswahlrechtes, das sog. »Kreuz«, das man an bevorzugten Namen der Parteilisten anbringen konnte, abgeschafft wurden. Papandreou ist niemals zum Vorsitzenden gewählt worden. Auf dem ersten und letzten Parteikongreß nach der Gründung der PASOK 1984 (1974) wurde er per Akklamation in seinem Amt bestätigt. Papandreou hat sich nicht einmal an das wichtigste Organ seiner Partei, das Zentralkommittee, gehalten. Wesentliche Kursänderungen – so auch die Einführung des Sparkurses – hat er ohne eingehende Diskussion in diesem zuständigen Gremium – wie übrigens auch ohne vorherige Konsultation des Parlaments – eigenmächtig durchgesetzt. Die alleinige Kompetenz bei der Kandidatenaufstellung führt zu einer totalen Abhängigkeit der Parlamentarier von der Gunst des Vorsitzenden. Die Minister seiner Kabinette hat Papandreou wie Schachfiguren bewegt und ausgetauscht. In den knapp acht Jahren seiner Regierungszeit veränderte er sein Kabinett siebzehnmal (!). Die meisten Minister bekamen ihre Posten nicht wegen ihrer herausragenden fachlichen Qualifikation, vielmehr schien die Vergabe eines Ministeriums von taktischen Kalkülen innerparteilichen Interessenausgleichs abhängig zu sein. Selbstbewußte Persönlichkeiten gerieten früher oder später mit Papandreou in Konflikt, da er sie immer wieder in ihrer Kompetenz überging und brüskierte. So auch den anerkannten Minister Simitis, den er durch eigenmächtiges Abrücken von dem – im Kabinett bereits beschlossenen – Zeitplan für die Beendigung des Lohnstops in einer mit Simitis nicht abgestimmten Parlamentserklärung vor den Kopf stieß. Der Minister nahm seinen Hut. Die letzten profilierten Ministerpersönlichkeiten hat sich Papandreou spätestens durch seine Haltung in der Frage der Behandlung der sich häufenden Skandale vergrault. So provozierten die drei renommierten ehemaligen Minister Kaklamanis, Tritsis und Mangakis ihren Hinauswurf aus der Partei durch öffentliche Kritik an der Amtsführung des Ministerpräsidenten und ihre Stimmenthaltung bei einer Vertrauensabstimmung.

Obwohl die PASOK das Regime der »Tzakia«, der Politikerdynastien, endgültig beseitigen wollte, genierte sich Papandreou nicht, einflußreiche Posten an Verwandte und alte Freunde zu vergeben. So ernannte er seinen Sohn Georgios zum Erziehungsminister und machte seinen persönlichen Freund und langjährigen Vertrauten, den Rechtsanwalt Agamemnon Koutsogiorgas zum Minister und Stellvertreter. Seine Freundin Dimitra Liani erhielt ohne jede journalistische Vorbildung und Erfahrung einen Posten als Moderatorin einer Fernsehtalkshow – um nur einige Beispiele zu nennen. Ironischerweise ist Papandreou selbst ein Produkt der Politikeraristokratie. Sein Vater hatte ihn schon zu Lebzeiten im Parteiapparat protegiert. Und er hat auch die traditionelle Klientel der Zentrumsunion, der Partei seines Vaters, beerbt.

Verglichen mit der parteipolitischen Vetternwirtschaft dürfte aber der Familismus Papandreous nur von anekdotischer Bedeutung sein. Jannis Lampsas hat ein gewiß polemisch überspitztes Buch über die PASOK-»Nomenklatura« geschrieben, in dem er einen Parteibuch-Karrierismus beschreibt, der unter der PASOK sich auf alle wesentlichen Positionen des öffentlichen Lebens und der staatlich kontrollierten Wirtschaft in einem bisher nicht gekannten Ausmaß ausgedehnt habe. Die Presse berichtete allenthalben vom aufwendigen Lebensstil dieser »Nomenklatura«, die Steuergelder verprasse. Sicher ein übertriebenes und parteipolitisch eingefärbtes Bild, aber die Skandale der letzten Regierungsphase Papandreous haben dieses Bild verfestigt und teilweise bestätigt.

Die Liste der Widersprüche zwischen Anspruch und politischer Praxis des PASOK ist damit noch nicht vollständig.

Papandreou hatte vor Regierungsantritt, als er noch nicht mit einem so hohen Wähleranteil rechnen konnte, die Abschaffung des Mehrheitswahlrechts gefordert, da es die kleineren Parteien benachteilige. Er hatte sich für den einfachen Proporz der parlamentarischen Sitzverteilung, d. h. ein Verhältniswahlsystem stark gemacht. Nach dem überragenden Wahlsieg 1981 war davon nicht mehr die Rede. Als die Wahlprognosen 1985 die absolute Mehrheit der PASOK in Frage stellten und Papandreou eine Linkskoalition ins Auge hätte fassen müssen, setzte er ein auf die absolute Mehrheit der PASOK-Spitze maßgeschneidertes Wahlrecht durch, das die Kommunisten noch mehr benachteiligte als das vorausgegangene. Erst 1989, als laut Umfrageergebnissen die Macht ohne eine Koalition mit dem »Linksbündnis« nicht mehr zu halten war, schwenkte Papandreou auf das Verhältniswahlrecht um. Er hatte nicht damit gerechnet, daß das Linksbündnis seiner Wahlkampfaussage, keine Koalition mit Papandreou einzugehen, treu bleiben würde.

In ihrer Oppositionszeit hatte die PASOK die Instrumentalisierung von Rundfunk und Fernsehen durch die Regierungspartei gebrandmarkt. Sie hatte Pluralismus und Objektivität der Berichterstattung in den öffentlichen Medien für den Fall der Regierungsübernahme angekündigt. Nach dem Machtwechsel geschah genau das Gegenteil; das Fernsehen bot der Selbstdarstellung der Regierungspolitik mehr Platz als unter den Konservativen. Die Parteibuchjournalisten fungierten eher als Public-Relations-Abteilung der Regierung, als daß sie der Aufgabenstellung eines öffentlich-rechtlichen Mediums gerecht wurden. Von Pluralismus konnte keine Rede sein und von kritischem Journalismus schon gar nicht. Als die 1986 neugewählten Bürgermeister der Nea Demokratia begannen, private Radiostationen zur Verbreitung ihrer Auffassungen zu nutzen, versuchte die PASOK dies auf administrativem Wege zu verhindern, und ließ sogar vorübergehend ein Studio von der Polizei besetzen.

Die Dezentralisierungsbemühungen der PASOK-Regierung wurden nicht nur durch die sich verschlechternde Finanzlage der öffentlichen Hand verzögert, sondern auch konterkariert durch den Zentralismus der Partei. Die durchaus tüchtigen PASOK-Präfekten konnten lokale Initiativen nicht flexibel genug fördern, da sie erst einmal Direktiven von der Parteizentrale einholen mußten – ein langwieriger Abstimmungsprozeß, der auf die örtlichen Initiativen hemmend wirken mußte.

Schon vor der Regierungsübernahme, in der heißen Phase des Wahlkampfes 1981, zeichnete es sich ab, daß Papandreou es mit seinen Sozialisierungsplänen nicht eilig haben würde. Er verfolgte – wie auch in vielen anderen Fragen – die Taktik des Aufschubs, des »Eterochronismos«, wie sich seine Kritiker ironisch ausdrückten. Dieser schwer übersetzbare Begriff ist gleichbedeutend mit der deutschen Wendung »Auf die lange Bank schieben«. Zu dieser Taktik gehört auch, daß die Ziele solange hinausgeschoben werden, bis sie in Vergessenheit geraten. Das Sozialisierungsprogramm, das die Regierung Papandreou nach Amtsantritt vorlegte, lief auf ein Mitbestimmungskonzept hinaus und war von der ursprünglichen Forderung der Vergesellschaftung der Produktionsmittel weit entfernt. Die »sozialisierten« Betriebe sollten marktwirtschaftlich ausgerichtet bleiben, in ihrer Vorstandsarbeit aber von einem aus Gewerkschaftsvertretern, Kommunalpolitikern, Fachleuten und Ministerialbeamten besetzten Aufsichtsratsgremium beraten werden. Hauptaufgabe dieses Gremiums sollte die Abstimmung der Rentabilitätskalküle der Vorstände mit den übergreifenden Gemeinwohlinteressen und der staatlichen Globalplanung sein. Mit diesem Konzept hatte Papandreou aber eher die Dynamisierung der bereits verstaatlichten Betriebe im Auge als neue Sozialisierungen größeren Umfangs. Damit ging er auch auf die verbreitete Kritik an den ineffizienten Strukturen des staatswirtschaftlichen Sektors ein. Zwei Jahre nach der Einführung dieses Modells in bloß zwei staatlichen Betrieben (Telefon- und Elektrizitätsgesellschaft) wurde es 1987 schon wieder zurückgenommen, da die Auseinandersetzungen von Ministerialen und Gewerkschaftsvertretern bzw. Lokalpolitikern zu lähmenden Konflikten in der Tarif-, Preis-, Personal- und Investitionspolitik der Betriebe geführt hatten.

Verstaatlicht hat Papandreou wesentlich weniger als Karamanlis. Das lag nicht zuletzt daran, daß es nicht mehr viel zu verstaatlichen gab. Seit der Einführung des Sparkurses 1985 neigte der Wirtschaftsminister Simitis eher dazu, marode staatliche Betriebe oder solche, die am Tropf der Staatsbanken hingen, stillzulegen.

Am deutlichsten wich aber Papandreou von seinen in der Oppositionszeit formulierten Zielen in der Praxis seiner Außenpolitik ab.

Zwar hat er sich während seiner Regierungszeit durch sein Ausscheren aus westlichen Positionen den Ruf des »enfant terrible« des westlichen Bündnisses eingehandelt. Er war der erste, der den diplomatischen Boykott gegen das Polen Jaruselskis durch einen Staatsbesuch durchbrach. Er setzte sich für eine kernwaffenfreie Balkanzone ein, votierte gegen die Nachrüstung in Europa und stellte die NATO-Doktrin von der Sowjetunion als dem strategischen Hauptgegner in Frage. Die Sowjetunion sei nicht expansionistisch, so Papandreou, wohl aber drohe Griechenland ein Krieg mit dem NATO-Partner Türkei. Zum zehnjährigen PASOK-Jubiläum lud er den ehemaligen Bürgerkriegsgeneral »Markos« Vafiadis ein, den PLO-Chef Arafat und Hortensia Allende. Verübelt wurden Papandreou auch die engen Verbindungen zu Ghadafi. Besonders die Amerikaner mißbilligten die Aufwertung des Libyers, den sie wegen seiner vermuteten Unterstützung arabischer Terrorkommandos zu isolieren bestrebt waren. Als im Juni 1985 schiitische Extremisten ein TWA-Flugzeug entführten und die amerikanischen Regierungsstellen die Sicherheitsmaßnehmen am Athener Flughafen übertrieben kritisierten (wie sich nach einer Untersuchung der internationalen Pilotenvereinigung herausstellte), blieben die amerikanischen Touristen aus. Dieses Manöver war wohl als die Lektion einer Großmacht an den unzuverlässigen kleinen Bündnispartner gedacht.

Trotz dieser »Extratouren« hat Papandreou – entgegen seiner ursprünglichen Verlautbarungen – in den wesentlichen Punkten den von

Karamanlis eingeleiteten außenpolitischen Kurs fortgesetzt. Griechenland ist unter seiner Ägide nicht aus der NATO ausgetreten. Die amerikanischen Militärbasen (»Todesbasen«) wurden nach zähen Verhandlungen 1983 auf weitere fünf Jahre verlängert, und bis 1989 schwebten die Verhandlungen über die Erneuerung der Verträge.

Ebenso ist Papandreou seiner Parole »Raus aus der EG der Monopole!« nicht treu geblieben. Gleich nach der Regierungsübernahme machte er deutlich, daß ein Austritt nicht mehr opportun wäre, daß er aber für Sonderregelungen für Griechenland kämpfen werde. In dem Poker um den EG-Beitritt Spaniens und Portugals hat er dann auch dieses Versprechen wahr gemacht und finanzielle Sondervergünstigungen für Griechenland herausgeschlagen. Papandreou hatte rechtzeitig erkannt, daß er sich der EG-Zuschüsse für sturkturschwache Gebiete bedienen konnte, um sich politische Sympathien bei der Landbevölkerung zu verschaffen.

Auch mit der Türkei ist er letztlich nie auf ernsthaften Konfrontationskurs gegangen, obwohl er immer wieder den Hardliner markierte. Viele Griechen waren denn auch überrascht, als er sich Anfang 1988, durch Geheimdiplomatie vorbereitet, mit dem türkischen Ministerpräsidenten Özal in Davos traf, ohne – wie bisher – auf Vorbedingungen zu bestehen.

Papandreou betrat die Bühne der griechischen Politik eben immer in zwei Rollen, in der des Demagogen und Visionärs und derjenigen des taktisch versierten Realpolitikers, der pragmatisch entscheidet und sich wenig schert um sein »Geschwätz von gestern«. Auf die Dauer konnte er diesen Rollenkonflikt jedoch nicht durchstehen. Zu groß war die Kluft zwischen seinen Wahlversrpechungen und der praktischen Bilanz seiner Regierungsarbeit. Unter Aufwendung all seiner rhetorischen Gaben und Beschwörung der Rückkehr des Regimes der Erzkonservativen konnte er 1985 noch einmal die Widersprüche zudecken. Die Griechen wählten ihn als das geringere Übel und hatten ihre Hoffnungen auf »bessere Tage« noch nicht ganz aufgegeben. Der Machtverfall, der mit der Wahlniederlage 1989 besiegelt wurde, erklärte sich viel eher aus diesem inhaltlich-politischen Glaubwürdigkeitsverlust als aus der Häufung von Skandalen gegen Ende seiner Amtsperiode oder aus dem Prestigeverlust durch seine – auch in der Weltpresse breitgetretene – Liaison mit der Stewardeß Dimitra Liani.

Für die bedeutsamsten Skandale, die illegalen Abhörpraktiken des Leiters der Telefonbehörde und den Korruptionsskandal um den Direktor der Kretischen Bank Koskotas, hat Papandreou viel zu spät – erst nach der Wahl – die politische Verantwortung übernommen. Die persönliche Verwicklung war bis zum Zeitpunkt der Abfassung dieses Buches gerichtlich nicht erwiesen. Nachdem Papandreous Privatleben zu Beginn 1988 die Klatschspalten zu füllen begann, geriet er ein halbes Jahr später vor allem durch die Enthüllungen zum Fall Koskotas in Bedrängnis. Koskotas hatte für die Bank-Einlagen seiner staatlichen Kunden, u.a. der Elektrizitäts- und der Telefongesellschaft, extrem niedrige Zinsen gezahlt und dieses Geld zu Marktzinsen weiterverliehen. Aus einem Teil des Gewinns soll er hohe PASOK-Funktionäre, Minister und auch Papandreou bestochen haben. Papandreou unternahm zunächst wenig, um die Sache aufzuklären, und stellte sich schützend vor die angeschuldigten Parteifreunde. Er wies die Anwürfe zurück als ein vom CIA eingefädeltes Komplott zum Sturz der Sozialisten. Die Ermittlungen wurden durch das Zutun der zuständigen Minister verschleppt, und so mußte in der Öffentlichkeit der Eindruck entstehen, daß die Vorwürfe nicht unberechtigt waren. Der Imageverfall der Regierung ging so rapide voran, daß sich in den letzten Monaten seiner Amtszeit kein prominenter Parteigenosse mehr bereit fand, die von den kompromittierenden Ministern geräumten Sessel zu besetzen.

Nach der niederschmetternden Wahlniederlage vom Juni 1989 hielt sich das aus den Kommunisten beider Flügel und PASOK-Dissidenten gebildete »Linksbündnis« an seine Wahlaussage, keine Koalition mit einem Papandreou als Ministerpräsidenten einzugehen. Für eine Übergangszeit bis zu Neuwahlen im Herbst ließ sich das Bündnis auf einen »historischen Kompromiß« mit den »Rechten« der Nea Demokratia ein, um die »Katharsis« einzuleiten – die Reinigung des griechischen Staates von den der Korruption überführten Beamten und Politikern. Den Weg zur Koalition frei gemacht hatte der den Linken als Ministerpräsident nicht vermittelbare Nea-Demokratia-Vorsitzende Mitzotakis, dem seine »verräterische« Rolle bei der politischen Intrige des Königshauses gegen den »alten« Papandreou vorgehalten wird. Er machte den Platz frei für Tzannis Tzannetakis, einen bewährten Parteiorganisator, der auch beim Koalitionspartner wegen seines Widerstandes gegen das Obristenregime Respekt genießt.

Weil er sich bis zuletzt an die Macht geklammert hatte, hatte Papandreou seine Partei in den Strudel des Verfalls seines persönlichen Images gerissen. Auch nach seiner Niederlage zog er keine Konsequenzen und begann seine Partei wieder zu sammeln und Besserung zu versprechen – womit er nicht sich, sondern die »verfaulten« Parteistrukturen meinte. Er kündigte eine »Erneuerung« der »Bewegung« an. Und es gelang ihm sogar, einige Abtrünnige für die Unterstützung seiner Kandidatur für die Wahlen im November 1989 zu gewinnen. Er und seine Gefolgsleute rechneten mit der Dickhäutigkeit der Griechen, die mit Korruptionsvorwürfen zu leben gewohnt sind und auch damit, daß der Grieche zwar Beschuldigungen oft für Beweise hält, aber andererseits auch ein tiefes Mißtrauen gegen die lauteren Absichten des Beschuldigers hegt. Und die murrenden Parteifunktionäre ließen sich nolens volens auf die erneute Kandidatur Papandreous ein in der nicht ganz unrealistischen Annahme, daß das Bild der Partei für den persönlichkeitsorientierten griechischen Wähler steht und fällt mit dem Portrait des charismatischen Vorsitzenden, während das Programm nur das Passepartout abgibt.

SUMMA GRAECA: ODYSSEE OHNE ITHAKA

Die Hellashörigen belieben bei der Beratung jungfräulicher Reisender sich stundenlang zu ereifern, ob es richtiger sei, sich Griechenland beim ersten Male in der mühseligen Balkanfahrt zu nähern oder mit dem Schiff durch die Zauberwelt der Ionischen Inseln und des Korinthischen Golfes. Der Verfasser, allzusehr Partei, kann darüber nicht objektiv rechten. Der Seeweg mag »schöner« sein (bestimmt ist er bequemer, beglückend schon in sich selber wie jede Seefahrt), da er einen übergangslos gleich mitten in das Herzstück Griechenlands hineinwirft. Aber diesem Ankömmling ergeht es doch gleich dem jungen Liebhaber, der, im stürmischen Werben die beseligenden Vorspiele überspringend, durch die gewalttätige Verkürzung sich selber um die Wonnen der wachsenden Verdichtung und des Heranreifens der Begegnung betrügt. Wem hingegen der Sinn danach steht, über einen Aperitif und das leichte Hügelgelände der Hors-d'œuvres hinweg Schritt für Schritt zum Gipfel des Hauptgerichtes aufzusteigen, der wähle die Balkanroute. Denn nur dieser Weg – vom drückenden Grau in die laute und lautere Lust der Farben, vom diesigen Dämmer in das konturenschneidende Gleißen des allmächtigen Lichtes – macht ihn zum Zeugen der Zeugung und Geburt Griechenlands: wie sich die rohen Bergmassen aus dem festländischen Balkan südwärts hervor- und weiterwälzen, als wollten sie sich das Meer unterwerfen, wie sie dann stutzen im zarten Griff der See, sich in ihr entspannend die Glieder weich und wohlig von sich strecken, wie die See die Flanken des Gesteins anpackt und auseinanderreißt, wie in ihrer immer heftigeren Umarmung schließlich der Stein zerbröckelt, zerstäubt und im flüssigen Element ertrinkt – dies ewige Drama Griechenlands bleibt jenem Seeanfahrer verborgen. Er könnte erwidern, dieselbe Erfahrung gewinne er auch in umgekehrter Richtung, indem er vom Auftauchen des Steins aus dem Meer dessen vielphasiger Verfestigung bis hin zu den sich immer höher türmenden Gebirgen nachtaste. So aber »geschieht« Griechenland nicht. Das zeigt schon der Blick auf die Karte: in Griechenland greift die Hand des Balkans nach dem Mittelmeer. Daher gibt es sein Geheimnis auch nur dem preis, der vom Norden her zu Lande einreisend die Metamorphosen seines Glücks- und Leidensweges begleitet, nicht dem zur See Ankommenden, auch wenn sich ihm der ganze Glanz des Landes mit einem Schlage enthüllt. Zum Abschied, ja, da sei zum Schiff geraten, das den Heimkehrenden dem höchsten Augenblick entreißt, so daß der Trennungsschmerz kurz währt und die Erinnerung sich scharfzügig einschreibt.

Wie aber sollte sich das Leben, sollte sich die Geschichte dieser mächtigen Erdkausalität entziehen? Griechenland ist Balkan und ist Mittelmeer, in einem festlandsgebunden und inselhaft seebezogen. Nur in den seltenen Sekunden der Hoch-Zeiten hebt sich dieser Gegensatz in der Vereinigung, in der coincidentia oppositorum auf. Die Regel aber ist der Widerstreit. In den Variationen der Zeit bleibt er das monotone

Leitmotiv Griechenlands, das – wie die Musik des Volkes – kein Ende und keine Entscheidung zuläßt. Nicht zufällig spielt sich seine jüngste Geschichte auf dem Magnetfeld zwischen dem russischen und dem angelsächsischen, zwischen dem kontinentalen und dem martitimen Pol ab. Sowenig wie ehedem Athen und Sparta ist es dem neuen Griechenland vergönnt, diesem Spannungsgegensatz die stabilisierende Lösung abzutrotzen, diesem Dialog zwischen Bauer und Seemann. Immer wieder durchbricht der Protest des Meeres die Gesetze des Landes – stets von neuem fängt das Land die ausschweifende See ein und legt sie an seine Kette. So geht es fort, und darin bezeugt der Grieche seine Zugehörigkeit zum Geschlecht des Sisyphos und der Danaidentöchter. Ist es also ein Zufall, wenn sich das alte Griechenland – wie keine andere Kultur – im Widerspruch zu seiner Lebensträchtigkeit und Sinnenfülle gedrängt fühlt, der menschlichen Vergeblichkeit immer neue Mythenbilder abzugewinnen?

In diesem Zwiespalt hat die sprichwörtliche, jedem Zugriff entgleitende Labilität des Griechen ihren Grund, seine proteische Beweglichkeit, die im Fremden den Eindruck erweckt, als verflüssige sich Griechenland mit fortschreitender Annäherung: je länger er es mit dem Griechen zu tun hat, um so weniger weiß er, wie er mit ihm dran ist. Diese Ansicht vom Griechen als permanentem Quell der Überraschung und Unberechenbarkeit ist richtig und falsch. Falsch, weil Land und See – als Gestaltungskräfte – je in sich klar und eindeutig bestimmt sind; richtig, weil ihre wechselseitige Durchdringung, die keinen dauernden Ausgleich zuläßt, die Individualität im offenen, fließenden Zustand hält und sie nicht zu scharf akzentuierten, fest umrissenen Konturen kommen läßt. Richtig auch, weil der Grieche – sowenig die »zwei Seelen« seine Brust zerreißen – weder willens noch fähig ist, im Widerstreit der beiden Lebensmächte eine Entscheidung durch Preisgabe oder Vergewaltigung der einen oder der anderen zu erzwingen.

Aber der Grieche und Griechenland gehen in der Formel »Balkan plus Mittelmeer« nicht auf.

Äußert man in einem Athener Laden sein Mißfallen über den teuren Preis, so wird der Verkäufer meist die Begründung servieren, die Ware stamme »aus Europa«. Und vom Sohne, der in München oder Paris studiert, heißt es, er befinde sich »in Europa«. Der Stationsvorsteher in Athen ruft den Expreß so aus: »Der Zug nach Europa!« Ist denn Griechenland nicht Europa? fragt sich der erstaunte Fremde. Er frage es nur sich, nicht seinen griechischen Begleiter, sonst hat er dessen Freundschaft verspielt. Natürlich ist Griechenland Europa, seine Mutter sogar, worauf er sich nicht wenig zugute hält. Aber auf den Leisten des »europäischen« Nenners allein läßt sich Griechenland doch nicht schlagen. Wenn der Österreicher meint, »hinter Wien beginnt der Orient«, so enthält dieser Satz neben einem dicken Brocken boshafter Übertreibung doch auch ein Körnchen Richtigkeit. Denn Griechenland befindet sich – mit dem gesamten südlichen Balkan – an der Peripherie des Abendlands und zugleich an der Peripherie des Morgenlands. Es steht *auf* der Grenze zwischen ihnen, es *ist* ihre Grenze. Und es hat aus der bewältigten Durchdringung dieser Gegensatzwelten eine eigene Existenz erschaffen, mit der es sich von beiden absetzt. Im Schnittpunkt zwischen Orient und Okzident ist ihm die Funktion der Brücke zugewiesen. Als am aufkommenden Islam die altehrwürdige Einheit des Mittelalters zerbrach (deren latentes Fortbestehen der Mitteleuropäer im Augenblick des Alpenübergangs noch sehr lebendig spürt), da blieb an dieser Stelle der engsten Annäherung nicht nur der politische und wirtschaftliche, sondern auch der geistige und seelische Kontakt durch sämtliche Geschichtsphasen hindurch und der häufig kriegerischen Frontstellung zum Trotz gewahrt, dank der realistischen Elastizität des Griechen und seiner Selbstbehauptung in der Anpassung. So denkt der Grieche selbst dieser Tage in ausgreifenderer Geographie von Europa als wir hierzulande: er zieht die Grenze zwischen Okzident und Orient weiter östlich von der ägäischen Gegenküste, und nicht in scharfer Trennungslinie, sondern als breitflüssige Übergangsfläche. Ihm ist die Levante eine euroasiatische Mischzone, daran er als westlicher Vorposten partizipiert.

Daher bereitet den Griechen – trotz der Konfrontation mit den Türken – die Kommunikation mit der (zu Unrecht denunzierten) Levante kaum Schwierigkeiten. Wie auch sollte sie ihnen fremd sein, da sie doch diese Startfläche Europas in dreitausendjähriger Kolonisation mitprägten und von ihr in den Schmelztiegeln des tausendjährigen Vielvölkerreiches Byzanz mitgeprägt, in vier Türkenjahrhunderten mitgehämmert wurden? Griechenland hat dieses sein geographisches Schicksal als geistiges Schicksal erlitten und erduldet und – gemeistert. Nicht nur, weil es die Türken im Lande hatte, weil massive griechische Minderheiten in Kleinasien und in den arabischen Ländern ständig für die ostwestliche Tuchfühlung sorgten, sondern weil es auch der »Herausforderung« der Geschichte, *zwischen* den Kontinenten zu leben, standhalten mußte und standhielt. Damit hat es Europa keinen geringen Dienst erwiesen.

Nur zu leicht ist der westliche Besucher verführt, die morgenländische Komponente des Griechentums im Umkreis dessen zu sehen, was den Stempel von Byzanz trägt und durch die Orthodoxie inspiriert ist. Das ist ein Mißverständnis. Denn beide sind, wiewohl in unterirdischer Kommunikation mit dem Orient, spezifisch griechischen Charakters. Auch und gerade die Ikone, in der die dem Westen abgewandte Seite des Griechentums ihre reinste Sprache fand.

Die »europäische« und die byzantinische Kunst sind, soweit sie sich auseinanderentwickelt haben, dennoch Zweige *eines* Stammes, der in der hellenistisch-spätrömisch-frühchristlichen Epoche wurzelt; Zerfallsprodukt der klassischen Raumkonzentration, spiegelte jene Kunst die Endstationen des hellenistischen Subjektivismus, Kritizismus und Skeptizismus, in deren unheiliger Dreifaltigkeit sich alles Sein als Schein offenbarte. Der Westen überwand diese unhaltbare Position, indem er durch das Medium des Subjekts das Göttliche in dieser Welt zu fassen oder in sie hineinzuzwingen suchte. Die östliche Reichshälfte aber entschied sich gegend das Subjekt, gegen das Hier und Jetzt – für die absolute Transzendenz Gottes, dessen Realität erst am Ende der Sinnenwirklichkeit beginnt. Und dennoch konnte der Grieche vom Bilde nicht lassen. Geistesgeschichtlich dokumentiert diese Entwicklungsgabelung: dem römischen Westen leuchtete die Sonne der aristotelischen Naturanschauung, der griechische Osten aber atmete die sternenklare Nachtluft des Neuplatonismus; es ist seine Idee, es ist die mit dem christlichen Gedanken legierte Geistigkeit Platons und Plotins, die sich in den byzantinischen Ikonen und Mosaiken ausspricht.

Sie erfüllen sich nicht als Sehkunst, sondern als Bildtheosophie, die von anderswo herkommt. Seit das Mosaik so angelegt wurde, »daß die Fugenlinien zwischen den Farbwürfeln wie ein tausendfach verästelter Blitz durch die Bildhaut zucken – von da weg war das Spiegelbildliche der klassischen Tradition buchstäblich zerschlagen. Denn das Craquelé der Mosaiken wirkt wie eine durch und durch zersplitterte Spiegelfläche. Die Erdenwelt war es nicht mehr wert, linientreu und ähnlichkeitsbeflissen abgebildet zu werden. Dafür erklang die Farbe selber nun in einem früher nie erhörten Grad: Malerei ist damit zu einem Grenzfall der Musik geworden.«

Nicht anders die Ikone. Sie ist das Fenster, das den Blick freigibt auf das Antlitz des Jenseitigen; den Pinsel führt ihr der urchristliche Realismus, dem das Übernatürliche wirklicher und wahrer ist als die Scheinrealität der Sinnenwelt. Da Gott selber der Reichweite auch dieses Blickes entrückt bleibt, wählt die Ikone nicht Ihn, sondern das christologische Thema zu ihrem Zentralgegenstand; ihr ist aufgetragen, »die große Heilstatsache der Menschwerdung durch die Darstellung Christi in der durch seine Inkarnation geheiligten Menschengestalt ebenso zu bezeugen wie die Schrift« (Philipp Schweinfurth) – insbesondere den Analphabeten, der Masse des Volkes; daher ist die Ikone, der Schrift gleich, heilig. Dieser Rang macht sie unveränderlich (»starr« nennt sie der mißverstehende Westen), damit sie authentisch bleibt. Und da ihr Raum vom Dogma ausgefüllt ist, schließt sie alles Zufällige und Willkürliche aus, auch alles Persönliche und Zeitliche. So ist die Ikone nicht Kunst-, sondern Kultgegenstand – Gottesdienst im Akt der Herstellung sowohl wie in der Betrachtung; mit einem Wort von Reinhold Schneider »bildgewordene Liturgie«, und tatsächlich ist sie im Herumtragen Bestandteil der Messe. Da sie geheißen ist, Gott im menschgewordenen Christus ansichtig zu machen, akzentuiert sie nicht – wie der Westen – dessen menschliche, sondern seine göttlichen Züge: den Pantokrator, den Allbeherrscher, den strengen Christus, dessen Richterblick, wie von der Kuppel der Klosterkirche Daphni herab, in die verborgensten Winkel des Raumes und in die tiefsten Falten der Seele dringt. Kurz: er ist mehr Christus als Jesus.

Der kultische Sinn prägt den Stil der Ikone: die lineare Konturierung dient nicht der Charakterisierung der sinnenhaften Gestalt noch deren geistigem Gehalt, sie ist – wie die Farbe – individuelles Symbol, für das alle Erscheinung nur den Wirklichkeitswert der Analogie hat. Das bildhafte Geschehen gerinnt zur streng hierarchischen Statik, hinter der dennoch das Dynamische in gestauter Potenz und verhaltener Latenz durchscheint, als könnte es aus dem Bild, wie der Blitz aus der Gewitterwolke, zu jeder Sekunde herausbrechen. So ist die Ikone voll innerer Spannung, auch wenn sich ihre Darstellung aller Zeit und Bewegung entäußert, wenn sie dem Werden enthoben und im ewigen Augenblick aufgehoben ist. Folgerichtig steht die Gestalt vor dem transzendierenden Glanz des überirdischen Goldgrundes, der die reale Zeit und Bewegung entäußert, wenn sie dem Werden enthoben und im ewigen Augenblick aufgehoben ist. Folgerichtig steht die Gestalt vor dem transzendierenden Glanz des überirdischen Goldgrundes, der die reale Zeit und den realen Raum auslöscht. Abgezogen von der individuierenden Charakterisierung (durch die stereotype Wiederkehr des Gleichen in dogmatischer Objektivität bis in die äußerste Gebärde hinein), abgezogen von der Zeit (durch den Verzicht auf die leibliche Bewegungssprache), abgezogen vom Raum (durch den Verzicht auf Licht und Schatten, auf Tiefe, auf Perspektive und Plastizität), tritt die göttliche Majestät in reiner Jenseitigkeit hervor oder zielt doch alles auf sie hin. Selten nur, und dann nur am Rande, ist die Natur im Bildraum zugelassen, die Thematik beschränkt sich auf das allem Irdischen entkleidete Heilige: weder das »Schöne« noch das »Charakteristische« drängt darin zur Gestalt, sondern das Erhabene.

Solche Kunst verbannt mit der Individualität des Objektes auch die des Künstlers, denen es verwehrt ist, sich selber oder seine Zeit in das Bild einfließen zu lassen – er ist nichts als »mitanbetender Priester«, der die Liturgie mit dem Pinsel zelebriert. Das Urbild so rein und getreu, so makellos wie nur möglich »abzuschreiben« (wie Platon von der Idee spricht), dieses Postulat erlaubt weder Wandlung noch Abwandlung – das Originale ist des Originellen Feind. Und wie Dogma und Liturgie die Gewänder, die ihnen die Ökumenischen Konzilien angelegt hatten, unverändert durch die Jahrhunderte trugen, so wich auch die Ikone von den Formulierungen nie ab, die ihr fast gleichzeitig – nach der Beendigung des Bilderstreites, unter der Kaiserin Irene an der Wende zum neunten Jahrhundert – zugesprochen wurden. Da die Ikone nicht aus dem sinnenhaften Sehen hervorgeht, sondern aus der geistigen Vorstellung von Christus, Maria und den Heiligen, diese Vorstellung aber dem unveränderlichen Dogma entleiht, hat sie keinen Anlaß, es einmal »anders« zu machen. Dann hörte ja das Urbild auf zu sein, wäre austauschbar oder dem Mahlstrom der Veränderung überlassen! So entzieht sich die Ikone der Wandlung und Entwicklung und steht außerhalb der Geschichte. Mögen sich ihre Akzente im Laufe der Zeit geringfügig verschieben, mögen sich die Grade der Reinheit und Verinnerlichung, der Glaubensglut und Wahrhaftigkeit periodisch erhöhen oder zum Trüberen und Dünneren absinken, kein Jahrhundert lockert die Starre und Strenge des düster hoheitsvollen, gespannten und gesammelten Ernstes der byzantinischen Kunst. Unbewegten Gesichtes schwebt sie, seit ihrer ersten Prägung im sechsten Jahrhundert, über den

Zeiten, unberührt vom Fluß des Geschehens – im Gegensatz zu ihren westlichen Schwestern, die leidenschaftlich in die geschichtliche Zeit greifen und sich ihr hemmungslos ergeben, die neugieriger und gefallsüchtiger dem Tage zugekehrt sind und sich mit ihm auf dem unaufhörlichen Karussell der Blickweisen, Stile und Moden drehen. So verharrt denn der griechische Osten im Rahmen des Sakralen, den die westliche Unruhe – den Besitz verwerfend, sobald sie ihn hat – nur zu bald sprengt: Byzanz kennt weder profane Kunst noch l'art pour l'art. Wie Staat, Wissenschaft und selbst die weltliche Alltagsexistenz, so bleiben hier auch die Künste vom Glauben umschlossen und in ihm eingebettet; sie fallen nicht ab in die Welt, noch verlangt es sie nach Selbstgesetzlichkeit und Selbstherrlichkeit.

Die Ikone enthält das ganze Wesen der Orthodoxie, die weit über die Grenzen des Byzantinischen Reiches hinausstrahlte, in den Vorderen Orient hinein, über den Balkan und vor allem nach Rußland. Ihr Funke entzündete die slawischen Völker und schmolz sie dem Abendland ein, seiner Kultur und Geschichte. Was Rom für den Westen, war Byzanz für den Osten Europas: ohne Schwert, ohne Kreuzzug, ohne Inquisition und Hexenjagd (schon weil es das Teufelsbild nicht derart übersteigerte wie das westliche Christentum) – allein kraft des Feuers seines Geistes und seiner verzeihenden Liebe. Es gab den Stämmen zwischen Ostsee und Schwarzem Meer nicht nur die Bibel und die Schrift, Kirche und Kloster, Ikone, Mosaik und Kuppelbau, es gab ihnen die Fundamente des Wissens, Handel und Handwerk und nicht zuletzt auch das Instrumentarium von Staat und Verwaltung. Die Klammer, die Moskau an Byzanz heftete, hat ein Jahrtausend gehalten, und wie die deutschen Kaiser nach dem ersten, so zog es die russischen Zaren nach dem »zweiten« Rom. Der Bolschewismus hat diese Bande zerschnitten. Aber die Gemeinsamkeit fließt untergründig weiter, offenbart sich doch der russische Kommunismus als das totale Negativ, als die extreme Umkehrung der Orthodoxie – oder (wenn man so will) als ihr Sündenfall: in seinem überspitzten Zentralismus und Theokratismus, in der versteinerten Dogmatisierung des gesamten Lebens, der Abkehr von der Gegenwärtigkeit (wobei er das christliche Paradies von der himmlischen Ewigkeit herabprojiziert auf die irdische Zukunft der klassen- und staatenlosen Weltgesellschaft), in seinem Erlösungspathos und schließlich in der Unbarmherzigkeit, mit der er den individuellen Menschen auf dem Altar der Idee opfert. So wirkt also die byzantinische Orthodoxie noch spiegelbildlich im Bolschewismus nach, und durch sie fällt dem Griechentum die Funktion des Scharniers zu, des einzigen, an dem heute noch der Osten am Westen Europas hängt. So auch versteht sie sich: als Brücke zwischen ihnen. Nicht zufällig spricht man vom »orthodoxen« Bolschewismus. Vielleicht darf man sogar sagen (sofern man die Ausklammerung des Politischen zuläßt): Europa »ist« heute allein in diesem kleinen Griechenland, da sich allein in ihm – in der Orthodoxie – seine beiden Hälften noch berühren. Wie kaum ein anderes europäisches Land ist es daher auch ihrem Widerspruch ausgeliefert.

»Westen« ist Griechenland kraft des antiken Erbes, das in ihm eine unwahrscheinliche Beharrungskraft bezeigt. In Mykene, nahe den mordumdüsterten Burgruinen der Atriden, fragte ein Reisender einen pflügenden Bauern, weshalb dort die Apfelblüten so seltsam purpurgerötet seien. Der gab zur Antwort: »Die Erde hier ist getränkt vom Blute des Agamemnon.« Häufig wurzelt der Bauer, Berghirte und Fischer noch in der Vorstellung des alten Mythos, dessen gute und böse Dämonen sein Leben begleiten. Noch immer wittert er hinter seltsamen Gebilden und Mißgewächsen der Natur nymphische Wesen und schreibt ihnen das Vermögen des freundlichen oder feindlichen Eingreifens zu. Nach wie vor weben ihm die Parzen – nun Moires geheißen – das Tuch des Schicksals, auf Unheil lauernd kauern die Nereiden in den Brunnenschächten; der Tod als Knochenmann mit der Sense ist allein den Ionischen Inseln vertraut, sonst aber übt er seine Herrschaft in der Gestalt des alten Charon, der zwar nicht mehr die abgeschiedenen Seelen über den Styx zur Unterwelt geleitet, sondern nun als gewaltiger Reiter und Jäger über Berg und Tal streift, um den Menschen im Auftrag Gottes den Tod zu künden. Auch Erotas (Eros) treibt sein Spiel weiter. Und in den entlegenen Bergdörfern und auf den Inseln erzählen sie sich uralte Volksdichtungen, die sich oft bis auf die vorchristliche Zeit zurückführen lassen. Die Musikwissenschaft erkannte sogar in den heutigen Reigentänzen minoische Rhythmen, ja im »Kalamatianos« fand sie das homerische Metrum. Vielfach auch hat der Grieche die Funktionen der olympischen Götter auf die christlichen Heiligen übertragen, als hätten sie nur die Namen vertauscht und ihre Nacktheit in härene Gewänder gehüllt. So beschützt die Kapelle oder das Bild eines Heiligen häufig die Quelle, von den Gipfeln schaut statt Poseidon der heilige Elias übers Land, und zu Ehren des heiligen Nikolaus brennt auf dem Fischerboot ein ewiges Öllämpchen. Wie einst die Götter und Dämonen, so nimmt man jetzt unter Opfern die Heiligen in Anspruch, notfalls nicht Bestechung noch Bestrafung scheuend. Erhört der Nothelfer das Gebet, dann registriert man seine Leistung keineswegs als ein den natürlichen Kausalzusammenhang durchbrechendes »Wunder«, sondern als ein Ereignis, wie es etwa – in alltäglicher Gestalt – zwischen Arzt und Patienten stattfindet.

Dies alles scheint, in der Rechnung der Logik, nicht recht vereinbar mit der Orthodoxie. Der Widerspruch steigert sich zum Paradoxon: auf seinem Feld und an der Quelle, in den Fügungen des Schicksals begegnet der Grieche im Hier und Jetzt dem Göttlichen, dessen unendlicher Weltenferne er erst in seiner Kirche gewahr wird. Gewiß führt der Grieche in seinem Vokabular die Worte von der Erbsünde und der irdischen Nichtigkeit (und oft genug drücken sie ihn zu Boden), von den Qualen der Hölle und den Wonnen der himmlischen Seligkeit, von Gnade, Erlösung, Unsterblichkeit, von der Schöpfung und dem apokalyptischen Schlußakt der Welt, und dennoch können sie ihm dies irdische Dasein nicht entgöttlichen. Von der prallen Gegenwärtigkeit Griechenlands möchte man meinen, die Orthodoxie erfülle sich gerade in jenem, was dem griechischen Geist im Ursprung nicht mitgegeben war, was ihm von Haus aus »fehlt« – als sei sie die Fülle, die seine »Leere«, die es mit sich selbst nicht aushielt, aus sich gezeugt habe. So kreist denn die griechische Existenz in elliptischer Bahn, welche das antike Gut zu ihrem sichtbaren Mittelpunkt, zu ihrem virtuellen Zentrum aber die orthodoxe Geistigkeit hat. Damit hielte sie auf anderer Stufe im heutigend Griechenland den Platz, den im klassischen Hellas Platon innehatte (und die Mysterien von Eleusis, Samothrake, Ephesos). Denn auch er hatte nicht die Norm der hellenischen Existenz verkörpert: so spezifisch griechisch seine Lehre war – sie revolutionierte das griechische Denken zu einem Sonderfall, es griff in ihr über sich hinaus und realisierte durch die Gewinnung des transzendenten Standortes seinen »idealen« Spannungspol. Aber zwischen diesen beiden Polen ist kein stabiles Gleichgewicht: sie wechseln in der Intensität ihres Anspruches und ihrer Wirkung, sie können auch die Schwerpunktfunktion vertauschen; manchmal stoßen sie im harten Widerspruch aufeinander, dann wieder verwischen sich ihre Grenzen in einträchtiger Symbiose – was unmöglich in der Physik, macht die griechische Psyche möglich. Der Grieche selbst sieht Byzanz in der platonischen Verlängerung der Antike – Antike und Byzanz als zwangsläufig sich ablösende, auseinander hervorgehende, letztlich zusammengehörige Phasen ein und desselben Geschichtsprozesses. Was nicht ausschließt, daß er sich des Gegensatzes in ihrer Einheit bewußt ist. In der griechischen Gegenwart erscheint nun ihr historisches Nacheinander in die Gleichzeitigkeit projiziert: die Säule wächst aus der Erde empor, die Ikone fällt vom Himmel herab – wo sie sich treffen, da ist Griechenland. Oder, auf das Koordinatensystem der Zeit bezogen: in der Antike hat der Augenblick Ewigkeit – in der Orthodoxie gerinnt die Ewigkeit zum immerwährenden Augenblick.

Die Antike ist keineswegs sich restlos verwandelnd in die byzantinische Kultur eingegangen, sie hat sich vielmehr in vielen ihrer Elemente, kaum von der Zeit berührt, erhalten und greift in der untergründigen Auseinandersetzung mit Byzanz (und mit der modernen Zivilisation) knetend in die griechische Gegenwart ein. An der Oberfläche aber ist keine Feindschaft zwischen ihnen, sie erweisen sich Toleranz, und geduldig lassen sie sich vom Griechen gemeinsam vor den Wagen spannen. Einträchtig schmückt er sein Fahrzeug mit der blauen Perle und mit dem Bildchen des heiligen Georg, mit dem heidnischen und dem christlichen Talisman zur Abwehr des Unfalls. Nicht weil er nicht wüßte, wer nun der Richtige sei (auch wenn die doppelte Rückversicherung niemals schadet): er spannt sie beide vor sein Gefährt, weil er in der Summe seiner ganzen Geschichte steht – und weil er nichts von ihr aus den Händen läßt, bleibt er im Spannungsfeld ihres Gegensatzes.

Diese Haltung wäre Konservativismus, kontrapunktierte sie nicht die allseitige Offenheit des Griechen. Auch wenn die Athener Studenten noch kurz vor der Jahrhundertwende einen blutigen Straßenaufstand gegen das Sakrileg der Bibelübersetzung in die Volkssprache entfesselten und 1927 ein Attentat auf den Erzbischof von Athen verübt wurde, weil er sich der Einführung des Gregorianischen Kalenders (an Stelle des Julianischen, der um dreizehn Tage in Verzug geraten war) nicht widersetzt hatte – so verträgt sich diese Traditionsbesessenheit im Griechen sehr wohl mit seiner ausschweifenden Süchtigkeit nach dem Neuen und Fremden, die ihre edelste Formulierung durch den Dichter Dionysios Solomos (1796–1857) fand, in seiner Aufforderung an das Hellenentum, »als national betrachten zu lernen alles, was wahr ist«. Diese konträren Einstellungen vertragen sich und vertragen sich nicht. Davon legt der mehr als ein Jahrhundert während Sprachenkampf ein beredtes Zeugnis ab.

Der Grieche hatte es bis vor kurzem mit nicht weniger als drei Sprachen zu tun. Die Schriftsprache (die *katharevoussa*, die reine), welche dem Altgriechischen die Treue wahrt, dann die Volkssprache (die *dimotiki*), in der sich ohne Rücksicht auf Tradition die natürliche Weiterentwicklung des Griechischen manifestiert, und die von den Zeitungen gebrauchte Sprache, die einen Ausgleich zwischen den Extremen sucht.

Die Schriftsprache ist dem Kind unverständlich, es lernt sie erst in der Schule; dem humanistisch gebildeten Fremden jedoch ist sie bei einiger Findigkeit bald lesbar (aber von einem Griechen vorgelesen, versteht er sie nicht, da dieser der Reuchlinschen, nicht der Erasmianischen Aussprache folgt). Ihr Anwendungsfeld erstreckte sich auf den Staat (auf die Gesetze und amtlichen Verlautbarungen), auf Hof und Verwaltung, Gericht und Universität und natürlich auf die Kirche; erst Karamanlis hat ihre Vormacht ab 1. 1. 1977 außer Kraft gesetzt. Ihr Stammbaum ist untadelig. Mit Alexander dem Großen war sie nach dem Orient gewandert, umfaßte erst als Amts-, dann als allgemeine Verkehrssprache das Völkermosaik seines Großreiches und behauptete sich in dieser Funktion noch weit über dessen Zusammenbruch hinaus in den Ländern rings um das östliche Mittelmeer, eroberte von dort aus Rom und nötigte selbst die Apostel, sich ihrer bei der Verkündung der christlichen Lehre (und zur ersten Niederschrift der Bibel) zu bedienen. Zu Recht hieß sie also *koiné* – die »gemeinsame«. Ihre Ausbreitung forderte ihr freilich Opfer ab: die hochentwickelte, überdifferenzierte attische Literatursprache sah sich mehr und mehr vom anpassungsfähigeren ostjonischen Dialekt durchsetzt, der sich gegenüber dem Bedürfnis nach Vereinfachung der üppigen Unregelmäßigkeiten im Lautstand, in Deklination, Konjugation und vor allem in der Syntax entgegenkommender verhielt. Dieser langsame Nivellierungsprozeß vollzog sich zwischen dem zweiten vorchristlichen und dem sechzehnten Jahrhundert, dessen Stand etwa die neugriechische »katharevoussa« übernommen hat. Ihr Abstand vom klassischen Altgriechisch darf dem zwischen Mittel- und Neuhochdeutsch verglichen werden.

Von diesem Stamm zweigte sich im byzantinischen Frühmittelalter die Volkssprache ab, die durch eine noch fortgeschrittenere Simplifizierung der grammatikalischen und syntaktischen Sprachformen sowie durch das Einsickern von Fremdwörtern aus dem Slawischen, Türkischen, Albani-

schen und Italienischen charakterisiert ist. Doch hat das fremde Ranken-
werk den griechischen Sprachstamm nicht erstickt, ja der Volkssprache
entblühte eine neue Volksdichtung. Heute dient sie dem täglichen
Umgang auf der Straße und im Cafeneion, in der Familie, bei der Arbeit
und beim Geschäft.

Indessen war es verständlich, daß das befreite Griechenland das
Vakuum, das die Unterbrechung der nationalen Geschichte durch die
vierhundertjährige Türkenherrschaft hinterlassen hatte, mit der Wiederaufnahme der hochkulturellen Tradition aufzufüllen suchte und auch
sprachlich an die Zeit vor der Erniedrigung anknüpfte, als das Land noch
Größe hatte; auch war das Bekenntnis zur »reinen« Sprache ein Akt der
Dankbarkeit, hatte sie doch während der Fremdherrschaft einen elemen-
taren Beitrag zum Überleben des nationalen Bewußtseins und der nationalen Kultur geleistet. Doch die Gegenseite argumentierte nicht minder
»patriotisch«. Während sich die Parteigänger der reinen Sprache an der
Geschichte orientierten, beriefen sich die Volkssprachler, welche die
Schriftsprache als archaisierend, als maniert und tot empfanden, auf
die Natur, auf das »Leben« und das Volk. Das ganze neunzehnte
Jahrhundert hindurch bis zu unseren dreißiger Jahren lagen die beiden
Seiten miteinander in einem leidenschaftlichen Streit, der die Nation
zutiefst spaltete. Sein Schlachtfeld war nicht allein die Literatur, auch die
Politik gruppierte ihre Fronten um diese Frage: hier verfocht die Linke
als Anwalt des Volkes, des Rationalismus, des Realismus und des »Fort-
schritts« die Sache der »dimotiki«, dort machte sich die Rechte, als
Vertreterin des Erbes, der Größe der Nation und der Geschichte, den
Anspruch der »katharevoussa« zu eigen. So hitzig und lange der Kampf
geführt wurde, zu einer Entscheidung ist es jetzt erst gekommen. Im
Umkreis der Justiz und Hochschule zwar liefert die »katharevoussa«
immer noch Rückzugsgefechte, in der Literatur aber hat die »dimotiki«
fast völlig triumphiert.

Was da heute mit dem Griechischen geschieht, widerfuhr den Sprachen des europäischen Westens Jahrhunderte früher. Jedes seiner Völker
durchlitt an der Schwelle der Renaissance, beim Übergang vom Mittelalter zur Neuzeit, einen Augenblick, in dem sich mehrere Sprachen zu
einer einzig gültigen und verbindlichen durchdrangen, zur grammatikalischen und orthographischen Einheitlichkeit der Schriftsprache. Die
Integration erfolgte nicht nur horizontal, in der Verschmelzung der
nebeneinanderströmenden Mundarten, sondern auch vertikal, in der
wechselseitigen Annäherung der Rede des »Gebildeten« und des gemei-
nen Mannes. Für Italien bahnte Dante diese Leistung an, Ronsard und
Du Bellay für Frankreich; in England brachte Shakespeare die Entscheidung, während sie sich in Deutschland, unter stärkeren Widerständen
und daher langsamer, in der Linie Luther–Opitz–Gottsched–Klopstock
destillierte.

An diesem Wendepunkt steht Griechenland heute. Und da ihm das
philologische Ereignis mehr ist als nur dies, nämlich Symptom und
Symbol der Zügelung und des Ausgleichs, der »Integration« bisher

zentrifugaler Tendenzen auf die Mitte einer geschlosseneren, schärfer profilierten Kultureinheit zu (die in der verweltlichten Kultur das verlorene Ordnungs- und Kristallisationszentrum ersetzt, das vordem der religiöse Glaube innehatte), so geschieht in diesem Prozeß: als Nachzügler der europäischen Geschichte streift Griechenland erst heute sein Mittelalter ab und tritt in seine Renaissance ein.

Wenn Völker, nachdem sie sich für eine lange Dauer hinter den Kulissen aufhielten, wieder auf die Zeitbühne der Geschichte zurückkehren, dann können sie die ausgesparten Zeiträume nicht einfach überspringen. So muß auch die neugriechische Kultur die westliche Entwicklung vom Mittelalter über Renaissance und Aufklärung zur Neuzeit nachholen. Denn jeder Organismus untersteht den Gesetzen des natürlichen Wachstums. Mag das junge Volk auch noch soviel in technisch-zivilisatorischer Hinsicht von den reiferen Völkern lernen und sich aneignen, keine Gabe, keine Lehre von außen kann es davon entbinden, sämtliche Stufen in der Folge der natürlichen Lebensalter zu durchlaufen. Es ist nun die Tragik der griechischen Gegenwart, daß die Umwelt dieses Volk nicht ungestört dem natürlichen Reifungsprozeß überläßt; sie überflutet es mit ihren technischen Gütern und Einrichtungen, mit ihren säkularisierten Ideen, ihren gesellschaftlichen Zwängen, mit ihrem überdifferenzierten Rationalismus und ethischen Atomismus, sie zerrt es in ihre politischen und weltanschaulichen Auseinandersetzungen hinein und mißbraucht es als Opfer und Austragungsort ihrer Kabalen und Konflikte, die mit ihm selber kaum etwas zu tun haben, sie strömt von allen Seiten her in den griechischen Raum wie in ein Vakuum ein – kurz, sie infiziert das griechische Volk, das zu seiner Entfaltung des seelischen und geistigen, politischen und sozialen Eigenstandes bedürfte, mit jeder Forderung und Not, mit jeder Versuchung und Verführung des zwanzigsten Jahrhunderts. Wenn schon der Westen sich in den Abgrund zu stürzen droht, der zwischen dem überstürzten Fortschritt seines sich immer mehr emanzipierenden technischen Vermögens und der dahinter zurückbleibenden Entwicklung seiner sittlichen Disziplinierungskräfte klafft – um wieviel fataler muß sich die Sprengkraft dieses Gegensatzes in der griechischen Existenz auswirken, da doch deren seelische Widerstandsenergien durch den langen Urlaub von der Geschichte weit weniger ausgereift sind! Erschwerend kommt hinzu, daß die einzelnen Gesellschaftsschichten den Angleichungsprozeß an die Moderne mit unterschiedlicher Intensität und Geschwindigkeit vollziehen; so desintegriert er das Volk in verschiedenartige Reife- und Altersstufen – in der Tat wohnen im griechischen Haus sämtliche Zeitalter der europäischen Geschichte nebeneinander, angefangen vom Berghirten, der die archaische »Idylle« noch kaum verlassen hat, über die in der byzantinischen Orthodoxie geborgene Bauersfrau, über den renaissancehaften Händlerpiraten à la Onassis und den aufgeklärten Unternehmer und Politiker bis zum »fortschrittlichen« Gewerkschaftler, zum wissenschaftlichen Spezialisten und avantgardistischen Künstler. Die Spannungen zwischen diesen Zeitschichten im Volk und die Spannungen zwischen der Beanspruchung von außen und dem ihr nicht gewachsenen Reifegrad, in denen die zentrale Problematik der griechischen Gegenwart beschlossen ist, können freilich nicht beliebig gesteigert und unendlich gedehnt werden. Es stellt sich die Frage, ob der kritische Punkt nicht bereits erreicht oder gar schon überschritten ist.

Wie dem auch sei: keine historische Gelehrsamkeit darf zu der Fehldiagnose verleiten, es handle sich bei den heutigen Griechen um ein »altes« Volk. Das sind sie *auch*. Aber nicht nur. Der vorurteilslose Eindruck des einfühlsamen Beobachters in den Ländern des Südostens ist stets der von Frische, Ursprünglichkeit und Unverbrauchtheit. Kein Wunder! Lagen doch diese Völker die vier Türkenjahrhunderte hindurch in einem tiefen Winterschlaf, sie waren Brachboden, dessen Energien sich für kein Tun und Werden verausgabten, und so beschied sich ihr fast nur noch vegetatives Dasein während jener Säkula geschichtlicher Nacht im Überleben und stillen Kräftespeichern. Was nun heute auf dem Balkan geschieht, läßt in seiner oft brutalen Vehemenz an den explosiven Ausbruch überstauter Energien denken, oder, in anderen Zügen, an das schwere Sichregen von Gliedern, die, eben erst sich langsam den Schlaf aus den Augen reiben, nach der abgelegten Beweglichkeit greifen und noch zögern, sich in die Fron des fremden Tages zu schicken.

So zeigt das neue Griechenland alle Tugenden und Laster des Anfangs in der Blüte: den frischen Schmelz jugendlicher Selbstgewißheit im Wechsel mit ironischer Skepsis und dumpfer Melancholie, die mühselig getarnte Unsicherheit im Umgang mit dem eigenen Ich, bestrickende Natürlichkeit und betontes Mühen um eine Haltung vom Geistigen her; sich bescheidendes Verstummen vor den Rätseln des Daseins und emphatisches Pathos im Selbstausdruck; absichtlos sprudelnde Offenheit und halbbewußtes Raffinement; gefühlsgebundenen Subjektivismus und sehnsüchtiges Verlangen nach absoluten Normen; nackte Triebvitalität und schwärmerischen Idealismus; den Glanz ungebrochener Lebenslust und schmerzvolles Ahnen der tragischen Verhaftung an die irdische Vergänglichkeit; blinde Ergebung in den Aberglauben und spielerische Unbekümmertheit, eine fast heidnische Naivität, die alles tun kann, ohne sich je sündig zu fühlen, die Unfähigkeit zum schlechten Gewissen – das sind die »jungen« Elemente der griechischen Lebensatmosphäre von heute. Das älteste Volk Europas ist sein jüngstes.

Summa graeca: an fünf Kreuze ist dies junge alte Volk geschlagen – zwischen Balkan und Mittelmeer, zwischen Abendland und Morgenland, zwischen West und Ost, zwischen Antike und Byzanz, zwischen Mittelalter und Neuzeit. Mögen andernorts diese Gegnerpaare je für sich aufeinanderprallen, hier allein verschlingen sie sich in ihrer Gesamtheit zu einem unentwirrbaren Knotengeflecht. Dieser Knäuel – das ist Griechenland. Es hält in seiner Hand nicht das Schwert des großen Alexander, ihn zu durchhauen, noch vermag es mit den Fingern der Geduld das Unaufknüpfbare zu lösen. Einst sind diese Energiequellen von diesem Land, ihrer aller Heimat, nach allen Himmelsrichtungen ausgeströmt; sie haben in den Jahrtausenden die Länder und Kontinente überflutet und mit sich erfüllt, nun fließen sie zurück nach dem Ursprung und suchen sich auch seiner zu bemächtigen. Das kleine Volk aber hat nicht die Kraft sie zu zähmen, zu fassen, es hat nicht die Kraft, sich ihrer zu erwehren: weil es sich aber an keine der rivalisierenden Mächte verlieren will, setzt es sich ihnen allen aus, indem es sie alle in sich ausbalanciert. Griechenland also – das ist das Gleichgewicht von Balkan und Mittelmeer, von Abendland und Morgenland, von West und Ost, von Antike und Byzanz, von Mittelalter und Neuzeit: im Balanceakt auf dem Drahtseil über dem Abgrund des Nichts, denn dies Gleichgewicht ist von tückischer Labilität, ständig von der Versuchung umlauert, dem Ruf der Extreme zu folgen und auseinanderzufallen; nie gesichert, will es Tag für Tag von neuem geleistet und gehalten werden. Seinem Sinn für Maß und Mitte, dem der Grieche wie keinem anderen seine Existenz unterwirft, dankt er die Erhaltung dieses Gleichgewichts; dankt es dies Volk, daß es in all seiner Ohnmacht und allen Strömen und Stürmen zum Trotz stets es selber blieb. Auch heute, da die technische Zivilisation auf ihrem Marsch über die Erde die Völker einebnet und ihnen allen den gleichförmigen Stempel ihrer verheerenden Zeichen aufdrückt, verteidigt Griechenland seine Insel des Selbstseins subkutan gegen die große Zeitwalze.

Vom Geheimnis dieser Selbstbehauptung im Gleichgewicht zwischen den Mächtigen, von seiner Odyssee ohne Ithaka gibt die Zwiesprache eine Ahnung, die der Grieche mit seinem Gott hält. Er sitzt nicht in der Kirche, unbefangen bewegt er sich in ihr und kniet nicht nieder, er faltet nicht die Hände und beugt auch sein Haupt nicht. Er steht aufrecht, und Angesicht zu Angesicht mit dem Allerheiligsten spricht er so zu Ihm (mit Worten, die von ganz weit her, aus seiner größten Zeit, zu kommen scheinen):

»Herr, Dein bin ich, und so Du mich für schlecht hältst, züchtige mich nach Recht, so Du mich für gerecht hältst, tue mir nach meinem Rechte. Ich aber habe Dich in meinem Vertrauen als fähig und großmütig erkannt, daß Du mir gewährest nach meinem Werte, welchen Du in mich legtest, auf daß ich Dir diene. So es Dein Wille war, daß ich berufen sei, werde ich Dir als solcher dienen. War es aber Dein Wille, mich als Erwählten zu bestimmen, ist dies Deine Gabe wie auch meine Gegengabe, für welche ich um Deine göttliche Gnade bitte.«

Johannes Gaitanides, (* 1909 † 1988), Sohn eines um die Jahrhundertwende eingewanderten Griechen und einer Deutschen, lebte seit 1917 in und um München, wo er auch nach dem Studium der deutschen Literatur, Geschichte und Geographie promovierte. Während des Krieges war er im Verlagswesen und in der Historischen Kommission bei der Bayerischen Akademie der Wissenschaften tätig.

Mit seinem griechischen »Vaterland« war er seit über 50 Jahren vertraut, durch einen dreijährigen Aufenthalt und alljährlich mehrmonatige Reisen. Nach dem Krieg zunächst bei der *Neuen Zeitung* tätig, wechselte er zum freien Journalismus über. Bekannt wurde er vor allem durch seine politischen Kommentare beim Bayerischen Rundfunk, dem er 35 Jahre treu blieb (1949–84). Von seinen veröffentlichten Büchern beschäftigen sich mit Griechenland:

Griechenland ohne Säulen (mit Bildern von Klaus D. Francke und Susanna Worm), München 1955, neubearbeitet 1978;

Inseln der Ägäis – Schwestern der Aphrodite, München 1962, erweiterte Neubearbeitung unter dem Titel *Das Inselmeer der Griechen – Landschaft und Menschen der Ägäis,* München 1979;

Das griechische Gastmahl (mit Doris Christides), München 1965, völlige Neubearbeitung unter dem Titel *Aus griechischen Küchen,* München 1986;

Ägäisches Trio – Kreta, Rhodos, Zypern (mit Susanna Worm), München 1974;

Traumfahrten durch die Ägäis (mit Bildern von Rudolf Schneider-Manns Au), Wien/München 1977;

Traumfahrten auf und um Kreta (mit Bildern von Rudolf Schneider-Manns Au), München 1980;

Griechenland – Das Festland, Vom Geheimnis seiner Landschaften (mit Susanna Worm und Bildern von Thomas David), Luzern 1981;

Griechisches allzu Griechisches – Mediterrane Essays, München 1982;

Griechische Inseln (mit Bildern von Laslo Irmes), Zürich 1986;

Kreta und Zypern (mit Susanna Worm und Bildern von Willi Dolder), Zürich/Wiesbaden 1988.

Außerdem schrieb er zahlreiche Griechenland-Beiträge für Anthologien, für Funk und Fernsehen, für Zeitungen und Zeitschriften (u. a. Merian). Mit seinen Arbeiten hat er sich in die erste Reihe der Griechenland-Experten eingetragen. 1963 erhielt er den Theodor-Wolff-Preis, 1965 und 1981 griechische Auszeichnungen, 1966 eine Auszeichnung (für sein Kochbuch) von der »Deutschen Akademie für Gastronomie«.

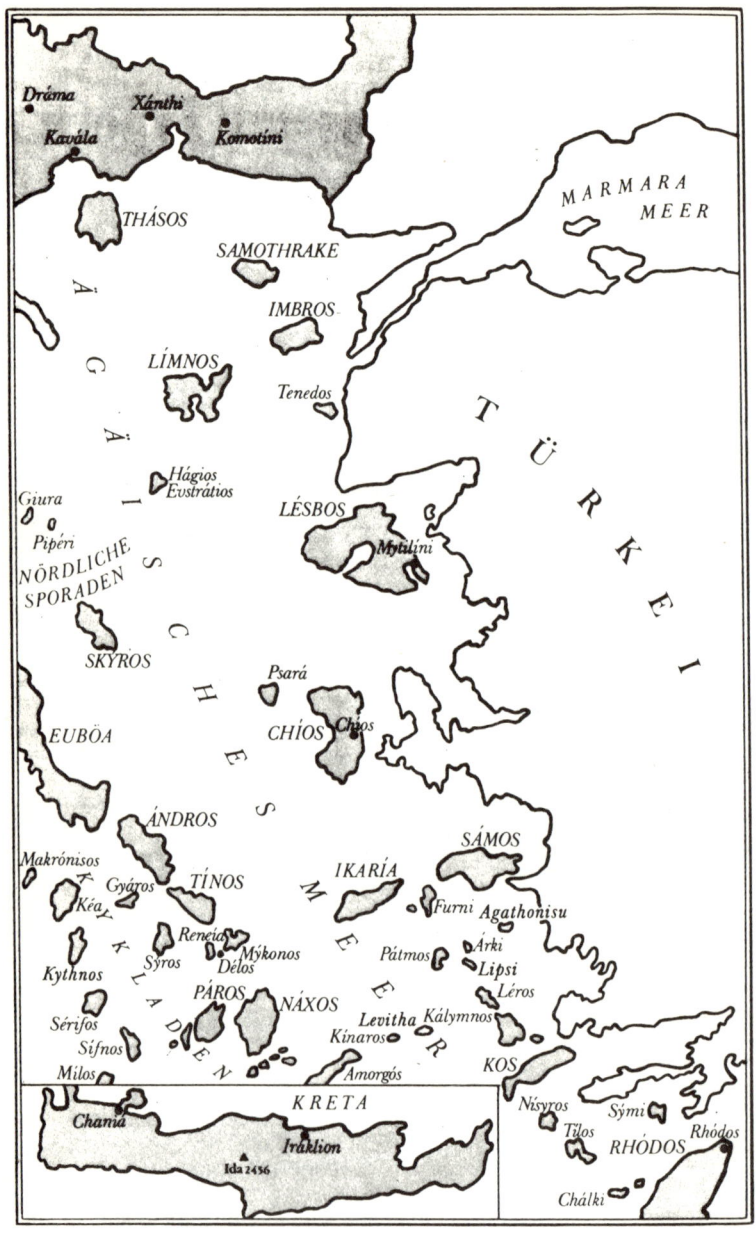